广视角·全方位·多品种

皮书系列为“十二五”国家重点图书出版规划项目

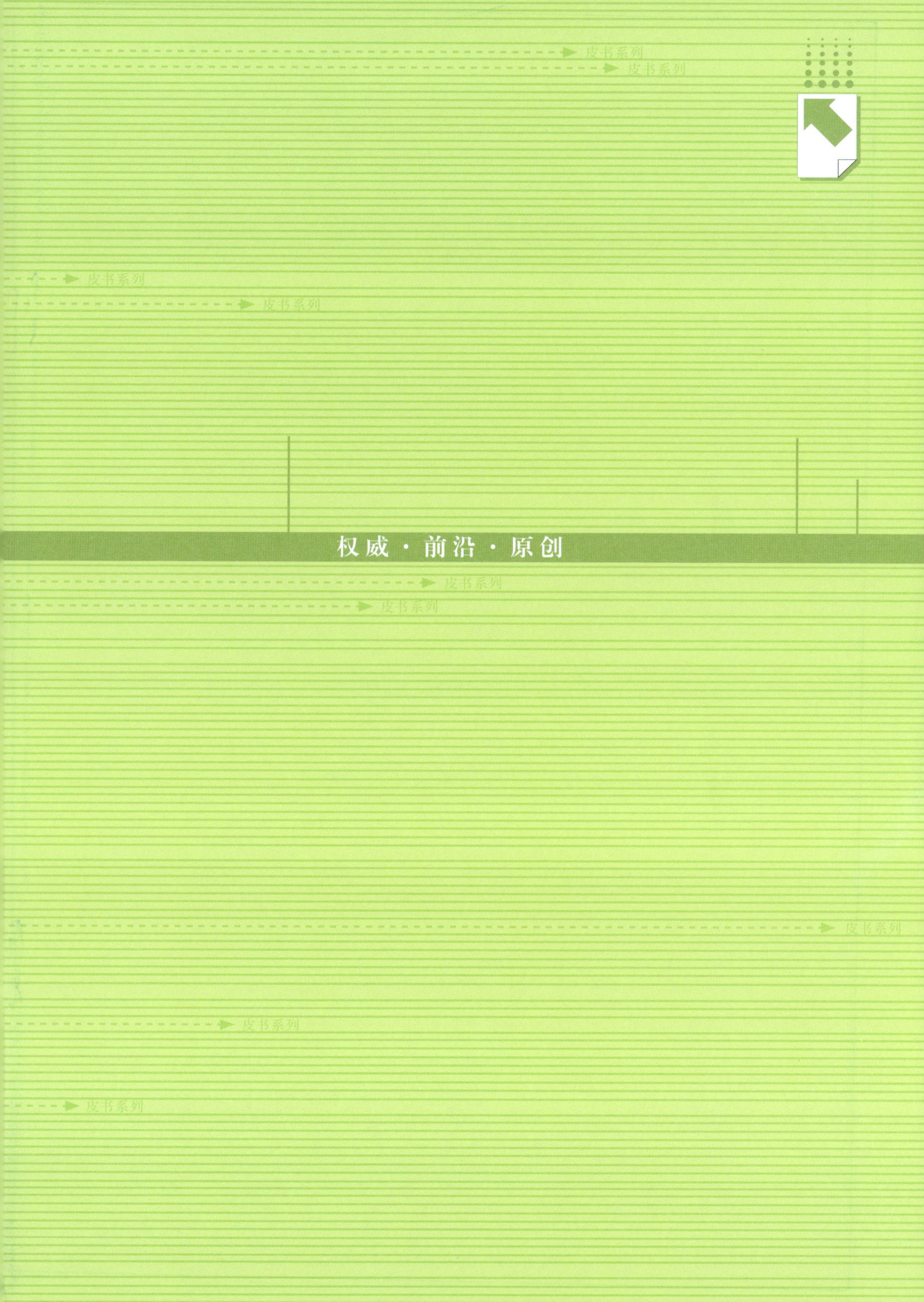
皮书系列
权威·前沿·原创

中国与世界经济发展报告（2012）

ANNUAL REPORT ON CHINA AND THE WORLD ECONOMIC DEVELOPMENT(2012)

主　编／王长胜

副主编／范剑平　步德迎　阎娟荣　祝宝良

社会科学文献出版社

SOCIAL SCIENCES ACADEMIC PRESS (CHINA)

图书在版编目(CIP)数据

中国与世界经济发展报告.2012/王长胜主编.—北京：社会科学文献出版社，2012.1
(经济信息绿皮书)
ISBN 978-7-5097-3065-2

Ⅰ.①中… Ⅱ.①王… Ⅲ.①经济发展-研究报告-中国-2011 ②经济发展-研究报告-世界-2011 ③经济预测-研究报告-中国-2012 ④经济预测-研究报告-世界-2012 Ⅳ.①F11

中国版本图书馆 CIP 数据核字（2011）第 043950 号

经济信息绿皮书
中国与世界经济发展报告（2012）

主　　编／王长胜
副 主 编／范剑平　步德迎　阎娟荣　祝宝良

出 版 人／谢寿光
出 版 者／社会科学文献出版社
地　　址／北京市西城区北三环中路甲 29 号院 3 号楼华龙大厦
邮政编码／100029

责任部门／皮书出版中心（010）59367127　　责任编辑／李舒亚　安　蕾　崔力为
电子信箱／pishubu@ssap.cn　　责任校对／谢　敏
项目统筹／邓泳红　　责任印制／岳　阳
总 经 销／社会科学文献出版社发行部（010）59367081　59367089
读者服务／读者服务中心（010）59367028

印　　装／北京季蜂印刷有限公司
开　　本／787mm×1092mm　1/16　　印　　张／24.5
版　　次／2012 年 1 月第 1 版　　字　　数／422 千字
印　　次／2012 年 1 月第 1 次印刷
书　　号／ISBN 978-7-5097-3065-2
定　　价／69.00 元

经济信息绿皮书编委会

主要编撰者简介

主　编

王长胜　男，吉林长春市人，首都经贸大学理学学士；国家信息中心常务副主任、学术委员会主任、博士后管委会主任，教授；中国信息协会副会长，中国科学院预测科学研究中心学术委员会副主任；主要从事宏观经济和信息化发展战略研究，主持过“863”科研项目《国家发改委投资管理系统试点示范工程》、国家软科学研究项目《走新型工业化道路的科技需求》、自然科学基金项目《SARS 对国民经济的影响》、“十一五”规划战略研究课题《充分发挥我国经济潜在增长能力》和《加快推进信息化的思考与对策》等 30 多个国内外重要研究项目，多次获得国家信息中心、国家发改委和国务院信息办优秀研究成果奖。主编出版主要著作有《经济景气分析预警系统的应用研究》、《中国经济展望》（1994～2003 年）、《中国汽车市场展望》（1994～2003 年）、《经济信息绿皮书：中国与世界经济发展报告》（2004～2007 年）、《中国信息年鉴》（2003～2007 年）、《电子政务蓝皮书》（2004～2007 年）。

副主编

范剑平　男，江苏无锡市人，中国人民大学经济学硕士；国家信息中心经济预测部主任，研究员，教授；主要从事宏观经济、消费经济和收入分配研究；《中国中长期粮食供求问题》获国家计委宏观经济研究院优秀科研成果一等奖、国家计委科技进步二等奖，《中国城乡居民消费结构变动趋势》和《居民消费结构变动对国民经济发展的影响》获国家计委宏观经济研究院优秀科研成果二等奖、国家计委科技进步三等奖等。主要著作有《居民消费与中国经济发展》、《中国城乡居民消费结构的变化趋势》、《我国消费需求发展趋势和消费政策研究》等。

步德迎　男，山东邹县人，国家信息中心经济预测部副主任，高级经济师，中国人民大学经济学学士。曾任新疆维吾尔自治区发改委副主任（分管能源、交通、工业、法规和信息中心）。曾主编国家信息中心《经济预测分析》杂志和国家计委内部刊物《经济消息（快报）》，1989~1993年主持全国工业和市场监测系统工作，按月出版全国工业生产和消费市场月度分析预测报告，参与社科基金项目“经济周期波动分析预警系统研究”课题，担任1998~2001年《中国经济展望》副主编。研究领域涉及投资、消费、物价、就业、工业、农业、金融、外汇等，在内部刊物和权威公开报刊上发表经济研究论文70余篇，其中多篇获中央领导同志批示。

阎娟荣 女，河北衡水市人，国家信息中心经济预测部副主任，高级工程师，清华大学自动化系本科毕业。从事宏观经济数量方法及应用系统研究，主持并参加《中国多部门宏观经济模型》、《亚洲地区国际投入产出模型》、《中国区域间投入产出模型编制与应用》、《世界主要国家宏观经济跟踪与分析系统》、国家电子政务工程——《宏观经济信息管理系统》等多项国内外研究项目，获国家发改委机关、国家信息中心优秀研究成果奖。

祝宝良 男，山东青岛市人，国家信息中心经济预测部副主任，研究员，华东师范大学硕士。从事宏观经济和数量经济研究，主持20多个国内外研究项目，获国家重大科技成果进步奖一次，发改委科技进步三等奖两次。在《宏观经济研究》、《金融研究》、《国际贸易》、《世界经济研究》、《数量经济与技术经济》、《预测》、《人民日报》、《经济日报》、《中国经济时报》、《中国证券报》等报刊上发表文章150余篇。出版《欧盟经济概况》、《欧盟地区经济政策》、《中国宏观经济运行定量分析》专著三本。

序

2011 年，世界经济政治环境复杂多变，发达经济体复苏步伐缓慢，新兴经济体通胀压力增大，国内经济也出现经济增速同比下降但物价涨幅同比上升的复杂局面。我国抓住经济运行中的主要矛盾，将稳定物价总水平作为宏观调控的首要任务，推动经济增长由政策刺激向自主增长有序转变，全年经济朝着宏观调控的预期方向发展，物价上涨势头初步得到控制，经济增长呈现平稳减速态势，为“十二五”规划的顺利实施创造了较好条件。

展望 2012 年，中国经济发展机遇与挑战并存。机遇主要表现在：“十二五”规划第二年进入投资项目集中建设阶段，将在一定程度上带动投资及经济增长；战略性新兴产业的相关规划陆续出台给经济增长增添新的动力；在区域协调发展和主体功能区战略的作用下，中西部不断承接东部产业转移，逐步成为带动经济增长的新亮点；扩大居民消费的政策体系不断完善，将进一步扩大消费对经济增长的贡献。面临的主要挑战有：国内方面，刺激性政策逐步退出以及房地产调控政策将使得投资增速有所放缓；地方财政风险和土地市场交易趋冷对地方投资融资能力形成制约；节能减排等对经济增长的质量提出新要求，将制约粗放型增长；资源、劳动力成本上升抬高了经济增长的成本；出口放缓对工业生产形成一定压力，进而导致经济增速放缓。国际方面，发达国家正在步入滞胀的泥潭，新兴经济体增速将继续放缓，全球经济活力正在减弱，世界经济下行风险逐渐增大；美欧推出新一轮量化宽松货币政策仍存在可能，全球通胀压力仍然较大。由此可见，2012 年国际国内环境更趋复杂，对我国宏观调控提出了新的更高的要求。面对复杂的国内外环境，2012 年我国应保持宏观调控政策的连续性和稳定性，继续实行积极的财政政策和稳健的货币政策，应努力将国内外的压力转化为经济结构战略性调整的动力，将调结构放在经济工作更加突出的位置，通过深化改革进一步激发自主增长活力，为我国经济保持平稳较快发展创造有利的体制环境。

在2012年即将开始的时候，国家信息中心组织有关专家编撰了《中国与世界经济发展报告（2012）》。围绕2011年国内外经济发展环境、宏观经济发展趋势及调控政策取向、产业经济和区域经济热点、经济运行中的主要矛盾等进行了系统的分析预测，力求突出定性与定量相结合、预测与对策研究相结合的特点，期望对各级政府部门、各类企业和投资机构制定战略决策有所裨益。错漏之处，敬请指正。

王长胜

2011年12月

目录

BⅠ 总报告

BⅡ 综合篇

BⅢ 国际经济篇

BⅣ 产业发展篇

BV 区域经济篇

CONTENTS

G I Main Report

G II General Reports

GⅢ International Economic Environment

GⅣ Industrial Development

GⅤ Regional Economies

总 报 告

Main Report

G.1

2012年中国经济展望和宏观调控政策取向

王长胜　范剑平*

摘　要：2011年，我国经济增长由政策刺激向自主增长有序转变，物价上涨势头初步得到控制，同时经济增长呈平稳减速态势。预计全年GDP同比增长9.3%，CPI同比上涨5.5%。2012年，受国内外多种因素影响，我国将呈现经济增速和物价涨幅的小幅“双降”态势，初步预测基准情景下GDP增长8.7%左右，CPI上涨4%左右。建议2012年继续实行积极的财政政策和稳健的货币政策，把“调结构”放到宏观调控的突出位置，将“十二五”规划的主题、主线落实到年度经济社会发展的计划中，通过深化

* 王长胜，首都经贸大学理学学士；国家信息中心原常务副主任、学术委员会主任、博士后管委会主任，教授；中国信息协会副会长，中国科学院预测科学研究中心学术委员会副主任；主要从事宏观经济和信息化发展战略研究。范剑平，中国人民大学经济学硕士；国家信息中心首席经济师兼经济预测部主任，研究员，教授；主要从事宏观经济、消费经济和收入分配研究。

改革进一步激发自主增长活力。

关键词： 经济预测　宏观调控　自主增长

2011年，世界经济呈现新兴经济体复苏较快、通货膨胀压力增大但发达经济体复苏乏力、失业率居高不下的分化走势，国内出现经济增速同比下降但物价涨幅同比上升的复杂局面。我国抓住经济运行中的主要矛盾，将稳定物价总水平作为宏观调控的首要任务，推动经济增长由政策刺激向自主增长有序转变，宏观调控取得积极成效，物价上涨势头初步得到控制，经济增长减速平稳，预计全年GDP同比增长9.3%左右，CPI同比上涨5.5%左右。2012年，受发达国家债务危机拖累，世界经济延续缓慢复苏、低速增长走势。国内外因素要求我国加快经济结构调整的压力进一步增大，我国应继续实行积极的财政政策和稳健的货币政策，更加着力调整经济结构，进一步激发自主增长活力。2012年，预计GDP增长8.7%左右，CPI上涨4%左右，就业形势继续好转，国际收支朝着平衡方向发展，转变经济发展方式将迈出实质性步伐。

一　2011年中国经济形势分析和预测

（一）控制物价综合措施效果显现，物价上涨势头初步得到控制

为了稳定物价总水平，我国出台了控制货币、发展生产、保障供应、搞活流通、加强监管、安定民生的一系列有针对性的措施。自2010年四季度起，货币政策转向稳健，9次提高存款准备金率共4.5个百分点，5次上调存贷款基准利率共1.25个百分点，广义货币（M2）的同比增幅已经连续6个月处于16%的目标区间之内。9月末广义货币（M2）同比增长13.0%，比上年末低6.7个百分点；狭义货币（M1）同比增长8.9%，比上年末低12.3个百分点。粮食总产连续第8个年头增加，粮油糖肉菜和成品油等重要商品市场供应得到较好保障，多数省份建立起社会救助和保障标准同物价上涨挂钩的联动机制。在控制物价的综合措施引导下，居民消费价格在7月份创出本轮物价同比涨幅峰值（6.5%）后，8、9月份同比涨幅缓慢回落，分别降至6.2%和6.1%，1～9月份CPI累计上涨

5.7%。工业生产者出厂价格同比涨幅也在 7 月份创出本轮 PPI 涨幅峰值（7.5%）后，8、9 月份同比涨幅分别降至 7.3% 和 6.5%，回落走势更加明显。受翘尾因素减少的影响，四季度我国 CPI 和 PPI 同比涨幅将进一步下降，预计全年居民消费价格同比上涨 5.5% 左右，工业生产者出厂价格同比上涨 6.5% 左右（见图 1）。虽然居民消费价格涨幅明显超出 4% 的预期目标，但仍然处于温和可控状态。

全国居民消费价格涨跌幅

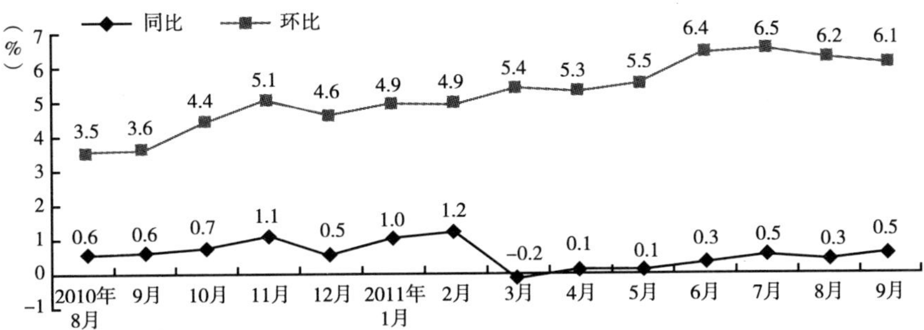

工业生产者出厂价格涨跌幅

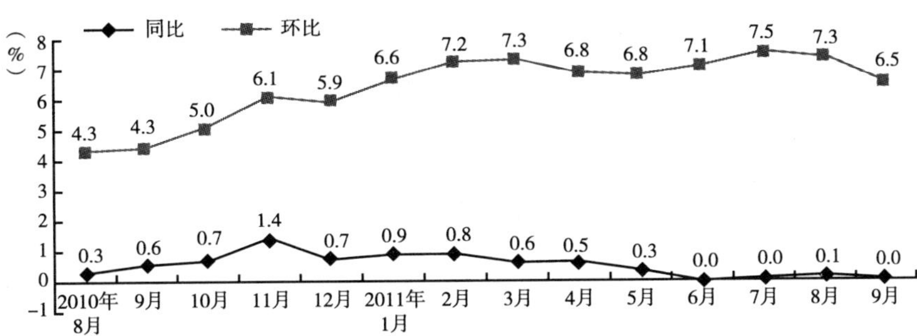

图 1　居民消费价格（CPI）和工业生产者出厂价格（PPI）走势

（二）刺激政策退出力度把握适度，经济增长减速较为平稳

2011 年，货币政策转向和房地产、汽车刺激政策退出必然会影响社会总需求扩张速度。在世界经济复苏表现低于预期的背景下，刺激政策退出过猛容易造成经济增速大的波动。由于货币政策操作中坚持稳健取向，全社会融资总量保持基本稳定。8 月末，商业银行表外理财资金余额 3.4 万亿元，比年初增长 35%。前三季度社会融资规模为 9.80 万亿元，比上年同期减少 1.26 万亿元。外币贷款折合人民币增加 4770 亿元，同比多增 1849 亿元；委托贷款增加 1.07 万亿元，

同比多增5625亿元；房地产政策坚持有保有压，总体上调控力度把握适度，使全年经济增长的减速较为平稳。前三季度GDP同比增长分别为9.7%、9.5%和9.1%，预计全年GDP同比增长9.3%，接近9%的潜在增长水平。受刺激政策影响最大的工业生产2010年三季度到2011年三季度保持平稳运行，规模以上工业增加值同比分别增长13.5%、13.3%、14.4%、14%和13.8%，连续五个季度处于14%左右，预计全年同比增长14%。经济增速的放缓节奏处在平稳合理水平，没有超出预期。工业增长的速度和效益关系基本正常，2011年1~8月份全国规模以上工业企业实现利润32281亿元，同比增长28.2%。同时，1~9月份全国财政收入81663.34亿元，比上年同期增长29.5%。1~9月全国财政支出69480.57亿元，比上年同期增长27.5%。财政支出中用于民生的部分增长更快，如医疗卫生支出增长50.5%，住房保障支出增长73.9%。经济减速没有影响民生改善，经济增长的质量有所提高。

（三）保障房投资成为新亮点，固定资产投资保持稳定增长

由我国投资率和投资决策机制决定，我国现阶段经济周期受投资周期影响较大，固定资产投资的稳定增长和结构改善对经济运行的速度和质量至关重要。2011年1~9月份，固定资产投资（不含农户）212274亿元，同比名义增长24.9%（扣除价格因素后实际增长16.9%）。全国房地产开发投资44225亿元，同比增长32%（见表1）。其中，住宅投资31788亿元，增长35.2%。截至9月底，全国城镇保障性住房和棚户区改造住房已开工986万套，开工率98%。保障房新开工进展对全国新开工项目计划总投资的增速回升起到重要支撑作用，1~9月份全国新开工项目计划总投资同比增长23.4%，比1~6月份的14.9%大幅回升。民间投资增速继续活跃，并快于全部投资。1~9月份，民间投资增长34.2%，比全社会固定资产投资增速高出了9个百分点以上，在固定资产投资总额中，民间投资所占的比重进一步上升到59%。1~9月份，中央项目投资同比下降7.5%；国有及国有控股投资增长12.7%。政府、国有和民间投资的结构性变化体现了我国经济向自主增长转变的政策导向。固定资产投资到位资金由一季度的增长19.2%加快到1~9月份的23.2%（见图2）。从新开工项目计划总投资和投资到位资金前低后高的走势看，全年固定资产投资有望保持稳定增长，预计全年增长24.8%，房地产开发投资增长31%。

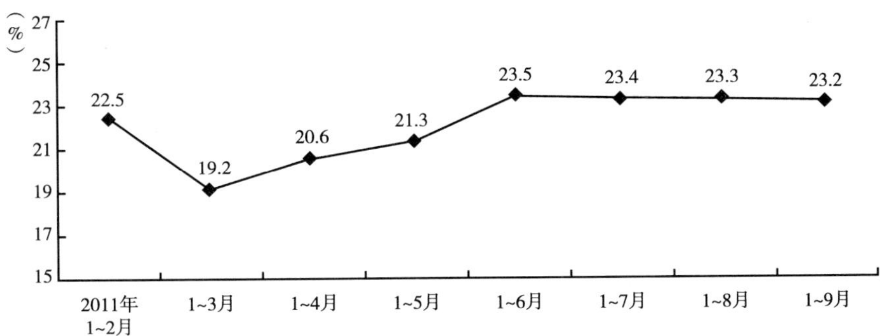

图 2　固定资产投资到位资金增长前低后高

（四）汽车消费退潮明显，其他消费增长波澜不惊

受小排量汽车补贴政策退出的影响，1～9 月，1.6 升及以下乘用车销售 720.81 万辆，同比增长 6.72%，增幅比上年同期下降 27.3 个百分点。1～9 月，乘用车产销总体增长 6% 左右，汽车销售减速对全社会消费品零售额增速的影响较大。前三季度，社会消费品零售总额 130811 亿元，同比名义增长 17.0%（扣除价格因素实际增长 11.3%），比上年下降 1.3 个百分点。除金银珠宝和石油及制品受价格上涨因素影响增速较快外，其余消费品种增速平稳。在商品零售中，限额以上企业（单位）商品零售额 55607 亿元，同比增长 24.3%。限额以上企业（单位）消费品零售额 60165 亿元，增长 23.5%，比上年下降 5.8 个百分点。其中，汽车类增长 16.0%，增速比上年同期回落 18.9 个百分点；家具类增长 31.4%，回落 7.0 个百分点；家用电器和音像器材类增长 20.5%，回落 7.6 个百分点。增幅回落较大的商品均与房地产和汽车刺激政策退出有关。预计全年社会消费品零售额名义增长 17%，实际增长 11.5%。2011 年结束了前几年社会消费品零售额增速不断提高的趋势，转为增速下降的局面。

（五）受发达国家经济困局的不利影响逐步加大，进出口增速前高后低

国家外贸政策保持较好的稳定性和连续性，人民币名义有效汇率保持稳定，出口产品继续保持较强的竞争力，2011 年我国传统优势产品出口量价齐增，传统劳动密集型产品出口价格明显提高。虽然人民币兑美元的升值步伐加快，但是也促使国内企业加快技术进步、提高劳动生产率等，使我国产品继续保持较强的

国际市场竞争力。进出口市场多元化取得了有效进展。国内经济的稳步增长拉动了进口需求。这些有利因素有效对冲了外贸出口企业面临的劳动力、原材料和资金成本上升的压力。前3季度，我国外贸进出口保持较快增长，实现进出口总值26774.4亿美元，同比增长24.6%，进出口规模已经超过2008年全年2.56万亿美元的水平。其中，出口13922.7亿美元，增长22.7%；进口12851.7亿美元，增长26.7%（见表1）。进口增速明显高于出口增速，贸易顺差比上年同期减少10.6%。前3季度，我国一般贸易进出口14157.5亿美元，增长31.7%，高出同期总体进出口增速7.1个百分点，占同期进出口总值的52.9%，同比提升2.9个百分点。受发达国家经济困局的不利影响逐步加大，我国对欧盟、美国、日本的双边贸易增速分别为20.9%、17%和18.2%，分别低于总体进出口增速3.7个、7.6个、6.4个百分点。欧美日传统市场在我国出口中所占比重为43.7%，同比降低2个百分点。对欧美日传统市场依赖减轻，对新兴市场国家贸易增长强劲。东盟超过日本跃升为我国的第三大贸易伙伴，双边贸易进出口总值为2670.9亿美元，同比增长26.4%。从月度走势看，进出口增速均呈现前高后低的特点，月度增长速度由3月份的31.5%回落到9月份的18.9%。受国际需求放缓和国内成本上升等因素制约，第四季度制约外贸发展的不确定因素仍然较多：一是世界经济增长出现放缓迹象，欧美等发达经济体贸易保护主义有所抬头，这使得国际市场环境变得更加复杂；二是人民币汇率波动加剧，将抑制外贸出口增长的空间；三是中小企业经营困难增加。预计全年出口总额19093亿美元，增长21%左右；进口总额17505亿美元，增长25.5%左右，贸易顺差1588亿美元左右，下降13.3%。

表1　2011年中国主要经济指标预测

单位：%，亿元

指　　标	2010年实际		2011年1~9月实际		2011年预测	
	绝对值	增速	绝对值	增速	绝对值	增速
GDP	401202	10.4	320692	9.4	471005	9.3
一产	40534	4.3	30340	3.8	47860	4.0
二产	187581	12.4	154795	10.8	222350	10.7
三产	173087	9.6	135557	9.0	200795	9.0
规模以上工业增加值	—	15.7	—	14.2	—	14.0
轻工业	—	13.6	—	13.1	—	12.9
重工业	—	16.6	—	14.6	—	14.4
固定资产投资	241414.9	24.5	212274	24.9	308818	24.8
固定资产投资(实际)	—	20.2	—	16.9		17.2

续表

指　　标	2010 年实际		2011 年 1~9 月实际		2011 年预测	
	绝对值	增速	绝对值	增速	绝对值	增速
房地产投资	48267.0	33.2	44225	32.0	63230	31.0
社会消费品零售额	154553.7	18.4	130811	17.0	180828	17.0
社会消费品零售额(实际)	—	14.8	—	11.3		11.5
出口(亿美元)	15779.3	31.3	13922.7	22.7	19093	21.0
进口(亿美元)	13948.3	38.7	12851.7	26.7	17505	25.5
外贸顺差(亿美元)	1831.0	-6.4	1071	-10.6	1588	-13.3
居民消费价格指数	103.3	3.3	105.7	5.7	105.5	5.5
工业生产者出厂价格指数	105.5	5.5	107.0	7.0	106.5	6.5

二　2011 年经济运行中存在的主要问题

2011 年，经济运行中出现了一些新的矛盾和问题，主要是物价较快上涨势头虽得到控制，但食品价格周期性大幅波动的深层次矛盾并未有效解决；成本推动型价格上涨压力仍然较大，以货币政策为主应对物价上涨的政策有效性减弱；房地产销量萎缩与房价居高不下并存，房地产调控进入关键、敏感期；出口的外部环境趋于严峻，沿海地区出口加工型中小企业面临优胜劣汰新考验；国内部分地方和企业对全球经济调整的趋势性要求反应迟钝，我国经济结构调整进展不尽如人意。

（一）物价较快上涨势头虽得到控制，但食品价格周期性大幅波动的深层次矛盾并未有效解决

进入 21 世纪以来，我国已经历了三次因食品价格引起的物价总水平大幅波动，食品价格波动越来越频繁，波动幅度和涉及面越来越大。尤其是 2010 年以来的这一轮价格波动中，食品价格出现了从粮食、蔬菜到猪肉、蛋制品的轮番上涨，大蒜、绿豆等小品种食品更是成为炒作对象。现行的小农家庭经营方式劳动生产率提高很慢，难以用技术进步来消化不断上升的成本，只有靠涨价来消化。当农产品价格上涨受阻时，农民只能以缩小生产规模来减少风险，而缩小生产规模又成为下一轮农产品价格上涨的起点。食品价格的周期性大幅波动越来越暴露出我国农业以家庭为单位的小生产和城市化水平提高后的大市场之间的矛盾。现代技术、金融、流通和管理要素难以与非企业化经营的小农家庭生产方式对接，

而如果没有现代技术、金融和管理要素参与到农业现代化过程中去，农业生产组织方式将束缚农业生产力的大发展。因此，要解决我国食品价格引起的物价总水平频繁波动，必须进一步深化农业生产经营方式的改革，在充分保护农民利益的前提下，鼓励农业生产走向现代企业制度，通过现代技术、金融、流通和管理要素与农业的有效对接，辅以财政对现代农业设施和装备建设的一定补贴，进一步提高农业劳动生产率，提高农产品（尤其是食品）价格的稳定性。

（二）成本推动型价格上涨压力仍然较大，以货币政策为主应对物价上涨的政策有效性减弱

随着我国货币政策的及时转向，货币对物价上涨的刺激因素有所减弱，这一轮物价上涨幅度有望止步于温和水平，但劳动力等成本推动因素并不受货币政策控制，人口结构变化因素可能使我国未来几年人工成本上升较快。成本推动型涨价压力将使我国这一轮物价总水平的回落比过去慢，可能在3% ~6%的温和通胀水平运行数年。成本压力持续上升将使部分劳动密集型中小企业经营困难加剧，甚至出现一部分企业因劳动生产率提高速度低于工资成本上升速度而倒闭的现象，经济增长速度也会随之下降，这是我国不得不经历的结构调整阵痛期。这种不同于历史上以货币因素为主的单一需求拉动型通货膨胀的局面，是我国宏观调控的新难题。面对企业结构调整的阵痛，我国绝不可贸然以放松货币的方式药不对症地解决中小企业难题，否则将重蹈日本覆辙。但进一步收紧货币对控制物价的边际作用越来越小，我国长期沿用的以货币政策为主应对物价上涨的政策路径面临挑战。

（三）房地产销量萎缩与房价居高不下并存，房地产调控进入关键、敏感期

从2010年底开始，住建部公布了第一批限购城市名单，房地产调控进入了限购政策主导的新阶段。限购政策对部分城市的成交量影响明显，随着投机、投资性需求逐渐被挤出市场，一线限购城市的成交量锐减，北京、上海、浙江、海南等地区房屋销售面积和销售额自年初以来连续6个月负增长。限购政策对房价有一定影响，对照上半年31个未限购城市和39个已限购城市数据来看，所有限购的39个城市房价平均环比上涨0.05%，同比上涨4.36%，而31个非限购城市环比为0.14%，同比则达4.75%。限购城市的房价涨幅低于未实行限购的城

市，但两类城市的房价同比均上涨 4% 以上。三季度以来，全国多数城市出现房地产销量萎缩与房价居高不下并存现象。一方面，多数城市商品住宅售价与居民收入相比过高，房价的现实走势也没有改变社会上房价只涨不跌的预期，通货膨胀预期没有明显减弱之前，只要房地产与货币政策稍一放松，我国的资产价格可能会疯狂反弹。另一方面，70 个大中城市中多数城市 8 月份初现房价“停涨”，房地产与货币政策如进一步收紧，房价下降的幅度具有不确定性；土地市场和房地产市场如出现深幅调整，对宏观经济有较大影响，房地产调控进入关键、敏感期。

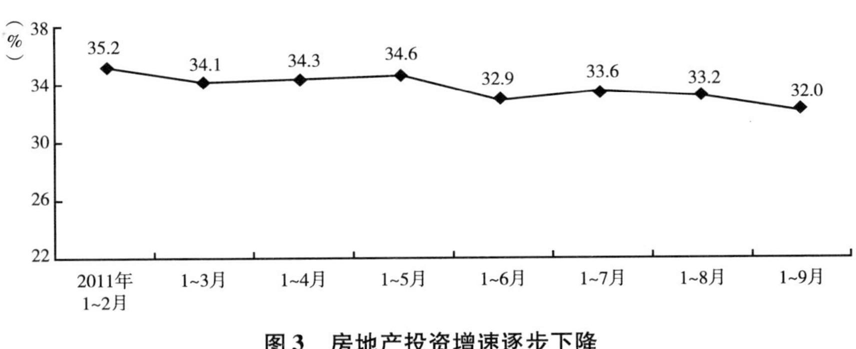

图 3　房地产投资增速逐步下降

（四）出口的外部环境趋于严峻，沿海地区出口加工型中小企业面临优胜劣汰新考验

在我国经济减速过程中，沿海地区出口加工型企业面临的压力最大。国内人工和原材料成本提高、人民币对美元的名义汇率升值、国内信贷等金融资源可获性处于弱势、全球大宗商品价格上涨、发达国家债务危机以及外需不振等多重不利因素对我国的出口传统优势形成挑战。我国制造业 PMI 指数调查数据显示，8 月份出口订单指数为 48.3%，比上月下降 2.1 个百分点，降至临界点以下，表明制造业企业国外订单量减少，出口面临严峻考验。汇丰银行以沿海地区出口加工型企业为主要调查对象的制造业 PMI 指数 7、8、9 月连续三月低于 50% 临界点。由于出口比较优势逐步减弱，沿海地区出口加工型中小企业面临优胜劣汰新考验。

（五）国内部分地方和企业对全球经济调整的趋势性要求反应迟钝，我国经济结构调整进展不大

世界经济将步入较长时间的低速增长期，世界经济结构正在展开深度调

整，欧美发达国家的政府债务危机迫使国民和政府都不得不改变过度消费、寅吃卯粮的经济模式，发达经济体的政府、企业和居民家庭的“去杠杆化”将减弱对我国出口产品的需求，各国贸易政策都趋向保守。世界经济的再平衡将同样要求我国经济结构作出相应调整，来自国外的结构调整倒逼压力越来越大。然而，国内许多地区对全球经济调整的趋势性要求反应迟钝，在国内甚至全球产能过剩的背景下，仍然在大上重化工投资项目，指望形成原材料进口、临港工业区加工、返销国际市场的重化工业国际大循环。这种经济循环对国内的节能减排危害极大，将高能耗高污染留在国内；对国外则可能面临反倾销、反补贴、碳关税等各种贸易摩擦，甚至成为全球经济结构调整的牺牲品。我国“两高一资”产品出口退税刺激政策退出滞后，全国节能减排形势十分严峻。当前的投资结构将固化未来数十年的产业结构，我国面向国际市场的重化工业投资隐藏巨大风险。

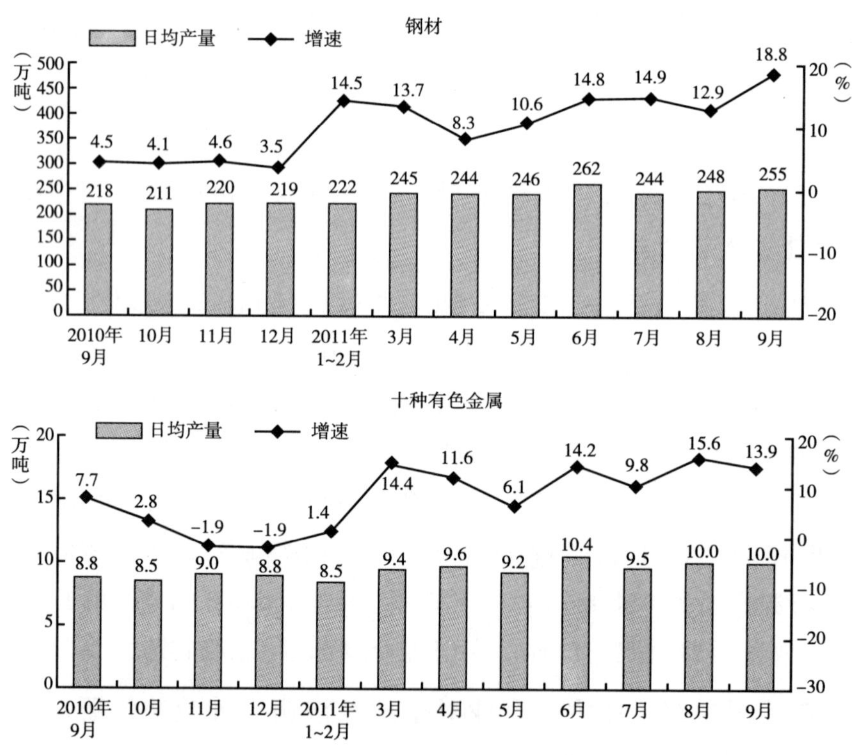

图4　钢材和有色金属产量增速节节攀升

三　2012 年中国经济发展趋势展望

（一）国际经济环境

展望未来，发达国家深受债务问题和财政紧缩的困扰，经济复苏乏力。受发达经济体拖累，全球经济活力正在减弱，并且内外部失衡进一步加剧，市场信心大幅下降，经济下行风险逐渐增大。2012 年全球经济仍将保持低速增长，形势复杂多变。根据 2011 年 9 月 IMF《世界经济展望》秋季报告预测，2012 年世界经济将增长 4%，与 2011 年基本持平，其中，发达经济体将增长 1.9%，新兴和发展中经济体将增长 6.1%（见表 2）。

表 2　世界及主要经济体经济增长预测

单位：%

国家或地区	实际		预测	
	2009 年	2010 年	2011 年	2012 年
世界经济	-0.7	5.1	4.0	4.0
发达经济体	-3.7	3.1	1.6	1.9
美国	-3.5	3.0	1.5	1.8
欧元区	-4.3	1.8	1.6	1.1
日本	-6.3	4.0	-0.5	2.3
新兴和发展中经济体	2.8	7.3	6.4	6.1
中国	9.2	10.3	9.5	9.0
印度	6.8	10.1	7.8	7.5
俄罗斯	-7.8	4.0	4.3	4.1
巴西	-0.6	7.5	3.8	3.6
南非	-1.7	2.8	3.4	3.6
世界贸易总量	-10.7	12.8	7.5	5.8
石油价格	-36.3	27.9	30.6	-3.1
发达经济体 CPI	0.1	1.6	2.6	1.4
新兴和发展中经济体 CPI	5.2	6.1	7.5	5.9

注：石油价格为布伦特、迪拜和西德克萨斯中质原油价格的简单平均，2011 年、2012 年油价预测分别为每桶 103.2 美元和 100 美元。

资料来源：2011 年 9 月 22 日国际货币基金组织编《世界经济展望》秋季报告。

1. 发达国家正在步入滞胀的泥潭

主要发达经济体普遍面临自主增长动力不足的严峻挑战，一是目前正处于重大技术创新的低谷期，各国虽然加大了新能源和低碳技术的研发投入，但是仍未取得重大技术突破，仍不足以带动世界经济增长，金融危机后主要国家潜在经济增长水平下降；二是在政府公共需求逐步减弱的同时，私人需求尚未接过拉动经济增长的接力棒，经济内生增长动力仍然不足；三是市场对发达国家政府是否有能力稳定财政金融状况和促进经济增长产生了怀疑，主要国家普遍面临主权债务压力和金融稳定风险。因此，部分发达经济体 2012 年将可能出现一到两个季度甚至更长时间的衰退，失业率居高不下。同时，由于货币政策依旧宽松，甚至存在出台新的超常规刺激政策的可能，通胀压力相对较大。发达国家正在步入滞胀的泥潭。当前发达国家的困局已经不是短期刺激政策可以解决的，必须进行一系列制度层面的深度改革才能走出困局，但福利制度和财政纪律、金融风险控制制度等改革面临选民政治制度的约束，这将导致发达国家较长时期经济低迷。

2. 新兴经济体增速将继续放缓

新兴经济体经济增速明显快于发达经济体，但也面临一系列风险：一是国际上货币流动性仍极其宽松，大量热钱流入部分抵消了新兴经济体货币政策紧缩对控制物价的作用，加上国际市场大宗初级产品价格高位震荡，新兴经济体通货膨胀压力依然较大；二是新兴经济体宏观经济政策普遍趋于紧缩，对经济增长的抑制作用逐步显现，新兴国家经济增速将呈放缓态势。根据 IMF 秋季报告预测，2012 年新兴和发展中经济体 GDP 将增长 6.1%，较今年减缓 0.3 个百分点。其中，金砖五国除南非有望保持 3.6% 的增长，增速略有加快外，中国、印度、俄罗斯和巴西 2012 年 GDP 分别增长 9%、7.5%、4.1% 和 3.6%，经济增速均呈减缓态势。

总体上，2012 年世界经济将维持低速增长格局，但是，因债务违约而造成金融市场失控、全球经济再次出现 2009 年那样的整体负增长的可能性较小。

（二）国内经济发展环境

1. 经济增长的有利因素

“十二五”规划第二年进入投资项目集中建设阶段，将在一定程度上带动投

资及经济增长。从“六五”到“十一五”经验看，一个五年规划中各年的平均投资增速分别为 17. 3%、24. 1%、28. 5%、18. 8%、19. 8%，受投资建设周期影响，五年规划第二年往往是建设项目进入投资高峰期。2012 年作为“十二五”规划的第二年，在重大规划项目建设的带动下，固定资产投资仍将保持较快增长。

战略性新兴产业的相关规划陆续出台给经济增长增添新的动力。在 2010 年国务院发布《关于加快培育和发展战略性新兴产业的决定》的基础上，2011 年 7 月 23 日，国家发展改革委发布了《鼓励和引导民营企业发展战略性新兴产业的实施意见》，此外，《节能环保产业发展规划》、《环境服务业“十二五”规划》也将陆续出台。未来在国家政策的推动下，战略型新兴产业发展将进一步加快，我国经济将获得新的增长动力。

在区域协调发展和主体功能区战略的作用下，中西部不断承接东部产业转移，逐步成为带动经济增长的新亮点。随着区域发展政策体系不断完善，全国主体功能区规划发布实施，支持民族地区发展力度进一步加大，对口支援西藏、新疆、青海省藏区的指导意见、兴边富民行动规划、进一步促进内蒙古经济社会又好又快发展的若干意见逐步贯彻，中西部承接东部产业转移的能力不断提高，对经济增长将发挥重要的积极作用。

扩大居民消费政策的不断完善将进一步扩大消费对经济增长的贡献。“十二五”规划中提出，要建立扩大消费需求的长效机制，把扩大消费需求作为扩大内需的战略重点。今年出台了一系列扩大消费需求的政策。“十二五”内贸规划即将出台，也将有力促进国内贸易和完善流通体系；央行关于第三方支付平台的新规定以及银联推出的无卡支付平台等政策都将为网络消费和银行卡消费等新兴消费模式提供良好环境。此外，随着个税改革的不断推进、中央针对中低收入者的补贴力度不断加大、最低工资标准的不断提高和社会保障体系的不断完善，城乡居民收入也将稳步提高，消费购买力较强的城镇人口比重上升，政策因素和人口结构因素等将有利于我国消费需求保持稳步加快的增长态势。

2. 经济增长的不利因素

刺激性政策逐步退出将使得社会总需求扩张速度放缓。2012 年控制物价总水平的任务仍十分艰巨。假设 2011 年居民消费价格上涨 5. 5%，对 2012 年的翘尾因素影响约为 1.7 个百分点，如果要将全年物价总水平控制在 4% 左右，则要求新涨价因素要比 2011 年的 2.8 个百分点低 0.5 个百分点。考虑到逐步消化巨额货币存量的需要，货币政策有必要继续保持总体“稳健”、稳中偏紧的取向，将表外业务的金融创新活动逐步纳入货币政策监控范围。社会融资总量增长逐步趋于稳健，将在一定程度上抑制经济和投资扩张速度。房地产调控政策在 2012 年仍将延续，并且限购等政策将由一线城市逐步向二三线城市推广。受资金和市场预期等因素影响，房地产及相关行业投资将可能出现明显减速，进而带动投资增速放缓。

地方财政债务压力和土地市场交易趋冷对地方投资融资能力形成制约。根据国家审计署公布的全国地方政府性债务审计结果，我国地方政府财政风险尽管总体可控，但部分地区短期流动性风险正在不断聚集和暴露，对地方政府融资平台的管理将进一步严格规范。此外，土地收入方面也不容乐观，2011 年以来地方政府加大了供地力度，但由于受到房地产调控政策及资金链问题影响，土地市场交易数量却在降低。2011 年 8 月，12 个重点城市居住用地成交面积降至 80 公顷，而上年同期为 438.13 公顷，且大部分成交土地为底价成交。因此，地方政府融资能力相对于庞大的投资建设任务将更显不足，这将对投资以及经济增长形成抑制。

节能减排等对经济增长的质量提出新要求，将制约粗放型增长。2011 年，高耗能行业增加值和投资增速较快，使得节能减排形势日益严峻。2011 年 9 月 7 日，国务院发布了“十二五”节能减排综合性工作方案，方案明确了未来五年节能减排的目标，要求在单位国内生产总值能耗、化学需氧量、二氧化硫、氨氮和氮氧化物排放量方面，均较“十一五”有显著下降，并且对各地方、各行业节能减排下达了任务分解目标，这将推动经济发展方式转变，对“两高一资”产业的增长形成一定的制约。

资源、劳动力成本上升抬高了经济增长的成本。资源价格和劳动力成本上升是我国经济运行将要长期面对的问题，在这些因素的推动下，投资和生产经营的成本提高。在物价上涨初期，由于需求动力仍然稳定，以名义价值量计算的增加额可能还会上升，然而随着物价上涨时间进一步持续，将对需求形成抑制，进而使经济增长的实际量和名义量同时下降。

出口放缓对工业生产形成一定压力，进而导致经济增速放缓。由于外部环境的不确定性仍然较大，全球经济复苏缓慢，2012 年我国出口增速将呈放缓态势。

根据我国投入产出表反映出的经济结构关系，我国工业总产出中，有70%是用于中间使用，大概30%是最终使用，而在最终使用中，最终消费支出和资本形成总额占一半，而出口占一半，因此，可以判断，出口对工业生产的影响非常大。

（三）2012 年中国经济增长前景预测

根据上述国内外经济发展环境分析，我们将三种不同世界经济增长背景和三种不同宏观调控政策组合为假设条件，经模型测算，预测2012年中国经济增长高中低三种不同情景。

1. GDP 增长8.7%左右的基准情景，概率50%

如果2012年欧美债务危机在一定程度上得到控制，主要发达经济体整体不出现二次衰退，发展中经济体通胀压力得到一定缓解，世界经济继续保持低速增长态势，全球GDP增速同上年基本持平，全年通货膨胀水平不超过2011年。同时，我国注重处理好保持经济平稳较快发展、加快经济结构战略性调整和保持物价总水平稳定三个宏观调控主要着力点的关系，在经济增速和物价水平小幅双降、总量矛盾有所缓解的背景下，总量政策保持稳定性和连续性，继续实行积极的财政政策和稳健的货币政策，把“调结构”放到宏观调控的突出位置，认真将“十二五”规划的主题、主线落实到年度经济社会发展计划中。财政赤字规模与上年基本持平，从而使赤字率由上年的2%左右下降到1.7%左右，财政扩张力度有所减弱。货币政策进一步强调实质性稳健，M2增长15%左右，“社会融资总量”增长规模在14万亿元左右，其中人民币信贷新增7.5万亿元左右。以加强金融监管、防范金融风险为突破口，通过“疏堵结合”治理表外融资和民间借贷，从社会融资总量角度对“流动性闸门”加以控制。严格限制高耗能行业投资，积极引导高加工度行业、新兴产业和民生工程投资快速增长。严格落实《“十二五”节能减排综合性工作方案》的节能减排目标以及全年单位国内生产总值能耗下降3.5%的节能目标。在这一国际环境和政策假设情景下，经模型测算，我国经济可望在结构调整中保持平稳较快增长态势，GDP增长8.7%左右；经过精心调控，妥善应对输入性通货膨胀压力，可以将居民消费价格上涨幅度控制在4%左右，工业生产者出厂价格涨幅控制在4.5%。虽然经济增长略有放缓，但成本上升压力减轻，企业利润和财政收入状况不会明显转差。固定资产投资增速略为放缓，全年增长20%左右，同比增幅回落5个百分点；社会消费品零售总额增长平稳，因物价涨幅回落，消费品零售实际增速比上年略有提高。出口增速由2011的22%下降到2012年的16%，进口增速由2011年的26.6%下降到2012年的18.5%，贸易顺差由2011年的1588亿美元减少到1404亿美元，同比下降11.6%（见表3）。

2. GDP增长9.5%的高增长情景，概率25%

如果2012年欧美债务危机得到有效控制，市场信心得到较快恢复，主要发达经济体经济复苏加快，不再推出放松货币的新举措，国际大宗商品价格趋于稳定，发展中经济体通胀压力得到较好控制，不再推出进一步紧缩政策，世界经济增长速度快于上年，国际贸易环境较上年有所改善。同时，我国宏观调控政策更加注重稳定增长，继续实行积极的财政政策和稳健的货币政策，财政赤字率与上年基本持平，财政赤字规模扩大，地方政府债券发行规模增加较多；货币政策在稳健中对部分薄弱环节实行定向宽松政策，全社会融资总量继续处于稳中偏宽的状况。加快“十二五”规划重点建设项目的开工，不再出台新的房地产调控紧缩需求措施，保障房和普通商品房建设资金得到保证，固定资产投资继续保持较快增长。出口增速大体保持2011年水平。在这一国际环境和政策假设情景下，经模型测算，我国经济可望保持9.5%左右的较快增长态势；但通货膨胀压力相对较大，预计居民消费价格上涨幅度将在5%左右，工业生产者出厂价格上涨6%左右（见表3）。由于快速增长中落后产能难以淘汰，节能减排形势仍然不乐观。

3. GDP增长8.0%左右的低增长情景，概率25%

如果2012年欧洲债务危机继续发酵并向核心国家蔓延，金融市场继续动荡，主要发达国家财政状况进一步恶化，同时，通胀压力上升使得货币政策缺乏空间，主要发达经济体经济出现个别季度负增长甚至部分国家出现二次衰退。发展中经济体为应对通胀压力而继续收紧政策，世界经济增速明显低于上年，国际贸易环境进一步恶化。而我国宏观调控政策继续以“控通胀”为首要任务，实行财政和货币“双稳健”政策，财政政策力度较上年有所收缩，财政赤字率和赤字规模明显下降，地方政府发债受到债券市场冷遇；货币政策在严控表内业务的同时加大对表外融资的监控力度，继续加息缩小负利率，使社会融资总量增长出现明显下降。在这一国际环境和政策假设情景下，经模型测算，我国出口增速将由2011年的22%大幅下降到2012年的12%，贸易顺差同比减少15.6%，固定资产投资增速下降9个百分点，全年增长16%。GDP增长将明显减速至8%左右；由于产业结构进入深度调整，落后产能得到较快淘汰，节能减排形势明显好

转；总需求收缩使通货膨胀压力相对缓和，预计居民消费价格上涨幅度将在 3% 左右，工业生产者出厂价格上涨 4% 左右（见表 3）。

表 3　2012 年三种经济增长情景预测

指　标	高方案		基准方案		低方案	
	绝对值（亿元）	增速（%）	绝对值（亿元）	增速（%）	绝对值（亿元）	增速（%）
GDP	549298	9.5	540767	8.7	532796	8.0
一产	55356	4.2	54045	3.6	52747	3.0
二产	262615	10.9	257334	9.7	252803	8.8
三产	231327	9.2	229388	8.8	227246	8.3
规模以上工业增加值	—	14.0	—	12.5	—	11.0
轻工业	—	13.3	—	11.8	—	10.6
重工业	—	14.3	—	12.8	—	11.2
固定资产投资(不含农户)	382934	24.0	370582	20.0	358229	16.0
房地产投资	77773	23.0	74611	18.0	72714	15.0
社会消费品零售额	213377	18.0	210664	16.5	208856	15.5
出口(亿美元)	22912	20.0	22148	16.0	21384	12.0
进口(亿美元)	21444	22.5	20744	18.5	20043	14.5
外贸顺差(亿美元)	1468	-7.6	1404	-11.6	1341	-15.6
居民消费价格指数	105.0	5.0	104.0	4.0	103.0	3.0
工业生产者价格指数	106.0	6.0	104.5	4.5	104.0	4.0

四　2012 年宏观调控政策建议

根据以上预测，2012 年我国出现经济增速和物价涨幅双双小幅下降的概率较大，经济运行的总量矛盾有所缓解，国内外多重两难甚至三难因素的挑战使我国宏观调控总量政策无论进一步收紧或放松的空间都很小，巩固宏观调控的积极成果需要坚持积极的财政政策和稳健的货币政策，在“控物价”和“稳增长”之间寻找恰当的政策平衡点。同时，国际经济再平衡进入制度变革的新阶段，发达国家需要修正过度负债、过度消费的制度性缺陷，新兴市场国家需要改变过度依赖出口和投资的发展模式，我国促进国民经济内外平衡和投资消费均衡增长的结构调整压力加大，能否在调结构、转方式方面迈出实质性步伐，不仅关系到 2012 年中国经济的稳定发展，更关系到长期发展的可持续性。建议 2012 年将调整经济结构放在经济工作更加突出的位置，更加重视将“十二五”规划的主题、主线落实到年度经济社会发展的计划中，通过积极主动深化改革进一步激发自主增长活力。

（一）继续实行积极的财政政策，严格控制政府投资项目开工

2012 年，受经济增速有所放缓和价格水平高位回落的影响，财政收入增速将低于前两年。随着工业生产和社会消费品零售总额增速放缓，主要以工业增加值和商业增加值为税基的国内增值税增速将有所回落；随着国内外需求增长放缓导致进出口减速，进出口环节税收增速也将回落；企业经营环境偏紧影响到企业效益，企业所得税增长面临困难；汽车销售增长维持低水平，国内消费税和车辆购置税增长也难有起色，综合考虑到资源税等增税因素和结构性减税因素，初步预计 2012 年全国财政收入增长 15% 左右。2012 年，政府在建项目和保障性住房建设需要继续投入大量资金，社会保障、就业、医疗等民生方面需要进一步加大财政投入，“十二五”规划重大项目、“三农”、节能减排、区域协调发展等经济结构调整也需要财政支持，需要财政支出保持较高增长。在财政收入增速放缓，财政支出依然保持较高增长的背景下，有必要继续实施积极的财政政策，保持适当规模的财政赤字。建议 2012 年安排中央财政赤字规模从 2011 年的 7000 亿元减少到 6000 亿元。同时考虑到地方政府债务负担和房地产调控、清理地方政府融资平台的影响，地方可支配财力有所下降，建议 2012 年由中央财政代地方发行 3000 亿元地方债并纳入地方预算，比 2011 年增加 1000 亿元。财政赤字总体规模与上年持平，保持在 9000 亿元，但占 GDP 的比重比 2011 年有所下降。继续支持部分财政状况较好的省级政府直接到债券市场融资试点，适当扩大地方债券发行规模。财政支出结构的安排中，要在压缩行政支出、保证政府在建项目支出的同时，推动财政支出大力向社会保障倾斜，向改善民生倾斜，不断提高其所占比重。政府投资要在确保在建项目投资顺利完成的同时，严格控制新开工项目。除确保“十二五”规划中的国家级重点建设项目陆续开工外，严格控制一般性地方政府投资项目的开工，防范地方债务和地方政府融资平台风险过度积累。适当提高中央财政对保障性住房的补助水平，进一步加大中央财政对保障性住房的支持力度，调动地方政府的积极性。

（二）适当降低增值税和部分消费税名义税率，推动经济结构调整

财政政策对促进经济结构调整作用较大，积极的财政政策执行重点应由扩大

政府投资支出转向结构性减税。建议适当降低增值税名义税率，同时逐步取消名目繁多的增值税优惠政策。消费税制改革在坚持对一些过度消费会损害健康和环境的商品继续课以重税外，其他诸多商品的消费税率应适度下调，部分已成为日常生活不可或缺的商品已不再适合课征消费税，部分传统上视为奢侈品的商品的消费税率也应大幅下调。这些措施将会产生以下积极作用：第一，有利于降低商品国内售价，促进居民消费。我国税收以间接税为主，间接税在很大程度上都会通过税负转嫁的形式由最终消费者承担。增值税和消费税等价内税率的下降将有助于降低商品售价，一方面有利于控制物价总水平；另一方面，商品降价有利于扩大居民消费，有利于增强企业应对成本上升能力，使企业有能力提高劳动者报酬水平，从而改善政府、企业与居民的收入分配关系。第二，取消名目繁多的增值税优惠政策，有利于帮助中小企业获得公平税负环境。我国增值税名义税率偏高，但外资企业和国内大企业往往可以通过各种办法获得不同名目的优惠税率，真正承受高税负的是国内中小企业。降低名义税率同时逐步取消优惠税率，有利于公平税负，明显减轻中小企业在结构调整中的经营压力。第三，降低增值税名义税率必然下调部分商品出口退税率，有利于促进内外需平衡。近年来，我国陆续出现部分国产商品国内售价高于国外售价的不正常现象，除流通费用等其他原因外，内销与外销的税负不同是重要原因之一。为了进一步扩大内需，减少来自国外的反倾销反补贴贸易摩擦，有必要适当降低增值税内销税率，同时适当下调部分商品出口退税率。下调增值税和部分消费税名义税率的同时逐步取消增值税优惠税率对实际税收影响较小，但对公平税负、调整结构影响较大。

（三）从社会融资总量角度加强对流动性总闸门的控制，进一步优化信贷结构

综合考虑经济增速和物价涨幅以及货币流通速度加快等因素，建议 2012 年继续实行稳健的货币政策，M2 增长 15% 左右，“社会融资总量”增长规模在 14 万亿元左右，其中人民币信贷新增 7.5 万亿元左右。同时，从控制流动性总闸门、防范金融风险出发，疏堵结合加强对表外融资的治理。一是要在银行表内表外业务间建立有效的“防火墙”，对银行表外业务进一步加以规范。二是可考虑将部分表外业务并表监管。三是将保证金存款、结构性存款、理财产品、基金公司存款、保险公司存款甚至金融机构发行的债券等逐步纳入准备金的计提范围，

以杜绝商业银行通过表外业务来规避准备金缴纳的行为和动机。在加强流动性总量调控的同时，要继续加强信贷结构和方向调控，按照“有扶有控”的要求，扩大对保障性住房、“三农”、中小企业、节能减排、战略性新兴产业、就业、助学等重点领域和薄弱环节的信贷支持，执行好差别化房贷政策，加强对地方政府融资平台的放贷管理，严格控制对高耗能、高排放行业和产能过剩行业的贷款。

（四）加强对民间借贷市场的规范，防范民间金融风险

2011 年国内民间借贷市场非常活跃。民间借贷的飞速发展有其客观需求，对盘活民间资本市场、满足中小企业和民营企业资金需求有着积极意义。但民间借贷利率高企，一旦借款企业无力还本付息，将导致大量的民间借贷资金血本无归，进而影响到金融秩序与社会稳定。对于当前空前活跃的民间借贷，需要强化监管机制，建立民间借贷法规制度，加强对民间借贷市场的规范：一要认真落实并完善对小微企业贷款的差异化金融监管政策，对符合有关条件的小企业贷款进行专项考核，提高对小企业不良贷款比率的容忍度。二要明确将小微企业作为重点支持对象，支持专为小微企业提供服务的金融机构，要督促各类银行切实落实国家支持中小企业特别是小微企业发展的信贷政策，完善激励约束机制，鼓励各类金融机构改进对小微企业的金融服务。三要引导民间资本合法经营，让民间借贷浮出水面，扶持优秀的小贷公司和担保公司。四要协调监管，目前民间金融机构的监管分布在不同的部门，如典当行由商务局监管，小贷公司由金融办监管，而担保公司则存在监管空白，建议赋予有关部门管理职能，对其进行集中管理和研究。

（五）进一步改善物价调控，更加重视运用经济手段

在 2011 年的物价调控中，较多借助于约谈生产企业等行政性手段，物价调控中屡屡出现“摁倒葫芦起了瓢”等顾此失彼的现象。行政干预在强行压制短期通胀压力的同时，还导致远期通胀压力进一步积聚。2012 年需要采取多种措施，进一步改善物价调控。一要更加重视经济手段、市场化手段的运用。控制社会总体流动性是典型的经济手段。虽然 2011 年我国货币供应量增速放缓，但我国过高的货币存量水平仍成为潜在的通胀隐患。为此，2012 年的货币供应需要保持稳中适度偏紧。二要改进对通货膨胀形势的判断标准。除考察 CPI 外，还应将核心 CPI、“低收入群体 CPI”等纳入考察范围。需要看到，我国农产品价格上

涨将是长期趋势，是工业化、城市化推进以及居民膳食结构改善升级的必然结果。而且我国石油对外依存度较高，随着我国工业化的进一步推进和居民消费结构升级，石油对外依存度会进一步上升。当前，我国 CPI 持续上升的主要力量来自食品，而国际油价上涨成为我国输入型通胀的主要来源。仅通过 CPI 走势来判断通胀形势全局，容易造成对通胀压力的过分渲染和过度担心。从现阶段我国国情来看，需要改进对通胀形势的判断标准，除了继续将 CPI 走势作为重要的判断依据外，还需要将剔除了食品和石油价格影响的核心 CPI 纳入考察范围。此外，由于低收入群体恩格尔系数高，还需要特别关注“低收入群体 CPI”，以更加真实、准确地了解物价上涨对低收入群体的影响。货币政策应更多关注核心 CPI 趋势和资产价格走势，财政补贴政策更多关注“低收入群体 CPI”，提高政策的针对性。三要注重促进农业企业化、规模化经营。在确保农民对土地长期承包经营权的前提下，鼓励农民将土地经营权以入股、出租等方式流转到农业企业，对商业银行、流通企业、科技企业的涉农金融、流通、科技等经营活动给予营业税减半等政策优惠，实现农业生产与现代金融、现代流通和现代科技的对接，提高农业生产科技水平，增加对农业的金融投入，加快实现农业大生产与城市大市场的有效对接，畅通鲜活农产品运输“绿色通道”，降低农产品流通成本；完善粮食、猪肉、食用植物油等大宗农产品储备制度和调节机制，从生产、金融、科技、流通等多环节有机结合入手，稳定食品价格。

（六）立足于提升居民消费能力，全方位扩大消费

国际经济调整对我国提高居民收入、扩大国内消费形成新的压力，这也成为我国经济结构调整的重中之重。要积极推动收入分配的实质性改革，通过政府减税、企业让利为提高劳动者报酬形成制度性保障，在我国经济实力逐步增强时期让居民收入大幅增长。同时，要通过提高存款利率和稳定证券市场促进居民财产性收入的增值保值，提升消费信心。应果断降低中高档消费品进口关税，释放高端消费需求，让高收入群体的高端消费需求留在国内，有助于扩大消费总量。要建立食品等消费品安全的严查重罚制度，让居民放心消费。我国已进入物品供应极为丰富的阶段，必须多部门配合，建立精细化、标准化、诚信安全的生产流通和法律监管机制，为消费者创造便利、安全的消费环境，促进终端消费需求持续扩大。

综　合　篇

General Reports

G.2 2011年固定资产投资形势分析及2012年展望

徐　策*

摘　要： 2011年，在政策刺激力度减弱以及总体货币环境趋紧的情况下，我国固定资产投资增速呈现出稳步放缓的态势。投资增长的主要动力仍然来自制造业投资和房地产业投资。当前，投资领域存在着与出口相关的制造业投资过快、高耗能投资持续反弹、投资资金来源放缓、民间金融风险凸显、民生领域投资不足等问题。展望2012年，高铁等基建、保障房投资增速将会明显放慢，总体来看，固定资产投资增速将较2011年有所放缓。

关键词： 投资增速　投资结构　宏观调控

* 徐策，经济学博士，国家信息中心经济预测部助理研究员，主要研究宏观经济、固定资产投资运行与宏观调控政策等。

一　2011 年投资需求的主要特征及全年预测

（一）当前投资增速保持高位放缓态势

2011 年前三季度，固定资产投资完成 212274 亿元，同比增长 24.9%，增速比上半年放缓 0.7 个百分点，低于 2000 ~2010 年同期均值 0.95 个百分点，但总体上保持平稳较快水平（见图 1）。剔除价格因素后，投资延续了 2009 年三季度以来逐步放缓的态势，今年前三季度投资实际增长 16.9%，较 2003 ~2010 年同期均值低 8.1 个百分点。一方面表明实际投资在宏观调控的作用下出现了放缓，另一方面，名义投资之所以仍然保持较高增速，价格回升是一个重要因素。前三季度，房地产开发投资累计同比增长 32%，较上半年下降 0.9 个百分点。剔除房地产开发投资后，投资增长持续保持在 23% 左右，说明房地产开发投资仍然是带动投资的主要力量，同时，房地产投资逐步放缓是当前投资放缓的重要原因之一。

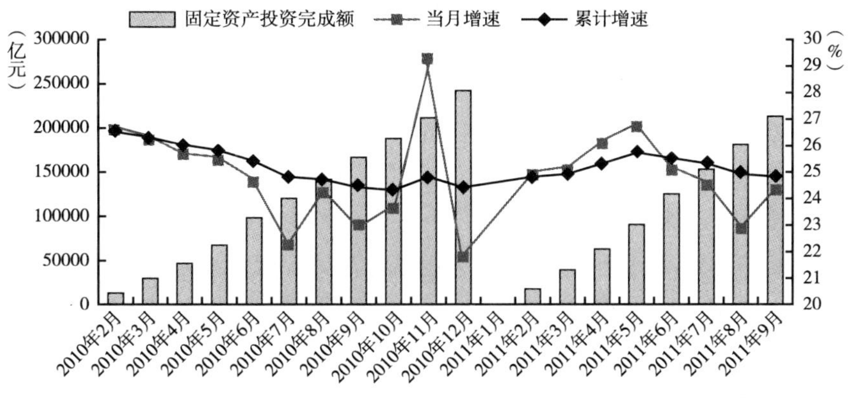

图 1　固定资产投资（不含农户）及其增速

资料来源：Wind 资讯。

（二）中央项目推动力量逐步放缓，地方项目带动投资高位运行

从项目隶属关系看，2011 年前三季度，中央项目同比下降 7.5%，增幅比上年同期减少 17.5 个百分点，中央政府投资力度不断减弱；地方项目投资增长

27.7%，增幅比上年同期加快1.8个百分点；地方项目占总投资的比重达到94.1%，较上年同期提高1.9个百分点，反映地方政府投资热情仍然较高，“十二五”规划的重大投资项目带动效应开始显现。

（三）制造业和房地产业投资是带动投资增长的主要动力

2011年前三季度，制造业投资同比增长31.5%，占固定资产投资完成额的34.4%，高于2003～2010年同期均值4.5个百分点，对投资增长的贡献率为41.3%，高于2003～2010年同期均值7.5个百分点。房地产行业投资同比增长32.6%，占固定资产投资完成额的24.3%，高于2003～2010年同期平均值1.1个百分点，对投资增长的贡献率为31.4%，高于历史同期平均值7.2个百分点。这说明制造业和房地产业投资是投资增长的主要动力，前三季度这两个行业分别拉动投资增长10.3和7.8个百分点。

（四）交通设施投资大幅放缓，电力、水利投资实现平稳增长

2011年前三季度，基础设施投资继续呈现持续放缓的态势，同比增长9.3%，较上年同期减缓10.6个百分点。其原因主要有，一是由于今年中央政府财政投资的刺激力度大幅减弱导致基础设施投资整体放缓；二是中央关于高铁建设大检查导致交通运输投资大幅放缓，前三季度，交通运输仓储邮政业投资增长5.7%，较上年同期减缓16.3个百分点，其中铁路运输业投资已经连续三个月负增长，前三季度累计同比下降19%。前三季度，电力燃气水的生产和供应业投资增长3.7%，较上年同期减缓4.6个百分点；水利环境和公共设施管理业投资增长17.2%，比上年同期放缓8.7个百分点。三大基础设施行业合计投资占比和贡献率均低于2004～2010年同期均值5.5个百分点和13个百分点，反映基础设施行业投资对全部投资的带动作用不断放缓。

（五）民间投资保持较快增长，国有投资继续放缓

2011年前三季度，民间投资同比增长34.2%，较上年同期加快3个百分点，比全部投资增速快9.3个百分点；民间投资比重不断提高，截至三季度末占比达到59%，较上年同期提高7个百分点，民间投资对总投资增长的贡献率达到了69%，拉动全部投资增长17.1个百分点。民间投资逐步成为带动投资增长的主

要动力。前三季度，国有及国有控股企业投资累计同比增长12.7%，较上年同期下降6.8个百分点，反映政府投资力度总体减弱。

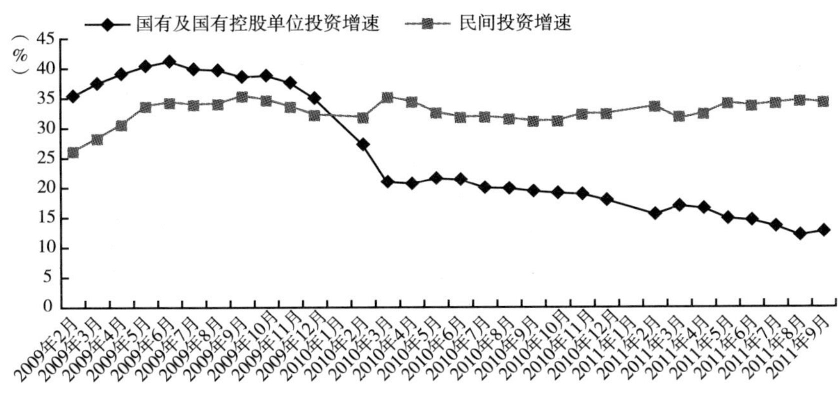

图2　民间投资与国有投资增速比较

资料来源：Wind资讯。

（六）中西部投资增长较为强劲，投资空间结构有所优化

2011年前三季度，中西部地区投资增速较为强劲，分别为29.9%和29.5%，分别快于全国水平5个百分点和4.6个百分点，呈现出高位平稳运行的态势；东部地区投资增长22.3%，慢于全国水平2.6个百分点。中西部地区投资增速仍然保持快于东部，投资空间结构不断优化，表明中央区域发展政策效果不断显现，区域产业转移更趋活跃。

二　当前投资领域需要关注的几个问题

（一）高耗能投资持续反弹，节能减排任务艰巨

2011年前三季度，六大高耗能行业投资呈现持续反弹的态势，累计同比增长17.9%，较上年同期加快3.6个百分点。前三季度，高耗能行业投资占全部投资的13.5%，较年初上升0.86个百分点。其中有色金属冶炼及压延加工业和非金属矿物质制品业投资增长较快，增速分别为33.2%和28.2%，均高于全部固

定资产投资增速。这反映出进入2011年以来，投资结构趋重化，高耗能行业增加值持续保持高位，节能减排形势严峻，经济结构调整任务艰巨。

（二）投资资金来源增速连续放缓，民间金融风险凸显

2011年前三季度，固定资产投资资金来源同比增长23.2%，慢于同期投资完成额增速1.7个百分点，较上年同期下降2.8个百分点，比2000～2010年同期均值低5.5个百分点。其中，国内贷款增速放缓明显，前三季度增长7.8%，较上年同期下降15.2个百分点，这主要是货币政策收紧的结果。在信贷资金增速大幅放缓的条件下，投资增速却仍然保持24.9%的较高水平，主要原因之一是今年以来民间融资等非信贷融资总量不断加大，在资金面对投资起到了支持作用。这部分资金的利率较高，甚至大大高于企业的利润率，一旦难以偿还借贷，可能造成金融风险。

（三）民生领域投资持续不足，投资支持民生改善作用亟待加强

2011年前三季度，包括居民服务、教育、卫生、社保、文化、体育、娱乐等领域的民生投资累计同比增长20.6%，低于全部投资增速4.3个百分点，占全部投资比重下降了0.3个百分点，为3.5%，且低于2003～2010年同期平均值0.7个百分点，这反映了投资在民生领域的缺口仍然较大，投资增长对于民生改善的支持作用仍亟待加强。

（四）与出口相关的制造业投资增速过快，存在产能过剩风险

从2011年前三季度数据看，与出口相关的制造业投资增速仍然较快，比如纺织、服装、皮革、木材、家具等行业均保持30%左右的增速。在外部环境不确定性加大的条件下，投资过多地分布于与出口相关的行业，将可能加大未来产能过剩的风险。

三　2012年投资走势展望

（一）推动投资增长的有利因素

1. “十二五”规划第二年进入投资项目集中建设阶段，将在一定程度上带动投资较快增长

从“六五”到“十一五”的经验看，一个五年规划中各年的平均投资增速

分别为 17.30%、24.08%、28.48%、18.83%、19.78%，受投资建设周期影响，第二年往往是建设项目进入投资高峰期。2012 年作为“十二五”规划的第二年，在重大规划项目建设的带动下，投资需求比较旺盛，投资仍将保持较快增长。

2. 战略性新兴产业的相关规划陆续出台，拓宽了新的投资空间

2011 年 7 月 23 日，国家发展改革委发布了鼓励和引导民营企业发展战略性新兴产业的实施意见，未来在民营经济的推动下，战略性新兴产业发展将进一步加快。此外，《节能环保产业发展规划》、《环境服务业“十二五”规划》也将陆续出台，根据各研究机构的测算，“十二五”期间环保产业市场规模将超 3 万亿 ~4 万亿元。十七届六中全会提出，“加快发展文化产业、推动文化产业成为国民经济支柱性产业”。国家将加快推进文化产业结构调整，大力发展文化创意、影视制作、出版发行、印刷复制、演艺娱乐、数字内容和动漫等七大重点文化产业，这将带动相关产业投资快速增长。

3. 在区域协调发展和主体功能区战略的作用下，中西部不断承接东部产业转移，逐步成为带动投资增长新的驱动力

随着区域发展政策体系不断完善，全国主体功能区规划发布实施，支持中西部地区以及民族地区的发展力度进一步加大。随着关于推进新疆跨越式发展和长治久安的意见，关于对口支援西藏、青海省藏区的指导意见，兴边富民行动规划，进一步促进内蒙古经济社会又好又快发展的若干意见，国务院关于支持河南省加快建设中原经济区的指导意见等国家级战略、规划、措施的逐步贯彻，中西部承接东部产业转移的能力不断提高。此外，中西部地区在土地、劳动力成本、环境容量上均优于东部，因此中西部地区的投资吸引力较强，将成为我国投资增长新的驱动力。

4. 加大对中小企业支持力度，出台“新非公 36 条”相关配套措施有助于民间投资实现稳步增长

近期，《“十二五”中小企业成长规划》已经出台，国务院要求研究制定九项支持小微型企业发展的金融和财税政策措施，这将对中小企业解决当前困难起到积极作用，并有利于其投资增长。目前国家正在研究并尽快出台落实“新非公 36 条”的细则，这将在一定程度上解决民间资本的出路，同时也有利于打破垄断，激发市场活力，进而促进民间投资快速增长。

5. 地方债试点对于加强地方政府融资能力起到积极作用

2011 年 10 月 17 日，财政部下发了《2011 年地方政府自行发债试点办法》，批准2011年上海市、浙江省、广东省、深圳市开展地方政府自行发债试点。在短期内发债试点将增加地方政府融资渠道，增强地方政府在保障房、基础设施等领域建设的财力。

（二）抑制投资增长的不利因素

1. 货币政策滞后效应与外部需求放缓相叠加将可能导致投资需求有所放缓

本轮货币政策趋于收紧以来，12次提高存款准备金率，5次提高基准利率，使得资金面总体保持偏紧格局。截止到9月末，M2增速同比回落至13%，M1更是已经回落至8.9%。然而，货币政策发挥效果具有一定的时滞性，这将对未来投资增长形成一定制约。此外，外部环境不确定性不断加大，欧洲主权债务危机日益蔓延，将会逐步影响到我国外需。历史数据表明，我国投资与出口关系紧密。我国制造业投资占全部投资比重较高，而制造业投资中与出口关联的行业、领域也较多，尤其是近年来，诸多加工贸易企业投资主要是依托外部需求而形成的。因此，货币政策的滞后效应和外部的不确定性相叠加，将有可能使投资增速放缓。

2. 严厉的房地产调控政策将使得房地产投资出现实质性放缓

房地产调控政策的取向在2012年仍将延续，并且将由一线城市逐步向二三线城市推广。同时，保障房建设投资增量较上年明显下降，而且考虑到2011年保障房建设过程中存在资金、质量和管理等方面的问题，保障房的建设规模将有所放缓。因此，房地产及相关行业投资有可能出现实质性减速。

3. 地方财政风险和土地交易趋冷对地方投资融资能力形成制约

当前，我国地方政府财政风险尽管总体可控，但风险正在不断聚集，部分地区出现的“停止付息”进而引发地方债流标事件表明其财政风险已经暴露出来，对地方政府融资平台的管理将进一步严格和规范。此外，土地收入不容乐观，地方政府加大供地力度，然而受到房地产调控政策及资金链问题影响，土地市场交易趋冷。2011年9月，12个重点城市居住用地成交面积为752公顷，而供应面积为1265公顷，相差513公顷。根据国土资源部统计，2011年第三季度，全国主要监测城市各种用途地价环比及同比涨幅较二季度全面下降。从土地供应市场交易情况看，高价地块数量明显减少，溢价率和竞价轮次相对平稳。这就意味着作为地方政府主要收入来源之一的土地出让金将大幅减少，不利于地方投资增长。

4. 节能减排形势日益严峻对投资增长形成重要制约

进入 2011 年后，高耗能行业增加值和投资增速呈现加快的态势，使得节能减排形势日益严峻。2011 年 9 月 7 日，国务院发布了“十二五”节能减排综合性工作方案，方案明确要求主要能耗和排放指标均较“十一五”有显著下降。因此，短期内将会抑制重化工业、高耗能等行业的投资增长。

5. 企业效益指标回落，反映自筹资金能力下降

企业效益指标不断回落，表现为规模以上工业企业主营业务收入、利润增速连续放缓，1 ~8 月份，两个指标分别累计同比增长 29.9% 和 28.2%，较上年同期下降 3.5 个百分点和 26.8 个百分点，前三季度则进一步放缓至 29.6% 和 27%。企业效益增幅下滑将抑制企业自筹资金能力提高，2004 ~2010 年工业投资资金来源中自筹资金占比均值为 71.4%。因此，企业效益增幅减缓将对投资增速形成较大影响。

综合来看，2012 年固定资产投资增速将达到 20% 左右，其中房地产投资将达到 18% 左右（见表 1）。

表 1　2011 ~2012 年我国投资总额及增速预测

单位：亿元，%

指　　标	高方案		基准方案		低方案	
	绝对值	增速	绝对值	增速	绝对值	增速
固定资产投资(不含农户)	382934	24.0	370582	20.0	358229	16.0
其中:房地产投资	77773	23.0	74611	18.0	72714	15.0

四　促进投资平稳、健康增长的政策建议

2012 年，投资调控和管理重点要把握以下四个方面：一是围绕投资资金，要坚持稳健的货币政策，在保持物价相对稳定的条件下，为投资增长提供相对宽松的货币环境，重点给予中小企业、战略性新兴产业、民生领域建设信贷支持；二是围绕投资结构，严格限制高耗能投资和落后产能投资，逐步构建投资消费良性互动机制，切实推动投资结构调整；三是围绕民间投资，要深化各项机制体制改革，促进民间投资快速增长；四是围绕政府投资，要妥善处理地方政府债务偿还问题，化解财政风险，完善地方政府发债试点工作，支持重点领域、薄弱环节，推动“十二五”规划项目有序上马。

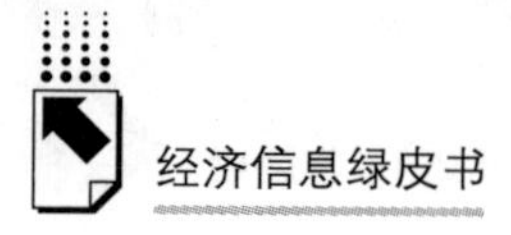

（一）坚持稳健货币政策，提高政策的前瞻性、有效性和针对性

一是坚持实施稳健的货币政策。在保持物价水平总体稳定的条件下，要保持社会融资总量合理增长，重视优化信贷结构，加大对农业基础设施、中小企业、战略性新兴产业等领域的信贷支持，提高货币政策的有效性。二是充分重视货币政策的滞后和累积效应。避免货币政策的滞后效应与外部环境持续恶化等因素叠加，导致投资过快下滑，提高政策的前瞻性。三是要把握好各种政策工具的平衡点并进行合理组合。强化银行表外业务监管，防止风险积聚，保持金融系统健康稳定，提高政策的针对性。四是要进一步推进利率市场化。适时推出非对称加息政策，保护储户利益的同时重点发挥加息对投资结构调整的作用。

（二）调整投资结构，促进发展方式转变

1. 重点加大有利于扩大消费和改善民生的投资，逐步构建投资消费良性互动机制

首先，应加快财税体制改革，彻底改变“重投资、轻消费”的制度根源，从机制上保证各级政府高度重视居民收入和消费的增长；其次，推进要素市场化改革，纠正投资成本失真的问题；再次，着力改善财政支出结构，加大有利于改善城乡居民消费环境的基础设施投资，满足广大人民群众消费结构升级及其对相关投资的需求。

2. 严格限制高耗能投资，积极引导高加工度行业投资快速增长

严格落实年度节能减排目标，并对各地方完成情况适时进行监测和监督。强化节能和环境保护评估，依据《2011 年产业结构调整指导目录》（以下简称《目录》）的要求，针对限制类、淘汰类中所涉及的“两高一资”行业、落后和过剩产能的项目予以严格审批。积极引导地方和企业实现转型升级，推动针对《目录》中鼓励类产业快速发展，重点鼓励高加工度行业的投资实现快速增长，实现投资结构优化升级，并逐步带动投资进入新一轮增长周期。

（三）促进民间投资快速增长，妥善解决中小企业融资难问题

1. 深化投资体制改革，促进民间投资快速增长

尽快完善和落实各领域“新非公 36 条”细则并出台相关配套措施，切实放宽民间投资准入限制，规范投资准入门槛，推动准入标准公开化、透明化，创造

公平竞争、平等准入的市场环境。通过改革行业管理体制，鼓励民间投资进入铁路、交通、电信、航运、能源等领域，鼓励民间资本兴办金融机构，积极创新和灵活运用各种金融工具，加强对民间投资的金融服务。在资金、研发、试点建设等方面对民营企业一视同仁。切实减轻企业负担，缓解民间投资不断增大的成本压力。

2. 采取综合措施，有区别、有针对性解决中小企业融资难问题

针对当前中小企业融资难的问题，要有区别地加以解决，落后、过剩、处于“两高一资”行业的生产能力要予以淘汰；具有发展潜力，符合产业政策，代表未来发展方向的中小企业要大力支持。加强金融组织创新，完善与中小企业规模结构和所有制形式相适应的多层次银行体系；重视融资配套服务的协调跟进，推进建设企业融资的综合配套服务体系；健全多层次资本市场体系。

（四）不断健全地方政府融资机制，发挥政府投资积极引导作用

1. 控制财政风险，健全融资机制

妥善处理地方政府债务偿还和在建项目后续融资问题。继续规范地方政府投融资平台公司的运营。坚决制止政府违规担保行为。建立地方债务融资总量控制机制；督促各地政府成立统一的债务管理机构；将地方政府债务纳入预算管理；健全政府投资决策机制和融资约束机制。完善地方债试点相关管理体系，强化对发债全程监督，注意债券期限结构管理，适时推动发债主体、发债责任由中央转移给地方，探索允许地方政府用项目的收益作为稳定的还本付息来源，并按照市场机制原则进行信息披露的机制。积极探索信托融资、产业投资基金、股权基金、政府投资项目资产证券化等多元化融资方式。

2. 用好政府投资，促进民生改善和战略性新兴产业发展

科学有效地运用好政府投资，切实改善人民生活。重点增加投入促进各类教育均衡发展，特别是中西部地区农村校舍改造；加大保障性安居工程投入，推动新一轮保障房建设顺利开工；加强公共医疗卫生服务设施建设，继续改造建设县级、乡镇卫生服务设施；增加文化、体育事业、旅游业等方面的投入，加强基层公共文化设施和体育设施建设，着力改善重点旅游景区的基础设施。发挥政府投资的积极引导作用，支持战略性新兴产业健康、有序发展。

G.3

2011年消费品市场分析及2012年展望

祁京梅*

摘　要：受经济增长结构调整和居民收入增加的影响，“十一五”时期消费需求持续快速增长，消费品零售额平均增长17.2%，比“十五”时期加快5.8个百分点，消费增速迈上了新台阶。2011年是“十二五”开局之年，前三季度消费品零售额增势虽然低于预期，但仍保持了17%的较快增长，预计四季度消费需求将继续在上升通道运行。展望2012年，随着“十二五”扩大消费战略深入落实，消费实际增速将有所提高，成为稳定经济增长的主要因素。扩大消费的政策应聚焦在增加居民当期收入与财产性收入、提高社会保障水平，以提升居民即期消费能力和长久消费信心，还要着力营造安全诚信的城乡消费环境，让居民放心消费。

关键词：消费市场　消费政策　消费趋势　收入分配

一　2011年消费品市场特征分析

1. 消费品零售额名义增速逐季回升，实际增速明显下降

2011年前三季度，社会消费品零售总额130811亿元，名义增长17.0%，增幅同比下降1.4个百分点。但分季度看，一季度社会消费品零售总额名义增长16.3%，二季度增长17.2%，三季度增长17.3%，2~9月份消费品零售额环比增速均保持在1.3%以上，消费市场呈现前低后高、逐季回升的向好走势。由于2011年物价水平持续走高，消费品零售额实际增速降幅较大。1~9月，商品零

* 祁京梅，经济学学士，国家信息中心经济预测部研究员。主要从事宏观经济、消费和物价等问题的研究。

售物价累计上涨 5.1%，扣除价格因素，消费品零售额实际增长 11.3%（见图 1），比上年同期下降 4.1 个百分点，为 2005 年以来的最低点。初步预计，2011 年全年消费品零售总额 180828 亿元，名义增长 17%，实际增长 11.5%。名义增速低于最近五年的均值，但高于最近十年的平均速度。

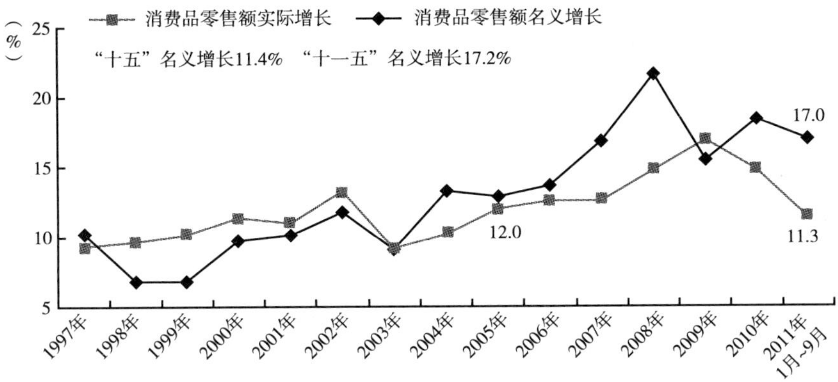

图 1　1997 年以来消费品零售额增长波动走势

2. 农村消费增速稳步攀升，城乡差距继续缩小

随着农民收入快速增长和消费结构升级逐步扩大化，农村消费呈现喜人增势，城乡消费增速差距进一步缩小。1 ~9 月份城镇消费品零售额 113265 亿元，同比增长 17.1%；乡村消费品零售额 17546 亿元，增长 16.4%，城乡增速差距为 0.7 个百分点，比上年同期缩小 2.2 个百分点，特别是 9 月份城乡消费分别增长 17.8% 和 17.3%，两者增速十分趋近（见图 2）。

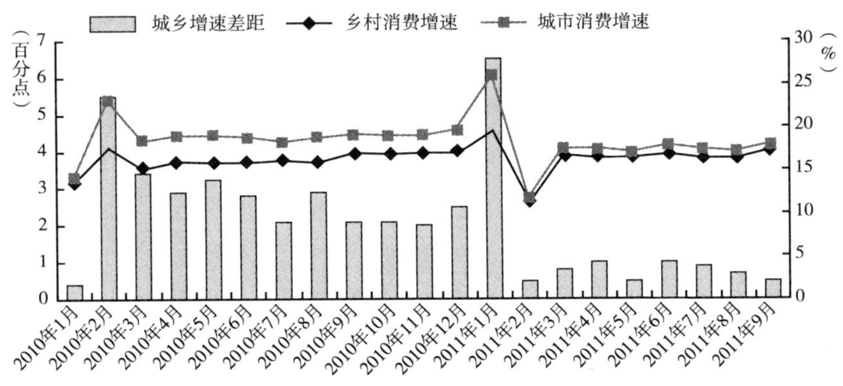

图 2　2010 年以来城乡消费品零售额增速变化趋势

3. 受通胀预期和保值增值理念驱动，金银珠宝类商品受追捧

2011 年以来，黄金珠宝首饰类商品消费备受青睐，连续 9 个月高居限额以上商品销售增速的榜首。1～9 月金银珠宝销售额为 1354 亿元，增长 47.8%（见图 3），增速遥遥领先消费品零售额增幅 30.8 个百分点，占零售额比重同比提高 0.3 个百分点，增速同比提高 4.4 个百分点。金银珠宝类商品持续畅销，主要有两个原因：一是消费结构升级的必然表现。我国居民随着收入水平的提高，消费结构不断升级，生活质量普遍提高，由衣、食为主的生存性消费向住、行以及金银珠宝等发展性和享受性消费过渡。二是投资和保值的需要。2011 年以来在世界和中国范围内，物价上涨的压力不断加大，通胀预期有增无减，一些居民为了财富的保值增值，购买保值避险的金银珠宝类商品。

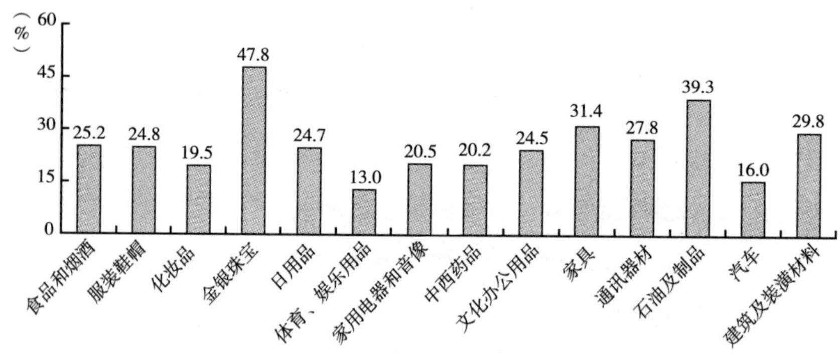

图 3　2011 年 1～9 月限额以上商品销售增速比较

4. 旅游消费再现热潮，中西部旅游升温

随着全国旅游基础设施的不断完善和旅游景点门票规范化整顿，2011 年我国旅游消费再现热潮。2011 年十一黄金周期间，全国共接待游客 3.02 亿人次，比上年同期增长 18.8%；实现旅游收入 1458 亿元，比上年同期增长 25.1%；游客人均花费支出 483 元。国庆黄金周期间，商务部重点监测的全国零售和餐饮企业销售额为 6962 亿元左右，同比增长 17.5%，出游人数与销售额两项数字均创历史新高。旅游消费增长的新亮点是中西部旅游升温。黄金周呈现出中西部旅游火爆、自驾游、短线游大增的特征，城市周边 2～3 小时交通圈的旅游资源成长迅速，四川、桂林、云南、贵州等地的自驾游游客增幅均在 60% 以上，同时多数西部景区接待人数与旅游收入均实现 40% 以上的增长，高于东部地区的景区。

5. 汽车消费增速减缓，对总消费产生下拉影响

受小排量汽车补贴政策退出和北京等部分城市买车限购政策的影响，2011 年以来我国汽车产销呈现大幅减缓态势。根据中国汽车协会统计，1～9 月份汽车销售 1363 万辆，同比增长 3.6%，增幅比上年同期下降 32.4 个百分点。截至 8 月底，北京市机动车净增 13 万辆，平均月增幅 1.6 万辆，仅为上年同期的 24%。根据国家统计局数据，1～9 月限额以上汽车销售增长 16%，虽然比前几个月有所回升，但低于上年同期 18.9 个百分点。初步测算，汽车销售减速下拉社会消费品零售额增速约 1.9 个百分点。

6. 消费者信心不足，消费意愿维持低位

受国内外经济环境不确定因素增多和收入分配改革推进迟缓等因素影响，2011 年以来消费者信心不够充沛。年初消费者信心一度跌至 100 以下，二季度有所回升，但受物价大幅上涨的影响，三季度消费信心再度回落，8 月份消费者信心指数为 105，成为 3 月份以来的次低点（见图 4），消费者满意指数更是大幅回落。消费者信心下降主要源于两方面：一是居民对物价满意度较低。根据央行的调查，三季度居民对物价的满意指数为 14.8%，比上季下降 2 个百分点，72% 的居民认为物价“高，难以接受”，较上季增加 3.8 个百分点。预测下季物价上涨的居民比例为 49.6%，较上季提高 4.1 个百分点。二是居民对未来收入预期不乐观。根据调查，三季度居民未来收入信心指数 54.3%，较上季回落 1 个百分点。消费信心不足导致 43.1% 的居民偏好“储蓄存款”，17.2% 的居民倾向于“更多消费”，居民消费意愿维持低位，储蓄存款意愿提高。

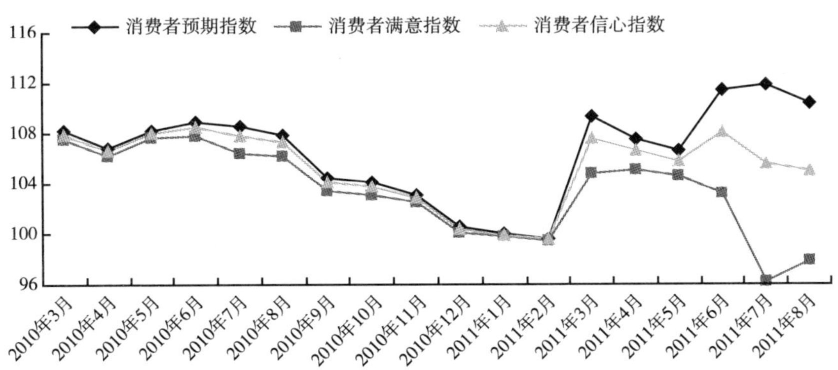

图 4　2010 年以来消费者信心指数变化趋势

二 2012年消费环境分析及走势预测

实施扩大消费战略、确保居民收入增长的两个同步以及提高消费率是“十二五”规划的核心内容之一，随着经济内生性增长动力增强、收入分配稳步推进、民生福利继续得到改善，消费需求有望继续保持平稳快速增长态势。预计2012年消费品零售额名义增长16.5%左右，较上年略有放缓，扣除物价因素，实际增长12.6%，高于2011年1.1个百分点。

（一）经济政策环境有利于扩大消费

1. 世界经济前景黯淡，扩大内需要求更多依赖消费的拉动作用

欧债危机深化蔓延、美国主权信用评级被降低和世界金融市场进一步动荡等因素导致全球经济活力减弱，内外部失衡进一步加剧。2012年发达国家有可能步入滞胀的泥潭，新兴经济体增速将继续放缓，世界经济将保持低速增长。国际经济环境严峻、人民币升值、贸易保护加剧以及我国出口品成本上升，2012年出口增速将继续减慢。“十二五”限制高耗能产业和优化投资结构，也将在提高投资效益的基础上降低投资速度。在三大需求中，扩大消费需求顺应转方式、调结构的大趋势，也符合“十二五”规划预定目标，因此消费肩负着保持经济持续增长的重任。在投资需求和出口需求增速回落的情况下，消费需求实际增速将比2011年有所提高，意味着消费需求势必成为支撑经济增长的重要因素。未来一个时期，我国经济将逐步向增速平稳、消费主导和质量效益提高的优化格局转换。

2. 居民收入持续增长，居民消费能力有望进一步提高

2011年以来我国城乡居民收入不断增长，增速快于上年。前三季度城镇居民人均可支配收入16301元，实际增长7.8%，比上年同期加快0.3个百分点；农村居民人均现金收入5875元，实际增长13.6%，比上年同期加快3.9个百分点。粮食产量连续8年增产、各地提高最低工资标准20%左右、调高退休人员补助标准待遇、个税起征点提高以及就业形势良好均成为居民收入增长的源泉。截至9月末，全国城镇单位就业人员同比增加555万人，全国跨乡镇以外外出农民工的总量是1.64亿人，比上年同期增加了606万人。经济形势平稳、就业人

员增加是中国经济好于西方经济的重要标志，也是扩大消费的资金物质基础。

3. 城乡居民保障水平切实提高，抑制消费的后顾之忧减弱

按照国务院部署，从 2011 年 7 月 1 日起，开展城镇居民养老保险试点工作，并扩大新农保试点覆盖面，全国新农保和城镇居民养老保险试点县分别达到 1914 个和 1902 个，试点覆盖面达 60%。截至 2011 年 8 月底，两项试点参保人数达 1.71 亿人，其中领取待遇人数为 4518 万人。加上各地自行的试点，总参保人数达 2.12 亿人，领取待遇人数为 5925 万人。北京、天津、上海、重庆、辽宁、浙江、福建、江苏、海南、西藏、青海、宁夏 12 个省（区、市）实现了保障制度全覆盖。城乡居民社会保障水平切实提高，抑制居民消费的后顾之忧减弱，对于提升消费信心、增加持久消费具有积极作用。

4. 保障房建设高效推进，将对相关住房消费有所带动

1000 万套保障房全部开工是 2011 年房地产有保有压调控的重要体现，截至 9 月底，全国城镇保障性住房和棚户区改造住房已开工 986 万套，开工率 98%。北京、河北、山西、辽宁、吉林、江苏、浙江、福建、山东、广西、重庆、四川、陕西、甘肃、宁夏等 15 个省（区、市）开工套数已超过全年目标任务数。“十一”前夕，国务院下发指导意见以“保障”保障房建设，在更为细化且全面的政策支持下，保障房建设后劲将更足，年底完全可以完成甚至可能超过预定目标。在保障房已经大规模开工建设的基础上，政府开始关注保障性安居工程使用、运营和管理机制，2012 年随着部分保障房交付使用，将在一定程度上带动建材、家具和装修装饰等相关住房消费的增加。

5. 文化产业发展在战略层面得到重视，文化消费增长机遇凸显

刚刚闭幕的十七届六中全会首次将“文化命题”作为中央全会的议题，文化产业在战略层面的意义凸显。“十二五”提出了“推动文化产业成为国民经济支柱性产业”和“增强中华文化国际竞争力和影响力，提升国家软实力”的目标，此次会议审议的《中共中央关于深化文化体制改革　推动社会主义文化大发展大繁荣若干重大问题的决定》，对文化建设在精神导向、体制改革、政策措施等多个层面作出安排，注重培育主流文化，部署“文化兴国”战略。目前我国人均 GDP 已超过 4000 美元，文化、旅游等发展型和享受型消费增长正当其时，文化产业的大发展将促使民众的文化消费数量增加、质量提升、内容充实、形式多样。

（二）消费增长存在的制约因素

1. 汽车和住房消费难以摆脱政策调控的影响，住行消费升级步伐放慢

资源、环境以及交通压力将使我国普通燃油汽车调控限购政策在越来越多的地区实施，在新能源汽车未被大多数人接受的情况下，2012 年我国仍将处于汽车销售低速增长的阶段，对相关消费产生下拉影响。虽然保障房对 2012 年的住房消费有拉动作用，但是普通商品房数量庞大，目前我国已出现商品房成交面积增幅减缓局面，近期北京、上海和广州等多家银行再次上调首套房贷款利率，为基准利率的 1.05 倍，对购房消费的抑制性影响将逐渐显现，2012 年房地产整体政策环境仍然趋紧，住房及相关消费的增长不容乐观。

2. 物价水平保持高位，对中低收入群体的消费具有负面影响

由于国外宽松的货币流动性、国内原材料涨价和人工成本持续增加短期内难以消除，加之我国农产品供给的有限性以及资源价格改革推进，因此今后几年我国都将处于温和通胀区间，预计 2012 年居民消费物价上涨 4% 左右。价格持续高位对中低收入居民消费的负面影响较大。一是食品价格涨幅较高对其他消费有挤占影响。二是工业用品、服务价格和资源价格全面上涨导致居民实际消费能力锐减，影响消费预期，个人消费行为趋于谨慎。

3. 中高端商品进口关税迟迟不下调，影响高端商品消费的释放

由于征收较高的进口关税，我国高档商品价格比其他国家高 30% ~50%，“内贵外贱”导致大量高端消费外流。社会各界急切盼望适度下调中高档商品进口关税，以降低相关商品价格，使部分境外消费转化为境内购买，为扩大国内消费作出贡献。但是，由于各方利益纠结，奢侈品关税下调方案没有如期出台，高收入群体的高端消费将继续呈现外流态势，不利于扩大国内消费。

4. 负利率和股票市场低迷，损害居民的实际利益和消费能力

我国物价涨幅较高，负利率持续存在，居民财产性收入不断缩水。由于我国多数居民储蓄是为购房、子女教育等消费能力的积蓄，负利率非但不会刺激当期消费的增加，反而削弱了居民未来的消费能力。此外，股票市值大幅缩水、股指连续下跌，近期虽有增量资金介入，但难以形成持续反弹，空头气氛浓厚，投资者损失惨重。储蓄存款和资本市场是我国居民的主要投资理财渠道，目前皆处于资产缩水状态，如果没有有效政策出台，这一局面在明年难以显著改观，居民财

产性收入减少、持久性收入预期悲观将使消费行为趋于谨慎和保守，影响居民大额、持久消费性支出。

（三）2012 年消费品零售额增长预测

综合考虑上述影响因素，2012 年我国消费需求继续呈现平稳较快增长势头。初步预计，2012 年完成社会消费品零售额 210664 亿元，名义增长 16.5% 左右，比上年减缓 0.5 个百分点（见表 1）；扣除物价因素，实际增长 12.6%，高于 2011 年 1.1 个百分点。分城乡看，城镇消费品零售额 182537 亿元，增长 16.6%，乡村消费品零售 28127 亿元，增长 15.9%。城乡消费差距维持在 0.7 个百分点的水平。

表 1　2011 ~ 2012 年我国消费品零售额及增速预测

指　标	2011 年				2012 年预测			
	预测		高方案		基准方案		低方案	
	绝对值（亿元）	增速（%）	绝对值（亿元）	增速（%）	绝对值（亿元）	增速（%）	绝对值（亿元）	增速（%）
消费品零售额	180828	17.0	213377	18.0	210664	16.5	208856	15.5

三　扩大消费的政策建议

加快发展方式转变、全面实现小康社会以及满足广大居民对分享经济成果的新期盼，是“十二五”规划的主要目标。但是，2011 年我国存在已有扩大消费政策效用减弱、新政策未出台以及向居民倾斜的收入分配改革推进速度较慢等问题，2012 年要积极有效扩大消费需求，切实发挥消费对经济增长的稳定拉动作用，必须加快建立健全扩大消费需求的长效机制，立足于提升居民消费能力，全方位扩大消费，逐步使我国由生产大国、贸易大国向消费大国迈进。

1. 积极推动收入分配的实质性改革，大幅增加居民所得

2011 年作为“十二五”的开局之年，居民收入增长不仅慢于 GDP 的增幅，更大大低于财政收入和企业利润增幅，居民收入增长远未达标。2012 年应积极推动收入分配的实质性改革，努力实现居民收入增长与经济发展同步、劳动报酬增长与劳动生产率提高同步的目标。增加收入不应仅限于对最低收入者采取加大低保补贴、提高最低工资标准和增发离退休金等措施，建议制定提高中低收入者工资水平的长期化和规范化方案，适时出台国民收入倍增计划，在我国经济实力不断增强的时期让居民收入大幅增长。中低收入阶层数量大、年轻化、消费能力强，收入增加带来的引致消费较多。

2. 引导农业现代化和规模化生产，降低食品价格大幅波动对居民消费的挤出影响

农产品价格的周期性上涨不仅推动了物价总水平的提高，而且食品的刚性消费挤占了其他消费。我国必须解决农产品以家庭为单位的小生产和城市化大需求之间的供求矛盾，推动农业生产经营方式的改革，鼓励农业生产走向现代化和规模化，并积极将现代科技、金融、流通和管理要素融入农业生产，通过国家财政补贴辅助现代农业设施和装备建设，大力提高农业劳动生产率，缩小农产品（尤其是食品）的价格波动幅度，以避免中低收入群体的消费水平因食品价格的提高而有所降低。

3. 大力发展第三产业，扩大居民旅游、文化等服务消费

我国第三产业增速慢、比重低导致服务消费成为消费增长的短板，目前我国居民具备扩大服务消费的休闲时间和支付能力，应采取措施积极扩大服务消费。一是积极开发我国旅游资源，切实落实文化产业扶持政策，通过税收优惠和产业扶持引导相关产业规范化和高质量发展，为居民扩大旅游和文化消费提供丰富多样的供给保障。二是大力发展金融保险、科技研发、物流配送、文化创意和节能环保等生产性服务业，提高经济活力和企业效率，解决服务消费有效供给不足的问题，激活中高收入群体消费潜力。三是建立生活性服务业发展专项财政资金支持体系，制定全国统一的行业收费和服务标准指南，逐步实现服务质量和收费标准规范化，提高其在居民个人及家庭消费中的认可度和参与度。

4. 改善农民工的工作和生活待遇，积极培育城市消费的新生力量

一是对农民工进行适应工业化和城镇化的职业培训。各级政府应加大资金投入，设立农民工培训专项基金，采取政府、企业、个人和社会“各出一点”的办法，对农民工的技能培训给予适当补贴。开展好农民工培训的“阳光工程”、“援助行动”，把提高农民工生存技能的培训当做一项公益事业来抓。二是逐步

落实农民工市民化待遇，有序地将农民工纳入城镇就业、医疗、社保、住房和子女教育等基本保障制度，逐步实现农民工与城市居民的基本保障权利无差别，让居民享有的基本公共服务和基本保障权利与户籍脱钩，让农民工真正融入城市消费的群体。三是加快推进城市化进程，放宽中小城市和城镇户籍限制，鼓励更多具备条件的农民进入城市，提高在城市的长期置业意愿，与城市消费水平接轨。

5. 出台结构性减税措施，满足不同层次的消费需求

一是果断降低奢侈品进口关税，释放高端消费需求。配合积极落实扩大消费战略，2012 年应尽快出台降低奢侈品进口关税的措施，降低高档商品的国内售价，让高收入群体的高端消费需求留在国内，逐步扩大国内消费总量。二是适时降低部分商品的消费税。除了对一些过度消费会损害健康和环境的商品继续课以重税外，其他诸多商品的消费税率应适度下调，而对部分已成为日常生活不可或缺的商品不应再征收消费税，降低或取消消费税，引导商品价格合理回归，有助于刺激普通群体的消费潜能。

6. 通过加息或稳定股票市场促进居民持久收入的增值保值，提升预期消费信心

国家应采取措施确保居民财富的增值保值，增加居民财产性收入，维护居民持久消费信心，扩大即期消费。一是建议央行采取不对称加息措施，进一步减少负利率对居民财富的侵蚀。二是采取降低印花税、注资救市等措施引导股市呈现与经济基本面相吻合的健康走势。同时要完善资本市场监管机制，坚决打击内幕交易、信息纰漏违规、资金炒作的行为，逐步建立成熟完善的证券融资系统，减少过度投机行为，避免股价大幅波动，让投资者在价值理念指导下实现财富增值。

G.4

2011 年外贸外资形势分析及 2012 年展望

高 立*

摘 要：2011 年，虽然面临主要发达经济体经济复苏放缓和新兴经济体经济减速的挑战，但我国外贸外资仍呈现平稳增长的态势，外贸结构更趋平衡，利用外资规模持续提高。展望 2012 年，世界经济持续低迷将使得我国外贸增速有所放缓，而中国经济的良好表现则会继续推动我国利用外资保持较快增长。对此，应大力推进出口结构和利用外资结构的调整，促进贸易平衡，为“十二五”转变经济发展方式奠定坚实的基础。

关键词：外贸进出口 利用外资 结构调整

一 2011 年外贸外资运行特点

2011 年，虽然面临主要发达经济体经济复苏放缓和新兴经济体经济减速的挑战，但我国外贸外资仍呈现平稳增长的态势，外贸结构更趋平衡，利用外资规模持续提高。

（一）外贸增长前高后低，贸易结构更趋平衡

2011 年以来，我国进出口增速呈现前高后低的走势，但总体上仍然保持了较快增长态势。前三季度，外贸进出口总值达到 26774.4 亿美元，同比增长 24.6%，其中出口 13922.7 亿美元，同比增长 22.7%；进口 12851.7 亿美元，同比增长 26.7%；贸易顺差为 1071 亿美元，同比下降 10.6%。

* 高立，经济学博士，国家信息中心经济预测部助理研究员，主要研究宏观经济、外资外贸、财政运行和宏观调控政策等。

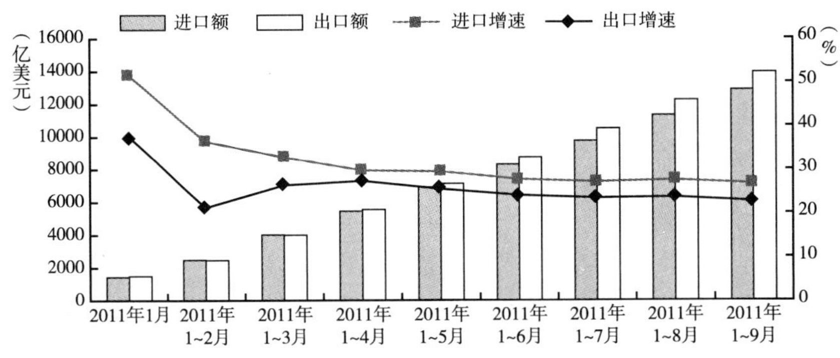

图1　2011年1~9月我国进出口情况

1. 贸易方式结构持续优化，一般贸易出口比重提高

前三季度，一般贸易出口6740.9亿美元，同比增长29.9%，高于出口总体增速7.2个百分点，占出口总值的48.4%，为2001年加入WTO以来首次超过加工贸易出口（见图2）；一般贸易进口7416.6亿美元，同比增长33.5%，高于进口整体增速6.8个百分点，占进口总值的57.7%。同期，加工贸易出口、进口分别增长15.3%、14.0%，占整体出口、进口比重为44.0%、27.1%，同比分别降低2.9、3.1个百分点。

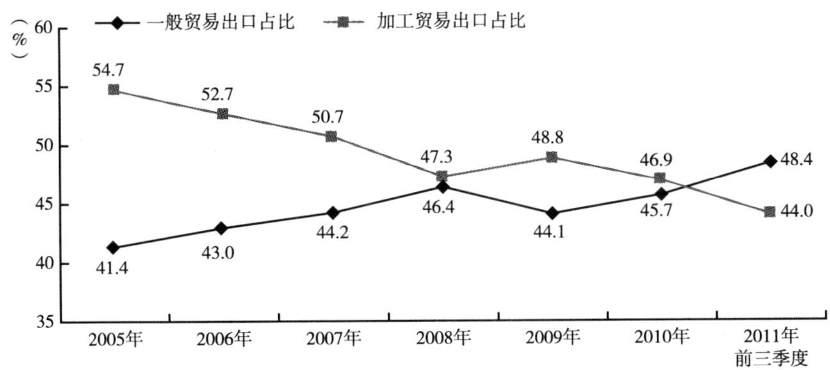

图2　一般贸易出口占出口总额的比重

2. 传统优势产品出口量价齐升，初级产品进口稳步增长

出口方面，受国内技术升级、产业转型、劳动力以及能源原材料成本上升的影响，出口商品价格较以往有了较大幅度的提高，我国外贸出口呈现出价格和数量同步增长的新变化。前三季度，我国出口平均价格上涨9.9%，较上年同期高8.2个百分点，扣除价格因素，实际出口数量增长11.7%，比上年同期回落20.1个百分点。其中纺织服装、鞋、玩具等劳动密集型产品的议价能力得到普遍提升，出口价格分别上涨20.9%、15.8%和8.2%，扣除价格因素，实际出口数量增长2.8%、3.2%和0.6%。

进口方面，虽然国际市场价格处于高位，但受国内经济需求旺盛的影响，能源资源类产品进口仍出现稳步增长。前三季度，我国进口平均价格上涨14.8%，进口平均数量增长10.3%。其中，进口原油1.9亿吨，同比增长4%，铁矿石5.1亿吨，同比增长11.1%，煤炭1.2亿吨，同比增长1.9%。此外，从7月1日起，我国对成品油、部分有色金属原料等33个税目的商品下调进口关税，进口促进政策影响再度显现。据海关统计，第三季度上述商品总体进口59.8亿美元，增长76.9%，增速较上半年提升23.8个百分点。

3. 贸易伙伴持续多元化发展，新兴经济体比重提高

前三季度，我国对欧盟、美国、日本的双边贸易增速分别为20.9%、17%和18.2%，分别低于我国总体进出口增速3.7、7.6和6.4个百分点，其中，出口增速分别为17.4%、14.7%、24.6%，欧美日传统市场在我国出口中所占比重为43.7%，比上年同期降低2个百分点。同期，中国与东盟、金砖国家的双边贸易增长迅猛。东盟已超过日本跃升为我国的第三大贸易伙伴，双边贸易同比增长26.4%，其中，出口、进口分别增长24.7%和27.9%；与印度、俄罗斯、巴西、南非等金砖国家双边贸易增长39.8%，其中，出口、进口分别增长30.8%和49.2%。贸易伙伴持续多元化发展对于我国降低对主要贸易伙伴的依赖、分散贸易风险具有积极意义。

4. 贸易顺差回落，外贸更趋平衡

目前，从全球经济增长速度来看，我国的经济增速明显高于其他主要经济体，导致我国国内需求明显优于外部需求。前三季度，我国进口增速快于出口增速4个百分点，外贸顺差同比收窄10.6%，减少127亿美元，对全球经济的拉动作用明显；贸易顺差与外贸总值的比值为4.0%，同比降低1.6个百分点，我国对外贸易向着更加平衡的方向发展。

考察贸易顺差结构可以发现，顺差主要来源于加工贸易，前三季度，加工贸易顺差2639.2亿美元，一般贸易项下则出现贸易逆差675.7亿美元。而从贸易

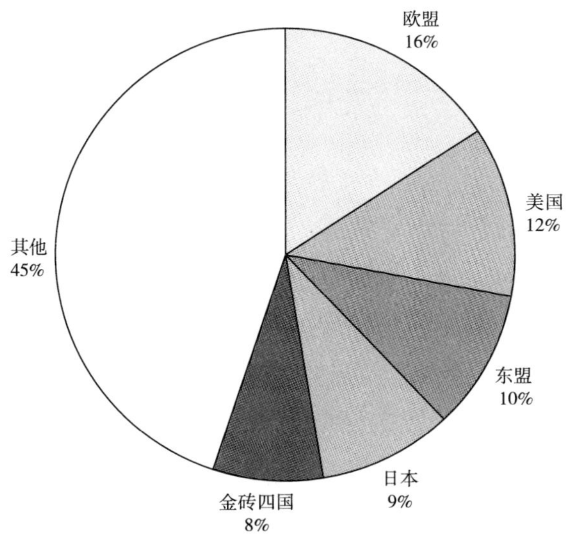

图 3　2011 年前三季度主要贸易伙伴情况

对象看，美国、欧盟仍然是我国外贸顺差的主要来源地，前三季度，我国对美国、欧盟顺差为 1454.0 亿和 1081.2 亿美元，分别增长 9.7%、5.3%；受日本大地震后我国对日出口增加的影响，对日本贸易逆差较上年同期收窄 9.3%；对东盟和金砖国家的贸易逆差则大幅增长 54.5% 和 138.9%。

（二）利用外资增长平稳，结构更趋优化

2011 年初以来，随着我国经济在全球经济增长中的地位和作用日益突出，国内市场对于外国资本的吸引力日益增加，外商直接投资延续了 2010 年以来的上升势头。前三季度，全国新批设立外商投资企业 2.04 万家，实际利用外资金额（金融领域除外，下同）866.79 亿美元，同比分别增长 6.2% 和 16.6%（见图 4）。

1. 服务业利用外资持续增加，占比首超制造业

2011 年，我国服务业利用外资规模继续加大，服务业利用外资步伐持续加快。前三季度，全国服务业实际使用外资金额 401.9 亿美元，同比增长 20.1%，高出利用外资总体增速 3.5 个百分点。服务业利用外资占同期全国利用外资总量的 46.4%，首次超过制造业占比，成为利用外资最大的领域。其中，综合技术服务、专用机械设备修理、批发、零售、旅游、运输服务等行业实际利用外资增

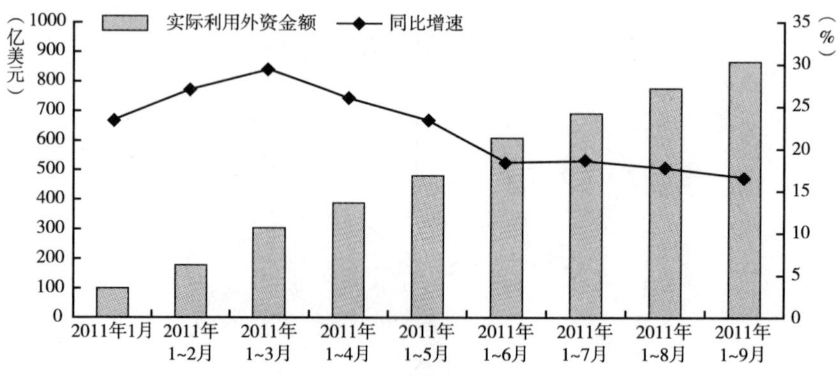

图4　2011 年 1～9 月我国实际利用外资情况

幅同比均超过 60%。而同期制造业实际利用外资同比仅增长 13.0%，占比降至 46.1%（见图 5）。

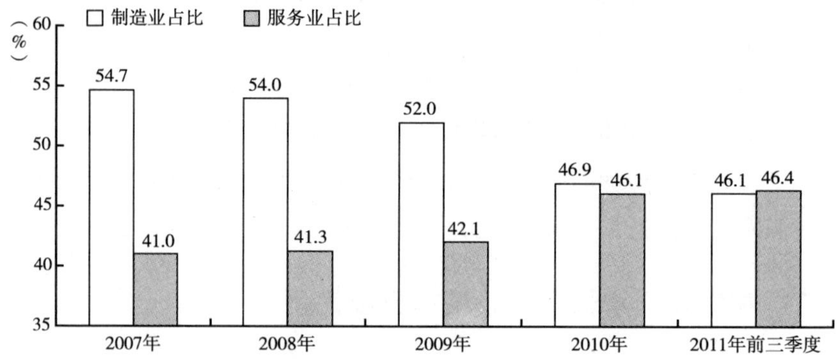

图5　服务业利用外资占全国利用外资的比重变化情况

2. 亚洲对华投资增长迅猛，美国对华投资大幅下降

前三季度，亚洲十国/地区（中国香港、澳门、台湾及日本、菲律宾、泰国、马来西亚、新加坡、印尼、韩国）对华实际投入外资金额 746.7 亿美元，同比增长 21.2%，其在利用外资中的份额由上年同期的 82.8% 上升到 86.1%。同期，受欧美经济增速下滑、实体经济资金紧张局面的影响，欧美国家对华投资增长出现停滞，欧盟 27 国实际投入外资金额 51.5 亿美元，同比仅增 1.8%；美国对华实际投入外资金额 23.9 亿美元，同比大幅下降 12.6%，甚至低于 2009 年同期水平。

二　2012 年外贸外资影响因素及趋势分析

（一）国际因素

1. 世界经济走势仍将低迷

当前，世界经济仍处于金融危机后的恢复期，延续了自 2010 年年中以来增长乏力的态势。发达经济体仍旧缺乏自主增长动力，普遍面临失业率居高不下和通胀水平开始攀升的窘境，同时深受债务问题和财政紧缩的困扰，经济复苏放缓，正面临逐步陷入滞胀泥潭的风险；新兴经济体则受制于通货膨胀高企的压力，普遍采取紧缩的宏观调控政策，经济增速也有所回落。预计 2012 年世界经济仍处于恢复期，将继续维持低速增长格局。但是，因债务违约而造成金融市场全面失控、全球经济再次出现 2009 年那样的整体负增长的可能性较小。根据 2011 年 9 月 IMF《世界经济展望》秋季报告预测，2012 年世界经济将增长 4%，与 2011 年基本持平，其中，发达经济体将增长 1.9%，新兴和发展中经济体将增长 6.1%。

2. 国际大宗商品价格波动加大

一方面，为应对经济下行风险，在前期刺激政策结束后，以美国为代表的主要发达国家实施新一轮刺激政策已经提上日程。目前，美联储已决定至少在 2013 年中之前，继续维持联邦基准利率在 0 ~ 0.25% 区间的历史低位，并在 2012 年 6 月前实施 4000 亿美元的“扭转操作”。这将推动全球流动性宽松的局面进一步持续，从而导致国际大宗商品价格维持高位运行。另一方面，金融危机后，世界经济持续低迷的走势、不断加大的下行风险，已严重打击了国际市场信心，世界经济一旦出现风吹草动，国际大宗商品价格极易受到影响，从而呈现大起大落的走势。国际大宗商品价格高位震荡风险加剧，将直接影响中国进出口商品价格指数，从而不利于我国外贸外资稳定运行。

3. 全球贸易保护主义抬头

金融危机以来，贸易保护主义重新在世界范围内抬头，中国已成为国际贸易保护主义的最大受害国和首要目标国。而随着世界经济的持续低迷，中国面临贸易保护主义的形势更加复杂。首先，美国等发达国家除了继续在“双反调查”

方面加大对华贸易保护力度外，新型贸易保护政策的使用将更加频繁，如涉及知识产权的“337 调查”。其次，以印度、巴西为代表的新兴经济体对我国的贸易保护正在加强，巴西政府已从 2011 年 9 月开始提高 7 种制成品的进口关税，以及对一批进口产品实施反倾销制裁，其中 5 种进口源自我国。第三，我国所面临的贸易摩擦已不仅局限于以劳动密集型产品为代表的传统优势产品，资本密集型产品等新兴产业同样将遭遇到其他国家的贸易调查。第四，出于特定的政治和经济目的，美国政府屡屡对中国汇率政策施压，甚至于参议院通过有关人民币汇率的法案，意欲进一步迫使人民币加速升值，这将给我国对外贸易的稳定带来极为不利的影响。

（二）国内因素

1. 国内经济将保持平稳减速态势

当前，中国经济正经历由政策刺激向自主增长的有序转变，经济增速保持平稳减速的态势。2011 年前三季度，我国国内生产总值 320692 亿元，同比增长 9.4%。根据当前国内外经济形势，2011 年全年国内生产总值实际增速将达到 9.3%左右。2012 年，受各方面因素的影响，预计我国经济增长速度将略低于 2011 年水平，GDP 增速将达到 8.7%左右，仍旧处于我国潜在增长水平附近，这将对我国外贸平稳运行提供良好的宏观经济环境。

2. 人民币汇率持续升值预期不减

自人民币汇率改革重启以来，人民币对美元汇率稳步上升。截至 10 月 25 日，人民币兑美元汇率中间价为 6.3425，年内对美元升值幅度已达到 4.4%，部分出口企业已感受到人民币升值所带来的压力。2012 年，在美联储持续量化宽松货币政策的影响下，美元疲软的态势仍将持续，预计人民币兑美元汇率仍将保持稳步小幅上涨的态势。汇率上升将会继续影响我国外贸出口企业的产品竞争力，影响企业的经营收益，从而对我国对外贸易的稳定增长产生不利影响。

3. 企业生产经营成本进一步提高

当前，出口企业面临的劳动力、资源能源、资金等要素成本处于上升通道，对企业出口利润影响较大。从劳动力成本来看，受人口结构变化因素的推动，我国已进入劳工用工成本快速上升的阶段。自 2010 年开始，全国大部分地区已连续两年大幅提高职工最低工资标准，年度全国平均涨幅均在 20%以上，由于工

资上涨特有的刚性和惯性，2012 年劳动力成本仍将处于上升阶段。从资源能源等要素成本来看，我国资源性产品价格正处于由管制价格向市场价格转变的阶段，相关成本不断升高。按照“十二五”规划纲要要求，未来五年内资源性产品价格改革将提速，并逐步建立健全能够灵活反映市场供求关系、资源稀缺程度和环境损害成本的资源性产品价格形成机制。目前，资源税改革已在全国推广，完善成品油价格形成机制改革即将出台，天然气、电力价格改革正在稳步推进。从资金要素成本来看，目前较高的融资成本将持续一段时间。一方面，2012 年央行的货币政策预期不会转向，仍将会强调实质性稳健，贷款利率难以降低；另一方面，由于出口企业特别是中小型出口企业在国内信贷等金融资源可获性方面处于弱势，其资金来源更多地依靠民间借贷，在央行控制社会融资总量的背景下，民间借贷的利率仍将维持高位。

（三）2012 年外贸外资前景展望

1. 外贸形势预测

综合上述因素，一方面，虽然世界经济走势依旧低迷，但再次出现整体衰退的可能性较小，另一方面，在继续推进转变经济发展方式的背景下，中国经济增长将更趋稳健，预计 2012 年我国外贸仍将处于稳定增长的态势，但在贸易摩擦增加和外贸企业成本上涨压力加大的背景下，外贸增速将可能有所放缓。按照基准方案，预计 2012 年，我国外贸出口增长 16%，进口增长 18.5%，贸易顺差 1400 亿美元左右，同比下降 11.6%（见表 1）。

表 1　2011～2012 年我国进出口总额及增速预测

指标	2011 年		2012 年预测					
	预测		高方案		基准方案		低方案	
	绝对值（亿美元）	增速（%）	绝对值（亿美元）	增速（%）	绝对值（亿美元）	增速（%）	绝对值（亿美元）	增速（%）
出口	19093	21.0	22912	20.0	22148	16.0	21384	12.0
进口	17505	25.5	21444	22.5	20744	18.5	20043	14.5
外贸顺差	1588	-13.3	1468	-7.6	1404	-11.6	1341	-15.6

贸易伙伴方面，新兴经济体贸易份额将继续扩大。首先，受发达国家经济增速放缓、需求减弱的影响，我国对美欧日三大传统贸易伙伴的出口份额将继续小

幅下降，由目前水平降至42%左右。其次，随着中国—东盟自由贸易区的全面建成运行，我国与东盟间的贸易往来将进一步加深，东盟在中国对外贸易中的份额将进一步上升。第三，金融危机以来，中国更加注重与以金砖国家为代表的新兴经济体之间的经贸往来，并通过“金砖国家领导人峰会”等合作机制增进双边合作，预计我国与金砖国家双边贸易仍将维持高速增长。

与此同时，随着我国产业结构调整和经济发展方式转变的逐步深化，进出口商品结构将进一步优化。出口方面，机电产品和高技术产品出口仍将占据我国出口的大部分份额，但其增速可能受到国外需求放缓的影响而有所减缓；我国出口传统优势产品将随着议价能力的提升而获得进一步增长的空间；受国内结构调整、节能减排政策的影响，部分资源型产品、高耗能产品的出口将进一步受到限制，出口增速将显著下降。进口方面，为与我国资源需求和产业结构相对接，农产品、能源资源型产品进口仍将保持高速增长；随着国内扩大消费政策的主板落实，部分消费品进口比重可能上升。

2. 利用外资形势预测

2012年，中国经济仍将是全球经济增长的主动力之一，良好的经济表现预期使得中国仍将成为发展中经济体接受FDI最多的国家，预计全年实际利用外资增速与2011年基本持平，将达到16%左右，实际利用外资金额有望接近1400亿美元。

利用外资结构方面，从行业来看，国内不断上涨的工资和能源、原材料成本，将使得劳动密集型行业对外资吸引力减弱，制造业利用外资所占比重将进一步下降，并将向高端制造业、高技术产业集中；服务业利用外资占比将继续提高，并向现代服务业、服务外包等领域集中。从投资国别看，亚洲仍将保持高速增长，其中，受特殊地缘政治因素影响，香港、台湾地区对内地投资仍将持续增长；而美欧经济面临较大的不确定性，对我国投资虽然会有所反弹，但增幅不会太大。

三　政策建议

2012年，应继续大力推进出口结构和利用外资结构调整，促进贸易平衡，为“十二五”转变经济发展方式奠定坚实的基础。

1. 全面调整“两高一资”出口刺激政策，推进出口结构转变

在保证外贸出口稳定的前提下，以进一步促进国内产业结构调整为出发点，推进出口结构转变。一是尽快调低或取消“两高一资”产品出口退税率，调整出口关税，坚决抑制相关行业产能过快扩张的势头。二是加大对战略性新兴产业的出口信贷、出口信用保险支持，并结合出口退税、出口关税政策调整，推动相关产品出口。三是针对高耗能、高排放、“两头在外、大进大出”的国际大循环加工贸易项目，国家应严格审批制度，严格控制此类项目或园区规划，清理规范加工贸易优惠政策，并不再增加专门针对加工贸易的优惠政策。

2. 继续贯彻进口促进战略，推动贸易结构平衡

要转变“奖出限入”的传统思维，加大进口扶持力度，促进贸易平衡增长。一是通过调整进口关税、促进贸易便利化等政策手段，重点推动能源、资源、农产品等大宗商品进口，以满足国内生产和消费需求，缓解国内所面临资源约束瓶颈。二是制定引导技术改造的优惠政策，扩大战略性新兴产业、传统产业技术改造、节能减排和低碳技术、高新技术和高附加值产业急需的先进技术、关键设备和稀缺资源性产品进口。三是加大对国外政府和企业前来开展贸易促进活动的支持力度，为国外的消费品在中国市场的经营提供良好的环境，并适当通过关税、消费税政策的调整，扩大消费品进口。

3. 深化利用外资结构调整，带动产业结构升级

要以转变经济发展方式为指导，对照新修订的《外商投资产业指导目录》，进一步优化利用外资结构。一是鼓励外资投向高端制造业、高新技术产业、现代服务业、新能源和节能环保等产业，同时严格限制“两高一低”（高投资、高消耗、低效率）项目。二是通过综合实施财政、税收、信贷、土地等政策，鼓励外资在华设立地区总部、研发中心、采购中心、财务中心等功能性、总部性的机构，增强技术、管理的辐射效应，增强自主创新能力。三是继续支持东部地区自主利用外资结构升级，通过税收减免、产业倾斜、开发区规划等政策支持，积极引导外资向中西部地区流动，促进地区利用外资均衡发展。

G.5

2011～2012年国际收支形势分析与展望

陈长缨*

摘　要： 2011年，在全球经济复苏进程放慢、经济风险明显增加和国内经济继续保持有序较快增长的背景下，我国涉外经济活动较快增长，国际收支规模继续扩大，收支结构继续呈现经常项目、资本项目"双顺差"状况，但经常账户顺差规模下降，资本和金融账户顺差规模出现较大幅度上升，外汇储备增长较多，人民币汇率水平逐步升值。2012年，预计全球经济增长乏力，经济运行风险进一步加大，而我国经济有望继续保持平稳有序增长。受国内外因素影响，预计2012年我国国际收支将继续出现"双顺差"结构，但资本和金融项目出现大幅波动的可能性较大，外汇储备保持增长，人民币汇率波动幅度可能增加。在政策方面，2012年应把防止国际收支顺差过快增长、促进国际收支向平衡方向发展作为国际收支工作的主要任务。

关键词： 国际收支　经常项目　资本项目

一　2011年我国国际收支的基本情况

2011年，全球经济复苏进程明显放慢，全球经济风险和不确定因素增加，尤其是美欧等发达国家主权债务危机持续蔓延深化，国际金融市场出现较大波动。我国实施积极的财政政策和稳健的货币政策，国内经济运行总体良好。受内外经济环境影响，我国涉外经济活动较快增长，国际收支规模继续扩大，收支结

* 陈长缨，经济学硕士，国家发展和改革委员会对外经济研究所副研究员，主要研究方向为国际贸易、国际金融。

构继续呈现经常项目、资本项目“双顺差”状况，但经常账户顺差规模下降，资本和金融账户顺差规模出现较大幅度上升，受后者影响，外汇储备增加较多。

2011年上半年，我国国际收支交易总规模为3.2万亿美元，同比增长27%；国际收支交易规模与同期国内生产总值（GDP）之比为103%，较2010年上半年上升3个百分点，较2010年全年上升8个百分点，反映出我国涉外经济活动增速超过国内。国际收支各主要项目交易规模扩大，按国际收支统计口径，上半年货物贸易总额16649亿美元，同比增长26%；服务贸易总额2005亿美元，增长20%；外国在华直接投资流入1226亿美元，增长34%；我国对外直接投资流出262亿美元，增长17%（见表1）。

表1　2011年上半年我国国际收支平衡表

单位：亿美元

项　　目	差额	贷方	借方
一、经常项目	878	10685	9807
A. 货物和服务	679	9667	8987
a. 货物	876	8763	7886
b. 服务	-197	904	1101
1. 运输	-209	169	378
2. 旅游	-102	226	327
3. 通讯服务	3	9	6
4. 建筑服务	49	68	19
5. 保险服务	-77	14	91
6. 金融服务	0	4	3
7. 计算机和信息服务	39	55	16
8. 专有权利使用费和特许费	-68	4	72
9. 咨询	44	129	84
10. 广告、宣传	2	17	14
11. 电影、音像	-1	1	2
12. 其他商业服务	124	207	83
13. 别处未提及的政府服务	-2	3	5
B. 收益	18	741	723
1. 职工报酬	71	79	8
2. 投资收益	-53	662	715
C. 经常转移	181	278	97
1. 各级政府	-9	0	9
2. 其他部门	190	277	87

续表

项　　目	差额	贷方	借方
二、资本和金融项目	1839	6817	4978
A. 资本项目	29	30	1
B. 金融项目	1810	6788	4978
1. 直接投资	927	1306	378
1.1 我国在外直接投资	-183	79	262
1.2 外国在华直接投资	1110	1226	116
2. 证券投资	84	205	121
2.1 资产	5	116	110
2.1.1 股本证券	8	70	62
2.1.2 债务证券	-2	46	48
2.1.2.1(中)长期债券	-2	44	47
2.1.2.2 货币市场工具	0	2	1
2.2 负债	79	90	11
2.2.1 股本证券	79	90	11
2.2.2 债务证券	0	0	0
2.2.2.1(中)长期债券	0	0	0
2.2.2.2 货币市场工具	0	0	0
3. 其他投资	798	5277	4479
3.1 资产	-778	366	1145
3.1.1 贸易信贷	-254	0	254
长期	-5	0	5
短期	-249	0	249
3.1.2 贷款	-33	49	82
长期	-79	0	79
短期	46	49	3
3.1.3 货币和存款	-572	236	808
3.1.4 其他资产	82	82	0
长期	0	0	0
短期	82	82	0
3.2 负债	1577	4911	3334
3.2.1 贸易信贷	285	285	0
长期	5	5	0
短期	280	280	0
3.2.2 贷款	643	3605	2963
长期	82	214	133
短期	561	3391	2830

续表

项　　目	差额	贷方	借方
3.2.3 货币和存款	607	960	353
3.2.4 其他负债	42	60	18
长期	24	24	0
短期	18	36	18
三、储备资产	-2837	5	2843
3.1 货币黄金	0	0	0
3.2 特别提款权	3	3	0
3.3 在基金组织的储备头寸	-30	2	32
3.4 外汇	-2810	0	2810
3.5 其他债权	0	0	0
四、净误差与遗漏	120	120	0

资料来源：国家外汇管理局《2011年上半年国际收支》。

2011年上半年，我国国际收支总顺差（即经常项目、资本和金融项目之和）2717亿美元，较上年同期增长40%。其中，经常项目顺差878亿美元，同比下降13%；资本和金融项目顺差1839亿美元，同比增长98%。虽然我国国际收支失衡现象有所加剧，但与近年来状况不同，2011年顺差增加主要是资本和金融账户顺差大幅增加，而不是经常账户顺差增加导致的。

（一）经常项目顺差继续缩小

2011年，我国经常项目保持顺差，但顺差规模继续缩小，经常项目继续向平衡方向改善。上半年，经常项目顺差878亿美元，与GDP之比为2.8%，较2010年同期下降1.2个百分点，其中货物和服务贸易顺差679亿美元，同比下降12%。上半年经常项目顺差占全部顺差的32.3%，已不是造成国际收支顺差的首要因素。从内部结构看，货物贸易顺差继续下降，服务项目逆差有所扩大，收益项目顺差增长较快。

1. 货物贸易规模扩大，进口扩张顺差减少

从外部环境看，2011年以来，国际金融危机开始转为主权债务危机，全球经济运行风险明显加大、经济增速显著放缓。国际货币基金组织（IMF）9月发表的《世界经济展望》预测，2011年全球经济增长预计为4.0%，比上年降低了

1.1个百分点，其中发达国家受影响更为明显，预计2011年增速仅为1.6%，比上年下降了1.5个百分点。全球贸易增速也出现大幅下降，2011年全球出口增速预计为6.2%，比上年下降6.1个百分点。外需增速减慢使我国出口空间收窄。与此同时，2011年全球大宗商品价格出现了较大波动，特别是上半年能源、资源类产品价格同比上涨较快，导致我国大宗商品进口呈现出数量变化不大、但进口金额显著增加的情况。

从内部环境看，2011年国内经济运行基本稳定，虽然经济增速有序回落，但与大多数经济体相比，我国仍然保持了较高增速，对进口形成较大需求。长期以来，我国进口以投资品、中间产品、资源类产品为主，近年来在劳动力价格不断上涨的情况下，国内出现了资本替代劳动的情况，即企业增加使用机器设备、减少使用劳动力，加之国家鼓励进口政策的作用以及国内产业结构升级、企业对进口投资品需求扩大，导致进口保持较快增速。在对外政策方面，2011年出于优化贸易结构、改善贸易平衡等考虑，我国对外贸易政策也进行了一些调整，如继续降低部分产品的出口退税率、人民币对美元名义汇率加快升值、鼓励重大技术装备进口等。

受内外部因素影响，2011年我国货物贸易进口增速继续超过出口，顺差继续有所减少。按海关统计口径，2011年前三季度，我国进出口总值26774亿美元，比上年同期增长24.6%，其中出口13923亿美元，同比增长22.7%，进口12852亿美元，同比增长26.7%，贸易顺差为1071亿美元，比上年同期减少135亿美元。第四季度我国货物贸易基本态势不会发生大的变化。预计全年货物贸易将较上年增长21%左右，进出口规模将达到3.7万亿美元左右，由于进口增速更快，货物贸易顺差将达到1590亿美元左右，比上年减少240亿美元左右，这也表明我国货物贸易继续向平衡方向进行调整。

2. 服务贸易逆差有所扩大

由于我国服务贸易国际竞争力整体较低，长期以来服务贸易都呈逆差状态，2011年不但这种情况将继续存在，而且逆差规模较上年有所扩大。据外汇管理局统计，2011年上半年，我国服务贸易收支总额为2005亿美元，同比增长20%；其中服务贸易收入904亿美元，增长17%；服务贸易支出1101亿美元，增长23%；逆差197亿美元，增长60%。

运输、旅游是我国服务贸易收支的主体，约占我国服务贸易收支总额的一半

以上。从旅游项目收支看，2011 年，一方面随着国内消费结构升级加快，我国赴境外旅游人数迅速增长，另一方面，受全球经济增速放慢影响，境外旅游增速明显下降。上半年，我国内地居民出境 3221 万人次，同比增长 20%，而我国入境旅游 6627 万人次，同比仅增长 1%，我国出境旅游者消费能力明显高于来华的境外消费者，因此上半年旅游项目逆差为 102 亿美元，同比增长 2.2 倍。下半年，受全球经济下行风险加大等因素影响，预计入境旅游者增长将进一步放缓甚至出现负增长，而国内暑期、国庆假期将继续带来境外游升温，全年旅游项目逆差有可能继续扩大。

运输是我国服务贸易逆差的主要来源，2011 年这一局面不会发生改变。受我国货物贸易继续较快增长、尤其是进口货物大幅增长影响，我国贸易企业对境外运输需求大幅增加，上半年我国运输项目逆差达到 209 亿美元，同比增长 49%，预计全年逆差将进一步增加。

其他商业服务项目保持顺差。转口贸易是其他商业服务项目的重要组成部分，2011 年我国转口贸易增长迅速，带动了其他商业服务总收入增加。上半年其他商业服务项目顺差为 124 亿美元，同比增长 33%。预计全年其他商业服务项目将继续保持顺差状态。此外，在我国传统竞争力较低的保险、专有权利使用费和特许费项目上继续呈现逆差。上半年，这两个项目逆差分别是 77 亿美元和 68 亿美元。

综合判断，2011 年下半年有利于服务贸易支出的因素较多，因此，预计全年服务贸易逆差将继续扩大。

3. 收益项目收支大体平衡，经常转移项目有较大顺差

收益项目由投资收益和职工报酬两部分组成。从投资收益看，现阶段我国境外累计投资存量小于在华外商累计投资存量。2011 年，由于全球经济增速放慢，我国境外投资收益较低，而我国经济继续保持较快增长，在华境内投资收益较高。受上述因素影响，投资收益项目逆差有所扩大，上半年投资收益逆差 53 亿美元，同比大幅增长。从职工报酬看，近年来我国海外务工人数有较大增加，受国内经济保持较快增速、人民币汇率逐步升值等因素影响，汇入国内收入增长较快，上半年职工报酬顺差 71 亿美元，同比增长 40%。2011 年下半年，全球经济下滑风险进一步加大，投资收益将继续出现逆差状态，而一些境外资金有可能通过职工报酬途径汇入境内，因此职工报酬顺差可能增加。总体来看，预计 2011

年收益项目收支大体平衡。

2011 年，受国内外经济增速差距加大、人民币升值预期等因素影响，经常转移项目也出现了较大顺差。上半年，经常转移项目顺差达 181 亿美元，同比略有下降，预计全年经常转移项目仍会保持较大顺差。

（二）资本和金融项目顺差明显扩大

2011 年，全球资本流动继续出现恢复性增长。与此同时，我国与发达国家短期经济形势的变化更是决定资本和金融项目变化的重要因素。2011 年，发达经济体经济复苏不确定性加大、经济增速逐渐放慢、货币政策非常宽松，而我国保持较快经济增速、货币政策稳健、人民币利率连续上调、国内融资成本上升、汇率小幅升值，一方面导致外国直接投资、证券投资和境内主体境外贷款流入均显著增长，另一方面境内主体对外直接投资、证券投资等仍面临较多限制，资本流出规模相对有限。总体看来，2011 年跨境资本净流入压力明显扩大。上半年，我国资本和金融项目顺差 1839 亿美元，同比增长 98%，与同期 GDP 之比为 5.9%，达到近十年来的最高水平，较 2010 年同期上升 2.2 个百分点。资本和金融项目顺差已成为 2011 年我国国际收支顺差的主要因素。

1. 直接投资项目顺差大幅增长

2011 年，全球资本流动规模继续增长。联合国贸发组织在 2011 年中发布的《世界投资报告》中估计，在世界经济不再遭受意外冲击的情况下，2011 年全球直接投资将恢复到金融危机前水平，增加至 1.4 万亿至 1.6 万亿美元。更重要的是，国内外经济环境此消彼长的变化使我国对国际资本的吸引力相对上升。前三季度，按商务部统计口径，实际使用外资金额 866.8 亿美元，同比增长 16.6%。

2011 年，虽然我国企业对外投资能力不断加强，对外投资政策也在不断强化，但全球经济增速下滑和风险增加，以及中东、北非等地区局势动荡，使境外投资环境相对恶化，境外投资回报降低、风险增加，我国对外投资有所放慢，也有一些境内企业撤回了对外投资。

按外管局国际收支统计口径，2011 年上半年，我国直接投资项目顺差 927 亿美元，同比增长 51%。其中，外国在华直接投资净流入 1110 亿美元，增长 37%，我国对外直接投资净流出 183 亿美元，下降 6%。预计全年我国直接投资净流入将继续保持较快增长，对外直接投资净流出将与上年基本持平或出现小幅

下降，全年直接投资项目顺差将较上年有较大幅度增长。

2. 证券投资和其他投资项目继续出现顺差

近年来，证券投资和其他投资项目受短期因素、尤其是金融因素影响出现较大波动，对整个国际收支结构影响也越来越大。2011 年上半年，我国证券投资项下净流入 84 亿美元，上年同期为净流出 73 亿美元。其中，我国对外证券投资净回流 5 亿美元，上年同期为净流出 72 亿美元；境外对我国证券投资净流入 79 亿美元，上年同期流出流入基本平衡。

我国证券投资项目出现一定规模净流入，主要是股本投资净流入较大，这是因为，一方面境外经济和股市持续走弱，前景不容乐观，我国对境外股市投资不但减少，还有一些境内投资从国外股市上撤回；另一方面虽然我国境内股市表现也较为低迷，但国内经济发展仍较为良好，股市并不能反映国内经济情况，触底反弹可能性较大，因此一些国外投资者加大了对我国股市的投资，此外我国企业通过香港 H 股筹资也有增加。下半年以上情况不会发生大的改变，预计全年证券投资项目会出现一定顺差，但规模可能略小于上年。

2011 年，其他投资项目流入流出均保持较大规模。上半年，其他投资项目流入、流出规模分别达到 5277 亿美元和 4479 亿美元，在上年基数较高的基础上继续快速增长，顺差为 798 亿美元，已经超过 2010 年全年的顺差。其他投资项目主要反映的是短期资本流动。由于人民币利率连续上调、名义汇率稳步升值，在套利、套汇等因素作用下，境内机构出现“资产本币化、负债外币化”趋势，中资金融机构和贸易信贷外债余额快速增长，反映在其他投资项下，就是贸易信贷、贷款、货币和存款三个子项目净流入明显增加，同时也不排除境外一些“热钱”通过这个渠道流入境内进行投机。预计这一趋势将持续到下半年，从 2011 年全年看，其他投资项目顺差还将继续扩大。

（三）外汇储备增长加快，人民币汇率逐步升值

在经常项目和资本项目保持双顺差，特别是资本和金融项目顺差大幅增加的情况下，2011 年我国外汇储备余额也大大增加，首次超过 3 万亿美元，9 月底我国外汇储备余额为 32017 亿美元，比上年末增加 3544 亿美元，增幅已超过了上年全年的增加额。预计四季度外汇储备仍将继续保持较快增长的势头，我国年底外汇储备将接近 3.3 万亿美元，继续保持全球外汇储备最多国家的地位。

2011 年，人民币对美元汇率持续升值，升值速度明显快于上年。9 月底，人民币对美元汇率中间价报收 6.3549 元人民币/美元，较上年末升值 2678 个基点，升值幅度为 4.04%。在国际金融市场上，2011 年各国汇率发生了较大变化，这也影响到人民币对其他主要货币的汇率，人民币对欧元、日元汇率波动很大。9 月底，人民币对欧元汇率中间价为 8.6328 元人民币/欧元，人民币较上年末升值幅度为 1.97%；人民币对日元汇率中间价为 8.2978 元人民币/100 日元，人民币较上年末贬值 2.11%。

二　2012 年我国国际收支基本走势预测

2012 年，预计欧美等发达经济体政府债务风险仍难以解决，甚至可能继续深化发酵，财政货币政策操作空间有限，中东、北非政治局势动荡将继续对石油等大宗产品价格产生影响，全球经济增长乏力，经济运行风险加大，不排除金融危机后全球经济二次探底的可能性。相比之下，我国经济有望继续保持平稳有序增长，虽然国内经济增速可能有所回落，但经济增长质量进一步提高。在全球经济普遍不景气的背景下，中国经济依然表现良好。总体来看，受国内外因素影响，预计 2012 年我国国际收支将有望继续出现双顺差结构。但在国际经济环境不稳定、不确定因素明显增加的情况下，资本和金融项目出现大幅波动的可能性较大，受此影响，外汇储备将保持增长但波动加大，人民币汇率波动扩大的可能性也有所增加。

（一）经常项目顺差继续缩小

1. 货物贸易顺差将继续减少

据国际货币基金组织预测，2012 年全球经济增长率为 4%，与 2011 年持平，其中发达经济体增速将略有加快，而新兴和发展中经济体增速将略有回落。在经济不景气情况下为保证本身经济增长，大部分经济体将采取扩大内需的政策，进口比重将有一定下降。国际货币基金组织预计，2012 年全球贸易增速为 5.8%，比 2011 年降低 1.7 个百分点。显然，外需增速下降将缩小我国出口增长的空间。同时，我国出口还会受到国内多项成本尤其是劳动力成本快速上升、国内政策持续调整、国际贸易保护主义增强等一系列因素的制约。在进口方面，我国经济有望继续保持平稳增长趋势，国内消费、投资结构升级速度加快，国家开始实施积

极扩大进口的政策，对进口品需求继续增加，同时发达国家对我国出口限制也有望松动。总体来看，2012 年我国货物贸易规模将进一步扩大，但增速将比 2011 年有所下降，由于进口增速继续超过出口，货物贸易顺差将进一步减少，我国货物贸易将继续向平衡方向进行调整。

2. 服务贸易项目仍将为逆差状态

2012 年，我国服务贸易总体上竞争力不强的情况不会改变。从旅游项目看，一方面我国居民消费结构进入快速变化时期，旅游需求越来越多，我国赴境外旅游人数和消费金额还会大幅增加，旅游支出继续较快增长；另一方面全球经济陷入低迷将制约境外来华旅游消费增长，旅游收入增幅有限，因此预计 2012 年旅游项目收支逆差有一定增加。从运输项目看，货物贸易持续增长将为运输提供需求，我国货物进口更多地使用境外运输服务，在进口增速高于出口增速的情况下，运输项目也将继续出现较大逆差。其他服务项目主要由转口贸易组成，近年来随着我国转口贸易竞争力增强，该项目有望保持一定规模的顺差。此外，我国在保险、专有权利使用费和特许费两个项目上继续出现逆差。综合来看，2012 年服务贸易项目逆差可能有一定增加。

3. 收益和经常转移项目将出现顺差

2012 年，影响我国收益和经常转移项目的因素比较复杂。总体来看，在我国国内经济保持较高增速等因素作用下，国内外机构和个人仍将愿意持有较多的人民币资产，因此预计我国收益项目和经常转移项目仍将出现顺差。

（二）资本和金融项目将保持顺差

1. 直接投资项目保持一定顺差

2012 年，全球资本流动和直接投资将继续回升，但也存在随全球经济增速放缓、风险加大而出现波动的可能性。联合国贸发会议预测，2012 年全球直接投资规模将回升到 1.7 万亿美元，也就是比 2011 年增加 1000 亿 ~ 3000 亿美元。从国内看，现阶段我国相对较高的经济增速、不断升级的需求结构、良好的投资环境等仍对外商具有很大的吸引力。我国和发展中国家在吸引外资方面存在一定的竞争关系，预计 2012 年发展中国家经济增速将略有下降，这将为我国利用外资创造较好的外部环境。但也要看到，国内不断上升的成本等因素，也将导致一些对成本敏感的外资企业减少在华投资。因此，预计 2012 年我国外商直接投资规模仍将出现正增长，增速与2010年大体相当。

对外直接投资方面，虽然近年来我国已进入对外投资的加速期，但2012年全球经济增速放慢、风险增加，加之我国一些对外投资的重点区域政治局势动荡，我国对外直接投资不会出现较快增长，规模与2011年基本持平或略有增加。综合看来，2012年我国直接投资项目仍将保持较大规模顺差，但由于利用外资增速超过对外投资，顺差规模将略有扩大。

2. 证券投资和其他投资项目可能出现较大波动

近年来，境内外金融市场变化对证券投资、其他投资项目影响不断加大，境内外货币名义利率差、境内外股票市场变化、人民币升值预期等因素都会影响资金在境内外不同市场的收益。一些短期资本也就是通常所称的“热钱”，出于套利、套汇等目的在境内外大规模、频繁流动，而这两个项目是“热钱”流入流出的主要渠道，“热钱”流动已经成为导致我国国际收支波动乃至风险增加的一个重要因素。2012年，预计境内外金融市场存在非常大的不确定性，一方面为防控国内通货膨胀，人民币名义利率仍会保持较高水平，而主要发达国家将继续推行极为宽松的货币政策，国际主要货币利率很低，因此存在国际资本流入我国进行短期套利的可能；另一方面，在近期国内物价水平保持较高的情况下，人民币升值预期也逐渐走弱，因此以套汇为目的的资金流入将减少。综合判断，2012年证券投资和其他投资项目波动加大，很有可能继续出现顺差，但在2011年顺差基数较高的情况下，顺差规模可能有所下降。

（三）外汇储备增速下降，人民币汇率继续升值

2012年，在国际收支继续保持双顺差结构的情况下，我国外汇储备将继续增加，但增长幅度将比2011年减小。国际收支波动加大也会对外汇储备带来影响，个别月份外汇储备也可能出现净减少。随着人民币汇率形成机制改革进一步加快，人民币与主要货币之间汇率波动幅度加大，人民币汇率在短期之内呈有升有降、双向变化的次数将越来越多，但由于国际收支总体上呈现双顺差状态，人民币对主要国家汇率的总趋势仍以升值为主。

三　政策建议

第一，把防止国际收支顺差过快增长、促进国际收支向平衡方向发展作为

2012 年国际收支的主要任务。2012 年，稳定物价水平、防控通货膨胀仍是我国宏观经济面临的重要任务，为此国内仍将采取稳健的货币政策，控制货币发行增速。但国际收支顺差和外汇储备的过快增长，将使人民银行通过外汇占款渠道发行的基础货币增加，有可能不利于稳健货币政策的实施，因此减缓国际收支顺差快速增长对促进国内外经济平衡都具有重要意义。

第二，积极防范跨境资金流动风险，重点防范“热钱”冲击。2012 年，国际资本大规模流入流出我国的可能性仍很大，尤其是一些投机性“热钱”可能出现短期内大规模流入流出，对我国宏观经济稳定造成冲击。为此，应加强对跨境资本的有效监控，继续保持对“热钱”的高压打击态势，加强对重点账户的监控和预警，更多地从源头角度防范“热钱”流入，采取措施抑制套利资金流入。

第三，推进外汇管理便利化，促进贸易平衡。我国过去对货物贸易的外汇管理便利化措施主要是针对出口的。近年来，国家提出了扩大进口的政策，我国进口增速也出现较快增长，在进口方面推进外汇管理便利化，不但适应我国货物贸易发展的需要，而且可以促进进口，有助于贸易平衡。

第四，稳步推进资本账户开放。“十二五”时期，我国已经具备资本账户开放的基本条件，应该开始逐步推进资本账户开放。为落实减缓国际收支顺差增长过快的任务，2012 年资本账户应适当加快借方项目开放，有序拓宽资本流出渠道，如允许更多类型的机构从事合格境内机构投资者业务。

第五，继续推动我国外汇市场发展。丰富汇率风险管理工具，满足市场主体规避汇率风险需要。积极完善外汇市场，丰富人民币对外币衍生产品。

G.6

2011年财政收支分析与2012年展望

王远鸿*

摘　要：2011年，经济保持平稳较快增长、物价水平上涨、企业效益较好带动财政收入实现了较快增长，财政支出结构继续优化。2012年，受经济增速、物价水平和经济效益回落的影响，财政收入增速将明显放缓；为了保持经济平稳较快增长，大力保障和改善民生，着力推动经济结构调整和发展方式转变，财政支出将保持一定力度。2012年应继续实行积极的财政政策，保持必要的赤字规模，进一步调整财政支出结构，更加突出改善民生和结构调整。同时，加大税收结构调整力度，以激发自主增长动力，为我国经济进一步从政策刺激向自主增长有序转变创造条件。

关键词：财政政策　财政收支　税收

一　2011年财政收支形势分析

1~9月，全国财政收入81663.34亿元，同比增长29.5%，完成预算的91%。其中，中央本级收入41937.72亿元，同比增长26.2%；地方本级收入39725.62亿元，同比增长33.3%；税收收入71292.18亿元，同比增长27.4%；非税收入10371.16亿元，同比增长46.4%。全国财政支出69480.57亿元，同比增长27.5%，完成预算的69.3%。其中，中央本级支出12116.86亿元，同比增长8.9%（剔除车购税支出转列地方因素后中央本级支出增长约19%）；地方财政支出57363.71亿元，同比增长32.2%。累计实现盈余12182.77亿元，同比增

* 王远鸿，经济学博士，研究员，国家信息中心经济预测部财金研究室主任。主要研究领域为宏观经济、财政金融运行和政策分析、经济监测预警等。

长 42.7%。

1. 财政收入同比增长明显加快

2011 年 1～9 月，全国财政收入同比增长 29.5%，比上年同期加快 7.1 个百分点。财政收入增长较快，除了经济保持平稳较快增长、物价水平上涨、企业效益较好带动以现价计算的相关税收增长外，进口环节税收等部分上年末收入在今年初集中入库、今年汇算清缴上年企业所得税入库比较多、对外资企业征收城市维护建设税和教育费附加、将原预算外资金纳入预算管理等因素，都相应增加了财政收入。财政收入增长有以下几个特点。

（1）三大流转税增幅低于财政收入平均增幅。1～9 月，国内增值税、国内消费税和营业税共完成 34087.97 亿元，同比增长 20.1%，比上年同期加快 1.1 个百分点，对财政收入增长的贡献率达到 30.7%，拉动财政收入增长 9.1 个百分点。其中，受规模以上工业增加值、社会商品零售额平稳增长、PPI 涨幅较高以及上年基数较低的影响，国内增值税完成 18198.68 亿元，同比增长 18.7%，增速比上年同期加快 6.6 个百分点；受国内汽车消费大幅下滑的影响，国内消费税 5523.66 亿元，增长 17.7%，比上年同期回落 14.5 个百分点，其中，汽车消费税增长 10.0%，比上年同期增速回落 48.4 个百分点；受房地产及交通运输营业税增幅回落影响，营业税 10365.63 亿元，增长 24.0%，比上年同期回落 2.2 个百分点，其中，房地产营业税增长 20.1%，比上年同期增速回落 23.2 个百分点。

（2）所得税增幅明显高于财政收入平均增幅。1～9 月，所得税收入 19812.23 亿元，同比增长 35.5%，比上年同期加快 22.4 个百分点，对财政收入增长的贡献率达到 27.9%，拉动财政收入增长 8.2 个百分点。其中，受汇算清缴上年企业所得税收入增加较多及 2011 年规模以上工业企业实现利润保持较高增长的影响，企业所得税完成 14817.11 亿元，增长 35.8%，比上年同期加快 25.3 个百分点。受居民财产收入快速增长、工资水平提高及加强征管的拉动，个人所得税完成 4995.12 亿元，增长 34.4%，比上年同期加快 12.9 个百分点。

（3）进口环节税收增幅明显高于平均增幅。1～9 月，受一般贸易进口增长 33.3%、上年年末进口税收部分结转到 2011 年 1～2 月份集中入库的影响，进口环节税收完成 12751.12 亿元，同比增长 32.8%，比上年同期回落 11.9 个百分点，对财政收入增长的贡献率达到 16.9%，拉动财政收入增长 5.0 个百分点。其中，进口货物增值税、消费税 10732.93 亿元，同比增长 33.6%，比上年同期回落 16.3 个百分点；关税 2018.19 亿元，同比增长 28.9%，比上年同期回落 18.7 个百分点。

（4）部分地方税收增长较快。1～9 月，受对外资企业征收城市维护建设税的影响，城市维护建设税完成 2090.23 亿元，同比增长 48.6%，比上年同期加快 24.4 个百分点；受税务部门加强预征和清算管理的影响，土地增值税完成 1640.43 亿元，同比增长 74.2%，比上年同期回落 8.2 个百分点；受西部地区原油、天然气资源税实行从价计征改革，西部省份资源税收入大幅增长的影响，资源税完成 447.13 亿元，同比增长 41.9%，比上年同期加快 18.4 个百分点。

（5）非税收入大幅增长。1～9 月，非税收入 10371.16 亿元，同比增长 46.4%，比上年同期加快 36.8 个百分点，对财政收入增长的贡献率达到 17.7%，拉动全国财政收入增长 5.2 个百分点。其中，中央非税收入 2273.99 亿元，同比增长 34.7%。

受国内经济增速逐季回落、特殊增收因素不复存在以及政策性减收因素的影响，财政收入增速出现逐季回落的态势，一季度增长 33.1%、二季度增长 29.6%，三季度增长 26.1%。其中，9 月当月财政收入增长 17.3%，比 1～8 月累计增速回落 13.6 个百分点（见图 1）。预计四季度，受经济增速进一步放缓、物价高位回落、企业效益走低和政策性减收因素的影响，财政收入增幅将进一步回落。初步预测，2011 年财政收入将增长 25% 左右，达到 103900 亿元左右。

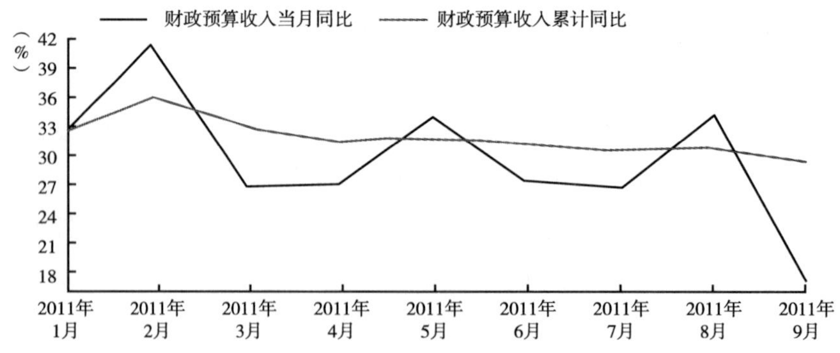

图 1　2011 年 1～9 月财政收入增长态势

2. 财政支出同比大幅增长

2011 年，国家继续实施积极的财政政策，加大对“三农”、教育、医疗卫生、社会保障和就业、保障性安居工程、节能环保以及欠发达地区的支持力度，

切实保障和改善民生，推动经济增长、结构调整、区域协调和城乡统筹发展。1～9 月，全国财政支出 69480.57 亿元，同比增长 27.5%，比上年同期加快 6.9 个百分点。月度财政支出增速波动较大（见图 2）。

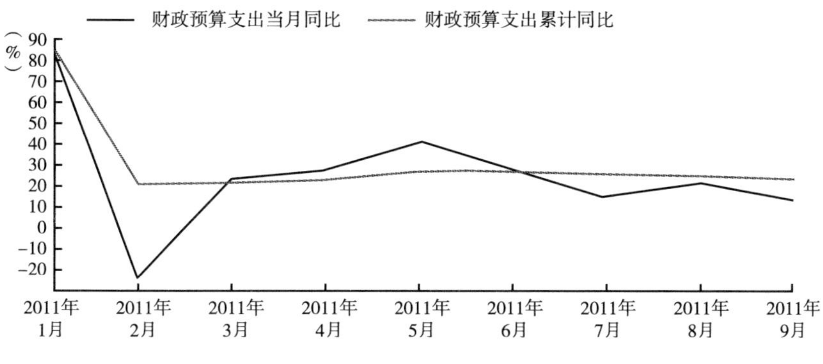

图 2　2011 年 1～9 月财政支出增长态势

1～9 月，财政支出主要项目增长情况为：

（1）教育支出 9490.78 亿元，增长 26.7%，完成预算的 66.5%。重点支持中西部地区和民族地区发展农村学前教育，完善农村义务教育经费保障机制，继续实施农村义务教育薄弱学校改造计划，实施“985 工程”、“211 工程”等，促进特殊教育、民族地区教育发展。

（2）社会保障和就业支出 8003.57 亿元，增长 32.5%，完成预算的 77.2%。重点支持将新型农村社会养老保险试点范围由全国 24% 的县扩大到 40% 的县，提高企业退休人员基本养老金水平，完善企业职工基本养老保险省级统筹制度，提高城乡最低生活保障标准，调整优抚对象等人员抚恤和生活补助标准，扩大鼓励创业政策的扶持范围，做好就业帮扶、职业技能培训和创业培训等。

（3）农林水事务支出 5842.61 亿元，增长 34.8%，完成预算的 62.6%。重点支持以水利为重点的农业农村基础设施建设，继续增加农资综合补贴、农作物良种补贴、农机购置补贴，推动现代农业建设和优势特色产业发展，加快全国新增千亿斤粮食生产能力建设，支持集中连片特殊类型贫困地区实施扶贫攻坚，完善农业保险保费补贴政策，全面清理化解农村义务教育债务。

（4）交通运输支出 4870.25 亿元，增长 34.2%，完成预算的 79.2%。重点推进农村公路、国省干线等公共交通基础设施建设，继续对城市公交、农村客运等部分公益性行业给予油价补贴，支持地方取消政府还贷二级公路收费。

（5）医疗卫生支出3965.2亿元，增长50.5%，完成预算的74%。重点提高城镇职工基本医疗保险、城镇居民基本医疗保险和新型农村合作医疗保险参保率，提高新型农村合作医疗和城镇居民基本医疗保险的财政补助标准，支持在政府举办的基层医疗卫生机构全面实施国家基本药物制度，推进基层医疗卫生机构综合改革，提高城乡居民人均基本公共卫生服务经费标准，继续支持实施重大公共卫生服务项目，推动公立医院改革试点。

（6）科学技术支出2293.14亿元，增长6.3%，完成预算的62.1%。重点增加对国家自然科学基金的投入，推动国家重点实验室和基础科研机构科研能力建设，支持前沿技术研究、社会公益研究和重大共性关键技术研究开发，扩大重大科研装备自主研制试点范围，加大对区域创新能力建设的引导支持，推动科技成果向现实生产力转化。

（7）住房保障支出2285.91亿元，增长73.9%，完成预算的88.5%。重点通过加大各级财政投入、积极引导社会资金参与，加快公共租赁房和廉租房建设，推进城市、工矿、林区、垦区、煤矿等棚户区改造，以及农村危房改造和游牧民定居工程。

（8）节能环保支出1341.85亿元，增长20.2%，完成预算的47.7%。重点加强重点节能工程建设，促进清洁生产、节能技术改造、节能产业发展，继续支持淘汰落后产能，推进建筑节能，进一步加大节能产品惠民工程实施力度，扩大对购买节能和新能源汽车的补贴范围，加强重金属污染治理以及重点地区、重点流域生态综合治理，推进农村环境综合整治，支持实施重大生态修复工程。

1~9月财政支出完成预算的69.3%，比上年同期进度加快4.8个百分点。分季度看，一季度增长26%、二季度增长35.7%、三季度增长21.3%。四季度，财政支出仍将保持一定水平，但将低于1~9月的水平。初步预计，2011年财政支出增长21%左右，达到108800亿元左右。

二　2012年财政收支走势初步判断

1. 2012年国内外经济环境分析

2012年，由于金融危机深层影响尚未完全消除，发达经济体主权债务危机

将难以明显缓解，风险可能向银行体系扩散，经济自主增长动力仍将疲弱。新兴和发展中经济体则面临通货膨胀压力居高不下、经济增速持续回落的窘境。不同经济体宏观经济政策分化更加明显，贸易保护主义程度加深，世界经济复苏动力明显减弱。因此，2012 年世界经济将维持低速增长的格局，增速不会高于 2011 年。据 2011 年 9 月 IMF《世界经济展望》秋季报告预测，2012 年世界经济将增长 4.0%，与 2011 年持平。其中，发达经济体将增长 1.9%，比 2011 年加快 0.3 个百分点；新兴和发展中经济体将增长 6.1%，比 2011 年回落 0.3 个百分点。世界贸易总量将增长 5.8%，比 2011 年回落 1.7 个百分点。在全球经济和贸易增长都可能放缓、贸易保护主义盛行和汇率争端加剧的背景下，我国对外贸易增速将难以保持 2011 年的增长水平。

2012 年，我国“十二五”规划进入第二年，“十二五”重大项目的有序启动将带动投资和经济增长，战略性新兴产业发展规划和区域经济协调发展规划的全面启动将给内需提供有力支撑，城镇化和工业化加快发展、居民消费结构升级、区域间产业转移将为我国经济增长提供长期动力。与此同时，“十二五”规划节能减排目标的落实，对高耗能行业的投资和增长将产生一定的抑制作用；房地产调控政策逐步见效将导致房地产开发投资增速出现明显回落；地方政府债务压力和土地转让收入的锐减将限制地方政府的投融资能力；国内要素成本上升压力日益增加，企业盈利水平趋于下降，民间投资仍面临市场准入等方面的障碍，企业投资的可持续性受到影响；汽车、住房等大宗消费可能延续低速增长，家电等促消费政策效应减弱，也难以保持 2011 年的增速，而新的消费热点尚未形成。在这种背景下，2012 年国内需求增长也将出现一定程度的回落。

综合分析国内外需求状况，我们认为，2012 年我国经济面临较大的下行压力，如果能够适当把握宏观调控的方向、力度和节奏，化解国际经济政治的不确定因素可能带来的冲击，我国经济仍将保持 8.7% 左右的增长，CPI 上涨 4% 左右。

2. 2012 年财政收入增速将比 2011 年明显回落

受 2012 年经济增速回调、物价水平回落、经济效益趋低以及 2011 年基数较高的影响，2012 年财政收入增速将出现明显回落。

（1）国内增值税增长将明显放缓。增值税的税基大体相当于工业增加值和商业增加值。初步预计，2012 年工业增加值将增长 12.5% 左右，较 2011 年

13.8%左右的增速回落1.3个百分点。由于工业品出厂价格指数PPI从2011年的6.5%左右回落到2012年的4.5%左右，工业增加值的名义增速回落幅度更大，与工业增加值有关的增值税增速将出现明显回落。2012年，社会消费品零售总额增速将从2011年的17%左右回落到2012年的16%，与此相关的商业增值税增速也将略有回落。

（2）国内消费税增速难有明显起色。消费税的税基是烟、酒、汽车、成品油等14类特定商品的销售额或销售量。2012年，汽车、成品油销量将保持低速增长，相关税收同比增幅难有明显起色，而随着经济增速和物价水平的回落，高档烟酒及贵重首饰的消费税将随着相关消费增速的回落而回落。

（3）营业税收入高增长难以维系。营业税的税基是交通运输业、建筑业、金融保险业、邮电通信业、文化体育业、娱乐业、服务业、转让无形资产和销售不动产等9个行业取得的营业收入。2012年，随着国家房地产调控政策的见效，城市房屋销售价格有望出现回落，商品房销售面积和商品房销售额难以出现超预期增长，房地产营业税增速也难以出现超预期增长。2012年，受房地产投资增速将从2011年的31%左右回落到18%左右的影响，建筑业营业税增速也将随之回调。而由于货币政策继续保持稳健，银行信贷增速将继续保持在较低水平，金融保险业营业税增速不会明显反弹。

（4）所得税增速将明显回调。2012年，由于房地产市场难以出现新的景气，房地产企业所得税收入将减少。而工业增速的回落和企业成本的上升，将导致工业企业利润增幅明显回落，工业企业所得税增速将明显回落。加大对小型微利企业实施所得税优惠政策等，企业所得税增长面临压力。提高个人所得税工薪所得减除额和调整税率结构，将使个人所得税高增长难以维系。

（5）进口税收增幅将明显回落。关税和进口环节税的税基是一般贸易进口额。2012年，受国内经济增速回调的影响，一般贸易进口额的增速将明显回落，与一般贸易进口额有关的进口税收增幅也将明显回落。

（6）契税和车辆购置税增速将明显回落。2012年，随着房地产交易和土地竞购趋于理性，契税收入增速将明显回落。由于汽车销售低速增长，车辆购置税收入增速也将保持低位。

2012年，国家将完善增值税和营业税制度、健全消费税制度、全面改革资源税制度、推进房产税改革试点，会对财政收入增长产生一定的影响。综合以上

因素，初步预测 2012 年财政收入将增长 12% 左右，达到 116400 亿元左右。

3. 2012 年财政支出增幅将明显低于 2011 年

2012 年，为了保持经济平稳较快增长，大力保障和改善民生，着力推动经济结构调整，财政支出仍需要保持适度增长。

（1）继续实施积极财政政策，重大项目建设仍需大量投入。2012 年，为了保持经济平稳较快发展，国家将继续实施积极财政政策，中央预算内投资和各类中央建设基金、地方政府债券资金都要优先完成在建项目，有序启动“十二五”规划的重大项目。

（2）增加“三农”投入，促进农业稳定发展。2012 年，国家要继续大幅度增加农田水利投入，加强以农田水利为重点的农业基础设施建设，完善良种补贴、农机购置补贴、农资综合补贴和粮食直补政策，推进农业综合开发和农村土地整治等。

（3）继续加大投入，着力保障和改善民生。2012 年，国家将继续推进教育、医药卫生、收入分配和社会保障等重点领域的改革，加大教育、医疗卫生、社会保障和就业等方面的投入；将大力推进保障性安居工程建设，增加保障性安居住房的供应；适当提高新型农村合作医疗和城镇居民基本医疗保险补助标准；继续提高企业退休人员基本养老金水平，实现新型农村社会养老保险和城镇居民养老保险制度全覆盖。

（4）大力支持结构调整，促进经济发展方式转变。2012 年，国家将落实和完善财税扶持政策，加快培育和发展战略性新兴产业；落实和完善支持中小企业发展的财税政策体系，培育壮大服务业；落实推动区域协调发展的财税政策，推进西部大开发，加快新疆、西藏等民族地区发展；利用市场倒逼和政策支持，引导和支持企业兼并重组和技术改造，加快淘汰落后产能和抑制产能过剩。

综合考虑以上因素，初步预计 2012 年财政支出将增长 14.3% 左右，达到 124400 亿元左右。

三　2012 年财政政策取向分析

2012 年，世界经济增速将继续放缓，通货膨胀压力居高不下，主要国家政府债务风险继续积聚，不同经济体宏观经济政策明显分化，贸易保护主义程度加深。国内经济受内外需回落的影响，下行势头将延续，通货膨胀压力依然较大，结构调整矛盾突出，潜在风险逐步暴露。因此，要坚持实施积极的财政政策，保持适度的支出增长，坚持有扶有控，大力保障和改善民生，在保持经济平稳运行的同时，着力推进经济结构调整和经济发展方式的转变，通过深化改革进一步激发自主增长活力，为我国经济进一步从政策刺激向自主增长有序转变创造条件。

1. 保持适当的财政赤字规模，严格控制一般性地方政府投资项目开工

2012 年，受经济增速进一步放缓、物价高位回落、企业效益走低和政策性减收因素的影响，财政收入增幅将明显回落。而在财政支出方面，要充分发挥财政政策扩大内需、稳定和拓展外需、支持经济增长和促进就业的作用，大力保障和改善民生，着力推动结构调整等方面都需要进一步加大财政投入。因此，在财政收入增速放缓，财政支出依然保持较高增长的背景下，应继续实施积极的财政政策，保持适当的财政赤字规模和必要的财政支出强度。建议 2012 年适当降低全国财政赤字总体规模，由 2011 年的 9000 亿元调整到 8000 亿元，进一步降低对经济的刺激力度。适当控制中央财政赤字规模，由 2011 年的 7000 亿元下调到 5000 亿元。同时，适当增加财政部代理发行的地方政府债券规模，由 2011 年的 2000 亿元增加到 3000 亿元，以保障公益性项目建设的资金需要。中央政府基建投资主要用于保障性安居工程、农村水利等基础设施方面，在确保在建项目投资顺利完成，有序启动“十二五”规划中的国家级重点建设项目的同时，严格控制一般性的地方政府投资项目的开工，防范地方债务和地方政府融资平台风险过度积累。

2. 进一步调整财政支出结构，切实保障和改善民生

在财政支出结构的安排中，要在压缩行政支出、保证政府在建项目支出的同时，推动财政支出大力向社会保障倾斜，向改善民生倾斜，不断提高其所占比重。一是优先保证重点在建、续建项目的资金需求，有序启动“十二五”规划重大项目建设。二是加大财政投入力度，大力支持保障性安居工程建设，完善税收、土地出让和收费基金等优惠政策，调动地方政府和企业的积极性。三是加大财政支出在农业基础设施尤其是水利设施建设上的投入。四是增加对教育的投入，努力实现国家财政性教育经费支出占 GDP 4% 的目标；加大医疗卫生投入，深化医药卫生体制改革；完善各项社会保障制度，支持加快建立覆盖城乡居民的社会保障体系。五是要进一步落实好产业调整振兴规划、战略性新兴产业规划中

确定的各项财税扶持政策，促进产业转型和结构调整。六是增加对基础科学研究、重大科技专项、重点工程实验室的投入，提高创新能力。七是进一步落实好支持欠发达地区发展的财税政策，增加中央对地方一般性转移支付，促进地区协调发展。

3. 通过结构性税收调整，推动经济结构调整

为了促进自主增长动力的形成，实现经济结构调整和发展方式的转变，加快推进“有增有减”的结构性税收调整。

第一，完善增值税和营业税制度。为进一步解决货物和劳务税制中的重复征税问题，支持现代服务业发展，在部分地区和行业开展深化增值税制度改革试点，逐步将交通运输业、建筑安装业、邮电通信业、房地产业等目前征收营业税的行业列为增值税征收范围，相应调减营业税，从制度上解决货物与劳务税收政策不统一的问题。

第二，加快消费税制改革。在增加和保持对一些过度消费会损害健康和环境的商品继续课以重税的同时，不再对部分已成为日常生活不可或缺的商品课征消费税，同时适度下调大多数商品的消费税率，通过调整消费税范围和税率结构，发挥消费税促进节能减排和引导合理消费的作用。

第三，健全支持中小企业、节能减排、研发创新和战略性新兴产业发展的税收政策。应进一步实施培育自主创新能力的税收政策，调整完善鼓励企业研发投入的税收优惠措施（如所得税抵扣），并制定支持新能源、节能环保、电动汽车、新材料、医药、生物育种和信息通信等七大战略性新兴产业的税收减免优惠措施，对政策重点支持的行业或领域实施优惠税率和扩大税前扣除范围。

第四，全面推进资源税改革，逐步扩大资源税从价计征范围，适当提高税负水平。在尽快将资源税改革推广到全国的同时，应适时扩大征税范围，将煤炭等纳入资源税的征税范围，以进一步发挥促进资源合理利用的作用。

第五，积极推进房地产税改革。房地产税改革在我国研究论证已久，并已进行了多年的“物业税”模拟评税空转试验，重庆、上海已进入试点的实际操作，目前推出房地产税改革时机基本成熟。征收房产税有利于政府在降低间接税比重的同时，强化主要针对富裕阶层的直接税，为地方政府提供稳定、大宗的地方税种，有利于房地产调控的有效推进。

G.7

2011 年金融运行分析与 2012 年展望

李若愚*

摘　要：2011 年货币政策由“适度宽松”重回“稳健”，货币条件继续向常态回归，货币与信贷增速明显下降。2012 年国内和国际形势愈加复杂，金融调控需要应对多重任务、多重挑战。货币政策基调可定为“谨慎观察、灵活应对”，政策取向应做到“总量上中性偏紧，结构上定向宽松”。传统的货币政策工具运用空间有限，数量和价格型工具的运用要非常慎重。同时，应继续通过“疏堵结合”治理表外融资和民间借贷，从社会融资总量角度对“流动性闸门”加以控制。

关键词：货币政策　货币　信贷　表外融资

一　2011 年货币信贷增长明显放缓，流动性闸门得到控制

2011 年上半年，货币政策紧缩措施频繁出台，存款准备金率六次上调，加息三次。下半年调控对象由表内信贷转为表外融资，通过将包含承兑汇票、信用证、保函三部分的保证金存款纳入存款准备金缴存范围来回笼和锁定流动性，并控制银行表外业务过快扩张。从紧的货币政策效果明显，流动性闸门得到控制，物价过快上涨势头受到抑制。

1. 货币供应量增速明显下滑，M2 的统计比实际状况有所低估

央行多次上调存款准备金率和银监会对信贷投放总量的控制使货币供应量增速明显下滑。9 月末，M2 余额同比增长 13.0%，比上年末增幅低 6.7 个百分点；

---

* 李若愚，金融学硕士，国家信息中心经济预测部高级经济师，主要研究货币政策、金融运行与金融市场等问题。

M1 余额同比增长 8.9%，比上年末增幅低 12.3 个百分点。

近年来，国内金融创新不断增多，公众资产结构日益多元化，特别是年初以来银行表外理财业务迅速发展，加快了存款分流，这些替代性的金融资产没有计入 M2，使得目前货币统计比实际状况有所低估。

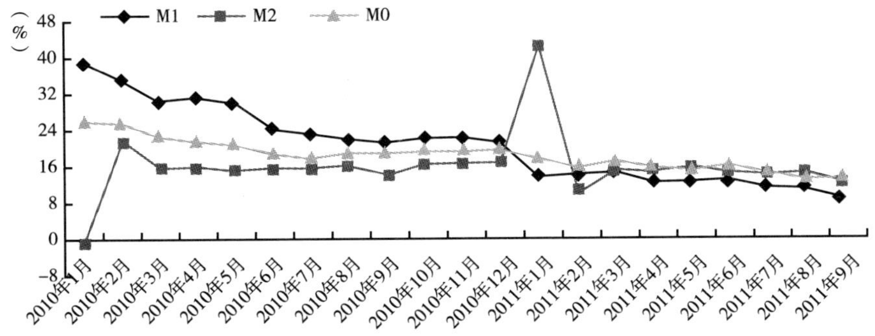

图 1　各层次货币供应量同比增速

资料来源：中国人民银行网站。

2. 社会融资总量下半年增长放缓明显

上半年社会融资规模为 7.76 万亿，比上年同期少 3847 亿，三季度社会融资总量增长进一步明显放缓，前三季度社会融资规模为 9.80 万亿元，比上年同期少 1.26 万亿元。这主要是由于下半年以来央行与银监会加大对商业银行理财业务和票据业务的监管与调控，导致表外融资被挤压。上半年表外融资（信托贷款、委托贷款及银行承兑汇票）占比 27.3%，比上年同期略有下降，前三季度占比进一步下降到 21.8%，其中，银行承兑汇票占比下降幅度最大，由上半年的 17.1% 下滑到前三季度的 10%。三季度银行承兑汇票融资净减少三千多亿元。

3. 人民币贷款投放受到控制，贷款结构有所改善

受金融调控影响，人民币贷款增速持续放缓，但外币存款仍增长较快。9 月末，本外币贷款余额同比增长 16.0%，比上年同期增幅低 3.8 个百分点。其中，人民币贷款余额同比增长 15.9%，比上年末增幅低 4.0 个百分点；外币贷款余额同比增长 24.4%，比上年末增幅高 4.9 个百分点。前三季度人民币贷款增加 5.68 万亿元，同比少增 5977 亿元，外币贷款增加 734 亿美元，同比少增 302 亿美元。

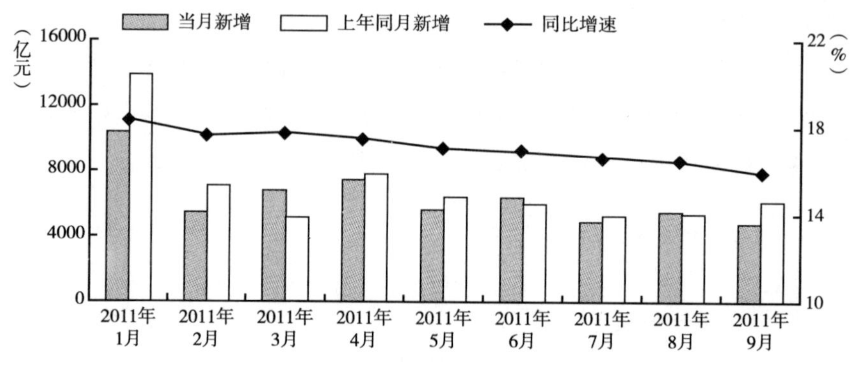

图2　2011 年 1 ~ 9 月各月人民币贷款增长情况

资料来源：中国人民银行网站。

贷款投放体现“有保有压”，信贷结构有所改善。一是企业中长期贷款少增较多，流动资金贷款（包括短期贷款和票据融资）保持多增。前三季度企业及其他部门本外币中长期贷款增加 1.77 万亿元，同比少增 1.87 万亿元；短期贷款及票据融资增加 2.09 万亿元，同比多增 1.78 万亿元。流动资金贷款增长主要体现为短期贷款，票据融资月度新增规模较小，甚至有的月份出现减少。二是住户消费性贷款出现少增，前三季度增加 1.14 万亿元，同比少增 3585 亿元。企业中长期贷款、住户消费性贷款少增与政府加强房地产市场调控、清理地方政府融资平台有关。随着贷款中长期化的趋势减弱，贷款期限结构有所改善。三是中小企业贷款增长较多。前三季度人民币中小企业贷款（含票据贴现）增加 2.26 万亿元，占全部企业新增贷款的 68.4%。四是房地产贷款增速继续回落，保障性住房开发贷款增量占比大幅提升。前三季度人民币房地产贷款累计增加 9923 亿元，同比少增 7439 亿元；保障性住房开发贷款累计增加 1150 亿元，占同期房地产开发贷款增量的 52.3%。

4. 存款增长明显放缓，存在虚增现象

9 月末，本外币存款余额同比增长 13.9%，比上年末降低 5.9 个百分点。存款增长乏力主要体现在人民币存款上，外币存款增长平稳。前三季度人民币存款增加 8.11 万亿元，同比少增 2.09 万亿元；外币存款增加 300 亿美元，同比多增 88 亿美元。企业存款显著少增，前三季度非金融企业存款增加 1.30 万亿元，同比少增 2.32 万亿元；人民币住户存款增加 3.63 万亿元，同比少增 0.32 万亿元；

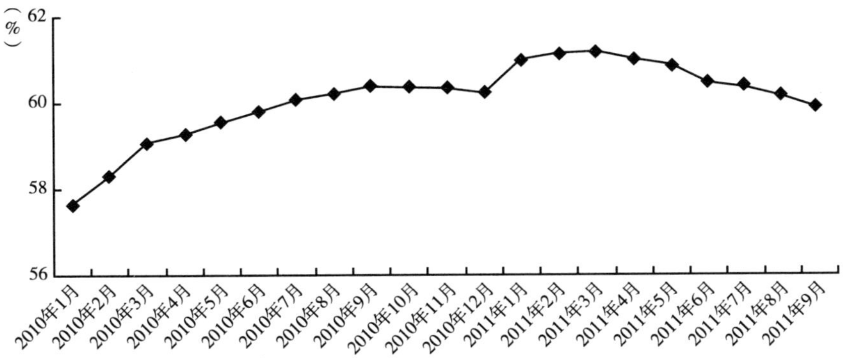

图 3　中长期人民币贷款占全部人民币贷款比重

资料来源：中国人民银行网站。

财政性存款增加 1.16 万亿元，与上年同期基本持平。

存款增长放缓一方面是由于银行理财产品的大规模增长、民间借贷的空前活跃对居民和非金融企业存款形成分流，“存款脱媒”不断加剧。另一方面是由于贷款增长受到限制，贷款派生的存款增长相应放缓，贷款增速回落进一步导致派生存款增速变慢。

如果考虑到商业银行虚增存款的因素，人民币存款增长的放缓趋势更为严重。2011 年，更为严格的存贷比监管加大了商业银行存款考核压力，银行普遍存在存款“注水”现象。年初以来存款出现大幅波动，尤其是存款“季初大幅回落、季末冲高”，显露出存款的“虚”态。除了商业银行通过与企业联手发放虚假贷款来虚增存款等可能因素外，在银行理财产品募集期或到期后，理财资金会在银行形成部分沉淀存款，因此，商业银行通过大力推广短期理财产品来争夺存款，理财产品大量“吸”金和到期“吐”金也成为存款大幅波动的推手。

5. 银行体系流动性趋紧，银行间市场利率上升

影响银行体系流动性变化的短期因素既有存款准备金率调整、公开市场操作及中央国库现金管理商业银行定期存款招标等政策因素，也有财政存款、外汇占款增长等非政策因素。就政策因素看，前三季度存款准备金政策调整约回收资金 2.4 万亿元；共展开 8 期国库现金管理商业银行定期存款招标操作，累计投放资金 2700 亿元；公开市场操作以净投放资金为主，除 3 月份实现资金净回笼外，其他各月份均为资金净投放，前三季度累计净投放资金 2.1 万亿元。因此，虽然

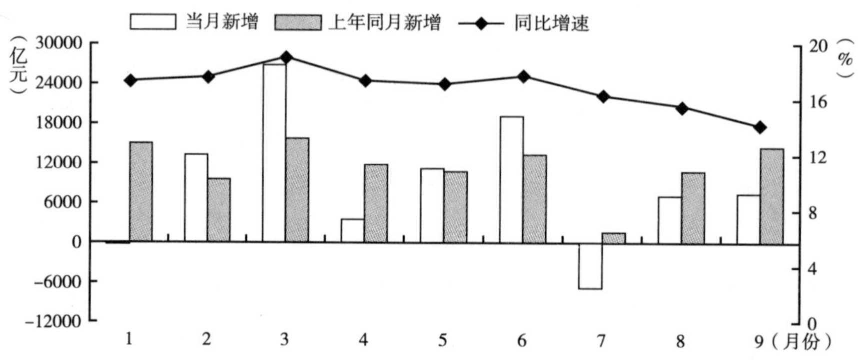

图4　2011年1~9月各月人民币存款增长情况

资料来源：中国人民银行网站。

存款准备金率不断上调，但由于央行公开市场操作持续净投放资金，政策性因素形成的资金回笼规模和投放规模基本持平，货币政策操作对银行间资金面的影响是“稳”而不是“紧”。就非政策因素看，前三季度财政性存款增加1.2万亿元，外汇占款增加2.9万亿元，财政存款增加形成的流动性回笼与外汇占款增加形成的流动性投放相抵，非政策性因素共形成短期流动性投放1.7万亿元。

从影响因素看，银行体系短期流动性是增加而不是减少，但银行资金面仍较为紧张，货币市场利率有所上升。9月份银行间市场同业拆借月加权平均利率为3.74%，质押式债券回购月加权平均利率为3.75%，分别比上年12月高0.82个和0.63个百分点。事实上，银行资金面紧张不是以上短期因素造成的，其原因主要有三个方面：一是法定存款准备金率上调除了要求商业银行按照当前的存款规模补缴准备金，形成短期内流动性回笼效应外，还要求商业银行在吸收新的存款后，留存更多的准备金，形成长期持续的流动性锁定效应，从而减少商业银行的可用资金。二是存款“负利率”和银行理财产品的火爆发行等促使银行存款被大量分流。三是从年初到5月份，银监会不断提高存贷比监管要求，由原先的季末考核改变为月末考核再变为日均考核，并提出日均存贷比不得高于75%的监管标准。存贷比要求的提高增加了商业银行对存款的渴求，也使银行资金面进一步承压。

6. 人民币对美元持续小幅升值

2011年人民币对美元保持小幅升值态势，1~9月，人民币对美元中间价累

计升值 4.2%。依据国际清算银行数据，1～9 月人民币实际有效汇率累计升值 4.3%。其中，前 7 个月人民币实际有效汇率保持平稳，8、9 月份连续走高，8 月份当月环比升值 2.4%，9 月份当月环比升值 3.77%，升值速度明显加快。

二　2012 年金融调控面临的不稳定、不确定因素增多

1. 欧美经济问题相互交织，世界经济复苏缓慢

从 2009 年希腊债务危机以来，欧洲债务危机已持续两年多，2011 年下半年进一步恶化。10 月底欧元区达成一揽子解决方案，但欧债危机并未彻底消除，仍可能再次深化和扩散，存在继续向欧盟核心国家传染、向银行危机转化以及威胁欧元稳定性等风险。虽然 8 月初国债法定上限的及时上调使美国暂时躲过了债务危机，但美国债务负担过高的问题依旧，美元和美国仍可能面临信任危机。而且美债法案除了提高债务上限外，还要求政府削减财政赤字，从而影响到依靠政策刺激的经济复苏势头。美国两党在国债问题上的互不相让，反映出美国国内政治分裂严重，政治乱局也不利于经济问题的解决。总体来看，未来欧债危机、美债危机仍可能进一步发展，欧美经济问题相互交织，继续冲击国际金融市场和影响全球经济复苏。

新兴市场经济体将继续面临国内通胀压力上升和经济增长放缓双重问题，由于各国情况存在差异，新兴市场各国宏观经济政策分歧在进一步加剧。为刺激经济增长，8 月份以来，巴西、土耳其与印尼相继降息，而印度、泰国、韩国等国家央行仍未放弃加息。

面对主权债务危机，美欧国家财政和金融政策空间有限，发达经济体目前尚未找到刺激增长和解决就业的有效手段，因而缺乏内生增长动力，失业率居高不下，经济增长难有起色。新兴经济体受发达国家需求不振和日本地震导致全球产业链受损的影响，2012 年经济增速将有所放缓。根据 IMF 最新预测①，2011 和 2012 年全球经济增速均为 4.0%，发达经济体经济增速仅分别为 1.6% 和 1.9%，新兴经济体增速分别为 6.4% 和 6.1%。

---

① 《世界经济展望》，IMF，2011 年 9 月 20 日。

2. 新兴经济体需警惕国际短期资本逆流

9月份以来，由于欧债危机加剧，国际短期资本加快从新兴市场国家的股市、债市撤出，导致许多新兴市场国家股市动荡，货币贬值。当月菲律宾、泰国、印尼等亚太主要股市累计下跌超过10%，韩元、印度卢比、巴西雷亚尔、俄罗斯卢布和南非盾等兑美元均有明显贬值。9月底，海外人民币对美元NDF价格出现下跌，当月一年期人民币对美元NDF报价约贬值2%。对此轮国际短期资本外流和本币贬值，印度、巴西、韩国、泰国等国家已采取干预措施，以避免本币汇率和资金流向大幅波动。在欧美主权债务危机深化和扩散，全球经济复苏前景面临重大不确定性的情况下，未来短期国际资本可能会从新兴市场国家大进大出，并带来潜在经济金融动荡风险。

3. 国内经济增长放缓，通胀压力持续存在

2011年我国经济增速与物价涨幅均逐季回落。前三季度GDP各季同比增速分别为9.7%、9.5%和9.1%，基本稳定在9%以上的较高水平。2012年，在外围经济低迷导致外需减少、国内刺激政策力度和效应持续减退的影响下，我国经济增长将继续小幅放缓，但仍将保持8%以上的较快增长。

2011年下半年CPI增速逐月回落，但环比仍在上升，这说明CPI同比涨幅的下降主要是由于翘尾因素的减弱，新涨价因素仍在增强，通胀压力依然较大。从影响物价的因素看，2012年随着经济增速小幅放缓，产出缺口有所缩小，需求对物价的拉动减弱，但国内劳动力成本上升带来的成本推动型涨价压力以及国际大宗商品价格高位运行带来的输入性通胀仍持续存在。此外，我国高货币存量和高通胀预期同时存在构成通胀隐患。虽然今年以来货币供应量增速持续放缓，但金融创新使货币统计比实际状况有所低估，而且货币供给对物价的影响存在滞后效应和持续效应，2009~2010年货币供给的急剧扩张对物价水平的影响可能持续到2012年。居民对未来物价上涨预期依然强烈，2011年前三季度居民未来物价预期指数持续攀升。

按照2011年CPI月度环比变化率推算，2012年CPI同比涨幅中的翘尾因素约有1.8个百分点。这说明要将2012年CPI涨幅控制在4%左右的温和水平，需要将新涨价因素控制在2.2个百分点。从影响物价的因素看，2012年通胀压力持续存在，要将全年新涨价因素控制在2%左右，CPI涨幅控制在4%左右，还需要付出更大努力。

4. 银行业存在两大风险源，金融脱媒“乱象”待解

前期信贷迅猛增长埋下了银行业不良资产隐患，目前主要集中在两大领域。一是地方政府融资平台贷款不良风险。根据审计署公布的全国地方政府性债务审计结果，截至 2010 年末，全国地方政府性债务余额共 10.72 万亿元，其中银行贷款为 8.47 万亿元。据估计，2011 年和 2012 年是地方债务偿还高峰期。2011 年上海、云南、山西等地政府融资平台公司已出现贷款偿付困难情况，平台贷款不良风险正在暴露，2012 年将继续威胁到银行业资产质量。另一是房地产贷款不良风险。受政府限购令等调控政策影响，目前房地产市场已陷入“量减价滞”困局，在国家统计局监测的 70 个大中城市中，9 月份新建商品住宅（不含保障性住房）价格环比下降的城市有 17 个，持平的城市有 29 个，房价滞涨的地区占比约 2/3，未来房价出现拐点的可能性在上升。根据 2011 年二季度进行的房地产贷款压力测试结果，即使房地产抵押品重度压力测试下跌 40%，覆盖率仍高于国际通行的 110% 标准①。目前房贷风险总体可控，但仍不可掉以轻心。近两年，商业银行不断收紧对房地产开发商的贷款投放，但开发商仍通过信托和银行理财产品等渠道获取了大量资金，据统计，2011 年已有 2000 亿信托资金流入房地产开发投资领域，这些信托资金和理财资金也存在较大的偿付风险。

表外融资和民间借贷等“金融脱媒”现象愈演愈烈，相关金融风险也不容忽视。2011 年商业银行理财业务激增，普益财富数据显示，前三季度银行理财产品发行规模约 13.35 万亿元②，比上年全年超出 6.3 万亿元。民间借贷规模迅速扩大，高利贷化的倾向越来越明显，温州等地已出现多起民间借贷资金链断裂，借款人“跑路”的案件。据中金公司估计，2011 年中期民间借贷余额达 3.8 万亿元，同比增长 38%。随着经济增速下行，银根收紧效应进一步显现，表外融资与民间借贷的偿还风险也将逐步加剧，一些银行资金可能被牵涉其中，成为金融运行的不稳定因素。

三　稳健的货币政策进一步求“稳”，加快结构性调整

2012 年国内和国际形势愈加复杂，金融调控面临的不稳定、不确定情况增

---

① 刘明康：《房地产贷款达 10.4 万亿风险总体可控》，2011 年 10 月 20 日《中国证券报》。

② 《2011 年前三季度超短期理财产品占三成》，2011 年 10 月 31 日《中国经济导报》。

多，需要应对多重任务、多重挑战。金融调控要继续处理好速度、结构和物价的关系，在“控通胀”和“保增长”之间寻找恰当的政策平衡点，适时、适度加快推进“调结构”步伐。为此要继续实施稳健的货币政策，把握好调控的方向、力度和节奏，在保持政策连续性、稳定性的同时，提高政策的前瞻性、针对性和灵活性，切实防范金融风险，维护金融稳定。

1. 继续实行稳健的货币政策

2012 年应继续实行稳健的货币政策，在具体执行中进一步强调“稳健”，以达到“稳增长”、“稳物价”的目的，政策基调可定为“谨慎观察、灵活应对”，政策取向应做到“总量上中性偏紧，结构上定向宽松”。从具体措施看，传统的货币政策工具运用空间越来越有限，法定存款准备金率已升至历史高位，加息掣肘于人民币升值压力，而且考虑到货币政策效应往往滞后出现，很容易产生政策超调，为避免与前期紧缩效应产生叠加，货币政策不宜进一步出台紧缩措施，数量和价格型工具的运用要非常慎重。同时，应继续以加强金融监管、防范金融风险为突破口，通过“疏堵结合”治理表外融资和民间借贷，从社会融资总量角度对“流动性闸门”加以控制。

2. 加强对流动性闸门的控制，保持货币信贷与社会融资总量适度增长

虽然 2011 年货币供应量增速明显放缓，但过高的货币存量水平仍成为潜在的通胀隐患。为此，2012 年的货币供应需要保持稳中适度偏紧，避免货币供应量在已有的高水平上继续过快增长，过度累积。现实中，高货币存量导致居民通胀预期强烈，“通货膨胀本质上是货币问题”的观念已深入人心，稳中偏紧的货币供应也有助于缓解高涨的通胀预期。2011 年前三季度 M2 增速明显放缓，预计四季度 M2 增速仍将保持较低水平，全年增速在 13% 左右。综合考虑上年同期基数较低、经济增速放缓、物价涨幅维持较高水平以及较高的通胀预期加快货币流通速度等因素，预计 2012 年 M2 余额将增长 15% 左右。

近两年我国金融创新明显加快，在银行信贷投放规模受到控制的同时，包括表外融资等直接融资规模快速膨胀，“社会融资总量”处于较高水平。因此，对社会流动性闸门的控制需要从“社会融资总量”的角度加以把握。2011 年下半年以来，随着监管层加强对银行理财和银行承兑汇票业务的清理和规范，表外信贷受到压缩，社会融资总量增势也有所减弱。预计 2011 年全年社会融资总量约 13 万亿元。目前，由于银行信贷投放仍受到控制，同时表外融资被限制、民间

借贷资金短缺，社会整体流动性已经较为紧张，未来流动性调控不宜再进一步收紧，以防止金融风险集中暴露，经济出现大的波动。预计 2012 年社会融资总量将增长到 14 万亿元左右。

3. 信贷政策坚持“有扶有控”，落实定向宽松

在加强信贷总量控制的同时，要实行差别化对待，按照“有扶有控”的要求，对政府在建项目、重点项目、保障性住房建设、中小微型企业、“三农”、节能减排、战略性新兴产业、就业、助学等重点领域和薄弱环节进一步扩大信贷支持，执行好差别化房贷政策，加强对地方政府融资平台和房地产的放贷管理，严格控制对高耗能、高排放行业和产能过剩行业的贷款。

4. 加强流动性管理，防范“热钱”异动

2012 年新兴市场国家面临国际资本大进大出的风险。跨境资金流向的不确定性使我国防范“热钱”异动的任务更加复杂而艰巨。一方面，需要密切关注国际经济金融形势变化和国际资本市场变动，加强对短期国际资本跨境流动的监测、预警和管理。另一方面，要充分估计“热钱”流动变化对国内流动性状况的影响，适时调整公开市场操作及存款准备金率政策操作方向，保持银行体系流动性平稳、充裕。

5. 加强对表外融资的治理

从控制流动性闸门、防范金融风险出发，要疏堵结合，加强对表外融资的治理。具体来说，一是要在银行表内表外业务间建立有效的“防火墙”，对银行表外业务进一步加以规范。二是可考虑将部分表外业务并表监管。三是逐步将结构性存款、理财产品、基金公司存款、保险公司存款甚至金融机构发行的债券等逐步纳入准备金的计提范围，以杜绝商业银行通过表外业务来规避准备金缴纳的行为和动机。

6. 加强对民间借贷市场的规范，防范民间金融风险

民间借贷的飞速发展有其客观需求，对盘活民间资本市场、满足中小企业和民营企业资金需求有着积极意义。但民间借贷利率高企，一旦借款企业无力还本付息，将导致大量的民间借贷资金血本无归，进而影响到金融秩序与社会稳定。对于当前空前活跃的民间借贷，需要强化监管机制，建立民间借贷法规制度，加强对民间借贷市场的规范：一是引导民间资本合法化，让民间借贷浮出水面；二是培育龙头型市场化主体；三是扶持优秀的小额贷款公司和担保公司；四是要协调监管，目前民间金融机构的监管分布在不同部门，如典当行由商务局监管，小贷公司由金融办监管，而担保公司则存在监管空白，建议对各类金融业务进行集中管理。与此同时，还要推动商业银行等正规金融机构给予中小微型企业和民营企业更多的资金支持。

参考文献

中国人民银行货币政策分析小组：《二〇一一年第一季度中国货币政策执行报告》。

中国人民银行货币政策分析小组：《二〇一一年第二季度中国货币政策执行报告》。

G.8

2011 年物价形势分析及 2012 年展望

张前荣*

摘　要： 2011 年，我国物价总水平高位运行，同比涨幅先升后降，1～10 月 CPI 同比上涨 5.6%，初步判断，本轮物价涨幅已经见顶，预计全年 CPI 上涨 5.4%，PPI 上涨 6.1%。展望 2012 年，总需求放缓、粮食丰收、房地产调控累积效应逐步显现、猪肉价格上涨周期趋于结束、翘尾因素减弱和国际大宗商品价格趋稳等因素将抑制物价涨幅；但劳动力成本上升、高货币存量及负利率刺激投资、通胀预期增强和资源价格改革等因素将支撑物价涨幅。综合考虑各种因素，预计 2012 年 CPI 和 PPI 涨幅将有所收窄，分别上涨 4% 和 4.5%。

关键词： 居民消费价格　结构性上涨　物价调控

一　2011 年我国物价水平高位运行

2011 年以来，受粮食和猪肉价格的拉动食品价格高企，非食品价格呈较快的上涨势头，八大类商品价格全面上涨；工业生产者价格高位回落，PPI 与 CPI 的涨幅差逐步缩小。

（一）物价上涨势头初步得到控制

1. 居民消费价格高位运行，同比涨幅先升后降

2011 年 1～10 月份，CPI 同比上涨 5.6%，比上年同期提高 2.6 个百分

* 张前荣，经济学博士，国家信息中心经济预测部助理研究员，主要研究领域为价格监测分析、宏观经济模型与财政金融运行分析。

点。其中城市上涨5.5%，农村上涨6.2%。从影响因素看，1～10月份翘尾因素和新涨价因素分别影响CPI上涨2.9和2.7个百分点，贡献率分别为51.8%和48.2%。从环比看，CPI环比涨幅呈收敛态势。1月份和2月份环比涨幅分别为1%和1.2%，之后有所回落，10月份环比上涨0.1%，略低于10年来10月份的平均值。环比涨幅的回落一是有利于减少今年的新涨价因素，为今年后期物价回落奠定基础，二是有利于减少明年的翘尾因素，控制明年物价涨幅。

分月看，CPI同比涨幅先升后降。7月份CPI同比上涨6.5%，达到年内峰值，前三季度CPI同比分别上涨5.1%、5.7%和6.3%。初步判断在本轮物价波动中，CPI月度和季度涨幅已经见顶，物价涨幅收窄的拐点已经确认。在翘尾因素回落，输入性通胀压力减弱等因素的共同抑制下，预计四季度CPI同比涨幅将明显回落，CPI全年涨幅为5.4%左右。

表1　2011年1～10月居民消费价格涨幅

单位：%

月　份	1月	2月	3月	4月	5月	6月	7月	8月	9月	10月
CPI累计同比	4.9	4.9	5.0	5.1	5.2	5.4	5.5	5.6	5.7	5.6
CPI当月同比	4.9	4.9	5.4	5.3	5.5	6.4	6.5	6.2	6.1	5.5
CPI当月环比	1.0	1.2	-0.2	0.1	0.1	0.3	0.4	0.3	0.5	0.1

2. 工业生产者价格明显回落，涨幅趋于平稳

2011年1～10月份，PPI同比上涨6.8%，涨幅比上年同期提高1.3个百分点。其中，生产资料价格上涨7.5%，生活资料价格上涨4.5%。在生产资料中，采掘业、原材料工业和加工工业价格分别上涨16.5%、10.4%和5.4%，表明2011年PPI的快速上涨主要由生产资料拉动。1～10月份，工业生产者购进价格（PPIRM）同比上涨10.1%，涨幅比上年同期提高0.5个百分点。其中，有色金属材料类、燃料动力类、黑色金属材料类和化工原料类涨幅较大，分别上涨14.3%、11.2%、10.9%和12.0%。

分月看，1月份以来工业生产者价格先扬后抑，涨势逐步回落。PPI和PPIRM均在7月份达到年内峰值，分别上涨7.5%和11.0%。随着后期国际大宗商品价格的趋稳，预计四季度PPI涨幅将有所回落，PPI全年涨幅为6.1%。

表 2　2011 年 1～10 月工业生产者价格涨幅

单位：%

月　份	1 月	2 月	3 月	4 月	5 月	6 月	7 月	8 月	9 月	10 月
PPI 累计同比	6.6	6.9	7.1	7.0	7.0	7.0	7.1	7.1	7.0	6.8
PPI 当月同比	6.6	7.2	7.3	6.8	6.8	7.0	7.5	7.3	6.5	5.0
PPI 当月环比	0.9	0.8	0.6	0.5	0.3	0.0	0.0	0.1	0.0	-0.7
PPIRM 累计同比	9.7	10.0	10.2	10.3	10.2	10.3	10.4	10.4	10.4	6.8
PPIRM 当月同比	9.7	10.4	10.5	10.4	10.2	10.6	11.0	10.6	10.0	8.0

3. PPI 与 CPI 涨幅差逐步缩小

1～10 月份，CPI 同比涨幅先升后降，PPI 同比涨幅在波动中呈回落态势，总体来看两者涨幅差逐步缩小。1～9 月份，PPI 和 CPI 涨幅之差分别为 1.7、2.3、1.9、1.5、1.3、0.7、1.0、1.1 和 0.4 个百分点，10 月份上下游价格走势分化，CPI 同比涨幅高于 PPI 涨幅 0.5 个百分点，上游价格向下游传导的压力有所减轻。

（二）物价上涨的结构性特征依然明显

1. 食品和居住价格上涨是 CPI 结构性上涨的表现形式

2009 年 8 月以来，我国物价总水平在波动中不断上升，与历次通胀相同，本轮 CPI 的加速上涨也由食品和居住价格上涨拉动。因此，从表现形式看，本轮物价上涨与 2007 年和 2008 年的物价上涨一样，属食品和居住价格主导下的结构性上涨。2011 年 1～10 月，食品和居住价格分别上涨 12.4% 和 5.9%，拉动 CPI 上涨 3.75 和 1.05 个百分点，贡献率分别为 67.0% 和 18.8%，两类价格对 CPI 的贡献率之和为 85.8%，表现为明显的结构性上涨特征。

2. 粮食及猪肉价格是食品价格上涨的主要推力

2011 年以来，受农业生产资料价格快速上涨、农业生产机会成本提高、国际粮价上涨和自然灾害的影响，粮食价格上涨预期明显增强，导致粮食价格高位运行。1～10 月份，粮食价格同比上涨 13.2%，拉动 CPI 上涨 0.37 个百分点，对食品价格和 CPI 的贡献率分别为 9.9% 和 6.6%。受前期疫情、规模化养殖程度低、饲料和人工成本上涨的影响，猪肉价格快速上涨。1～10 月份同比上涨 37.5%，拉动 CPI 上涨 1.07 个百分点，对食品和 CPI 的贡献率分别为 28.5% 和

19.1%。由于生猪存栏和能繁育母猪数量有所回升，10月份猪粮比价已达到7.7的高位，养殖盈利水平较高，后期猪肉价格有望回落。

3. 八大类商品价格全面上涨

2011年1~10月份，非食品价格累计同比上涨2.8%，分别高于2007年和2008年1.7和1.2个百分点，拉动CPI上涨1.85个百分点，贡献率达到33%。从近三年的历史数据看，衣着、交通通信、娱乐教育文化用品及服务价格处于下跌态势，2008年我国CPI上涨5.9%，上述三类价格却分别下降1.5%、0.7%和0.9%。2011年以来，八大类商品价格全面上涨。1~10月份，食品、烟酒及用品、衣着、家庭设备用品及维修服务、医疗保健及个人用品、交通和通信、娱乐教育文化用品及服务和居住价格累计分别上涨12.4%、2.6%、1.8%、2.3%、3.4%、0.5%、0.4%和5.9%。八大类商品价格的全面上涨表明本轮物价上涨的机理发生了深刻变化，值得关注。

二　2012年我国物价涨幅将有所回落

在强有力的政策调控下，物价过快上涨的势头已经得到遏制，本轮物价涨幅收窄的拐点已经确认，2012年国内外经济环境将更加复杂，抑制和支撑物价涨幅的因素并存，预计全年物价涨幅将有所回落。

（一）抑制物价过快上涨的因素

1. 经济增速适度回调有利于减轻物价上涨的总需求压力

2011年前三季度，GDP增长9.4%，增幅比上年同期回落1.2个百分点。从需求面看，1~9月份，固定资产投资实际增长16.9%，比上年同期回落4.0个百分点；社会消费品零售总额实际增长11.3%，比上年同期回落3.9个百分点；出口实际增长11.6%，比上年同期回落20.8个百分点；进口实际增长10.2%，比上年同期回落13.7个百分点。2012年，房地产调控政策的继续落实和深化将抑制投资增速，扩大消费需求的长效机制并未真正形成，世界经济复苏乏力导致出口需求进一步放缓。初步预计2012年经济增速较2011年有所回调，总需求的放缓将有利于缓解物价上涨的需求压力。

2. 粮食丰收提供了稳定物价的物质基础

2011 年全国夏粮总产量为 12627 万吨，比上年增加 312 万吨，增长 2.5%。农业部农情调查显示，2011 年全国秋粮丰收已成定局，全年粮食总产有望突破 11000 亿斤，有望连续 8 年增产。粮价是百价之基，粮食供给增加对保障供应和稳定物价将发挥基础性作用。在 2007 年和 2008 年的物价上涨中，粮食价格仅上涨 6.3% 和 7.0%，2011 年 1～10 月，粮食价格上涨 13.2%，明显高于 2007 年和 2008 年粮食价格的涨幅。鉴于当前粮价涨幅已高，预计明年粮价涨幅将有所收窄。

3. 猪肉价格上涨周期趋于结束

2010 年 6 月份以来，我国猪肉价格止跌回升，进入 2011 年后猪肉价格涨幅迅速扩大，9 月份达到峰值，生猪出场价为 20.04 元/公斤，9 月中旬之后猪肉价格高位趋稳，呈回落态势，10 月份生猪出场价格回落到 18.74 元/公斤。截止到 9 月份，生猪存栏和能繁育母猪数量分别达到 47158 万和 4845 万头，同比分别增长 3.8% 和 3.1%，猪粮比价达到 8.1 的高位，盈利空间较大。鉴于当前猪肉价格处于历史高位，生猪存栏数量的增长有利于增强后期猪肉的供给能力，因此，2012 年猪肉价格将趋稳，涨幅将明显低于 2011 年，对 CPI 的拉动作用减弱。

4. 房地产调控的累积效应有利于保持居住价格稳定

2011 年以来，实施限购政策、出台房价控制目标、调整住房转让营业税和提高房贷利率等调控措施有效遏制了投资投机性需求。1～9 月份，商品房销售价格同比上涨 9.1%，比 1～8 月下跌 0.8%。在 70 个城市中，房价下降和涨幅回落的城市逐月增多。新建商品住宅价格环比上涨的城市已由 1 月份的 60 个下降至 9 月份的 24 个，价格环比下降的城市由 1 月份的 3 个增加至 9 月份的 17 个。导致居住价格涨幅已由 1 月份的 6.8% 回落至 10 月份的 4.4%。在商品房价格得到遏制的同时，保障房建设积极推进，截至 9 月底，保障房已开工 986 万套，预计 11 月底前 1000 万套保障房可全部开工。保障房建设所需的 1.3 万亿元资金目前已基本落实。2012 年，随着房地产调控累积效应的逐步显现和保障房建设的进一步推进，将有利于稳定居住价格。

5. 国际大宗商品价格趋稳有利于减轻输入性通胀压力

2011 年以来，在流动性和地缘政治等因素的影响下，国际大宗商品价格高位运行，但 7 月份以后，大宗商品价格有所回落。2011 年 10 月份，CBOT 大豆、玉米、小麦和 NYMEX 棉花价格环比分别下跌 9.2%、8.4%、7.5% 和 4.3%，WTI 原油价格环比下跌 1.0%，巴西进口的铁矿石价格与 9 月份基本持平。据 IMF 预测，2012 年发达经济体经济增长 1.9%，较 2011 年提高 0.3 个百分点，其中美国增长 1.8%，较 2011 年提高 0.3 个百分点。在美国经济增速小幅加快的背景下，美元指数大幅回落的概率较小，加之利比亚局势已经趋于稳定，初步判断 2012 年大宗商品价格涨幅将明显低于 2011 年，有利于减轻输入性通胀压力。

6. 物价先行指数高位回落预示物价涨幅已经见顶

用 1999 年 1 月 ~2011 年 9 月区间数据构建了中国物价的先行和一致指数。2011 年以来，物价一致指数虽然处于上升阶段，但上升速度持续减缓。物价先行指数持续回落，截止到 2011 年 9 月，先行指数已经连续 7 个月下降。

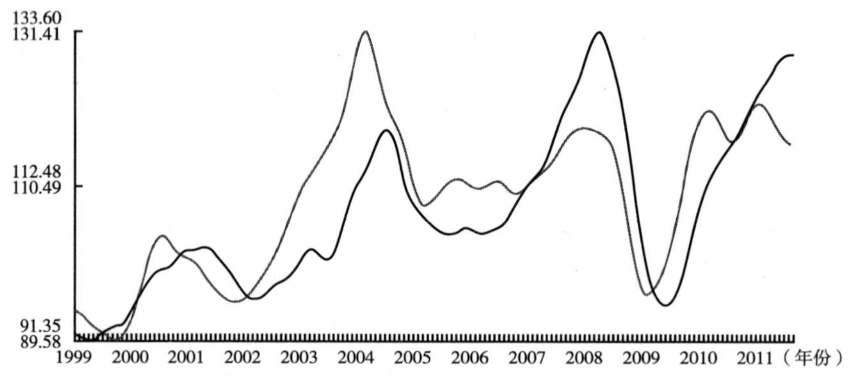

图 1　我国物价的先行（虚线）和一致（实线）指数

7. 翘尾因素有所降低

2011 年 CPI 各月环比涨幅总体上比 2010 年有所回落，因此 2012 年的翘尾因素将比 2011 年减小。经初步测算，2011 年 CPI 翘尾因素为 2.4 个百分点，2012 年 CPI 翘尾因素为 1.1 个百分点，比 2011 年低 1.3 个百分点，翘尾因素的回落在一定程度上将降低 2012 年 CPI 涨幅。

8. 本轮物价涨幅收窄的拐点已经确认

2000 年以来，我国经历了四轮周期性的物价波动。第一轮从 2000 年 1 月至 2001 年 5 月，CPI 由 -0.2% 上升到 1.7%，上涨阶段持续 17 个月；第二轮从 2002 年 4 月至 2004 年 7 月，CPI 由 -1.3% 上涨至 5.2%，上涨阶段持续 28 个月；第三轮从 2006 年 4 月至 2008 年 4 月，CPI 由 1.2% 上升至 8.5%，上升阶段

持续 25 个月；第四轮从 2009 年 8 月至今，最大涨幅出现在 2011 年 7 月，达到 6.5%，上涨阶段持续了 26 个月。从波动周期判断，本轮物价涨幅收窄的拐点已经确认。

（二）支撑物价快速上涨的因素

1. 劳动力成本上升成为物价上涨的长期压力

针对近年来我国居民收入偏低、消费率持续下降和投资率走高的结构性失衡现状，为了调整收入分配结构和需求结构，“十二五”规划明确提出居民收入增长和经济发展同步，劳动报酬增长和劳动生产率增长同步，因此收入分配改革是今后一段时期的重要任务。截止到 2011 年 9 月，全国有 21 个省市自治区先后上调了最低工资标准，增幅约 21.7%，25 个省发布了工资指导线，增幅均在 14% 以上。近年来用工荒已经从东部扩展到中西部，制造业领域劳动力成本大幅度上涨，中国经济已临近刘易斯拐点，这将成为物价上涨的长期压力。据 VAR 模型测算，2009 年 1 季度至 2011 年 2 季度，劳动力成本对 CPI 的贡献率最大，为 44.09%。

2. 金融危机以来积累的高货币存量成为物价上涨的主要动力

历史数据表明，货币的大幅扩张必然导致通胀率上升，货币对物价的拉动作用存在 1~2 年的时滞。金融危机期间我国信贷大幅扩张，2009 年新增人民币贷款 9.59 万亿元，比 2008 年增加 95.9%，2010 年新增贷款依然高达 7.95 万亿元。信贷的快速扩张带动 M2 供应大幅增长，2009 年 M2 增长 27.7%，高出 GDP 增长 18.6 个百分点，创历史之最。虽然近期货币供应增速有所回落，但高货币存量的现状并未改变，截止到 2011 年 9 月，我国 M2 余额达 787405.93 亿元。2000 年，M2 与 GDP 的比例为 1.36，2009 年为 1.78，2010 年上升到 1.82。我国货币供应速度远远超过 GDP 增长速度，过多的流动性必将进一步加大国内通胀压力。

3. 负利率具有扩张借贷和刺激需求的作用

从利率角度看，我国当前的货币政策尚属宽松。2010 年以来，我国物价涨幅不断攀升，虽然 5 次上调人民币存贷款基准利率累计 1.25 个百分点，但自 2010 年 2 月以来实际利率一直为负，已经持续 21 个月。从更长的历史数据看，自 2003 年以来，我国实际利率为负的时间为 60 个月，可见相关部门对负利率有较高的容忍度。但负利率的长期存在带来诸多不利影响，一是使中低收入者的财富缩水，实际利益受损，促使高收入者减少储蓄，加大对房地产等收益较高资产的投资，进一步推升资产价格，增强公众通胀预期；二是负利率增加了投资的盲目性，促使投资快速增长，也拉升投资品价格；三是负利率使居民和企业储蓄存款活期化倾向明显，货币流通速度加快，对价格上涨产生较大影响。

4. 投资过快增长对物价的拉动作用逐步显现

金融危机期间，我国投资快速增长，可以认为高投资是本轮物价上涨的诱因。从中国的固定资产投资增速和 CPI 的历史数据看，两者之间有着密切的关系，CPI 涨幅一般滞后于固定资产投资增速 2 年，当固定资产投资名义增速和实际增速高于 20% 时，在此之后的 2 ~3 年内一般会引起物价水平的上涨。“十一五”期间，2006 和 2007 年固定资产投资名义增速为 23. 9% 和 24. 8% ，实际增速为 22. 1 和 20. 2% ，导致 2007 和 2008 年的 CPI 上涨 4. 8% 和 5. 9% ，金融危机以来，我国实施了 4 万亿投资的经济刺激政策，2009 和 2010 年固定资产投资名义增速为 30% 和 23. 8% ，实际增速为 33. 2% 和 19. 5% ，2011 年 1 ~9 月固定资产投资增长 24. 9% ，实际增长 16. 9% 。因此，从固定资产投资和物价水平的变化关系看，在今后一段时间，我国物价仍存在较大的上涨压力。

5. 通胀预期不断增强

经过几轮物价周期性波动，国内投资者和消费者越来越稳固地建立起经验性通货膨胀预期，尤其是国内投资者和消费者会根据经验对政府扩张性货币政策作出投资和消费方面的反应，并影响资产价格和居民消费价格。据 VAR 模型测算，2009 年 1 季度至 2011 年 2 季度通胀预期对 CPI 的贡献率仅次于劳动力成本，为 21. 55% 。中国人民银行的调查数据也显示近期通胀预期逐步增强。2011 年第三季度，居民认为物价和房价过高，消费意愿降至 1999 年以来最低，有 72% 的受访者表示“物价过高，难以接受”，未来物价上涨预期增强，就业与收入感受指数持续下降，持物价持续上涨预期的比例为 49. 6% 。而对当前房价水平，75. 6% 的居民认为“过高，难以接受”，对未来房价，37. 9% 的居民持上涨预期，接近 2009 年四季度的最高点。当前较高的物价上涨预期不利于控制 2012 年的通胀水平。

6. 资源价格改革稳步推进

“十二五”期间，为加快发展方式转变和完成节能减排约束性目标任务，国家将适时推进资源性产品价格和税费改革，逐步建立起反映市场供求、资源稀缺

程度和污染损失成本的价格形成机制，水、电、油、天然气等价格还将出现一定幅度的提高，进而推高物价涨幅。自 2009 年 8 月至 2011 年 10 月，即在本轮物价的周期性波动中，国家先后 11 次对成品油价格进行调整，国内汽油出厂价由 2009 年 8 月的 6510 元/吨上涨至 8280 元/吨，累计上涨 27.2%，国内柴油出厂价由 5770 元/吨上涨至 7430 元/吨，累计上涨 28.8%。

（三）2012 年物价走势的初步预测

2012 年，我国将继续加大经济结构调整力度，把防止通货膨胀作为宏观调控的重要任务，总需求放缓、粮食丰收、猪肉价格涨幅收窄、房地产调控累积效应逐步显现、翘尾因素减弱和国际大宗商品价格趋稳决定了 2012 年物价涨幅将有所回落；但农业生产基础薄弱、劳动力成本不断攀升、高货币存量及负利率拉动投资、通胀预期增强和资源价格改革将支撑物价涨幅保持较高水平。综合考虑各种因素，初步预计，2012 年 CPI 和 PPI 涨幅将有所收窄，分别上涨 4% 和 4.5%。对能源资源类产品和劳动力价格可能的快速上涨，应予以重点关注。

三　加强物价调控的政策建议

（一）加大农产品供给力度，推进农产品流通体系建设

着力强农惠农，加大财政对三农的支持力度，加大农田水利基础设施建设，增强应对自然灾害的能力，保证农业生产稳定增长；统筹安排土地出让收入，加大对蔬菜生产和生猪养殖公共设施等方面的投入，做好生猪疫病防控；完善主要农产品储备制度，积极调剂区域间农产品的供需余缺，健全进出口调节机制，充实国内储备；稳步推进农产品现代流通综合试点，将部分农产品批发市场作为城市公益性流通基础设施给予土地、税收等方面的政策优惠，继续支持大型流通企业发展“农超对接”；积极引导蔬菜生产和市场流向，防止农民盲目扩大种植面积，形成解决农产品“卖难”、“买难”的长效机制。

（二）进一步使货币的价格条件回归常态

逐步增强以利率为核心的价格型工具的运用，当前可考虑不对称加息政策，

稳步提高居民储蓄存款利率，扭转负利率局面，稳定中长期的通胀预期，减少存款过度向表外分流，适度提高贷款利率，严格控制产能过剩行业的投资，提高流动性管理水平，进一步使货币的价格条件回归常态；进一步完善人民币汇率形成机制，增强汇率弹性，缓解输入性通胀压力；利用外汇购进我国经济发展急需的资源，完善对外直接投资的相关法律制度，建立防止热钱过快流入的配套措施，减少热钱投机。

（三）采取积极措施提高劳动生产率

劳动力成本已成为当前拉动物价上涨的主要因素，要缓解劳动力成本上升对物价的影响，需要不断提高劳动生产率。因此，建议进一步加大财政对科技教育的投入力度，尤其是基础教育和基础性研究工作的投入力度，提高劳动力素质，着力突破制约经济社会发展的关键技术；政府给予适当的资金支持，鼓励有条件的企业设立研发中心；加大投入，培养新一代有技术的产业工人，将中等职业技术教育列为准义务教育范围。

（四）加强通胀预期管理

确定中长期和年度通货膨胀目标，央行的政策以实现通货膨胀目标为操作对象，将预期管理纳入中央银行货币政策；增强货币政策的可信度，维护央行信誉，保持低且稳定的通货膨胀率；在调控政策实施前后，管理层应采取多种方式与公众进行信息沟通，提高政策的实施效果。

（五）继续坚持房地产调控，稳定资产价格

进一步落实并完善房地产调控政策，扩大实施限购措施，制定合理的房价目标，建立保障性住房建设资金稳定投入机制，健全保障性住房管理的体制机制；规范住房租赁行为，鼓励社会资金参与公共租赁住房建设和运营，逐步形成规范化的房屋租赁市场；强化跨境资金流动监管，适时采取总量对冲措施应对入境热钱，减少资本异常流动对房地产的冲击。

G.9

2011年就业形势分析及2012年展望

谭永生　李 爽*

摘 要：2011年，我国就业形势总体稳中向好，年度就业目标有望超额完成，"十二五"开局良好。综合考虑国内外经济社会环境，2012年就业仍面临着众多不确定风险，就业形势依然复杂，一些影响就业的问题需要高度关注。建议继续实施更加积极的就业政策，保持就业促进政策的稳定性和连续性，将"就业优先战略"落到实处。

关键词：就业　劳动力　展望　对策建议

《国民经济和社会发展第十二个五年规划纲要》提出"把促进就业放在经济社会发展优先位置"，并确立了"就业优先战略"。2011年是"十二五"的开局之年，全年就业形势总体稳中向好，并好于预期，就业目标有望超额完成，实现了"十二五"的良好开局。

一 2011年就业的基本情况及特点

（一）城镇就业稳步增长，总体形势稳中向好

人力资源和社会保障部快报数据显示，1～9月份，全国城镇新增就业994万人，完成全年目标任务900万人的110%（上年同期实现新增就业931万人，为全年目标任务900万人的103%）。城镇失业人员再就业436万人，完成全年

* 谭永生，国家发展和改革委员会社会发展研究所副研究员；李爽，国家发展和改革委员会社会发展研究所副所长，研究员。

任务 500 万人的 87%（上年同期为 440 万人，为全年目标任务 500 万人的 88%）。就业困难人员就业 139 万人，完成全年任务 100 万人的 139%（上年同期为 126 万人，为全年目标任务 100 万人的 126%）。截至三季度末，全国实有城镇登记失业人员 911 万人，城镇登记失业率为 4.1%。总体就业目标完成情况好于上年同期。

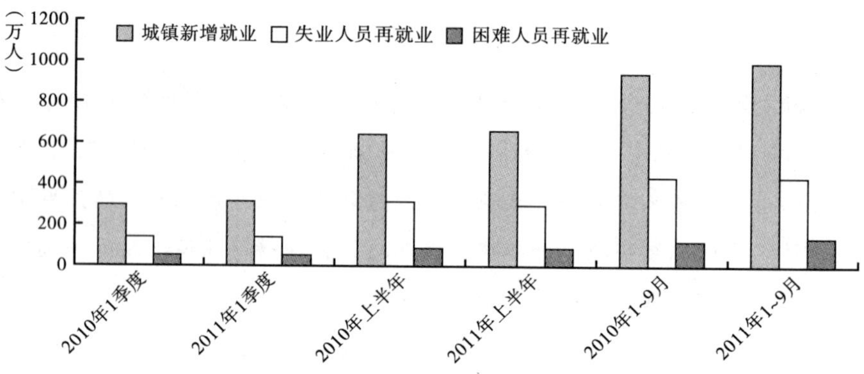

图1　2011 年 1 ~ 9 月份全国城镇就业情况

资料来源：人力资源和社会保障部。

2011 年 1 ~ 9 月全国城镇新增就业月均 110 万人，乐观估计，如果按此平均增长速度，全年城镇新增就业预计可完成 1320 万人，并超额完成全年 900 万人的目标任务，与上年完成情况的 1168 万人相比增加 152 万人。如假设在就业弹性不变的情况下，全年达到 9.3% 的经济增长速度，预计全年可实现城镇新增就业在 1100 万人左右。综合上述两种计算考虑，2011 年就业将保持总体稳定的增长态势，全年城镇新增就业规模预计在 1210 万人左右。

（二）劳动力需求略大于供给，"招工难"问题有所缓解

进入 2011 年以来，劳动力市场需求增长显著。据中国人力资源市场信息监测中心统计，一、二季度劳动力需求略大于供给，求人倍率均为 1.07，同比分别上升 0.03 个和 0.07 个百分点。中国企业家调查系统数据显示，一季度缺工企业占比 77.1%，环比下降 4.6 个百分点，二季度环比下降 4.7 个百分点。中国人民大学中国就业研究所发布的中国就业竞争指数（CIER）也较大幅度下降，这表明 2011 年我国劳动力市场仍延续上年全年劳动力市场供求矛盾稳定趋缓、就

业压力下降的趋势，就业市场处于一种供求匹配比较平衡的稳定状态。此外，据人力资源和社会保障部对主要用工和劳务输出大省关于企业招工情况和农村劳动力进城务工情况调查，“长三角”、“珠三角”等地区用工的周期性缺口在显著下降，企业用工需求也在逐步得到满足。

（三）高校毕业生求职提前，招聘的企业和岗位数量同比均有所增加

2011 年高校毕业生人数为 660 万人，比上年增加 30 万人，达到本世纪以来最高峰。前程无忧网调查数据显示，56.8% 的 2011 年应届毕业生在 2010 年 12 月前就踏上了求职之路。智通人才网调查显示，2011 年一季度，57.2% 的应届毕业大学生进入市场求职，这显示出相当一部分应届毕业生提前了求职时间。尽管大学生求职的时间有提前的趋势，但 2011 年一季度乃至上半年仍是大学生集中求职和就业的高峰时期。与求职就业高峰相对应，招聘企业和岗位数量同比均有所增加。据教育部反映，2011 年上半年到高校招聘的企业和岗位数量均比往年有所增加。从地方公布的高校毕业生 7 月份初次就业率来看，上海市达到 86.4%，比上年同期上升 0.89 个百分点，其中：研究生就业率为 89.8%、本科生为 85.3%、专科生为 86.2%；河南高校毕业生 7 月份的初次就业率也达到 71.2%，同比提高 2.7 个百分点。河北省的高校毕业生就业市场与上年同期相比，进场用工单位提供的就业岗位数量也增加了 20.6%。人社部也表示，今年高校毕业生就业形势总体上好于上年，但促进“高校未就业毕业生”尽快实现就业的任务仍然十分繁重。

（四）区域就业竞争差异趋于缩小，中西部和二线城市就业需求增长明显

据中国人力资源市场信息监测中心统计，一季度，东、中、西部地区城市的用人需求同比分别增长 3.5%、13.3% 和 7.6%，二季度同比分别增长 -0.3%、6.2% 和 0.4%，中西部地区尤其是中部地区增速明显快于东部地区。从二季度市场求职人数看，东中西三大区域均有所减少，环比分别减少 20.8 万人、0.7 万人和 3.9 万人，环比分别下降 8.4%、0.5% 和 3.9%，东部地区减少最为显著。此外，中国人民大学中国就业研究所发布的中国就业竞争指数（CIER）还显示，从区域差异看，2011 年我国东中西部城市的就业竞争差异在缩小，东部

就业压力有所增大，中西部地区则有所下降；二线城市对劳动力的需求逐渐增加，就业竞争压力低于一线城市。

二　2012 年就业形势展望及需关注的问题

2012 年，随着就业优先发展战略各项政策措施的进一步落实，总体上就业增长仍会呈现稳定向上的态势。以 2012 年 8.7% 的经济增长速度测算，预计 2012 年可实现城镇新增就业 1250 万人左右。但综合考虑 2012 年国内外环境以及经济发展趋势，2012 年就业形势也不能盲目乐观。

（一）不确定影响存在，就业形势依然复杂

从国内形势看，按照加快转变经济发展方式的要求，“十二五”时期淘汰落后产能，关停工艺落后、污染严重、能耗高企业的力度加大，节能减排形势严峻，由此对投资和工业生产会造成不小下行压力，对就业的挤出效应也会相应显现。尚处起步阶段的战略性新兴产业还未形成明显的就业增长效应，具有较高技术含量的先进制造业及现代服务业需要经历一个成长期，同时，也会使需要转行和新进入的劳动者在劳动技能和素质上不适应新的就业需求，结构性和摩擦性失业风险大大增加。此外，中国制造业采购经理指数、从业人员指数及汇丰采购经理指数等一些衡量就业增长的先导指数，近期一直在低位运行，这也给 2012 年的就业形势蒙上了一层阴影。

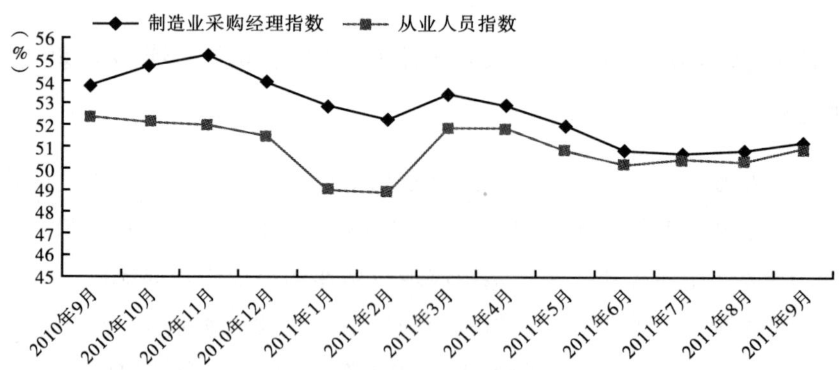

图 2　2010.9～2011.9 中国制造业采购经理指数（PMI）及从业人员指数

资料来源：国家统计局。

从国际形势看，后金融危机时期，各主要国家经济复苏依旧乏力。美国等发达经济体经济复苏显著放慢，就业市场形势没有改善。2011 年前两季度，美国经济分别增长 0.4% 和 1.3%，远低于上年各季度增速，第三季度首次申请失业救济金人数仍继续增加，失业率重回 9% 以上。预计 2012 年美国经济仍将保持增长，出现再次衰退的可能性较小。受主权债务危机升级、金融体系脆弱性上升和刺激政策力度缩减等因素的影响，欧元区经济濒临衰退边缘；与此同时，欧元区就业形势严峻，7 月份失业率高达 10%，其中西班牙升至 21.2%，葡萄牙为 12.3%，希腊高达 15% 以上。从目前形势看，欧洲主权债务危机短期内难以有效解决，即便欧元区国家能够携手延缓债务违约，但金融部门和实体经济部门信心不足仍将导致其 2012 年经济活动低迷。从新兴经济体来看，经济增速也普遍出现回落。巴西 2011 年二季度经济同比增长 3.2%，低于一季度的 4.2%；印度经济二季度同比增长 7.7%，低于一季度 7.8% 的增长率；俄罗斯经济二季度同比增长由一季度的 4.1% 下滑至 3.4%；韩国等其他国家和地区的出口增长也持续回落。尽管新兴经济体经济增速也在放缓，预计 2012 年仍可保持较快的增长。

综合考虑，国内经济增长趋缓、产业结构调整等影响就业的宏观环境因素的综合效应以及全球经济下行风险有可能在明年累积叠加对我国经济增长产生负面影响，使 2012 年我国就业面临的不确定风险增多，就业形势将依然复杂。

（二）总量过剩依旧，供需不对称为主因的局部短缺更需重视

一方面，2012 年就业总量压力仍然很大。即使按全年可提供城镇新增就业机会 1200 万个，但新进入城镇劳动力市场人数预计将超过 1400 万人，军队转业人员、下岗失业再就业人员和登记失业人员也将达 1000 多万人，这意味着 2012 年全年仍将出现近 1200 万的就业缺口。在农村，至少还有近 1 亿人的农业富余劳动力需要向城镇和非农产业转移就业，全年也需要转移 800 万人。另一方面，以供需不对称为主要特征的就业结构性矛盾更显突出，表现为：一是区域不对称，虽然四川、重庆、安徽、河南等劳务输出大省也出现了用工紧张问题，但缺工问题突出的仍主要是东部地区；二是产业不对称，最短缺的是劳动密集型企业和餐饮、商贸等服务行业的普工，而岗位稳定、待遇条件好的企业、行业仍然一

岗难求；三是技能不对称，东部地区产业转型升级、节能减排、淘汰落后产能，需要大量的石油化工、生物医药、装备制造、电子信息等高端技能型人才和现代服务业人才，而在非技能型领域积压了大量的缺乏专业技能的高校毕业生和数千万缺乏正规技能训练的农村转移劳动力。

（三）受成本上涨推动，“招工难”的常态化发展趋势需要关注

自国际金融危机以来，我国东部沿海地区劳动力供需不稳定性增强，近两年季节性用工短缺更加凸显，并在部分地区、企业和行业出现“招工难”。从不同地区看，东部地区企业招工难的比重较高，招工难度相对较大；从不同规模看，中小企业招工难度相对较大；从不同行业看，信息传输、计算机服务和软件业企业招工难度相对较大；出口型企业招工难度高于非出口型企业。尽管“招工难”主要集中在东部沿海劳动密集型的制造业和服务业，但有向中西部地区蔓延的趋势。“招工难”是当前我国就业领域结构性矛盾的一种反映，预计2012年初季节性的“招工难”仍会继续出现，并有向常态化发展和区域性蔓延的趋势，如何将长期发展与短期调节相结合破解“招工难”需要高度关注。

（四）中小企业经营困难，影响就业吸纳能力

我国八成以上的企业是中小企业，中小企业是就业岗位的最重要提供者。2011年上半年全国工商联对17省市中小企业的调研表明，当前中小企业生存非常困难，困难程度甚至超过了2008年金融危机爆发的初期。原材料价格上涨、汇率上升、劳动力成本增加等因素推高了企业的生产经营成本，紧缩性货币政策影响下商业银行贷款额度紧张，众多中小企业只能寻求民间借贷资金，从而导致民间借贷利率普遍上浮，中小企业的融资成本大幅增加。在成本不断上升的同时，产品价格却难以同步上升，致使不少企业利润大幅下滑，甚至倒闭。尽管2011年10月12日国务院明确了支持小型和微型企业发展的金融、财税政策措施，但其政策效应尚需进一步评估。中小企业经营困难、生产萎缩必然导致就业岗位的减少和就业压力的增大。

（五）重点人群继续“碰头”，高校毕业生失业的社会风险需要防范

2012年，我国将有700万普通高校毕业生（比2011年增加近40万人）需

要就业，700 多万名中专、职高、技校及“两后生”也将集中进入就业市场，应届毕业生的就业问题仍将会集中显现。加之农村劳动力转移就业、就业困难人员、城镇失业人员再就业等重点人群的就业问题继续“碰头”，就业再就业压力会进一步加大。高校毕业生就业总量压力大，部分毕业生的就业能力与市场需求不相适应的问题导致的就业结构性矛盾会更加突出。粗略测算，即使 2012 年 6 月底高校毕业生初次就业率达到 2011 年 75% 左右，仍将有 175 万的毕业生面临毕业即（暂时）失业。如果 2012 年底高校毕业生就业率达到 90% 的水平，仍会有近 70 万的高校毕业生在毕业年度不能实现就业。从社会影响看，失业高校毕业生群体大部分选择留在城市，有强烈的城市生活要求，是城市失业队伍中颇具影响力的群体，如果他们的就业需求得不到满足，在一些不良诱因的作用下，可能出现不利于社会稳定的行为。

三　对策建议

2012 年，要切实按照“十二五”规划纲要的要求，把促进就业放在经济社会发展的优先位置，继续实施更加积极的就业政策，制定和实施新一轮就业促进计划，确保全年就业形势基本稳定。

（一）把促进充分就业作为经济社会发展的优先目标落到实处

在全球经济复苏放缓的同时，我国也面临经济增速减缓、通货膨胀压力上升的复杂局面。在稳定外需难度加大的情况下，应注重宏观调控政策的适时动态调整，实施有利于促进就业的宏观经济政策，结合转变经济发展方式，推进战略性新兴产业发展和产业升级，多渠道增加就业岗位，建立健全经济增长与扩大就业的良性互动机制。落实国务院关于支持小型和微型企业发展的金融、财税政策，扶持中小企业走出困境。调整优化投资结构，把扩大投资和增加就业更紧密地结合起来，鼓励扩大民间投资带动就业。进一步强化政府促进就业的责任，推动建立促进就业长效机制。落实财政就业专项资金的使用政策，完善财政就业专项资金使用办法，提高资金使用效率，并在总结评估的基础上不断调整完善，将政策落到实处。

（二）促进扩大就业与产业升级和转移的良性互动

国家要加强政策引导和调节，在促进产业结构升级的同时，促进区域间协调发展，通过区域之间的产业转移与承接，消化劳动力成本上升可能导致的就业减少和资本外流。东部地区凭借先发优势和区域竞争优势，可加快高端产业发展和现代服务业发展，设计和建设新兴产业体系，延长产业链条，扩大新增就业需求。国家要加大对中西部地区产业转移的扶持力度，鼓励劳动密集型、物流成本低、产品时效性弱的产业向中西部地区转移，引导转移产业向中西部地区的工业园区集中，完善中西部地区矿产资源开发的资源补偿机制，加大国家对中西部基础设施建设的投资力度，吸引沿海地区的劳动密集型产业向中西部地区转移，通过建立中西部产业转移示范区，积极探索中西部地区承接东部地区产业转移和工业园区建设的成功模式。中西部地区应依靠劳动力成本优势，加快推进城镇化和县域经济发展，增强承接产业转移能力，并酌情推进新兴产业，拓宽企业融资渠道，增强就业吸纳能力。

（三）继续做好高校毕业生就业促进工作

重点落实《国务院关于进一步做好普通高等学校毕业生就业工作的通知》精神，扎实做好高校毕业生就业工作。要重点开发智力密集型、技术密集型岗位和基层就业岗位，统筹实施各类基层就业项目，落实好引导高校毕业生到中小企业就业的政策措施，拓宽高校毕业生就业渠道。以落实小额担保贷款和税费减免等政策为重点，与推进创建创业型城市工作相结合，大力组织实施“大学生创业引领计划”，带动更多高校毕业生自主创业。积极开发符合市场需求的培训项目，组织开展面向高校毕业生的职业技能培训，提升高校毕业生就业能力。建立高校毕业生实名制就业信息系统，健全高校毕业生就业失业登记制度，加强就业信息服务和就业援助，切实做好高校毕业生就业服务，提升毕业生就业质量。加强对高校毕业生失业群体的职业培训，提高其劳动技能，使他们适应结构升级对高素质劳动力的需要，帮助其适应用人单位的用工需求，最终实现就业。

（四）加强就业信息指导机制建设

稳步推进人才市场和劳动力市场整合，建立统一规范灵活的人力资源市场，

完善覆盖城乡的公共就业和人才服务体系，加快建设全国就业信息监测平台，推进公共就业和人才服务均等化、制度化、专业化和信息化。着力建立健全就业信息指导机制，实现企业用工与劳动就业的信息对接，加强信息引导，提前掌握企业用工需求和人力资源供给状况，动态监测农民工等就业群体岗位动态等重要信息，开展有针对性的就业服务专项活动，努力解决企业与劳动者之间信息不对称问题。建立“人才库”和“企业库”，及时采集人力资源信息和用工单位信息，充分利用信息手段，适时将市场内用工信息第一时间发布，并切实提高就业信息的利用率和就业岗位的对接率、匹配度。

（五）强化职业技能培训和创业培训

适应经济发展方式转变和经济结构优化升级的需要，全面贯彻落实《国务院关于加强职业培训促进就业的意见》精神，统筹好就业技能培训、岗位技能提升培训和创业培训这三个重点，加快健全面向全体劳动者的职业培训制度。要加强职业教育培训资源的整合和能力的提升，转改一批普通高校培育技能型人才，扶持一批民营的技工院校，支持企业自办技工学校，提升培训的数量与质量。要完善职业培训资金直补的政策，鼓励行业、企业、职业院校和培训机构间的合作，切实提高劳动者的就业能力和人力资本水平。

（六）规范协调劳动关系，提升就业质量

全面贯彻执行《就业促进法》和《劳动合同法》，加大执法和宣传力度，推动各类企业与职工签订并严格履行劳动合同。加强劳动合同管理，督促企业规范用工行为，特别是在强化劳动合同、集体合同确立的环节上，要充分发挥工会的作用，维护职工的合法权益。加强协调劳动关系三方机制的组织建设和制度建设，充分发挥三方机制的作用，促进人力资源市场的各主体都自觉守法，维护劳动关系和社会和谐稳定。在推动就业稳步增长的基础上，保持工资的稳定和增长。继续推进企业工资决定机制的转变，着力建立工资集体协商（谈判）制度。健全最低工资制度，根据经济发展水平逐步提高最低工资标准。进一步完善工资指导线、劳动力市场工资指导价位和人工成本信息指导等宏观指导制度。完善国有企业工资收入分配规则和监管机制，注重各类社会群体利益关系的协调平衡，加强对高收入国有独资及国有控股企业工资分配的调控。

参考文献

1. 汝信、陆学艺、李培林主编《社会蓝皮书：2011 年中国社会形势分析与预测》，社会科学文献出版社，2011。
2. 蔡昉主编《中国人口与劳动问题报告 No. 12：“十二五”时期挑战：人口、就业和收入分配》，社会科学文献出版社，2011。
3. 陈佳贵、李扬、刘树成、汪同三主编《经济蓝皮书：2011 年中国经济形势分析与预测》，社会科学文献出版社，2011。
4. 王长胜主编《中国与世界经济发展报告（2011）》，社会科学文献出版社，2011。
5. 国际劳工组织：《2012 年 G20 成员国就业形势严峻》，商务部网站，2011 年 9 月 26 日。

G.10

2011 年股票市场分析与 2012 年展望

徐平生*

摘　要： 2011 年，我国 A 股市场新股首发融资规模大幅下降，发行市盈率有所降低；市场行情节节下跌，股票整体估值水平大幅下降；融资融券业务获得长足进步；上市公司业绩继续较快增长，但中小板、创业板公司业绩增长水平低于市场整体水平；开放式基金呈持续净赎回势头，开放式基金管理资产规模萎缩较大。2012 年经济增速继续放缓、稳健货币政策继续贯彻实施，宏观环境难以为 A 股市场较大的上涨行情提供有力支撑，市场融资、限售股解禁减持和巨额套牢盘解套离场等形成的巨大潜在资金压力将对市场行情向上发展施加越来越大的压力，而当前较低的整体市场估值水平已在一定程度上为市场提供了安全空间。综合作用下，2012 年 A 股市场行情发展很可能体现为震荡筑底态势，但中小板、创业板市场仍可能面临一定幅度的下跌风险。

关键词： 融资　估值　减持　套现　风险

一　2011 年股票市场运行分析

1. 新股首发融资规模大幅下降，发行市盈率有所降低

新股首发融资规模大幅萎缩。2011 年 1 ~ 9 月份，沪深两市 A 股市场新股首发融资总额为 2305.36 亿元，比 2010 年同期减少 40.1%。其中，上海证券交易所主板市场新股首发公司为 32 家，融资总额 829.04 亿元，较上年同期下降 49%；深圳证券交易所中小板发行公司为 84 家，融资总额 795.36 亿元，比上年

* 徐平生，金融学硕士。主要研究领域为宏观经济、资本市场、经济监测预警等。

同期减少48%；创业板发行公司为111家，融资总额为680.96亿元，与上年同期基本持平。受市场环境的制约，2011年A股市场单个项目融资规模偏小。截至9月底，A股市场募资金额超过百亿元的公司仅中国水电一家，募资144亿元，而上年农业银行、光大银行、华泰证券、中国一重、中国西电等公司新股首发募集金额都在百亿元以上，其中仅农行一家就高达685亿元。

再融资规模大幅提高。1~9月，沪深两市A股市场共有131家公司实施了增发融资方案，融资总额达3368.56亿元，比上年同期大幅增长93.49%。其中，124家上市公司实施了定向增发，募集资金总额高达3265.22亿元；7家公司进行了公开增发，募集资金103.33亿元。

新股首发估值水平出现下降。1~9月，中小板市场公司新股首发的平均市盈率为45.02倍，而上年同期为52.76倍；创业板市场公司新股首发平均市盈率为52.98倍，上年同期为66.87倍。

2. A股市场全面下跌，市场估值水平大幅下降

A股市场全面下跌。受稳健货币政策贯彻实施带来的货币供应量增速大幅下降、市场预期趋于悲观等不利因素的持续影响，A股市场行情发展整体呈全面下跌态势。10月31日，上证综指收盘于2468.25点，比2010年末下跌12.1%；深圳成指收盘于10480.91点，较2010年末下跌15.87%；中小板指数收盘于5146.80点，较2010年末下跌24.63%；创业板指数收盘于852.80点，较2010年末下跌25.04%。

股票市价总值出现下降。受市场行情出现一定幅度下跌的影响，沪深两市上市公司股票总市值出现一定幅度萎缩。上海证券交易所上市公司股票总市值由2010年底的179007亿元下降到2011年9月底的156629亿元，深圳证券交易所上市公司总市值由2010年底的86415亿元下降到2011年9月底的74967亿元。

市场估值水平大幅下降。受上市公司盈利水平继续较快增长和市场价格一定幅度下跌的双重影响，2011年沪深两市上市公司整体市盈率水平较上年出现较大幅度下降。9月末，上海证券交易所上市公司股票加权平均市盈率为14.19倍，比2010年12月底下降了34.3%。其中，上证180指数上市公司股票加权平均市盈率为12.11倍，比2010年12月底下降了33.5%；上证50指数为11.30倍，比2010年12月底下降了29.6%；上证380指数为25.03倍，比2010年12月底下降了44.6%。深圳证券交易所上市公司股票加权平均市盈率为26.46倍，

比 2010 年 12 月底下降 40.8%。其中，主板 A 股为 22.04 倍，比 2010 年底下降 38.7%；中小板为 32.2 倍，比 2010 年底下降 43.4%；创业板为 40.93 倍，比 2010 年底下降 47.9%。

3. 融资融券业务规模获得较快增长

2011 年，沪深两市 A 股市场融资融券业务获得长足发展，融资融券总规模继续快速扩张。9 月底，上海证券交易所融资融券余额达 207.82 亿元，比 2010 年末增长达 146.5%。其中，融资余额为 206.78 亿元，比 2010 年末增长 145.4%；融券余量金额为 1.04 亿元，比 2010 年末 410 万的融券余量金额增长 24.3 倍。9 月底，深圳证券交易所融资融券余额达 128.09 亿元，比 2010 年末增长 195.1%。其中，融资余额为 127.08 亿元，比 2010 年末增长 193.3%；融券余量金额为 1.01 亿元，比 2010 年末 690.9 万的融券余量金额增长 13.65 倍。

4. 上市公司业绩继续较快增长，中小板、创业板公司业绩增速继续低于整体业绩增幅

上市公司业绩继续较快增长。据上证报资讯统计，截至 10 月 31 日，沪深两市 2304 家上市公司通过三季报或上市公告书等方式披露了 2011 年前三季度经营业绩，其中可比公司 1～9 月共实现营业收入 15.99 万亿元，较上年同期增长 24.94%；实现归属上市公司的净利润总额达 14870.59 亿元，同比增长 18.76%。其中，上证 50 指数成分股公司前三季度实现净利润总额高达 9285.44 亿元，占全部上市公司盈利总额的 62.33%。前三季度，2304 家公司中共有 2090 家实现盈利，其中 1343 家业绩同比增长，86 家扭亏；另有 214 家公司亏损，占整体比重的 9.29%。

中小板、创业板公司业绩增速继续低于整体业绩增速。目前来看，我国沪深两市 A 股上市公司中中小板、创业板等中小公司业绩仍未体现出高成长性，业绩增速持续低于主板公司业绩增速。前三季度，深圳证券交易所中小板、创业板公司整体净利润分别为 729.56 亿元和 142.88 亿元，同比增幅 14.84% 和 16.68%，均低于整体业绩增幅。

第三季度上市公司业绩出现环比下滑。从单季来看，可比样本公司 2011 年前三季度当季盈利额分别为 4774.07 亿元、5109.65 亿元和 4796.19 亿元，第三季度业绩环比下降 6.13%，单季业绩出现环比下降为 2008 年第三季度以来首次出现。受第三季度当季业绩出现环比下降的不利影响，前三季度沪深两市上市公司 18.76% 的业绩同比增长水平较上半年下降 3.59 个百分点。

5. 基金持续遭遇净赎回，基金总规模持续萎缩

受市场利率持续走高、市场持续下跌等不利因素影响，投资者基金投资热情日益下降，我国公募基金遭遇持续净赎回，公募基金管理的总资产持续萎缩。一季度末，759 只开放式基金总份额为 22235.38 亿份，一季度净赎回份额为 1094.38 亿份，净赎回比例为 4.69%；各类型基金均遭遇不同程度的净赎回，货币型基金一季度赎回量最大，达到 267.76 亿份，赎回比例为 17.15%；债券型基金净赎回 115.84 亿份，赎回比例达 9.68%；股票型、混合型基金净赎回比例分别为 3.20%、3.56%。第二季度，在所有类型开放式基金中，唯有指数型基金出现 32.39 亿份额的净申购，其他类型开放式基金都继续呈净赎回状态。其中，主动管理的股票型开放式基金整体净赎回 147.56 亿份，混合型开放式基金净赎回 44.17 亿份，债券型和货币型净赎回比例较大，分别净赎回 122.19 亿份和 153.82 亿份，赎回比例分别高达 9.61% 和 11.52%。第三季度，开放式基金净赎回 240 亿份，除货币基金出现 64 亿份的净申购外，其余类型开放式基金整体都呈净赎回状态。据统计，三季度末，指数型基金规模为 3129.39 亿元，积极投资股票型基金规模为 7881.65 亿元，环比分别缩水 9.1% 和 10.3%；混合型基金规模为 5604.23 亿元，环比缩水 10.4%；债券型基金规模为 1551.89 亿元，环比缩水 12.0%。

二　2012 年股票市场运行展望

1. 宏观环境总体偏紧，难以为二级市场发动较大上涨行情提供有力支撑

（1）我国经济发展继续面临复杂的国内外环境，GDP 增速将进一步下降。2012 年，无论是从经济增长潜力来看，还是从需求带来的经济动力来看，我国经济增速都将面临较大的继续减速压力。

首先，由于人口结构的快速转变和经济发展阶段的变化，我国经济增长有继续减速压力，很可能逐步进入中速增长期。最新公布的人口普查数据显示，我国 14 岁以下人口所占比例由 2000 年的 23% 下降到 2010 年的 16.6%，短短十年下降达 6.4 个百分点；满 15 岁而不到 60 岁人口的劳动力资源 9.21 亿，比 2000 年的 8.25 亿增加了将近 1 亿人，但于 2013 年达到峰值后将会逐步回落。而从吸纳

就业的能力来看，随着我国经济发展阶段的提高，我国必将从投资拉动为主转换到消费拉动为主的发展轨道上来，单位 GDP 增长所需要的就业人口将大大提高。从 2011 年前三季度就业状况看，我国前三季度经济同比增长 9.4%，全国城镇新增就业已高达 994 万人，已经提前超额完成全年 900 万的城镇新增就业目标。未来我国劳动力资源新增量的下降会成为经济增长的抑制力量。因此，仅仅从人口结构变化看，我国经济增速逐步适度回落将是大势所趋。

其次，从三大需求变化看，我国经济增速也有进一步下滑的压力。第一，固定资产投资增速将继续下降。随着地方政府投融资平台的逐步清理规范，地方政府的投资能力将受到一定限制。房地产调控措施进一步贯彻落实，房地产开发投资将会有较大幅度下降。第二，居民消费增速将难以大幅提高。第三，国际市场需求不振导致外贸环境趋紧。美欧日受困于债务危机和高失业，消费增长难有大的起色，新兴经济体经济增速放缓也将抑制需求增长。欧美银行体系受到债务危机拖累，融资输血功能受阻，可能影响贸易融资，加大外需萎缩风险。美欧主要国家经济衰退与选举政治周期叠加，贸易保护倾向加剧，政策性和体制性摩擦将更加突出。同时，国内劳动力等要素成本上升已成趋势，国际大宗商品价格波动也将加大企业经营风险。

综合考虑，2012 年我国 GDP 增速将继续下滑，可能回落至 8.7% 左右。

（2）货币政策大幅放松的可能性较小。2011 年，稳健的货币政策得到切实有力的贯彻落实，多次上调银行存款准备金率、提高利率、对信托和银行理财等银行表外业务进一步规范控制等货币政策操作使得货币信贷供应规模得到有力控制，货币供应量月末余额同比增速持续较快回落。2011 年 9 月末，广义货币（M2）余额 78.74 万亿元，同比增长 13.0%，同比增速较上年末回落 6.7 个百分点。日益趋紧的资金供应成为 A 股市场行情发展的主要制约因素，导致 A 股市场股价持续下跌。面对持续走低的经济增速及居民消费价格同比涨幅拐点已现等情况，2011 年 10 月份以来市场对货币政策放松的预期越来越强，管理层对货币政策取向也有不同意见的表态，这成为 2011 年 10 月份 A 股市场出现一定幅度反弹的重要推动因素。但是，考虑到目前尽管物价涨幅已开始下行，但稳定物价的基础还不牢固，在外部流动性总体充裕、国内劳动力等成本趋升的经济环境下，放松货币政策刺激经济的作用可能减弱，而推动物价上涨的效应可能增强，人民银行很可能继续实施稳健的货币政策，在不发生重大事件、形势不出现根本性扭转的环境下，操作上将继续保持中性偏紧的货币环境。考虑到货币政策实际执行及金融创新等因素的影响，未来M2月末余额同比增速仍可能会有所下降，资金供应对市场行情向上拓展的制约将难以出现较大的改观。

2. 市场估值风险大幅释放，整体估值水平已具安全空间

2011年，受市场整体股价出现20%左右的下跌以及上市公司业绩继续较快增长的共同作用，沪深两市A股上市公司市盈率水平出现了较大幅度下降。9月末，上海证券交易所上市公司股票加权平均静态市盈率为14.19倍，深圳证券交易所上市公司股票加权平均静态市盈率水平为26.46倍。考虑到2011年A股上市公司业绩仍在继续较快增长，2011年沪深两市A股上市公司整体利润增长水平预期将在17%左右，那么9月末沪深两市的动态市盈率水平将分别在12.1倍和22.6倍左右。从这个意义说，这个估值水平已具一定的安全空间。

中小板、创业板公司整体估值水平仍偏高，面临的市场下跌风险较大。尽管从整体上看，当前沪深两市A股上市公司估值已具备一定的安全空间，但从结构上看，相当部分公司的估值水平仍偏高，蕴含着较大的风险。在中小板、创业板中体现得尤为突出。从以往的市场运行看，市场在中小公司将有远高于大公司盈利增长水平预期的基础上给予了中小板、创业板上市公司较高的实际股价水平和新股首发估值水平。但从近几年的实际利润增长情况看，中小公司的整体业绩增长水平差强人意，一直低于主板公司。因此，远远高于主板公司的市盈率水平而低于主板公司的业绩增长水平将意味着较大的市场风险。

3. 市场潜在资金需求较多，资金压力较大

市场融资压力将持续存在。2011年以来，随着稳健的货币政策得到贯彻实施，以银行贷款为主的间接融资渠道持续收窄，社会直接融资需求日趋强烈。而且，由于通过股票市场新股发行进行股权融资能够更好匹配收益和风险，能够更好地在整个社会中分散金融风险，从而有助于保持我国金融体系的稳定。因此，通过股票市场进行股权融资必将得到管理层的大力扶持。从2011年前10个月的实际运行来看，尽管A股市场节节走低，但市场融资仍持续进行，新股首发一直维持较高的发行频率。随着A股市场新股发行市场化程度的进一步提高，未来相当一段时间内A股市场新股首发将持续保持较高的发行频率，变化的主要是新股首发估值水平将随市场行情发展而变化。并且，目前证监会已放宽IPO上报材料的审核周期，不再有3个月的预留审核时间，由此，IPO申报的节奏也会

随之加快。

解禁限售股减持套现压力将持续存在。股权分置改革后，经过几年的过渡，2011 年开始我国 A 股市场已基本是一个全流通的市场，股权分置改革前上市的公司几乎所有股份都将可在二级市场流通交易，股权分置改革后发行上市的公司股份也逐步实现可流通交易。特别值得重视的是，大量股权分置改革后发行上市的公司的主要股东都是自然人和创业投资机构，他们的减持欲望较国有企业大股东整体将更为强烈，这在中小板公司和创业板公司将体现得更为显著。经过几年的快速扩容，2011 年 10 月底，已发行上市的中小板公司数量达 626 家，创业板公司达 273 家，由于中小板、创业板上市公司整体盈利能力并不强而其估值水平较高，中小板、创业板公司限售股逐步解禁后的减持压力将十分巨大，未来将严重抑制中小板、创业板公司整体的行情发展。

4. 前期高位形成巨额套牢资金，解套离场压力大

考察 2007 年以来的 A 股市场资金流动，可以发现，2007 年以来，沪深 300 指数在 3500 点以上形成了巨额套牢资金，其中大部分资金一直在苦苦等待解套离场机会。首先，在上一轮大牛市后半期的 2007 年下半年，持续大幅上涨的股票市场形成的巨大财富效应首次激发了我国全民股市投资热潮，形成了汹涌的储蓄搬家运动，在沪深 300 指数 4000 点上方超过万亿的居民储蓄资金主要通过证券投资基金进入股票市场，这些储蓄资金中的大部分并未能在其后惨烈的熊市下跌前获利离场，而是集中形成了巨额的套牢盘。由于这些资金的性质，这些投资者并未有承受巨额损失的思想意识、准备和能力，其后的巨额损失让他们刻骨铭心，一旦指数有机会进入这一区域使他们能够成功解套离场，这些深受套牢之苦的资金将会如惊弓之鸟汹涌而出。其次，2009 年 7 月以后，沪深 300 指数 3500 点以上亦形成了相当的套牢盘，指数进入这一区域将面临相当压力。并且，值得注意的是，一旦有资金解救这部分套牢盘，上方立即面临 2007 年形成的套牢盘的空前压力，继续拓展空间所需的资金规模将更为庞大。第三，2010 年 10 月至 2011 年 7 月，长达 10 个月的时间内沪深 300 指数在 2900 ~ 3500 区间内震荡运行，随后破位下跌，在 2900 ~ 3500 区间内又形成了巨额套牢盘。因此，2007 年 11 月份以来，A 股市场运行中形成了层层巨额的套牢盘，A 股市场行情要向上拓展就将持续面临套牢盘解套离场所需的巨额资金压力。

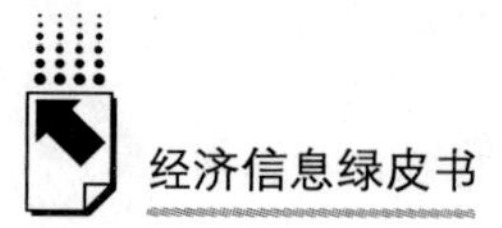

5. A股市场机会与风险并存，很可能处于底部震荡筑底阶段

整体来看，2012年A股市场行情发展既面临有利的因素，也面临较大的压力。一方面，A股市场整体估值水平经过大幅下降后已具备一定的安全空间，这将在一定程度上为市场行情发展提供有力支撑。另一方面，稳健的货币政策很可能继续贯彻实施，将难以带来大规模的资金供给刺激，通胀背景下的经济减速将使上市公司业绩增速进一步下降，四年间形成的巨额套牢盘、解禁限售股减持压力持续存在和市场融资压力巨大等都将形成巨大的资金需求压力，资金紧缺将始终是制约市场行情发展的主要不利因素。考虑到当前市场估值水平已具相当的安全空间，2012年A股市场行情发展体现为底部震荡的可能性较大。但是，结构性风险也不容忽视，主要体现在中小板和创业板上市公司上。

G.11

中国多维经济景气运行分析及预测

刘玉红*

摘　要： 基于"宏观经济监测预警系统"建立的中国多维先行、一致和滞后景气指数显示，宏观经济的滞后指标——物价景气指数已经接近峰值，表明受刺激性政策带动的宏观经济上行已经出现拐点；宏观经济的先行指标——钢铁和出口景气先行指数、一致指标——房地产景气先行指数均已出现企稳回升态势，说明我国宏观经济未来运行不会出现深度回落，而是处于平稳调整状态。预计 2012 年，我国经济将继续平稳回落，投资、消费和出口将进一步回调，价格水平则继续在高位波动。

关键词： 多维　经济景气指数　预测

一　我国多领域框架景气指数体系

本节通过构建我国物价、出口、房地产业、钢铁工业等 4 个领域先行和一致合成景气指数，分析我国宏观经济各领域走势之间的先行滞后关系，在此基础上对我国当前和未来宏观经济运行状况进行分析和判断。

1. 物价景气已经见顶，未来继续在高位波动

本节采用居民消费价格指数（CPI，上年同月 = 100）作为物价的基准指标，在区间 1999 年 1 月至 2011 年 9 月，以 2000 年平均值为 100，构建中国物价景气指数。

中国的物价一致合成指数在 2008 年 4 月到达峰点后，受到金融危机的影响

---

* 刘玉红，经济学博士，国家信息中心预测部副研究员，主要研究领域：宏观经济预测、计量经济模型开发及应用、经济景气监测预警。

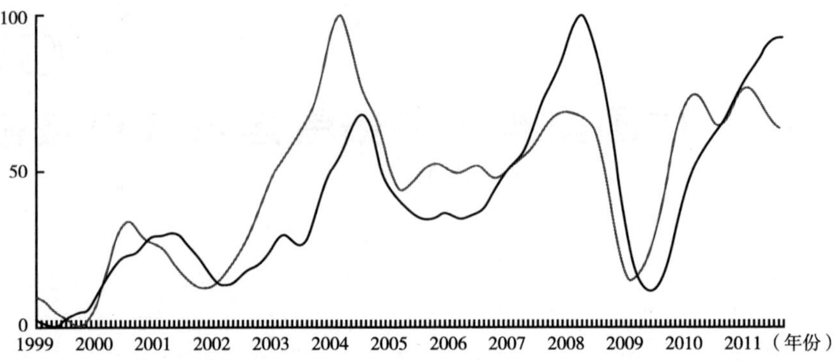

图1　物价一致合成指数（实线）和先行合成指数（虚线）

注：所有的物价指数都是上年同月 =100 的指数，其他经济指标增速是同比增速经过季节调整去掉了季节因素和不规则因素后的时间序列，本节以下所有景气指数构建中均采用此种处理方法。

表1　物价月度景气指标组

先行指标	一致指标
1. 工业企业增加值增速	1. 居民消费价格指数
2. 固定资产投资完成额累计增速	2. 商品零售价格指数
3. 纺织原料类购进价格指数	3. 生活资料工业品出厂价格指数
4. 黑色金属材料类购进价格指数	4. 以农产品为原料的轻工业品出厂价格指数
5. 货币供应量(M1)增速	

开始迅速下滑，在2009年6月到达该轮物价周期波动的谷底，之后受到刺激性经济政策的影响，开始1999年以来上涨速度最快和持续时间最长的上涨周期，至2011年9月，已连续上涨27个月。进入今年下半年以来，物价一致指数的上涨速度开始放缓。同时，物价先行指数在2009年2月出现拐点，经历了13个月的上升后，先行指数开始进入高位震荡区间，至2011年9月，先行指数已经出现了两次小幅波动，目前处于第二轮波动的下降区间。

我国的CPI在7月份出现6.5%的年内高点后，已连续3个月回落，结合先行指数和一致指数的走势看，可以确认我国物价景气已经接近拐点，再创新高的可能性不大。但由于本轮物价上涨具有一些特殊因素，劳动力成本上升、输入型通胀压力加大、资源约束下的农产品价格上涨等，导致了我国物价水平在未来一段时期不会出现显著向下调整的走势，而是会在高位运行一段时期，预计2012年我国CPI仍将达到4%的较高水平。

2. 出口一致指数继续下滑，先行指数低位震荡

本节以出口总值增长率作为中国出口景气指数基准指标，在区间 2003 年 1 月至 2011 年 9 月，以 2005 年平均值为 100，构建了中国出口景气指数。

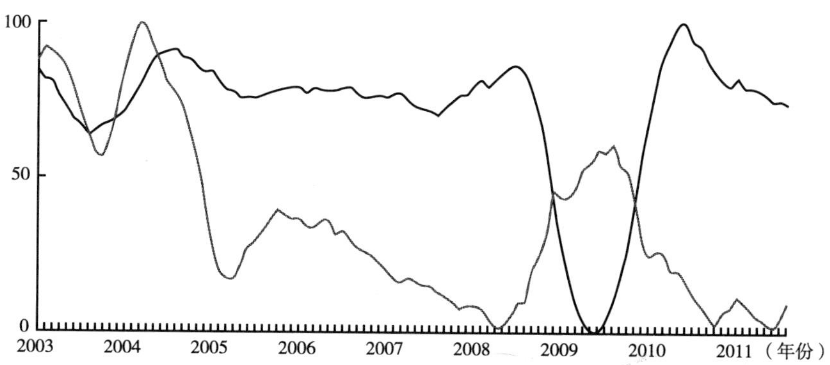

图 2　出口一致合成指数（实线）和先行合成指数（虚线）

表 2　出口月度景气指标组

先行指标	一致指标
1. 固定资产投资累计增速	1. 中国出口总值增速
2. 外商直接投资实际利用额增速	2. 美国进口商品总值增速
3. 美国狭义货币指数增速	3. 澳大利亚进口商品总值增速
4. 美国实际有效汇率指数	4. 韩国进口商品总值增速
	5. 加拿大进口商品总值增速
	6. 香港地区进口商品总值增速

受到世界经济长期平稳增长以及加入 WTO 的影响，我国出口一致合成指数在 2003 ~ 2008 年上半年基本处于平稳运行态势。2008 年下半年，金融危机导致我国出口急剧下降，到 2009 年 8 月出现了 2003 年以来出口景气指数最深的谷底，而后在刺激政策作用下，仅用 21 个月，就在 2010 年 5 月攀升到历史最高峰点。到达拐点后，我国出口一致合成指数一直处于下降区间，至 2011 年 9 月已连续下降 16 个月。我国出口先行指数超前一致指数约 1 年左右，图 2 显示，先行指数的峰点出现在 2009 年 9 月，并在 1 年以后，即 2010 年 9 月到达谷底，而后一直在谷底小幅波动。进入 2011 年以来，受到世界经济复苏缓慢的影响，我国出口基本处于缓慢下降趋势，截至 9 月出口一致指数尚未出现谷底，先行指数也并未出现反弹迹象。本节构建的出口景气一致合成指数中，构成指标均为中国

主要出口国，而世界经济复苏进程受阻，欧债、美债危机的爆发导致世界经济二次探底的可能性加大，因此2012年我国出口形势不容乐观。

3. 房地产一致指数继续下滑，先行指数止跌企稳

本节选择房地产投资同比增速作为基准指标，在区间2002年1月至2011年9月，以2005年平均值为100，构建了中国房地产景气指数，用来研究房地产投资的周期波动和景气动向。

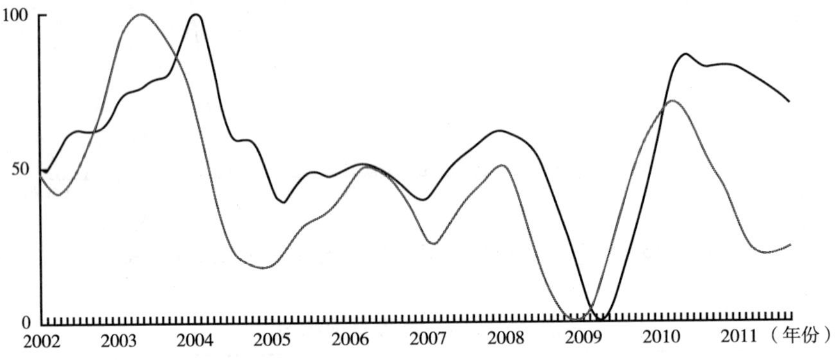

图3　房地产一致合成指数（实线）和先行合成指数（虚线）

表3　房地产投资月度景气指标组

先行指标	一致指标
1. 房地产投资国内贷款增速	1. 房地产投资完成额增速
2. 商品房竣工价值增速	2. 商品房施工面积增速
3. 房地产土地购置费增速	3. 房地产投资企业自筹资金增速
4. 商品房销售面积增速	4. 水泥产量增速

房地产先行指数基本超前一致指数约半年左右，从图3看，房地产一致指数近期的谷出现在2009年4月，而后在刺激政策的带动下快速反弹，在2010年4月到达峰点。之后受到刺激政策效应减弱及国家宏观调控的双重影响，一致指数开始快速持续下降，至2011年9月已连续下滑15个月。先行指数的近期峰点出现在2009年12月，而后在2011年7月企稳，并小幅回升，至今已连续上行3个月。

房地产是近期我国宏观调控的重点，在政策主动调整加上紧缩性货币政策的双重作用下，我国房地产行业从2010年下半年开始进入下行区间。从房地产行业景气的构成指标看，一致指数的4个构成指标季节调整后均处于下降趋势，先

行指数则是半升半降，房地产投资国内贷款增速和房地产购置费增速下降，而商品房竣工价值增速和商品房销售面积增速则处于上升区间。今年以来在有针对性的政策调控下，我国房地产销售价格出现松动迹象，而在我国通胀压力依然存在的背景下，房地产投资资金不足的现象短期内难以改善，因此房地产行业景气指数的先行指标上升很可能仅仅是一个短期波动，而非整个经济周期的复苏，预计未来房地产行业也将处于一个低位徘徊阶段。

4. 钢铁一致和先行指数双双上扬

本节以钢铁制造业的销售收入增长率作为基准指标，在区间 1999 年 1 月至 2011 年 9 月，以 2005 年平均值为 100，构建了中国钢铁景气指数。

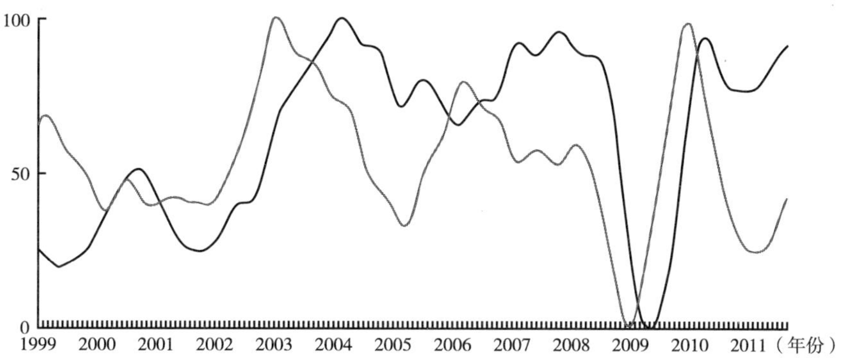

图 4　钢铁一致合成指数（实线）和先行合成指数（虚线）

表 4　中国钢铁工业景气指标组

先 行 指 标	一 致 指 标
1. 商品房竣工面积增速	1. 钢铁工业产品销售收入增速
2. 汽车累计产量增速	2. 重工业增加值增速
3. 摩托车累计产量增速	3. 工业产品销售收入增速
4. 火电产量增速	4. 钢铁工业税金总额增速
	5. 钢铁压延加工业从业人员数增速

钢铁行业在 2008 年以来也经历了一个大起大落的周期波动，从图 4 看，钢铁先行指数的近期峰点出现在 2010 年 1 月，下降期为 14 个月，从 2011 年 4 月份开始，已连续上行 6 个月。一致指数近期的峰点出现在 2010 年 4 月，在经历了 5 个月的下降期和 8 个月的平稳运行后，先于先行指数开始快速拉升，至 2011 年 9 月已连续上行 6 个月，未来走势值得观察。

二　宏观经济景气运行状况分析

宏观经济景气指数是对整个宏观经济进行综合评价，分析我国经济周期波动特点，并对未来走势进行判断。本节在区间 1999 年 1 月至 2011 年 9 月，构建了我国总体经济运行的景气指数，如图 5 所示。

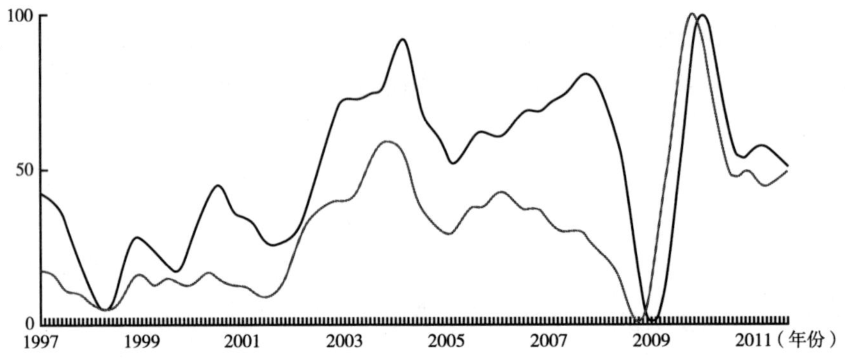

图 5　中国宏观经济一致合成指数（实线）和先行合成指数（虚线）

表 5　中国宏观经济景气指标组

先　行　指　标	一　致　指　标
1. 粗钢产量增速	1. 工业增加值增速
2. 汽车产量增速	2. 发电量增速
3. 固定资产投资本年施工项目计划总投资增速	3. 固定资产投资完成额增速
4. 产成品资金占用增速*	4. M1 增速
5. 金融机构各项贷款增速	5. 财政收入增速
6. Conference board 美国先行指数	6. 出口总额增速

注：有＊号的指标是逆转指标。

1. 一致指数和先行指数双双企稳震荡

全球性金融危机和国内刺激政策导致了我国经济景气在 2008 年以来出现了大起大落的走势。2010 年 1 月，宏观经济一致指数达到刺激政策拉动下的经济周期峰点，之后步入下行区间，从 2010 年 11 月开始，一致指数止跌企稳，并小幅震荡，目前连续下降 7 个月。从构成指标看，季节调整后只有工业增加值增速上升，其余的 4 个指标全部下降，带动了一致指数的下滑。先行指数上升的周期

拐点出现在2009年11月，至2011年9月先行指数已经出现了两次小的波动周期，目前先行指数已连续上升6个月。目前在构成先行指数的6个指标中，季节调整后的产成品库存增速（逆转）、金融机构各项贷款增速两个指标处于下降区间，其他4个指标均处于上升区间。

2. 经济预警信号综合指数回落至绿灯区，各主要经济指标向正常区间回落

经济预警信号综合指数是能够反映我国宏观经济综合走势的指标，可从总体上判断我国经济运行处于何种状态。图6显示了由10个预警指标构成的“宏观经济监测预警系统”，月度预警信号综合指数变动趋势与图5中的一致合成指数的走势类似，它在2007年以来经历了快速下降——加速拉升——再次快速下降的震荡走势，是1997年以来波动幅度最大的一个阶段。在2010年1月，我国经济预警信号综合指数开始过热（红灯区），4个月后回落至趋热（黄灯区），从2010年下半年开始，综合指数一直在黄灯区下沿运行，到2011年9月，经济预警综合指数已经步入绿灯区（正常）上沿。综合来看，我国目前宏观经济总体运行态势处于正常区间，预计随着各项指标的回落，经济预警信号综合指数在未来一段时期内仍将保持在绿灯区内运行。

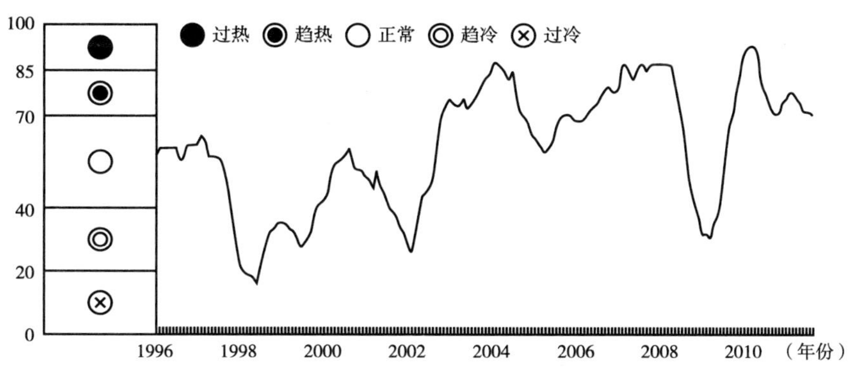

图6　宏观经济监测预警系统

表6　月度预警指标组

1. 工业增加值增速	6. 进出口商品总值增速
2. 工业企业产品销售收入增速	7. 财政收入增速
3. 发电量增速	8. 居民消费价格指数
4. 固定资产投资增速	9. 狭义货币供应量M1增速
5. 社会消费品零售总额增速	10. 金融机构贷款余额增速

分指标看，构成预警信号综合指数的指标信号图中，收入类的两个指标——工业企业产品销售收入和国家财政收入均处于红灯区的过热区间，社会消费品零售总额、发电量、金融机构贷款余额和 CPI 处于趋热的黄灯区，工业企业增加值、固定资产投资和进出口总额增速处于正常的绿灯区，M1 增速处于趋冷的浅蓝灯区。由于构成预警信号综合指数的 10 个指标包含了宏观经济的先行、一致和滞后三类指标，其发展必然存在着先后关系。从图 6 看，处于红灯区的收入类指标属于宏观经济滞后指标，宏观经济的金融类先行指标和需求类的一致指标则正在向黄灯区和绿灯区过渡，表明宏观经济正在稳步调整，并按照先行滞后关系依次通过各灯区。预计未来一段时间，宏观经济监测预警综合指数会继续在绿灯区内缓慢下行。

3. 宏观经济进入平稳调整区间，物价水平继续高位波动

在本节构建的 4 个行业景气指数中，钢铁行业具有先行性质，出口具有同步性质，物价具有滞后性质，房地产与宏观经济相关性虽然变弱，但是作为固定资产投资的重要组成部分，房地产的波动也会通过影响固定资产投资进而影响总需求来影响宏观经济走势，因而具有一致性。结合这些景气指数，可以对我国未来宏观经济走势进行分析判断。

首先，宏观经济快速下滑的态势已经缓解，未来一段时间，宏观经济处于平稳调整区间，出现深度调整的可能性很小。从宏观经济合成指数看，先行一致合成指数都已经结束了快速下降的趋势，进入了小幅震荡区间。结合行业景气指数看，具有滞后性质的物价景气指数已经出现拐点，表明宏观经济总体上已经步入了下行空间；具有同步性质的出口、房地产景气指数，其一致指数虽然仍处于下滑趋势，但先行指数均已经出现企稳震荡走势；具有先行性质的钢材行业的先行和一致指数均处于上扬走势，但是钢材的这种上扬受到国际原材料价格上涨带动的影响较大，在我国房地产、汽车尚未出现全面复苏的背景下，钢材的这种上扬不会持续，很可能也是在低位徘徊。

其次，我国物价水平已经见顶，但未来一段时间仍然在高位运行。当前 CPI 仍然在趋热的黄灯区内运行，物价水平过快上涨压力仍存。但从物价景气指数看，尽管先行指数已经不再具有 2010 年急速上升的走势，但是也并没有出现大幅回落，而是在高位波动，并且一致指数还处于上扬的走势。由于面临国内外经济环境的改变，本轮物价上涨具有与以往不同的特殊成因，例如，农产品价格飙升、成本全面

上涨、输入性通胀压力加大等，这些因素导致未来一段时间我国物价水平不会大幅回落，而是继续在高位波动，预计2012年我国CPI上升4%左右。

三　政策建议

1. 实行前瞻性货币政策

前瞻性货币政策对于中央银行提高货币政策操作的准确性，减少时滞等因素对货币政策预期效果的不利影响，确保实现宏观调控的目标具有重大意义。中央银行必须实行前瞻性货币政策，绝不能“走走停停”、“相机而行”、“头痛医头，脚痛医脚”。为了实施前瞻性货币政策，更好地实现货币政策的最终目标，中央银行要高度重视和做好对经济和金融的预测，要在科学预测的基础上采取超前预防性策略，针对货币政策面临的主要问题，有针对性地制定有效的前瞻性货币政策，从而提高金融宏观调控的质量。

2. 稳定农产品价格

进一步采取综合措施，加强农业生产和农产品供给，合理平抑农产品价格，确保居民消费价格总体平稳。一是增加农产品生产投入，夯实农产品生产基础。二是加快农村土地制度改革，坚持最严格的耕地保护制度，不断提高土地集约化经营水平，转变农业生产方式，发展现代农业，确保大宗农产品供给安全。三是积极改善农产品流通状况，降低农产品流通成本；完善粮食、猪肉、食用植物油等大宗农产品储备制度和调节机制，把握好储备吞吐调控时机。四是建立农产品价格预警机制，通过价格监测体系构建市场农产品价格预警预报的信息载体，为政府宏观调控及时提供可靠依据。

3. 提高货币政策调控效率

加快利率市场化改革步伐，调整目前的对冲方式，培育利率与汇率的联动机制。具体包括：更多地依靠资金成本的变化来调节信贷结构；在扩大现有的商业银行信贷浮动利率定价自主权的基础上，有选择性地放开一些金融机构的贷款利率，并使用贴息贷款等方式来加大对中小企业的贷款；有步骤地构造中国经济中的利率和汇率的联动机制，打通货币市场和汇率市场之间的传递机制，除了依靠央行票据市场的利率与汇率形成机制以外，在制度改革上应该进一步加快银行同业拆借市场的改革步伐，允许更多的外资金融机构进入同业拆借市场，以反映这些机构对短期资金流动性的需求。

G.12

我国的通胀预期及其管理

祝宝良*

摘　要： 2006 年以来，随着我国物价水平的不断上升以及应对金融危机过程中全球流动性过大，我国居民的通胀预期明显增强，预期对通货膨胀的推动作用也在加大，出现了通胀预期和实际通货膨胀相互强化的趋势。在 2011 年上半年居民消费价格上涨 5.4% 中，通胀预期贡献了 23% 左右，管理通胀预期十分必要。我国的通胀预期不是理性预期，而具有适应性和黏性特征，这表明以往的通货膨胀水平会影响通胀预期，居民也会根据当前的经济形势对通胀作出判断。因此，控制实际通货膨胀可以降低通胀预期，通货膨胀预期可以管理，相机抉择的宏观经济政策对通货膨胀和通胀预期管理有一定的效果。同时，国家应确定较为明确的通货膨胀目标，增强宏观调控政策的透明度、有效性和规则性，以便稳定通胀预期。

2009 年 10 月 21 日，我国决策层首次把“管理通胀预期”作为宏观调控的目标之一。那么，通胀预期在本轮通货膨胀中起了多大作用，通胀预期能否管理？如何管理？这需要对我国通胀预期的性质、影响等问题进行定量和定性研究。

一　通货膨胀和通胀预期的关系

通胀预期是公众对未来通货膨胀变动方向和幅度的事前估计和预测。通胀预期有适应性预期、理性预期和不完全理性预期之分。适应性预期是公众根据实际通货膨胀水平不断修正自己的预期误差形成的通胀预期，这种预期强调以往发生

---

* 祝宝良：国家信息中心经济预测部副主任，研究员，主要研究数量经济模型和宏观经济。

的实际通货膨胀对未来通胀预期的影响，因此，能管理通货膨胀的政策就能管理适应性通胀预期，相机抉择的宏观调控政策对通货膨胀和通胀预期管理有效果。理性预期是指公众利用一切可以取得的信息对未来通货膨胀作出的合理预期，公众会注意政策的任何变化，并据此改变其决策，管理理性预期需要确定明确的通货膨胀目标，实施规则性的宏观调控政策。不完全理性预期是基于掌握有限信息情况下形成的预期，在现实中，公众并不能得到完全的信息并作出完全理性的判断，预期是有限的理性，相机抉择的宏观调控政策对不完全理性的预期管理有一定的效果，但效果不大。

预期通胀变动会通过影响总需求与总供给，产生需求拉动和成本推动的混合型通货膨胀。首先，通胀预期影响企业投资需求。投资受实际利率的影响，而实际利率是名义利率和预期通胀率之差，当名义利率保持稳定时，通胀预期的上升将导致实际利率下降，从而刺激投资需求。其次，通胀预期影响居民消费需求，当名义利率保持稳定时，通胀预期的上升将导致实际利率下降，居民储蓄会减少，消费会增加。再次，通胀预期上升，厂商会提高产品定价，工人也会要求提高工资水平，从而提高企业生产成本。第四，通胀预期对货币流通速度产生影响，通胀预期上升时，人们不愿意持有货币，而会增加购买实物或金融资产如股票或房地产，从而导致货币流通速度加快，即使货币数量保持稳定，物价水平也会上升。最后，通胀预期上升会引起资产价格上涨，产生财富效应，进一步影响投资和消费，从而拉动物价上涨。因此，通胀预期一旦形成，很难在短期内发生转向，而是会在较长时间内存在，如果通胀预期主要是适应性的预期，则通胀预期和实际通货膨胀会相互强化，很难根治。

二　我国通胀预期的度量和特征

判断我国通胀预期的大小和性质，需要对通胀预期进行测算并对其特征进行检验。测度通胀预期主要有调查数据法和债券名义收益利差法。通胀预期调查的基本做法是选定一定的样本，并对样本进行问卷调查，得出他们对未来通货膨胀的判断，然后将样本预测数据进行统计分析，得出未来通胀的预测值。债券名义收益利差法是将期限较长的债券名义收益率与期限较短的债券名义收益率之差作为预期通货膨胀率，并考察该指标对实际通货膨胀的预测能力，理论上认为长期债券的收益率由短期债券收益率和对未来的通胀预期共同决定。由于我国的利率市场化程度低，债券流动性差，我国不同期限的债券收益率尚不具有预测通胀预期的信息。我们选择中国人民银行的调查数据测度我国的通胀预期。

中国人民银行自 1993 年起建立了居民储蓄问卷调查制度，并于 1999 年进行了较大调整。关于未来物价预期的部分，问卷设置了如下问题是“您预计未来 3 个月的物价水平将比现在：上升、基本不变、下降、看不准”。1998 年 1 季度到 2003 年 3 季度，月度居民消费价格同比涨幅未超过 2%，其中，1998～1999 年和 2002 年大部分时间居民消费价格都是负增长。从这段时间对应的预期来看，公众的预期非常稳定，认为未来物价基本不变的比例高达 60%～70%，认为上升和下降的比例都不高。2003 年 4 季度以后，上升的比例明显提高，基本不变的比例有所下降。2007 年 2 季度到 2008 年 2 季度，中国进入新一轮高通胀时期。2007 年 2 季度起，通胀同比增长开始超过 3%，而通胀预期早在 2006 年 4 季度就开始上升，当季认为未来三个月物价上升的比例显著上升到 50.7%，超过了基本不变的比例 46.7%。2007 年 4 季度调查中，认为未来三个月物价上升的比例达到 64.4%，而 2008 年 1 季度居民消费价格同比达到 8%，为 1999 年调查以来的季度峰值。可见，调查信息可以作为实际通胀的先行指标，包含了未来通胀变化的大量信息。2010 年以来，公众预期一直处于较高水平，4 季度曾经达到 61.4%。公众很少认为通胀走势会下降。比如，2002 年全年我国居民消费价格基本处于负增长，而四个季度问卷中认为未来物价下降的比例不仅没有上升反而一路下降，即使面临 2008 年的金融危机，公众认为下降的比例仅为 22.2%，低于上升的比例 28.8%。整体来看，认为下降的比例稳定在 10% 左右。

在度量通胀预期之前，先将定性的判断转化为定量的数据，也就是根据选择公众选择上升或下降的比例，并根据实际发生的通货膨胀计算出通胀预期，同时对通胀预期的特征进行统计检验，确定我国的通胀预期属于哪类预期。通过计算可以发现我国公众的通胀预期具有以下特征。一是，在高通胀时期公众的通胀预期一般比实际通胀水平低，公众往往低估通胀水平。在低通胀时期，公众的通胀预期一般比实际通胀水平更高，公众往往高估通胀水平。二是，2006 年以前，我国公众的通胀预期波动比较平缓，此后，通胀预期波动性逐步增大，公众对于通胀的敏感性增强，如 2003 年 4 季度居民消费价格环比上涨 2.5%，引发的居民对于下季度的通胀预期为 1.1%，而 2011 年 1 季度，居民消费价格环比上涨

2.3%，对下季度的通胀预期则达到10年来的最高值2.5%，超过了居民消费价格环比涨幅。三是，我国的通胀预期表现出一定的适应性预期和黏性预期特征，波动幅度较实际通胀水平平稳，公众通胀预期是不完全理性预期。

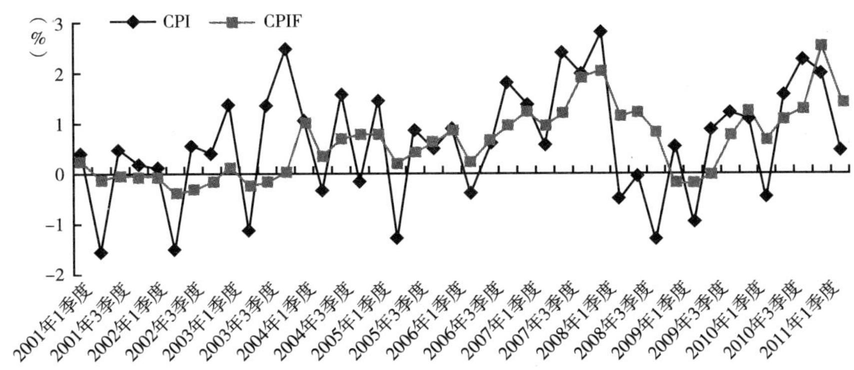

图1　季度通胀预期与实际居民消费价格

注：居民消费价格为 t 期价格的环比变化，居民消费价格F为 $t-1$ 期对 t 期价格变化的预期。

三　通胀预期对我国通货膨胀的影响分析

除了通货膨胀预期外，通货膨胀还受以下因素影响。一是产出缺口。在其他条件不变的情况下，如果出现产出正缺口，即实际经济增长率高于潜在产出增长率，意味着生产要素已被过度利用，物价水平存在上涨压力；如果出现产出负缺口，即实际经济增长率低于潜在产出增长率，则意味着生产要素未被充分利用，物价水平存在下降压力。由于存在价格黏性和工资刚性，通货膨胀相对于产出缺口往往有一定的滞后性。二是货币供应量。如果货币当局采取宽松的货币政策，造成流动性过剩，物价水平就会呈上升趋势；反之，物价水平则呈下降趋势。在对外开放条件下，流通中货币量的多少还与国际收支状况有关。如果国际贸易顺差或国际资本流入导致外汇储备大量增加，货币当局就要向流通中注入大量本币进行对冲，从而增加货币供应量，推高国内物价水平。三是供给冲击。严重的供给冲击如自然灾害、疾病等，导致农产品、畜牧业等大幅度减产，战争、动乱等原因导致世界性的能源危机，不仅会引发通货膨胀，而且会使经济增长出现停滞。四是国际传导。通货膨胀的国际传导有贸易和货币两个途径，从国际贸易传导过程看，原料和能源出口国垄断生产或发生通货膨胀导致原料和能源价格上涨，就会抬高原料和能源进口国的生产成本。如果原料和能源进口国是资本品或消费品的生产国和出口国，较高的生产成本就会推高资本品和消费品的价格，并将价格上涨再传导到其他国家。通货膨胀通过货币途径在国家间的传导，主要表现为资本在国家间的流动，引起他国的国际收支盈余，导致货币增发和通货膨胀率上升。

我国的通胀预期的非理性特征，说明我国的通胀预期受到以往通货膨胀水平的影响，反过来，又影响通货膨胀，形成相互强化的趋势。2009 年 11 月以来，我国物价不断上升并持续高位运行，通胀预期、流动性过剩、进口价格、食品价格、工资上升等都是影响因素。首先，流动性过剩成为这轮物价上涨的始作俑者。2008 年四季度以来，为应对国际金融危机，我国实行了适度宽松的货币政策；2009 年，货币 M1 和 M2 增速分别达到 32.4% 和 27.7%；2010 年分别达到 21.2% 和 19.7%，M1 和 M2 增速高于经济增速与 CPI 之和 13 个百分点以上，比 2000 ~2008 年此轮经济周期以来的平均水平扩大了近 10 个百分点。尽管 2011 年以来，我国采取了稳健的货币政策，通过对冲和信贷控制使流动性过剩的程度得到了缓解，但造成流动性总量过大的状况并未根本改变。一方面，流动性过剩导致通胀预期居高不下；另一方面，提高社会总需求，拉动物价上涨。其次，食品价格充当了涨价的首要推手。食品类支出占居民消费价格的比重最高，而食品的供给弹性和需求弹性都较小，总体上看，其供求关系与流动性的多少关系并不密切，而受国家粮食收储政策和价格政策的影响较大，此外也与生产成本、气候因素、自然灾害和生产周期有关。2010 年以来，我国旱灾、涝灾、农业病虫害较为严重，蔬菜、猪肉等价格居高不下，猪肉等农产品价格的周期性、季节性波动较大，共同推动了食品的价格上涨。再次，输入型通胀特征明显，国际大宗商品价格走高助推产品价格上行。国际上，石油、铁矿石等大宗初级产品生产被垄断，我国对石油、铁矿石等大宗初级产品没有定价权，只能被动接受国际市场价格。2010 年初以来，石油、煤炭、铁矿石、有色金属等国际大宗商品价格宽幅震荡并不断创下历史新高，导致国内基础原材料价格大幅上涨，带动相关产品价格齐涨。第四，工资成本提高助推出厂价格上升。随着目前社会“用工荒”“招工难”现象愈演愈烈，自 2010 年以来，全国出现了较为普遍的工资上涨，中西部地区的工资上涨甚至略快于沿海地区，为消化成本上升带来的压力，企业要么

通过提高产品价格来转移和释放压力，要么减少生产，使正的产出缺口扩大。同时，工资上升也表明居民收入提高，需求增加。

为分析上述因素对我国通货膨胀的影响，我们构建了包括通胀预期、输入性因素、农产品价格、产出缺口四要素的通货膨胀模型，模拟主要要素对物价的影响。估计结果显示，在影响居民消费价格的四个因素中，通货膨胀预期的影响作用最大，弹性系数为0.22，也就是说通货膨胀预期每增加1个百分点，带动居民消费价格升高0.22个百分点。其次是农产品价格，弹性系数为0.17，产出缺口的弹性系数为0.16，进口价格的弹性系数为0.11。从对居民消费价格的贡献度看，今年1~6月份，居民消费价格上涨5.4%中，农产品的价格上涨贡献了50%左右，通货膨胀预期贡献了25%左右，输入性通胀为15%左右，产出缺口贡献了10%左右。也就是说，我国通货膨胀主要是农产品价格和通胀预期引发的，输入性通胀和产出缺口并不是本轮上涨的主导因素。实际上，自2010年下半年以来，我国经济增长回归正常区间，规模以上工业增长14%左右，经济增速保持在9.5%左右，当前的工业增长速度与经济增长速度相匹配，基本维持在目前我国8%~10%的潜在经济增长速度之内，产出缺口基本为零。而通货膨胀预期高企主要由前期宽松货币政策引发，并不断推高通货膨胀，导致通货膨胀自我加速。

四　通货膨胀预期的管理

我国的通胀预期具有适应性和黏性特点，表明了通货膨胀预期可以管理，能管理通货膨胀的政策措施就能管理通胀预期，相机抉择的宏观经济政策对通货膨胀和通货膨胀预期管理有一定的效果。同时，通胀预期对通货膨胀具有较大的影响，管理通胀预期十分必要，国家需要确定较为明确的通货膨胀目标，以便稳定通胀预期。

1. 实施审慎宏观政策，推动货币信贷供给回归

我国消费者的通货膨胀预期在很大程度上受到通货膨胀历史情况的影响，稳定通货膨胀预期的最佳方法就是始终保持稳定的通货膨胀率。消费者长期内不会显著高估或低估通货膨胀，这意味着要消除货币政策的通货膨胀倾向，必须考虑货币政策的可信度，并采取多种方式进行政策信息的沟通。

面对凸现的通胀压力和预期，宽松货币政策向稳健或中性货币政策回归成为货币当局的一种必然选择。在充分发挥准备金率、利率、公开市场操作、汇率和信贷管理等手段外，还应积极创新货币政策操作工具，控制好货币供应量和银行信贷总量，有效管理物价和通胀预期，提高货币政策操作的前瞻性和敏感度。

2. 落实各项强农惠农政策，稳定农产品价格

加强农业生产和农产品供给，合理平抑农产品价格。一是加大农产品生产投入，夯实农产品生产基础。加大扶持力度，巩固、完善和落实各项支农惠农政策，建立与农产品生产、农产品价格和居民消费价格上涨程度直接挂钩的农民种粮直接补贴机制，做好保障化肥、农药、农膜等农业生产资料供应及其价格稳定工作，千方百计调动农民生产积极性，并在耕地面积有限的情况下，依靠科技力量提升农产品产量，保障农产品供给。二是加快农村土地制度改革，坚持最严格的耕地保护制度，不断提高土地集约化经营水平，转变农业生产方式，发展现代农业，确保大宗农产品供给安全。三是建立多元化的农业生产投入机制，加大财政对农业的扶持力度，将农业财政预算优先用于农业基础设施建设，并引导金融资本、工商资本、民营资本和民间资本等增加对农业基础设施建设和农业科技投入，鼓励农民增加农业生产投入，以改善农业生产条件、夯实农业发展基础、提高农业综合生产能力，确保农产品产量稳步增长。四是积极开展“农超对接”，畅通鲜活农产品运输“绿色通道”，改善农产品流通状况，降低农产品流通成本。五是完善粮食、猪肉、食用植物油等大宗农产品储备制度和调节机制，把握好储备吞吐调控时机，健全保障市场供应和稳定价格的应急预案，保障其供应和价格基本稳定。

3. 审慎推进能源和资源价格改革

为减小输入性通胀压力，政府部门要科学有序地安排水、电、液化气、燃油价格改革，发挥价格机制在能源、资源使用和配置中作用，促进节能减排。同时，也要防止能源、资源的集中涨价，加重通胀预期，引发通货膨胀。建议一旦居民消费价格指数低于3%，就应该启动能源资源的价格改革进程。此外，在积极稳妥地推进水、电、油、气等资源类产品价格改革的同时，应逐步打破寡头垄断的市场格局，适当引入市场竞争。

4. 健全社会保障体系，建立与通胀挂钩的收入动态调整机制

在通胀预期较强，物价水平较高的时期，为实现有效的通胀预期管理，可以

考虑针对特定收入人群（如低收入者）提供临时性补贴措施，减缓物价上涨过快对居民生活造成的负面冲击。可以根据实际情况实现低收入人群的补贴与通胀挂钩的动态调整机制，降低社会对通胀的担心。

5. 适度提高对通胀水平的容忍度

本轮通胀，农产品价格、成本推动和外部输入的特征较为明显，难以快速根治。我国劳动力价格尤其是农民工工资出现快速上涨的状况可能仍将延续，对于劳动密集型行业来说，难有有效手段来抵消劳动力价格上升所带来的成本压力，提高产品价格是必然选择。发达国家的超宽松货币政策仍将持续数年，输入型通胀压力有增无减。我国不宜在全球通胀环境下追求过低的通胀率，过紧的货币政策和汇率大幅升值，不仅会导致出口停滞，而且可能加剧国际资本的涌入，在通胀与经济增长之间权衡，可适度调高通胀容忍度，并始终把通货膨胀稳定在这个度上，目前可把通货膨胀率5%作为容忍目标。

参考文献

[1] 陈彦斌:《中国通货膨胀的预期、形成机制和治理政策》，科学出版社，2010。

[2] 秦响应、尹继志、韩景旺:《通胀预期测度与管理体系的构建》，《宏观经济研究》2010年第7期。

[3] 张蓓:《我国居民通货膨胀预期的性质及对通货膨胀的影响》，《金融研究》2009年第9期。

国际经济篇

International Economic Environment

G.13

2011年世界经济形势分析及2012年展望

张亚雄　程伟力*

摘　要：2011年世界经济复苏步伐放缓，但发达国家工业仍然保持相对较快的增长；新兴市场经济体通胀持续高企，发达国家通胀压力逐步显现；德国之外的发达国家失业率居高不下，新兴市场国家就业状况有所改善；发达国家主权债务危机严重，但企业和银行资金相对充裕。预计2012年世界经济将延续低速增长局面，但全球经济二次探底的可能性很小。面对世界经济格局调整带来的机遇与挑战，我国应继续加强扩大内需的经济政策，加强与新兴市场经济体的合作和交流，通过引进技术促进国内产业升级，提升走出去水平，进一步加强内外债管理，积极防范金融和债务风险。

关键词：复苏　工业　通胀　就业

* 张亚雄，国家信息中心经济预测部主任助理兼政策仿真实验室主任、研究员；程伟力，国家信息中心副研究员，经济学博士，目前主要从事世界经济与计量经济研究。

一 2011 年世界经济形势分析

1. 世界经济复苏步伐放缓，但发达国家工业仍然保持相对较快的增长

2011 年前三个季度，美国 GDP 季度增速分别为 0.4%、1.3% 和 2.5%（均为环比折年率），低于 2010 年 3% 的水平。欧元区二季度经济环比增速由一季度的 0.8% 下滑至 0.2%，呈现下行态势。日本经济则因地震和核泄漏已连续三个季度负增长。以金砖四国为代表的新兴市场和发展中经济体经济增速也有所放缓。巴西前两个季度 GDP 同比分别增长 4.2% 和 3.1%；印度则延续 2010 年初以来增速逐季放缓的态势，二季度经济增速降至 7.7%；俄罗斯二季度 GDP 同比仅增长 3.5%，比一季度下降 0.8 个百分点；中国 GDP 增速也逐季回落。

但是，从工业生产数据来看，发达国家工业生产仍然保持旺盛的增长势头。以美国为例，2011 年前 9 个月，工业生产同比增长均在 3.2% 之上，是 2001 ~ 2008 年从未出现过的现象；从制造业新增订单来看，同比增长都在 10% 以上，这也远远超过危机爆发前的水平。另外，美国权威行业研究机构供应管理协会（ISM）的数据显示，2011 年 9 月，美国制造业活动连续第 26 个月扩张，增速比上月略有提高。欧元区情况与此类似：2011 年 8 月份，欧元区工业生产继续 7 月份的回升势头，环比增长 1.2%，同比增长 5.3%，前 8 个月平均水平也同美国一样超过历史同期，显示欧元区实体经济基本面尚好。出现这一现象的主要原因有三：一是国际金融危机后各国更加注重实体经济发展；二是国际金融危机和主权债务危机直接冲击的是居民、金融机构和国家财政，对企业影响是间接的，发达国家企业的现金流仍然充足，技术水平仍然领先；三是新兴市场国家的发展对发达国家的投资品依然具有较大的需求。

2. 新兴市场经济体通胀持续高企，发达国家通胀压力逐步显现

2011 年中，在金砖四国中印度和俄罗斯的通胀率均高达 9% 以上，巴西和中国的通胀率也分别达到了 7% 和 6% 以上的水平。2010 年，发达国家通胀率持续低位徘徊，一些国家甚至出现了通缩，但 2011 年通胀压力则逐步显现，美国消费者价格指数已经快速升至 3.8%，接近 2008 年金融危机全面爆发前的水平，核心通胀率也达到了 2% 的警戒目标；欧元区通胀率则连续 9 个月超过 2% 的警

戒线，英国通胀率更是高达4.5%。

货币泛滥是影响世界各国通胀的共同原因，但在各国又有不同的传导机制和表现形式。中国和印度主要表现为农产品供给相对不足；巴西农产品供给充足，但紧缩性货币政策导致部分工业品供给不足而影响价格上涨；在国际油价相对平稳的情况下美国汽油价格上涨推高了物价，原因在于炼油产能利用率下降。

3. 德国之外的发达国家失业率居高不下，新兴市场国家就业状况进一步改善

2011年，美国失业率始终保持在9%以上，欧元区失业率在10%左右徘徊，而德国失业率明显低于世界经济繁荣时期。根据德国劳工署统计，德国9月份失业人数降至279.6万，近20年以来首次少于280万人，失业率下降到6%，而2006年8月德国失业率还高达10%，这说明德国经济基本面已经发生根本性变化。出现这种现象主要有两方面的原因。一方面，20世纪德国产业国际转移没有像美国和法国那样彻底，新兴市场国家对先进技术设备的需求拉动了德国出口；另一方面，德国用工制度相对欧洲国家而言比较灵活，早在20世纪90年代，德国就修改有关法律，使临时工合法化。

2011年8月，巴西失业率下降到6%，比世界经济繁荣时期的2007年8月下降3.5个百分点，创2002年有该项统计指标以来历史同期最好水平。巴西失业率下降，固然与经济增长有关，但更受到政策影响。自卢拉执政以来，巴西以加速经济增长和提高就业为目标制定经济和社会政策，其中一项重要的政策是“第一次就业计划”，主要针对16~24岁第一次就业的低学历青年人。目前的成绩说明该政策取得了较好的效果。作为世界第二人口大国，近年来印度工资出现普遍上涨，涨幅最大的一年出现在2007年，达15.5%，2009年和2010年工资涨幅分别为6.6%和11.7%，预计今年涨幅将接近13%。尽管印度没有详细的就业统计数据，但从工资上涨情况来看就业状况在明显改善。俄罗斯情况也大致如此，2011年8月失业率为6%。

4. 发达国家债务危机严重，但企业和银行资金相对充裕

2011年，欧美国家主权债务危机愈演愈烈，阻碍了世界经济复苏的步伐。但从整体上看，以美国为代表的发达国家企业和银行资金依然充裕。据美国商务部经济分析局统计，2011年上半年，美国企业对外直接投资2292.37亿美元，同比增长26.26%。另外，美国联邦储蓄保险公司公布的数据显示，由该公司担保

的银行今年第二季度的盈利情况大幅改善，共实现利润 288 亿美元。当季的利润总额比 2010 年第二季度大幅增加了 79 亿美元，也是连续第八个季度同比增长。同时，第二季度，作为衡量盈利能力基本标杆的平均资产收益率上升至 0.85%，高于上年同期的 0.63%。

另外，根据联合国发布的《2011 年世界投资报告》显示，2010 年全球外国直接投资达到 1.24 万亿美元，预计 2011 年将达到约 1.4 万亿 ~ 1.6 万亿美元，回到全球金融危机前的水平。上述数据说明，国际资本和金融市场并不缺乏经济发展的资金。当前国际金融市场剧烈动荡主要是投资者信心遭受重击而诱发的。

二　2012 年世界经济发展趋势及影响因素分析

受国际金融危机和主权债务危机影响，未来世界各国将会更加注重结构调整，发达国家将会进一步采取措施以降低债务危机的影响，关注就业并注重实体经济的发展，日本地震对全球经济的影响将明显削弱；新兴市场和发展中经济体将会进一步刺激内需，促进国际收支平衡，实现经济的可持续发展，并继续成为世界经济增长的动力和源泉。但是，未来一段时期世界经济发展面临的不利因素依然较多，发达国家缺乏新的经济增长点，主权债务危机的影响将持续存在，贸易摩擦不断加剧。预计 2012 年世界经济将延续 2011 年低速增长局面，仍然在周期底部徘徊，但全球经济二次探底的可能性很小。

（一）2012 年世界经济发展的有利因素

1. 发达国家将更加重视实体经济发展

为了提振美国经济，奥巴马政府提出了五年使其出口额翻一番、重振制造业等计划，虽然这些计划实现起来有一定难度，但去工业化趋势将会停止，再工业化的步伐已经缓慢开始。因此，从现实条件来看，实现目标的可能性依然存在。一方面，美国的劳动生产率较高，在发展中国家工资上涨的情况下，一些商品在美国制造具备了一定成本优势；另一方面，美国还具有大量剩余产能，2011 年 9 月美国工业产能利用率为 77.4%，低于 1972 ~ 2010 年工业设备 80.4% 的平均开工率，这意味着在不增加固定资产投资的情况下仍可提高工业产出。

2. 新兴市场和发展中经济体将继续成为世界经济增长的动力和源泉

当前，新兴市场和发展中国家仍处于资本积累快速增长的周期，在技术上又可发挥后发优势，人口众多且年轻，消费意愿和能力在不断增强，这也是新兴市场国家历经全球金融危机和发达国家债务危机仍然保持快速增长的原因。上述因素在短期内不会消失或减弱，并将继续推动发展中国家和发达国家的经济增长。一方面，发展中国家之间的互补性在逐步增强，贸易往来和直接投资快速增长。就我国而言，2010 年我国对发展中国家出口占出口总额的比重已经由“十五”末期的42.7%提高到48.3%。另一方面，以中国和印度为代表的新兴市场经济国家都处于转型时期，均需先进的技术和设备，由此带动了发达国家的对外贸易。在当前形势下，新兴市场和发展中经济体将继续成为世界经济增长的动力和源泉。

3. 全球通货膨胀压力趋缓但将长期存在

从需求方面看，世界经济将持续处于低速增长状态，这意味着未来对原材料大宗商品的需求将较为温和，降低需求对通货膨胀的压力。从供给方面看，新兴市场和发展中国家更强调结构调整和供给管理，从而抑制物价上涨。比如，在2011 年出台的五年经济发展规划中，印度政府发展重点放在产品及服务的供给方面，以在防范通胀的同时满足未来五至十年经济快速增长的需要。俄罗斯和巴西也采取了类似措施。我国也在不断优化农业生产结构，保障农产品供给。但是，由全球流动性泛滥导致的通胀压力将长期持续存在。

（二）2012 年世界经济发展的不利因素

1. 就业市场疲软仍将制约经济复苏

就业市场疲软是以美国为代表的发达国家经济复苏的最大障碍。美国经济增长主要靠消费者开支带动，而失业率居高不下使得民众无法增加支出，从而使美国经济的持续复苏面临挑战，同时也对发展中国家的出口造成一定影响。尽管美国政府一直以来均表示会采取一切可能的办法刺激就业，然而就业市场的实际情况却迟迟未见明显起色。截至 2011 年 9 月，仍有 1400 万美国民众无法找到工作。以目前境况看，近期内美国失业率不会出现明显下降，一段时间内仍将保持在较高水平，回归自然失业率可能需要数年时间。而且，从周期角度看，就业通常慢于整体经济复苏。

2. 汇率变动对全球贸易是此消彼长的零和乃至负和博弈，贸易摩擦此起彼伏

1973 年，布雷顿森林体系正式解体，浮动汇率取代固定汇率，汇率变动对经济周期的形成发挥了重要作用。历史事实表明，某国或经济区域通过本币贬值会形成出口导向的经济增长，但一定会有相反的结果在其他国家产生，在浮动汇率制度下贸易摩擦将此起彼伏，两次“广场协议”能够更清晰地说明问题。

1985 年，“广场协议”决定降低美元汇率，这把美国制造业带向繁荣，东亚地区则因货币与美元挂钩，出口导向的制造业取得了前所未有的繁荣。与此同时，日本和德国制造商开始经历长期的危机而不能自拔。1995 年，为了避免日本经济危机的爆发，美、日、德三国签署了所谓的“反广场协议”，允许日元贬值、美元升值，日本和德国制造业走向复苏之路，但美国制造业利润不可避免地受到侵蚀。东亚则陷入了本币升值、出口停滞、股市泡沫膨胀的困境，并以金融危机的爆发告终。今后，由于市场竞争更为激烈，汇率矛盾和贸易摩擦将会加剧。

需要指出的是，未来汇率竞相贬值的后果将变成负和游戏，原因在于汇率变动在短期内不可能调整国际产业格局，由此只能导致贸易萎缩、价格上涨，从而对发达国家经济复苏造成负面影响。

3. 发达国家仍然没有发现新的经济增长点

20 世纪的后 50 年，西方每次经济衰退之后，美国都可以通过制造新的经济增长点来带动经济复苏，而不是靠原有的增长点，它反映出美国的经济是有活力的。但美国历次新的经济增长点都不是靠政府发现的，而是通过市场经济靠竞争形成的。比如 IT，即通讯和计算机行业，在上世纪 90 年代后期对美国经济带动非常强劲，使美国政府财政由赤字变成了顺差，其作用确实非常明显。但这要靠企业和政府等多方面长期的投资，而科研是一个慢慢积累的过程。目前看不到美国具体的某一个行业可作为新的经济增长点，下一个经济增长点来自哪个领域，在什么时候能够发生，仍然很难预测。在这种情况下，发达国家经济将持续低迷。

4. 国际金融危机和主权债务危机的影响将继续存在

历史经验表明，临时性的经济刺激政策效果有限，彻底摆脱经济危机的影响需要重大政策或技术方面的突破，即便罗斯福新政也不例外。1933 年罗斯福新政实施，1934 ~ 1937 年 GDP 均实现了连年增长。但 1938 年 GDP 再度出现负增长（见图 1），跌至 1929 年的水平，同年私人投资萎缩了 41%。这说明，扩大财政支出、兴建大型工程等举措可以在一定程度上减弱危机的负面影响，但不可能取代经济增长本身所需的动力。二战的爆发促使美国经济再次进入快速增长轨道，但是战争结束后，1945～1947 年美国经济再次陷入持续衰退，产能严重过剩，战后的欧洲经济濒于崩溃，美国产品也失去了国际市场。在此背景下，马歇尔计划应运而生，该计划促进了欧美经济复苏，并为第三次技术革命奠定了物质基础，从此资本主义经历了长达四分之一世纪的持续繁荣。当前发达国家应对金融危机和债务危机的政策大多是短期的，经济结构调整和社会矛盾的化解不可能一蹴而就，国际金融危机和主权债务危机的影响将继续存在。

三　对我国经济的影响及其对策

2012 年，世界经济持续低迷将对我国经济产生不利影响。一方面，贸易保护政策和发达国家的进口需求不振将直接影响我国出口，从而影响到我国经济运行；另一方面，国际金融市场的波动也会迅速传导至我国，并进一步影响我国实体经济发展。针对国际经济的新形势，我国政府有必要采取应对措施，促进经济平稳较快发展。

第一，继续加强扩大内需的经济政策。在税收方面应进一步降低企业增值税税率，以减轻国内企业税负，降低内销产品价格，从而扩大内需，降低对外部市场的依赖程度，促进国际收支平衡。同时，应积极探索经济增速减缓情况下的就业增长模式。2011 年，德国和巴西的经济增速都在回落，但失业率却创历史新低。我国应借鉴其经验，探索经济增速下降情况下的就业增长模式，促进经济和社会的和谐发展。

第二，应加强与新兴市场经济体的合作和交流。由于我国同其他新兴市场国家在经济方面存在较强的互补性，相互影响越来越大，随着世界经济格局的变化，这种趋势在未来将不断加强。因此，应加强对新兴市场经济体与发展中国家的投资与金融支持，通过扩大对外投资带动面向发展中国家的出口。

第三，通过扩大技术和设备进口促进国内产业升级，同时拉动发达国家出口。发达国家为了扩大外部需求，对我国的技术封锁会有所减弱，为我国引进先进技术和设备提供了较为有利的条件。当前，我国应当加强装备制造业、节能节水和环保技术、高新技术以及传统制造业高端产品和技术的引进，淘汰落后产能，实现相关设备的更新换代，提高劳动生产率，使我国的整体生产水平上一个

新的台阶。与此同时，可以充分利用国际人力资源，吸收一些专家和技术人员到我国企业从事研发、生产和教育培训工作，加快我国对先进技术的消化吸收过程。

第四，积极参股发达国家企业，提升走出去水平。有的发达国家虽然经济规模较小，但是科技发达，产业创新能力很强，我们应抓住当前有利时机，通过多种方式吸收这些国家先进的生产技术和管理经验。例如，挪威的炼油设备世界领先，该国的石油公司具有独特的技术创新理念和管理方法；瑞典拥有高质量的机械行业，机械产品具有精密、耐用和工艺水平高的特点。这些国家经济保护主义和经济民族主义势力相对来说比较弱，国际开放程度非常高。通过在主权债务危机这样特定时期的战略收购，不仅可以将以金融资产形式存在的外储转变为企业股权，而且能够缩小我国与西方技术水平的差距。

第五，进一步加强内外债管理。一方面，借鉴欧美债务危机教训，加强地方政府融资平台的监管，防范地方政府出现债务危机；另一方面，控制外债规模，截至 2011 年 6 月末，我国外债余额为 6425 亿美元，在当前我国国内资金充裕的情况下，应尽可能降低外债规模，防范国际资本市场波动对我国经济的影响。

参考文献

IMF:《世界经济展望》，2011 年 9 月。

IMF:《全球金融稳定报告》，2011 年 9 月。

G.14

2011 年美国经济形势分析及 2012 年展望

陶丽萍*

摘　要：始于 2007 年年底的美国经济衰退历时长达 18 个月，为二战以来美国持续时间最长的一次衰退。美国经济在 2007 年第四季度至 2009 年第二季度萎缩了 5.1%，创下了二战以来的最高萎缩纪录。虽然 2010 年美国经济取得了增长 3.0% 的不错业绩，但进入 2011 年以来，美国经济再露疲态，经济复苏速度显著低于预期，就业市场近几个月来出现恶化，居民消费意愿疲软，房地产业依旧疲弱，加之主权信用评级遭降，外界对于美国经济可能陷入“二次衰退”的担忧加剧。综合来看，美国经济再度陷入衰退的可能性较低，但未来几个季度经济增速将明显低于先前预期。

关键词：美国经济　低于预期　大幅放缓

一　经济增速显著低于预期

1. 经济增速低于预期，本轮经济衰退程度加深

美国商务部公布的 2011 年第二季度 GDP 数据以及之前数年的相关修正数据显示，2011 年上半年美国经济形势比预期要糟，且本轮经济衰退程度比预期深。

美国商务部向下大幅修正了 2011 年第一季度的经济增速，由原先预测的 1.9% 下调至 0.4%，创下本轮经济衰退结束后的最低季度增幅，反映出一季度中后期国际油价的持续上涨以及日本地震对美国经济的影响远远超过此前的初步估计。2011 年第二季度美国 GDP 增长 1.3%，增速虽较第一季度有所上升，但依然十分疲软，主要原因在于汽油价格上涨抑制了个人消费支出。受能源和食品

---

* 陶丽萍，国家信息中心经济预测部高级经济师，主要从事中国经济、世界经济分析与预测。

涨价等因素影响，第二季度占美国经济总量约 70% 的个人消费开支仅增长 0.7%，为 2009 年第四季度以来最低，低于第一季度 2.1% 的增幅，对 GDP 增长的贡献由第一季度的 1.47 个百分点下降到 0.49 个百分点；第二季度私人投资增长 6.4%，好于此前的两个季度，对经济增长的贡献由第一季度的 0.47 个百分点上升到 0.79 个百分点；由于进口降幅大于出口，第二季度净出口对 GDP 增长的贡献由第一季度的 -0.34 个百分点转为 0.24 个百分点（见表 1），从侧面反映出美国消费需求减弱；地方政府继续削减开支，政府去杠杆化已经连续三个季度拖累经济增长。2011 年上半年，美国经济增长幅度仅为 0.9%，为 2009 年 6 月结束本轮衰退以来的最弱增长。

值得注意的是，美国商务部对近三年经济数据的修正幅度明显加大。其中，2008 年美国经济萎缩 0.3%，而不是原先公布的增幅几乎为零；2009 年美国经济萎缩 3.5%，降幅大于原先公布的 2.6%；2010 年美国经济增长 3.0%，增幅略高于原先公布的 2.9%。从季度数据上看，自 2007 年 12 月开始的本轮经济衰退的程度比以往预计的要深。在衰退最严重的 2008 年第四季度，美国经济萎缩 8.9%，降幅大于原先公布的 6.8%；2009 年第一季度经济萎缩 6.7%，降幅也大于原先公布的 4.9%。

按照美国商务部公布的修正数据，2011 年第三季度美国经济增长 2.0%，增速较上半年明显回升。个人消费支出和固定资产投资是拉动 GDP 整体反弹的主要因素，其中个人消费支出增速升至 2.3%，固定资产投资增速升至 12.3%，对 GDP 增长的贡献分别为 1.63 个百分点和 1.45 个百分点。美国第三季度经济增速加快减轻了外界对于美国经济二次探底的担忧。不过，由于很多推动第三季度经济加速的动力是暂时的，将会逐渐消退，而且困扰美国经济的脆弱因素依旧没有得到根除，美国经济复苏态势并不稳固。

2. 房地产复苏乏力

自 2006 年年初房地产泡沫破裂后，美国房地产市场一直在剧烈调整，但收效甚微。按照美国商务部的数据，经季节调整后，2011 年 8 月份美国新房销售量折合成年率为 29.3 万套，为 2 月份以来的最低水平，也为连续第四个月下降。9 月份美国新房销售量回升，环比增长 3.4%，经季节调整按年率计算为 30.3 万套，扭转了此前连续几个月下跌的局面，但成交价格仍在下降，显示出美国房地产市场仍处于艰难调整之中。与此同时，8 月份美国新屋开工数经季节调整后折

表 1　美国主要经济指标增长率及对经济增长的贡献

单位：%

	2010 年	2011 年		
		第一季度	第二季度	第三季度
GDP 及其构成增长率(经季节调整折年率)				
国内生产总值	3.0	0.4	1.3	2.0
个人消费支出	2.0	2.1	0.7	2.3
私人国内投资	17.9	3.8	6.4	-0.9
商品和服务出口	11.3	7.9	3.6	4.3
商品和服务进口	12.5	8.3	1.4	0.5
政府消费和投资总额	0.7	-5.9	-0.9	-0.1
GDP 及其构成对经济增长的贡献				
国内生产总值	3.0	0.4	1.3	2.0
个人消费支出	1.44	1.47	0.49	1.63
私人国内投资	1.96	0.47	0.79	-0.10
商品和服务净出口	-0.51	-0.34	0.24	0.49
政府消费和投资总额	0.14	-1.23	-0.18	-0.02

资料来源：美国商务部经济分析局。

合成年率为 58.5 万套，较上月锐降 4.9%，创 4 月份以来最大降幅。虽然 9 月份美国新屋开工数环比大幅上升 7.7%，经季节调整折年率为 63 万套，创下 8 个月以来最高水平，但远低于经济学家认为的 100 万至 150 万套左右的健康水平。9 月份反映未来行业走势的新房建筑许可证发放量经季节调整按年率计算为 58.9 万套，比 8 月份的 62.5 万套减少了 9.4%，是过去 5 个月以来的最低水平。

此外，全美房地产经纪人协会发布的二手房销售报告显示，7 月份美国房地产业呈现“量价齐跌”的弱势局面。经季节调整后的 7 月份二手房销量较 6 月份下滑 3.5%，折合成年率为 467 万套，销量降至 2011 年最低水平；7 月份的二手房售价中值为 17.4 万美元，较上年同期的 18.2 万美元下跌 4.4%。虽然 8 月份的二手房销量环比意外增长 7.7%，经季节调整折年率为 503 万套，升至 5 个月来最高水平，但二手房市场整体依然脆弱。8 月份美国二手房售价中值较上年同期下降 5.1%。

3. 失业率居高不下

受一些短期因素影响，2011 年第一季度美国就业市场持续好转。3 月份美国失业率降至 8.8%，为 2009 年 3 月份以来的最低水平（2009 年 10 月份为本轮危

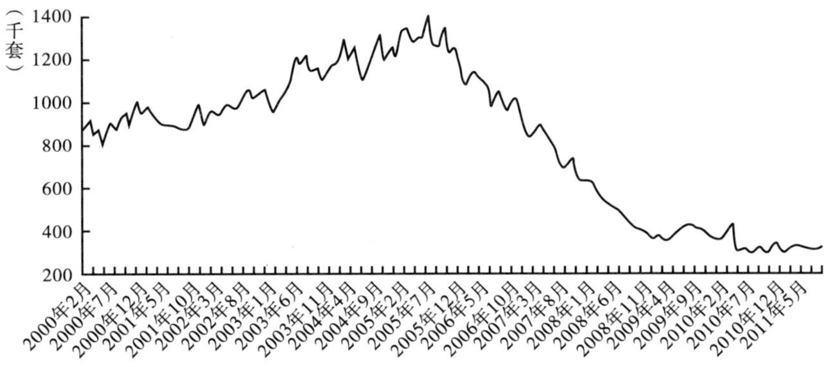

图 1　美国新房销售量

资料来源：美国普查局。

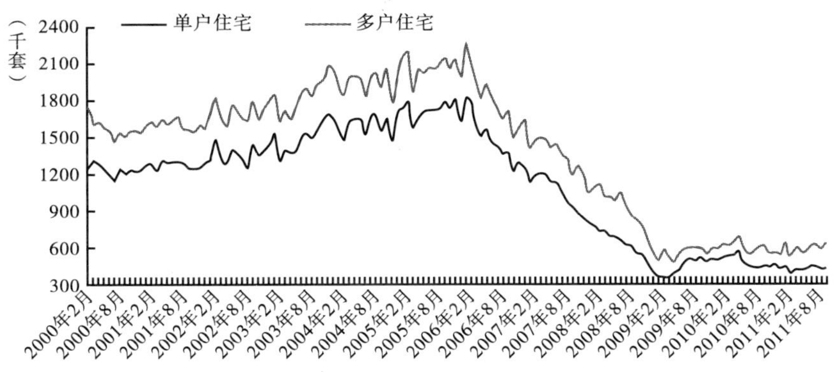

图 2　美国新房开工数

资料来源：美国普查局。

机以来失业率最高点 10.1%），也为连续第四个月下降。2010 年 12 月至 2011 年 3 月，美国失业率累计下降了 1 个百分点。但第二季度美国失业率逐月攀升，由 4 月份的 9% 上升到 6 月份的 9.2%，主要原因有：其一，能源价格高企影响消费者支出，经济增长放缓，进而导致企业增加雇佣的意愿下降；其二，日本地震及引发的海啸对美国工业生产负面影响较大，汽车工业受到的冲击尤为明显；其三，此前气馁的失业者受到雇佣势头好转的鼓励，再度进入劳动力市场寻找工作，导致劳动力基数增大。7 ~ 9 月美国失业率连续三个月保持在 9.1% 的高位，虽然 9 月份非农就业新增加了 10.3 万个工作岗位，但仍有 1400 万美国民众无法找到工作，凸显经济复苏疲软。

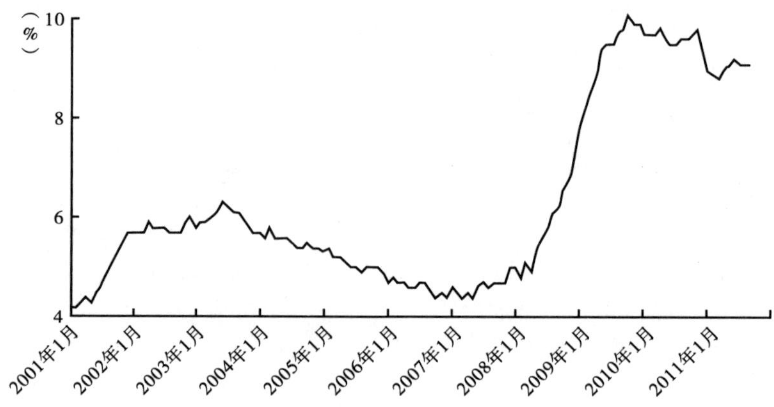

图3 美国失业率

资料来源：美国劳工部。

4. 消费信心疲软

2011 年第二季度美国个人消费开支仅增长 0.7%，为 2009 年第四季度以来最低，也低于第一季度 2.1% 的增幅，对 GDP 增长的贡献由第一季度的 1.47 个百分点下降到 0.49 个百分点。虽然第三季度美国个人消费开支增长 2.3%，对 GDP 增长的贡献上升到 1.63 个百分点，但第三季度个人消费支出主要由汽车零售带动，很大程度上是因为日本地震供给短缺缓解后，累积的消费需求集中释放，因而对经济的推动是暂时的。

美国行业研究机构世界大型企业联合会发布的数据显示，10 月份美国消费者信心指数由 9 月份修正后的 46.4 意外降至 39.8，降至两年半以来的最低水平。2011 年以来，美国消费者信心指数从年初 70 左右的水平一路下跌至目前 40 以下的水平，显示出美国消费者在经济复苏乏力、债务问题严峻、失业率高企的情况下，对未来经济前景的悲观情绪在持续恶化。

当美国大型企业联合会的消费者信心指数在 90 以上时，表明经济处于健康增长状态。自 2007 年底美国经济陷入衰退以来，该指数始终未回升到 90 以上。

5. 长期通胀预期依然稳定

2011 年以来，美国整体通胀回升加快。受能源价格上升带动，美国消费者价格指数（CPI）2011 年前九个月 3 次达到 2009 年 6 月份以来的最大单月涨幅，环比上涨 0.5%。其中，9 月份 CPI 上涨 0.3%，较前一个月的 0.4% 略有下降。

过去 12 个月，美国 CPI 涨幅为 3.9%。9 月份，扣除波动较大的能源和食品的核心 CPI 上涨 0.1%，低于上月的 0.2%，折年率为 2%，连续两个月创两年来最大涨幅，达到美联储设定的 2% 警戒线。

消费价格指数是衡量通货膨胀的重要指标，核心通胀数据尤其受美联储关注，是美联储制定货币政策的重要参考依据。美联储主席伯南克认为，未来美国通胀可能将趋于温和，因部分价格上涨是短暂的，预计 2011 年全年美国核心 CPI 涨幅在 1.5% ~1.8%。

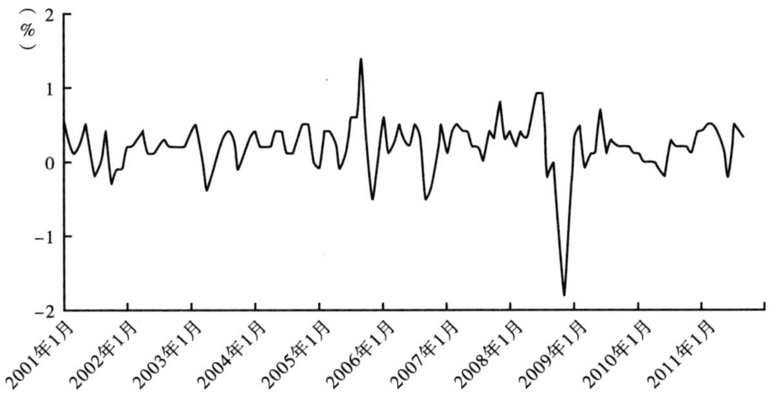

图 4　美国 CPI 走势

资料来源：美国劳工部。

二　经济前景仍将面临多重挑战

综合来看，就业市场与房地产市场仍然是拖累美国经济的两大难题，未来美国经济复苏仍将面临多重挑战。

1. 就业市场依旧不容乐观

自 2007 年 12 月美国进入本轮经济衰退以来，共有超过 800 万人失去工作，是第二次世界大战以来美国历次经济衰退中失业人数最多的一次。2011 年年初美国就业市场曾出现加速复苏迹象，前四个月每月平均新增工作岗位 18 万个，而经济的不景气让许多雇主减少了新增雇佣，此后每月平均新增的工作岗位数则只有 7 万个。为刺激就业，美国总统奥巴马 9 月 8 日在美国国会参众两院联席会议上推出了总额为4470亿美元的就业促进法案，并于9月12日正式将法案提交国会，其主要内容包括削减企业和雇员薪资税、延长即将到期的失业救济金政策以及加大基础设施投资等。但10月11日奥巴马就业法案遭参议院否决，不过，奥巴马表示他将把法案拆分成几个部分，以求逐个推动解决。然而美国国内舆论似乎对奥巴马的新措施并没有信心。在金融危机期间，美国政府曾投入7870亿美元的财政刺激计划加上美联储2万亿美元的量化宽松政策并没有帮助美国走出经济衰退的阴影，失业率一直高达9%。白宫近期发布的年中经济报告预计，2011年美国失业率为9.1%，2012年微降至9%，到2018年才有望降到5.2%的较低水平。

总体而言，就业市场疲软是美国经济复苏的最大障碍。因为美国经济增长主要靠消费者开支带动，而失业率居高不下使得民众无法增加支出，从而使得美国经济的持续复苏面临挑战。经济学家认为，就业市场改善往往与经济复苏有一定的滞后性，全美失业率回落至正常水平仍需数年时间。

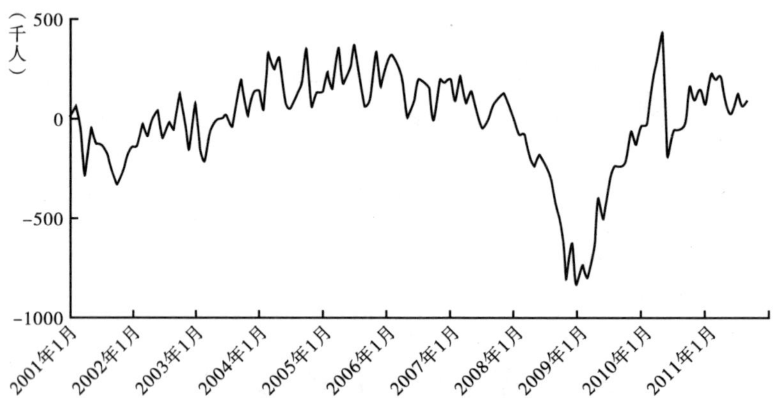

图5　美国就业变化

资料来源：美国劳工部。

2. 房地产市场短期内难改颓势

美国房地产市场是金融危机的风暴中心。金融危机爆发以来，美国政府的一系列救市措施及刺激政策均未能有效刺激房地产市场复苏。10月24日美国总统奥巴马又宣布了一系列改革《房贷可负担再融资计划》（HARP）的措施。由于房价大幅下跌，目前美国共有1100万住户的住宅市场价格低于当年购房贷款总额。尽管近期30年房贷利率低至4.1%，处于历史最低水平，但上述房主由于

盘点年度资讯　　预测时代前程

社会科学文献出版社

皮书系列

（2012年版）

权威·前沿·原创

社会科学文献出版社
SOCIAL SCIENCES ACADEMIC PRESS (CHINA)

社长致辞

我们是图书出版者，更是人文社会科学内容资源供应商；

我们背靠中国社会科学院，面向中国与世界人文社会科学界，坚持为人文社会科学的繁荣与发展服务；

我们精心打造权威信息资源整合平台，坚持为中国经济与社会的繁荣与发展提供决策咨询服务；

我们以读者定位自身，立志让爱书人读到好书，让求知者获得知识；

我们精心编辑、设计每一本好书以形成品牌张力，以优秀的品牌形象服务读者，开拓市场；

我们始终坚持“创社科经典，出传世文献”的经营理念，坚持“权威、前沿、原创”的产品特色；

我们“以人为本”，提倡阳光下创业，员工与企业共享发展之成果；

我们立足于现实，认真对待我们的优势、劣势，我们更着眼于未来，以不断的学习与创新适应不断变化的世界，以不断的努力提升自己的实力；

我们愿与社会各界友好合作，共享人文社会科学发展之成果，共同推动中国学术出版乃至内容产业的繁荣与发展。

社会科学文献出版社社长

中国社会学会秘书长

谢寿光

2011 年11 月

“皮书”起源于十七八世纪的英国，主要指官方或社会组织正式发表的重要文件或报告，并多以白皮书命名。在中国，“皮书”这一概念被社会广泛接受，并被成功运作、发展成为一种全新的出版形态，则源于中国社会科学院社会科学文献出版社。

皮书是对中国与世界发展状况和热点问题进行年度监测，以专家和学术的视角，针对某一领域或区域现状与发展态势展开分析和预测，具备权威性、前沿性、原创性、实证性、时效性等特点的连续性公开出版物，由一系列权威研究报告组成。皮书系列是社会科学文献出版社编辑出版的蓝皮书、绿皮书、黄皮书等的统称。

皮书系列的作者以中国社会科学院、著名高校、地方社会科学院的研究人员为主，多为国内一流研究机构的权威专家学者，他们的看法和观点代表了学界对中国与世界的现实和未来最高水平的解读与分析。

自20世纪90年代末推出以经济蓝皮书为开端的皮书系列以来，至今已出版皮书近800部，内容涵盖经济、社会、政法、文化传媒、行业、地方发展、国际形势等领域。皮书系列已成为社会科学文献出版社的著名图书品牌和中国社会科学院的知名学术品牌。

皮书系列在数字出版和国际出版方面也是成就斐然。皮书数据库被评为“2008～2009年度数字出版知名品牌”；经济蓝皮书、社会蓝皮书等十几种皮书每年还由国外知名学术出版机构出版英文版、俄文版、韩文版和日文版，面向全球发行。

1. 经济蓝皮书

2012年中国经济形势分析与预测

陈佳贵　李　扬 / 主编　　2011年12月出版　　定价：59.00元

◆　本书为“总理基金项目”，由中国社会科学院副院长陈佳贵、李扬领衔主编，囊括了刘树成、汪同三等国内众多知名经济学家的研究成果。全方位解读年度中国经济发展大势，聚焦房价、物价等民生热点，剖析宏观决策、财政金融、对外贸易等焦点问题，并对 2012 年中国经济的发展走向作出科学的预测，是 2012 年最值得期待的年度经济报告。

2. 金融蓝皮书

中国金融发展报告（2012）

李　扬　王国刚 / 主编　　2012年4月出版　　估价：79.00元

◆　本书由中国社会科学院金融研究所主编，对 2011 年中国金融业总体发展状况进行回顾和分析，聚焦国际及国内金融形势的新变化，解析中国货币政策、银行业、保险业和证券期货业的发展状况，预测中国金融发展的最新动态，包括投资基金、保险业发展和金融监管等。

3. 国家竞争力蓝皮书

中国国家竞争力报告No.2

倪鹏飞 / 主编　　2012年10月出版　　估价：98.00元

◆　本书运用有关竞争力的最新经济学理论，选取全球 100 个主要国家，在理论研究和计量分析的基础上，对全球 1990~2010 年的国家竞争力进行了比较分析，并以这 100 个国家为参照系，指明了中国的位置和竞争环境，为研究中国的国家竞争力地位，制定全球竞争战略提供参考。

4. 农村经济绿皮书

中国农村经济形势分析与预测（2011~2012）

中国社会科学院农村发展研究所　国家统计局农村社会经济调查司 / 主编
2012年2月出版　　估价：59.00元

◆　本书依托研究中国农村和农村经济问题的两大权威机构，剖析金融危机背景下，2011 年中国农业、农村经济发展的特点及粮食总产量、城乡居民收入差等一系列主要指标的变化，对 2012 年中国农业、农村经济形势作出展望和预测。

5. 区域蓝皮书

中国区域经济发展报告(2011~2012)

戚本超　景体华 / 主编　　2012年3月出版　　估价：59.00元

◆　本书云集了北京社科院、河北社科院、上海社科院等机构的专家学者，从国家经济发展战略的宏观视角分别对长三角、珠三角和京津冀等各大经济圈经济、社会发展的分工协作、产业结构、空间分布、劳动力布局进行分析，并对存在的问题给出解决方案，突出了区域协调发展的理念。

6. 城市蓝皮书

中国城市发展报告No.5

潘家华　魏后凯 / 主编　　2012年7月出版　　估价：59.00元

◆　本书由中国社会科学院城市发展与环境研究所主编，以聚焦新时期中国城市发展中的民生问题为主题，紧密联系现阶段中国城镇化发展的客观要求，回顾总结中国城镇化进程中城市民生改善的主要成效，并对城市发展中的各种民生问题进行全面剖析，在此基础上提出了民生优先的城市发展思路，以及改善城市民生的对策建议。

7. 城市竞争力蓝皮书

中国城市竞争力报告No.10

倪鹏飞 / 主编　　2012年4月出版　　估价：65.00元

◆　本书由中国社会科学院城市与竞争力中心主任倪鹏飞主持编写，汇集了众多研究城市经济问题的专家学者关于城市竞争力研究的最新成果。本报告构建了一套科学的城市竞争力评价指标体系，采用第一手数据材料，对国内重点城市年度竞争力格局变化进行客观分析和综合比较、排名，对研究城市经济及城市竞争力极具参考价值。

8. 西部蓝皮书

中国西部经济发展报告（2012）

姚慧琴　任宗哲/ 主编　　2012年7月出版　　估价：79.00元

◆　本书由西北大学中国西部经济发展研究中心主编，汇集了源自西部本土以及国内研究西部问题的权威专家的第一手资料，对国家实施西部大开发战略进行年度动态跟踪，并对 2012 年西部经济发展态势进行预测和展望。

9. 经济蓝皮书春季号

中国经济前景分析——2012年春季报告

陈佳贵 李 扬 / 主编　2012年4月出版　估价：59.00元

◆ 本书是经济蓝皮书的姊妹篇，是中国社会科学院“中国经济形势分析与预测”课题组推出的又一重磅作品，在模型模拟与实证分析的基础上，从我国面临的国内外环境入手，对2012年春季及全年经济全局及工业、农业、财政、金融、外贸、就业等热点问题进行多角度考察与研究，并提出政策建议，具有较强的实用性、科学性和前瞻性。

10. 宏观经济蓝皮书

中国经济增长报告（2011~2012）

张 平 / 主编　2012年1月出版　估价：69.00元

◆ 本书由中国社科院经济研究所组织编写，独创了中国各省（区、市）发展前景评价体系，通过产出效率、经济结构、经济稳定、产出消耗、增长潜力等近60个指标对中国各省（区、市）发展前景进行客观评价，并就“十二五”时期中国经济面临的主要问题进行全面分析。

11. 就业蓝皮书

2012年中国大学生就业报告

麦可思研究院 / 主编　王伯庆 / 主审　2012年6月出版　估价：98.00元

◆ 大学生就业是社会关注的热点和难点，本书是在麦可思研究院“中国2010届大学毕业生求职与工作能力调查”数据的基础上，由麦可思公司与西南财经大学共同完成的2012年度大学毕业生就业暨重点产业人才分析报告。本书从就业水平、薪资、工作能力、求职等各个方面，分析2012年大学生的就业形势，并提出相应政策建议。

12. 世界经济黄皮书

2012年世界经济形势分析与预测

王洛林 张宇燕 / 主编　2011年12月出版　估价：59.00元

◆ 本书由中国社会科学院世界经济与政治研究所精心打造，对2011年世界经济形势进行回顾与总结，并对2012年世界经济的发展态势进行预测。其延续了历年世界经济黄皮书的风格，是关注世界经济发展的各阶层人士必备的案头书。

13. 社会蓝皮书

2012年中国社会形势分析与预测

汝 信 陆学艺 李培林/主编 2011年12月出版 估价：59.00元

◆ 本书为中国社会科学院核心学术品牌之一，荟萃中国社会科学院社会学所等众多知名学术单位的原创成果。本书分析 2011 年中国社会发展的热点和难点问题，针对未来可能出现的社会热点和发展趋势作出科学预测，并提出对策建议，其前瞻观点代表着中国社会发展的风向标。

14. 法治蓝皮书

中国法治发展报告No.10（2012）

李 林/主编 2012年3月出版 估价：78.00元

◆ 本书由中国社会科学院法学研究所组织编写，对中国年度法治现状和法治进程进行深度分析、评价和预测，回顾总结 2011 年我国法治发展所取得的一系列进步和成就，并展望 2012 年我国的法治发展走向，是对中国年度法治现状和法治进程的客观记述、评价和预测。

15.教育蓝皮书

中国教育发展报告（2012）

杨东平/主编 2012年3月出版 估价：59.00元

◆ 本书由著名教育和文化学者杨东平担任主编，大胆直面当前教育改革中出现的应试教育、择校热等热点问题以及学术腐败、学术失范等难点问题，通过对国内多个城市的调查，反映中国教育发展的现状和难点，并提出有价值的对策和建议，代表了中国教育界的国际视野和专家立场。

16. 环境绿皮书

中国环境发展报告（2012）

杨东平/主编 2012年3月出版 估价：59.00元

◆ 本书由民间环境保护组织“自然之友”组织编写，汇集了学者、记者、环保人士等众多视角，考察中国的年度环境发展态势，附加经典环境案例分析，展望 2012 年中国环境与发展领域的全局态势；为中国走向可持续发展的历史性转型留下真实写照和民间记录。

17. 公共服务蓝皮书

中国城市基本公共服务力评价（2011~2012）

候惠琴 / 主编　　2012年7月出版　　估价：78.00元

◆　本书由中国社会科学院马克思主义研究院和华图教育集团组织编写，汇集了众多研究城市公共服务问题的专家学者的最新成果。以地方政府基本公共服务力评价指标体系为依据，对全国各直辖市、省会城市、经济特区和计划单列市的公共服务现状和能力进行系统评估、比较，并发布城市基本公共服务客观评价排行榜、城市基本公共服务满意度排行榜。

18. 行政改革蓝皮书

中国行政体制改革报告No.2（2012）

中国行政体制改革研究会 魏礼群 / 主编　2012年8月出版　估价：59.00元

◆　本书是中国行政体制改革研究会推出的年度研究报告，由国内公共行政领域的专家和实际工作者编写，对我国行政体制改革的进程和成就、热点和难点问题进行深入分析和展示，展示了中国行政体制改革领域的前沿性研究成果。

19. 房地产蓝皮书

中国房地产发展报告No.9

潘家华　李景国 / 主编　　2012年5月出版　　估价：59.00元

◆　本书由中国社会科学院城市发展与环境研究所组织编写，秉承客观公正、科学中立的原则，深度解析 2011 年中国房地产发展的形势和存在的主要矛盾，并预测 2012 年中国房价走势及房地产市场发展大势。观点精辟，数据翔实，对关注房地产市场的各阶层人士极具参考价值。

20. 资本市场蓝皮书

中国场外交易市场发展报告（2011~2012）

高　峦　钟冠华 / 主编　　2012年1月出版　　估价：59.00元

◆　本书通过研究场外交易市场组织模式、结构模式、交易模式、融资模式和监管模式的发展脉络、演变节点及演变原因，总结其发展规律，为推进有中国特色的场外交易市场建设提供有益的理论指导，是系统研究我国场外交易市场发展规律的力作。

21. 文化蓝皮书

2012年中国文化产业发展报告

张晓明　胡惠林　章建刚 / 主编　　2012年4月出版　　估价：59.00元

◆　本书是由中国社会科学院文化研究中心和文化部、上海交通大学共同编写的第 10 本中国文化产业年度报告。内容涵盖了我国文化产业分析及政策分析，既有对 2011 年文化产业发展形势的评估，又有对 2012 年发展趋势的预测；既有对全国文化产业宏观形势的评估，又有对文化产业内各行业的权威年度报告。

22. 文化软实力蓝皮书

中国文化软实力研究报告（2012）

张国祚 / 主编　　2012年12月出版　　估价：79.00元

◆　本书由中国文化软实力研究中心组织编写，对 2011 年中国文化软实力研究的最新进展进行全面回顾和总结，内容涉及文化软实力的理论框架、中国文化软实力研究的现状分析和热点问题、中国文化软实力发展的对策研究等，为学界提供文化软实力研究的翔实资料，为党政部门提供决策参考。

23. 传媒蓝皮书

2012年中国传媒产业发展报告

崔保国 / 主编　　2012年4月出版　　估价：69.00元

◆　本书云集了清华大学、人民大学等众多权威机构的知名学者，对 2011 年中国传媒产业发展进行全面分析。剖析传统媒体转型过程中，中国传媒界的思索与实践；立足全球传媒产业发展现状，探索我国传媒产业向支柱产业发展面临的路径；并为我国构建现代国际传播体系，提升国际传播能力提供前瞻性研究与观点。

24. 新媒体蓝皮书

中国新媒体发展报告（2012）

尹韵公 / 主编　　2012年7月出版　　估价：69.00元

◆　本书由中国社科院新闻与传播研究所和上海大学合作编写，在构建新媒体发展研究基本框架的基础上，全面梳理2011年中国新媒体发展现状，发表最前沿的网络媒体深度调查数据和研究成果，并对新媒体发展的未来趋势做出预测。

25. 住房绿皮书

中国住房发展报告(2011~2012)

倪鹏飞/主编　2011年12月出版　估价：69.00元

◆　本书从宏观背景、市场体系和公共政策等方面，对中国住房市场作全面系统的分析、预测与评价。在评述2011年住房市场走势的基础上，预测2012年中国住房市场的发展变化；通过构建中国住房指数体系，量化评估住房市场各关键领域的发展状况；剖析中国住房市场发展所面临的主要问题与挑战，并给出政策建议。

26. 旅游绿皮书

2012年中国旅游发展分析与预测

张广瑞　刘德谦　宋　瑞/主编　2012年4月出版　估价：59.00元

◆　本书由中国社会科学院旅游研究中心组织编写，从2011年国内外发展环境入手，深度剖析2011年我国旅游业的跌宕起伏以及背后错综复杂的影响因素，聚焦旅游相关行业的运行特征以及相关政策实施，对旅游发展的热点问题给出颇具见地的分析，并提出促进我国旅游业发展的对策建议。

27. 汽车蓝皮书

中国汽车产业发展报告（2012）

国务院发展研究中心产业经济研究部、中国汽车工程学会、大众汽车集团（中国）/编著　2012年7月出版　估价：69.00元

◆　本书在大量权威数据基础上，深度解析中国汽车产业发展现状和问题，并对2012年中国汽车产业的发展态势进行预测。本书对2011年我国汽车产业的创新模式、创新战略和创新能力进行全面分析，从企业、行业和政府三个层面对提高汽车产业创新能力提出对策建议。

28. 能源蓝皮书

中国能源发展报告（2012）

崔民选/主编　2012年4月出版　估价：79.00元

◆　本书结合中国经济面临转型的新形势，着眼于构建安全稳定、经济清洁的现代能源产业体系，盘点2011年中国能源行业的运行和发展走势，对2011年我国能源产业和各行业的运行特征、热点问题进行了深度剖析，并提出了未来趋势预测和对策建议。

29. 国际形势黄皮书

全球政治与安全报告（2012）

李慎明　张宇燕 / 主编　　2011年12月出版　　估价：59.00元

◆　本书是由中国社会科学院世界经济与政治研究所精心打造的又一品牌皮书，关注时下国际关系发展动向里隐藏的中长期趋势，剖析全球政治与安全格局下的国际形势最新动向以及国际关系发展的热点问题，并对 2012 年国际社会重大动态作出前瞻性的分析与预测。

30. 美国蓝皮书

美国问题研究报告（2012）

黄　平 / 主编　　2012年6月出版　　估价：69.00元

◆　本书由中华美国学会和中国社科院美国研究所组织编写，从美国内政、外交、中美关系等角度系统论述 2012 年美国政治经济发展情况，既有对美国当今实力、地位的宏观分析，也有对美国近年来内政、外交政策的微观考察，对观察和研究美国及中美关系具有较强的参考作用。

31. 欧洲蓝皮书

欧洲发展报告（2011~2012）

周　弘 / 主编　　2012年3月出版　　估价：69.00元

◆　本书由中国社会科学院欧洲研究所及中国欧洲学会联合编写，从政治、经济、法治进程、社会文化和国际关系等角度，深度剖析 2011 年欧洲各国的政治经济发展情况，并对 2012 年欧洲经济社会发展趋势进行预测与展望，值得关注欧洲和欧洲问题的各阶层人士珍藏。

32. 服务业蓝皮书

中国服务业发展报告No.10

荆林波　史　丹　夏杰长 / 主编　　2012年3月出版　　估价：59.00元

◆　“十一五”是服务业迅速发展的时期，“十二五”我国可能迎来服务经济时代。本书由中国社会科学院财政与贸易经济研究所主编，探讨中国服务业发展现状和存在的问题，并指出未来服务业发展的全新思路和发展战略，对我国实施创新、融合、集聚、开放的服务业发展战略有着重要意义。

经济类

经济蓝皮书
2012年中国经济形势分析与预测
著(编)者：陈佳贵　李　扬　2011年12月出版 / 定价：59.00元

经济蓝皮书春季号
中国经济前景分析——2012年春季报告
著(编)者：陈佳贵　李　扬　2012年4月出版 / 估价：59.00元

经济信息绿皮书
中国与世界经济发展报告（2012）
著(编)者：王长胜　2012年12月出版 / 估价：65.00元

宏观经济蓝皮书
中国经济增长报告（2012）
著(编)者：张　平　刘霞辉　2012年1月出版 / 估价：69.00元

城市竞争力蓝皮书
中国城市竞争力报告No.10
著(编)者：倪鹏飞　2012年4月出版 / 估价：65.00元

农村经济绿皮书
中国农村经济形势分析与预测（2011～2012）
著(编)者：中国社会科学院农村发展研究所
国家统计局农村社会经济调查司
2012年2月出版 / 估价：59.00元

人口与劳动绿皮书
中国人口与劳动问题报告No.13
著(编)者：蔡　昉　2012年7月出版 / 估价：59.00元

国家竞争力蓝皮书
中国国家竞争力报告No.2
著(编)者：倪鹏飞　2012年10月出版 / 估价：98.00元

省域竞争力蓝皮书
中国省域经济综合竞争力发展报告（2010～2011）
著(编)者：李建平　2012年3月出版 / 估价：258.00元

民营经济蓝皮书
中国民营经济发展报告（2010～2011）
著(编)者：黄孟复　2012年9月出版 / 估价：69.00元

发展和改革蓝皮书
中国经济发展和体制改革报告No.5
著(编)者：邹东涛　2012年11月出版 / 估价：98.00元

中小城市绿皮书
中国中小城市发展报告（2012）
著(编)者：中国城市经济学会中小城市经济发展委员会
2012年10月出版 / 估价：59.00元

中国总部经济蓝皮书
中国总部经济发展报告（2011～2012）
著(编)者：赵　弘　2012年12月出版 / 估价：55.00元

企业蓝皮书
中国企业竞争力报告（2012）
著(编)者：金　碚　2012年10月出版 / 估价：69.00元

民营企业蓝皮书
中国民营企业发展报告 No.6
著(编)者：刘迎秋　徐志祥　2012年10月出版 / 估价：69.00元

低碳经济蓝皮书
中国低碳经济发展报告（2012）
著(编)者：薛进军　2012年3月出版 / 估价：59.00元

城市蓝皮书
中国城市发展报告No.5
著(编)者：潘家华　魏后凯　2012年7月出版 / 估价：59.00元

国际城市蓝皮书
国际城市发展报告（2012）
著(编)者：屠启宇　2012年6月出版 / 估价：69.00元

金融蓝皮书
中国金融发展报告（2012）
著（编）者：李　扬　王国刚　2012年4月出版/估价：79.00元

工业化蓝皮书
中国工业化发展报告（2012）
著（编）者：陈佳贵　黄群慧　2012年3月出版/估价：69.00元

社会政法类

社会蓝皮书
2012年中国社会形势分析与预测
著(编)者：汝　信　陆学艺　李培林
2011年12月出版 / 估价：59.00元

人权蓝皮书
中国人权发展报告（2012）
著(编)者：罗豪才
2012年8月出版 / 估价：59.00元

法治蓝皮书
中国法治发展报告No.10（2012）
著(编)者：李 林 2012年3月出版 / 估价：78.00元

舆情蓝皮书
中国社会舆情与危机管理报告（2012）
著（编）者：谢耘耕 2012年7月出版 / 估价：78.00元

社会心态蓝皮书
中国社会心态发展报告（2012）
著(编)者：王俊秀 杨宜音 2012年3月出版 / 估价：59.00元

公共服务蓝皮书
中国城市基本公共服务力评价（2011~2012）
著(编)者：侯惠勤 2012年7月出版 / 估价：78.00元

气候变化绿皮书
应对气候变化报告（2012）
著(编)者：王伟光 郑国光 2012年11月出版 / 估价：68.00元

环境绿皮书
中国环境发展报告（2012）
著(编)者：杨东平 2012年3月出版 / 估价：59.00元

环境竞争力绿皮书
中国环境竞争力发展报告（2010 ~ 2011）
著(编)者：李建平 李闽榕 王金南
2012年10月出版 / 估价：148.00元

生态文明绿皮书
中国省域生态文明建设评价报告（ECI 2012）
著(编)者：严 耕 2012年8月出版 / 估价：118.00元

教育蓝皮书
中国教育发展报告（2012）
著(编)者：杨东平 2012年3月出版 / 估价：59.00元

教师蓝皮书
全国中小学教师状况分析报告(2012)
著(编)者：曾晓东 曲恒昌 2012年3月出版 / 估价：55.00元

就业蓝皮书
2012年中国大学生就业报告
著(编)者：麦可思研究院 2012年6月出版 / 估价：98.00元

青少年蓝皮书
中国未成年人互联网运用报告（2011 ~ 2012）
著(编)者：李文革 沈 杰 2012年6月出版 / 估价：59.00元

妇女绿皮书
中国性别平等与妇女发展报告（2011 ~ 2012）
著(编)者：谭 琳 2012年12月出版 / 估价：79.00元

妇女发展蓝皮书
中国妇女发展报告 No.4（2012）
著(编)者：王金玲 2012年8月出版 / 估价：59.00元

女性生活蓝皮书
中国女性生活状况报告 No.6（2012）
著(编)者：韩湘景 2012年7月出版 / 估价：69.00元

女性教育蓝皮书
中国妇女教育发展报告No.2（2011 ~ 2012）
著(编)者：莫文秀 2012年9月出版 / 估价：79.00元

城乡统筹蓝皮书
中国城乡统筹发展报告（2012）
著（编）者：厉以宁 李 扬 2012年3月出版 / 估价：59.00元

科普蓝皮书
中国科普基础设施发展报告（2012）
著(编)者：任福君 2012年4月出版 / 估价：69.00元

民族发展蓝皮书
中国民族区域自治发展报告（2012）
著(编)者：郝时远 王希恩 2012年8月出版 / 估价：59.00元

华侨华人蓝皮书
华侨华人发展报告（2012）
著(编)者：丘 进 2012年2月出版 / 估价：59.00元

宗教蓝皮书
中国宗教发展报告（2012）
著(编)者：金泽 邱永辉 2012年6月出版 / 估价：59.00元

社会工作蓝皮书
中国社会工作发展报告（2011 ~ 2012）
著(编)者：蒋昆生 戚学森 2012年7月出版 / 估价：59.00元

社会建设蓝皮书
2012年北京社会建设分析报告
著(编)者：陆学艺 张 荆 唐 军
2012年7月出版 / 估价：59.00元

社会科学蓝皮书
中国社会科学学术前沿报告 No.3
著（编）者：高 翔 2012年8月出版 / 估价：68.00元

北京律师蓝皮书
北京律师发展报告（2012）
著(编)者：王 隽 周塞军 2012年 9 月出版 / 估价：70.00元

殡葬绿皮书
中国殡葬事业发展报告（2012）
著(编)者：朱 勇 2012年3月出版 / 估价：59.00元

中国政府创新蓝皮书
中国政府创新报告（2012）
著(编)者：俞可平 2012年11月出版 / 估价：78.00元

危机管理蓝皮书
中国危机管理报告（2012）
著(编)者：文学国 范正青 2012年11月出版 / 估价：59.00元

民间组织蓝皮书
中国民间组织报告（2011～2012）
著(编)者：黄晓勇　2012年12月出版 / 估价：59.00元

慈善蓝皮书
中国慈善发展报告（2012）
著(编)者：杨　团　2012年12月出版 / 估价：59.00元

企业公民蓝皮书
中国企业公民报告（2012）
著(编)者：邹东涛　2012年4月出版 / 估价：58.00元

企业社会责任蓝皮书
中国企业社会责任研究报告（2012）
著(编)者：陈佳贵　黄群慧　钟宏武等
2012年10月出版 / 估价：55.00元

小康监测蓝皮书
中国小康监测发展报告（2012）
著（编）者：吕庆哲　2012年5月出版/估价：55.00元

信用蓝皮书
中国信用发展报告（2012）
著（编）者：章政　田侃　2012年7月出版 / 估价：55.00元

创新蓝皮书
创新型国家建设报告（2012）
著(编)者：詹正茂　熊思敏　2012年9月出版 / 估价：59.00元

民生蓝皮书
中国民生指数报告（2012）
著(编)者：吴晓灵　2012年9月出版 / 估价：59.00元

政治参与蓝皮书
中国政治参与报告（2012）
著(编)者：房　宁　2012年9月出版 / 估价：59.00元

人口老龄化蓝皮书
中国人口老龄化报告（2012）
著(编)者：田雪原　2012年9月出版 / 估价：59.00元

城乡一体化蓝皮书
中国城乡一体化发展报告（2012）
著(编)者：汝　信　傅崇兰　2012年7月出版 / 估价：59.00元

残疾人蓝皮书
中国残疾人事业发展报告（2012）
著(编)者：曹　元　2012年12月出版 / 估价：59.00元

非传统安全蓝皮书
非传统安全报告（2012）
著(编)者：余潇枫　2012年3月出版 / 估价：59.00元

食品安全蓝皮书
食品安全发展报告（2012）
著(编)者：周青杰　2012年3月出版 / 估价：59.00元

海洋安全蓝皮书
中国海洋安全报告（2012）
著（编）者：姜　安　2012年7月出版/估价：69.00元

行政改革蓝皮书
中国行政体制改革报告(2012)No.2
著(编)者：中国行政体制改革研究会　魏礼群　汪玉凯
2012年8月出版 / 估价：59.00元

社会保障绿皮书
中国社会保障发展报告（2012）
著(编)者：陈佳贵　王延中　2012年3月出版 / 估价：59.00元

劳动关系蓝皮书
2012年中国劳动关系报告
著（编）者：中国劳动关系学院
2012年3月出版 / 估价：59.00元

福建妇女发展蓝皮书
福建省妇女发展报告（2012）
著(编)者：刘群英　2012年10月出版 / 估价：58.00元

基金会绿皮书
中国基金会发展独立研究报告（2012）
著(编)者：康晓光　冯　利　程　刚
2012年7月出版 / 估价：68.00元

行业协会蓝皮书
中国行业协会发展报告（2012）
著(编)者：刘忠祥　2012年7月出版 / 估价：68.00元

创新蓝皮书
创新型国家建设报告（2012）
著(编)者：詹正茂　熊思敏
2012年12月出版 / 估价：59.00元

人口与健康蓝皮书
深圳人口与健康发展报告（2012）
著(编)者：陆杰华　2012年1月出版 / 估价：59.00元

汽车社会蓝皮书
中国汽车社会发展报告（2012）
著（编）者：翟双合 等　2012年10月出版/估价：59.00元

口腔健康蓝皮书
中国口腔健康发展报告（2012）
著（编）者：胡德渝
2012年5月出版/估价：59.00元

文化传媒类

文化蓝皮书
2012年中国文化产业发展报告
著(编)者：张晓明　胡惠林　章建刚
2012年4月出版 / 估价：59.00元

文化软实力蓝皮书
中国文化软实力研究报告（2012）
著(编)者：张国祚　2012年12月出版 / 估价：79.00元

全球传媒蓝皮书
全球传媒产业发展报告（2012）
著(编)者：胡正荣　2012年3月出版 / 估价：59.00元

传媒蓝皮书
2012年中国传媒产业发展报告
著(编)者：崔保国　2012年4月出版 / 估价：69.00元

新媒体蓝皮书
中国新媒体发展报告（2012）
著(编)者：尹韵公　2012年7月出版 / 估价：69.00元

动漫蓝皮书
中国动漫产业发展报告（2012）
著(编)者：卢　斌　郑玉明　牛兴侦
2012年4月出版 / 估价：59.00元

纪录片蓝皮书
中国纪录片发展报告（2012）
著（编）者：何苏六　2012年9月出版/估价：88.00元

广告主蓝皮书
中国广告主营销推广趋势报告No.7
著(编)者：黄升民　杜国清 等　2012年10月出版 / 估价：68.00元

电影蓝皮书
中国电影产业发展报告（2012）
著(编)者：侯克明　2012年9月出版 / 估价：68.00元

电视蓝皮书
中国电视产业发展报告（2012）
著(编)者：盘　剑　2012年9月出版 / 估价：68.00元

广电蓝皮书
中国广播电影电视发展报告（2012）
著（编）者：庞井君　2012年8月出版/ 估价：88.00元

视听新媒体蓝皮书
中国视听新媒体发展报告（2012）
著(编)者：庞井君　2012年8月出版 / 估价：88.00元

期刊蓝皮书
中国期刊发展报告（2008/2009）
著（编）者：李　频　2012年8月出版/ 估价：79.00元

文化遗产蓝皮书
中国文化遗产事业发展报告（2012）
著(编)者：刘世锦　林家彬　苏　杨
2012年10月出版 / 估价：79.00元

文学蓝皮书
中国文情报告（2011~2012）
著(编)者：白　烨　2012年9月出版 / 估价：68.00元

文化蓝皮书
中国文化消费需求景气评价报告（2012）
著(编)者：王亚南　2012年6月出版 / 估价：59.00元

文化蓝皮书
中国乡村文化消费需求景气评价报告（2012）
著（编）者：王亚南
2012年3月出版/ 估价：59.00元

文化蓝皮书
中国城镇文化消费需求景气评价报告（2012）
著（编）者：王亚南
2012年3月出版/ 估价：59.00元

文化蓝皮书
中国中心城市文化消费需求景气评价报告（2012）
著（编）者：王亚南
2012年3月出版/ 估价：59.00元

文化蓝皮书
中国少数民族文化发展报告（2012）
著（编）者：张晓明　胡惠林　章建刚
2012年3月出版/ 估价：59.00元

文化创新蓝皮书
中国文化创新发展报告（2011~2012）
著（编）者：詹正茂　熊思敏
2012年12月出版/ 估价：59.00元

地方发展类

区域蓝皮书
中国区域经济发展报告（2011～2012）
著(编)者：戚本超　景体华　2012年3月出版/估价：59.00元

西部蓝皮书
中国西部经济发展报告（2012）
著(编)者：姚慧琴　任宗哲　2012年7月出版/估价：79.00元

中部蓝皮书
中国中部地区发展报告（2012）
著(编)者：李中元　2011年9月出版/定价：59.00元

东北蓝皮书
中国东北地区发展报告（2012）
著(编)者：鲍振东　曹晓峰　2012年8月出版/估价：69.00元

长三角蓝皮书
2012年科学发展长三角
著(编)者：宋林飞　2012年8月出版/估价：59.00元

长株潭城市群蓝皮书
长株潭城市群发展报告（2012）
著(编)者：张　萍　2012年10月出版/估价：69.00元

海峡西岸蓝皮书
海峡西岸经济区发展报告（2012）
著(编)者：张志南　李闽榕　2012年5月出版/估价：59.00元

中原蓝皮书
中原经济区发展报告（2012）
著(编)者：欧继中　2012年3月出版/估价：59.00元

武汉城市圈蓝皮书
武汉城市圈经济社会发展报告(2011～2012)
著(编)者：肖安民　2012年6月出版/估价：69.00元

关中—天水经济区蓝皮书
中国关中—天水经济区发展报告（2012）
著(编)者：李忠民　2012年11月出版/估价：59.00元

北部湾蓝皮书
泛北部湾合作发展报告(2012)
著(编)者：吕余生　2012年5月出版/估价：65.00元

广西北部湾经济区蓝皮书
广西北部湾经济区开放开发报告(2012)
著(编)者：吕余生　2012年5月出版/估价：59.00元

大湄公河次区域蓝皮书
大湄公河次区域合作发展报告(2012)
著(编)者：刘　稚　2012年10月出版/估价：59.00元

首都圈蓝皮书
中国首都圈发展报告（2012）
著(编)者：祝尔娟　2012年4月出版/估价：79.00元

欧亚大陆桥蓝皮书
欧亚大陆桥发展报告（2012）
著(编)者：李忠民　2012年3月出版/估价：79.00元

北京蓝皮书
北京经济发展报告(2011～2012)
著(编)者：谭维克　戚本超　2012年3月出版/估价：59.00元

北京蓝皮书
北京社会发展报告(2011～2012)
著(编)者：戴建中　2012年9月出版/估价：59.00元

北京蓝皮书
北京文化发展报告(2011～2012)
著(编)者：张　泉　2012年4月出版/估价：59.00元

北京蓝皮书
北京社区发展报告(2011～2012)
著(编)者：刘牧雨　2012年4月出版/估价：59.00元

北京蓝皮书
北京城乡发展报告(2011～2012)
著(编)者：黄　序　2012年4月出版/估价：59.00元

北京蓝皮书
北京公共服务发展报告（2011～2012）
著(编)者：张　耘　2012年7月出版/估价：58.00元

北京人才蓝皮书
北京人才发展报告（2012）
著(编)者：张志伟　2012年6月出版/估价：59.00元

上海蓝皮书
上海经济发展报告（2012）
著(编)者：屠启宇　沈开艳　2012年1月出版/估价：59.00元

上海蓝皮书
上海社会发展报告（2012）
著(编)者：卢汉龙　2012年1月出版/估价：69.00元

上海蓝皮书
上海文化发展报告（2012）
著(编)者：叶　辛　蒯大申　2012年1月出版/估价：59.00元

上海蓝皮书
上海资源环境发展报告（2012）
著(编)者：周冯琦　2012年1月出版/估价：69.00元

上海社会保障绿皮书
上海社会保障改革与发展报告（2011～2012）
著(编)者：汪　泓　2012年1月出版 / 估价：65.00元

上海蓝皮书
上海法治建设发展报告（2012）
著(编)者：叶　青　史建三　2012年1月出版 / 估价：69.00元

上海蓝皮书
2012年上海传媒发展报告：全媒体时代的创新与发展
著(编)者：强　荧　2012年1月出版 / 估价：69.00元

浦东蓝皮书
上海浦东经济发展报告(2012)
著(编)者：沈开艳　2012年1月出版 / 估价：69.00元

河南经济蓝皮书
2012年河南经济形势分析与预测
著(编)者：刘永奇　2012年3月出版 / 估价：59.00元

河南蓝皮书
河南经济发展报告(2012)
著(编)者：张　锐　2012年3月出版 / 估价：59.00元

河南蓝皮书
2012年河南社会形势分析与预测
著(编)者：林宪斋　赵保佑　2012年1月出版 / 估价：59.00元

河南蓝皮书
河南文化发展报告（2012）
著(编)者：张　锐　2012年1月出版 / 估价：59.00元

河南蓝皮书
河南城市发展报告（2012）
著(编)者：林宪斋　喻新安　王建国
2012年1月出版 / 估价：59.00元

陕西蓝皮书
陕西经济发展报告（2012）
著(编)者：杨尚勤　石　英　裴成荣
2012年4月出版 / 估价：59.00元

陕西蓝皮书
陕西社会发展报告（2012）
著(编)者：杨尚勤　石　英　江　波
2012年4月出版 / 估价：65.00元

陕西蓝皮书
陕西文化发展报告（2012）
著(编)者：杨尚勤　石　英　王长寿
2012年4月出版 / 估价：55.00元

陕西蓝皮书
陕西人力资源和社会保障发展报告（2012）
著(编)者：杨尚勤　鬲向前
2012年7月出版 / 估价：59.00元

陕西蓝皮书
榆林经济社会发展报告（2012）
著(编)者：胡志强　杨尚勤　石　英
2012年8月出版 / 估价：69.00元

辽宁蓝皮书
2012年辽宁经济社会形势分析与预测
著(编)者：曹晓峰　张　晶　张卓民
2012年2月出版 / 估价：69.00元

广州蓝皮书
中国广州经济发展报告（2012）
著(编)者：汤应武　刘江华　2012年6月出版 / 估价：59.00元

广州蓝皮书
中国广州创意产业发展报告（2012）
著(编)者：李江涛　简文豪　2012年9月出版 / 估价：59.00元

广州蓝皮书
中国广州文化发展报告（2012）
著(编)者：王晓玲　2012年6月出版 / 估价：59.00元

广州蓝皮书
中国广州城市建设发展报告（2012）
著(编)者：李江涛　简文豪　2012年5月出版 / 估价：59.00元

广州蓝皮书
中国广州汽车产业发展报告（2012）
著(编)者：李江涛　朱名宏　2012年6月出版 / 估价：59.00元

广州蓝皮书
中国广州农村发展报告（2012）
著(编)者：李江涛　汤锦华
2012年7月出版 / 估价：59.00元

广州蓝皮书
中国广州科技与信息化发展报告（2012）
著(编)者：李江涛　谢学宁
2012年7月出版 / 估价：59.00元

广州蓝皮书
广州创新型城市发展报告（2012）
著(编)者：李江涛　简文豪
2012年7月出版 / 估价：59.00元

广州蓝皮书
广州社会保障发展报告（2012）
著(编)者：李江涛　简文豪　2012年7月出版 / 估价：59.00元

广州蓝皮书
广州国际化发展报告（2012）
著(编)者：李江涛　简文豪　2012年7月出版 / 估价：59.00元

广州蓝皮书
广州商贸流通业发展报告（2012）
著(编)者：李江涛　简文豪　2012年7月出版 / 估价：59.00元

广州蓝皮书
2012年中国广州经济形势分析与预测
著(编)者：李江涛　简文豪　2012年7月出版 / 估价：59.00元

经济特区蓝皮书
中国经济特区发展报告（2012）
著(编)者：钟　坚　2012年6月出版 / 估价：85.00元

深圳蓝皮书
深圳经济发展报告（2012）
著(编)者：乐　正　2012年3月出版 / 估价：59.00元

深圳蓝皮书
深圳社会发展报告（2012）
著(编)者：乐　正　祖玉琴　2012年5月出版 / 估价：69.00元

深圳蓝皮书
深圳劳动关系发展报告（2012）
著(编)者：汤庭芬　2012年5月出版 / 估价：69.00元

武汉蓝皮书
武汉经济社会发展报告（2012）
著(编)者：刘志辉　2012年4月出版 / 估价：59.00元

郑州蓝皮书
2012年郑州文化发展报告
著(编)者：丁世显　2012年4月出版 / 估价：59.00元

温州蓝皮书
2012年温州经济社会形势分析与预测
著(编)者：金　浩　王春光　2012年3月出版 / 估价：69.00元

扬州蓝皮书
扬州经济社会发展报告（2010）
著(编)者：董　雷　2012年3月出版 / 估价：79.00元

南通蓝皮书
南通经济社会发展报告（2012）
著(编)者：南通市社科联　2012年4月出版 / 估价：79.00元

江苏法治蓝皮书
江苏法治发展报告（2012）
著(编)者：南京师大法学院　南京师大江苏法治发展研究院
李　力　2012年3月出版 / 估价：69.00元

海峡经济区蓝皮书
海峡经济区发展报告（2012）
著(编)者：李闽榕　王秉安　2012年3月出版 / 估价：79.00元

山西蓝皮书
山西资源型经济转型发展报告（2012）
著(编)者：李志强　2012年3月出版 / 估价：79.00元

太原蓝皮书
太原经济社会发展报告（2012）
著(编)者：太原社科院　2012年4月出版 / 估价：79.00元

天津蓝皮书
天津滨海新区发展报告（2012）
著(编)者：周立群　2012年9月出版 / 估价：79.00元

广东蓝皮书
广东外贸发展报告（2012）
著(编)者：陈万灵　2012年10月出版 / 估价：79.00元

广东现代服务业蓝皮书
广东现代服务业发展报告（2012）
著(编)者：祁　明　程　晓　2012年8月出版 / 估价：79.00元

贵州蓝皮书
贵州社会发展报告（2012）
著(编)者：王兴骥　2012年11月出版 / 估价：79.00元

湖南蓝皮书
2012年湖南"两型社会"发展报告
著(编)者：梁志峰　2012年6月出版 / 估价：79.00元

湖南蓝皮书
2012年湖南产业发展报告
著(编)者：梁志峰　2012年6月出版 / 估价：79.00元

湖南蓝皮书
2012年湖南经济展望
著(编)者：梁志峰　2012年6月出版 / 估价：79.00元

湖南蓝皮书
2012年湖南法治发展报告
著(编)者：梁志峰　2012年6月出版 / 估价：79.00元

黑龙江蓝皮书
黑龙江经济发展报告（2012）
著(编)者：曲　伟　2012年4月出版 / 估价：79.00元

黑龙江蓝皮书
黑龙江社会发展报告（2012）
著(编)者：艾书琴　2012年4月出版 / 估价：79.00元

黑龙江产业蓝皮书
黑龙江产业发展报告（2012）
著(编)者：艾书琴　2012年4月出版 / 估价：79.00元

安徽社会蓝皮书
安徽社会发展报告（2012）
著(编)者：王开玉　2012年4月出版 / 估价：79.00元

中国省会经济圈蓝皮书
合肥经济圈发展报告No.4（2011~2012）
著(编)者：王开玉　董昭礼
2012年4月出版 / 估价：79.00元

港澳珠三角蓝皮书
粤港澳区域合作与发展研究报告（2011~2012）
著(编)者：梁庆寅　2012年4月出版 / 估价：79.00元

西部工业蓝皮书
中国西部工业发展报告（2012）
著(编)者：方行明　2012年8月出版 / 估价：79.00元

青海蓝皮书
2012年青海经济社会发展报告
著(编)者：青海社科院　2012年5月出版 / 估价：79.00元

甘肃蓝皮书
甘肃经济发展报告（2012）
著(编)者：魏胜文　2012年3月出版 / 估价：79.00元

甘肃蓝皮书
甘肃文化发展报告（2012）
著(编)者：魏胜文　2012年4月出版 / 估价：79.00元

甘肃蓝皮书
甘肃社会发展报告（2012）
著(编)者：魏胜文　2012年4月出版 / 估价：79.00元

行业报告类

产业蓝皮书
中国产业竞争力报告（2012）
著(编)者：张其仔　2012年8月出版 / 估价：69.00元

金融蓝皮书
中国银行业风险管理报告（2012）
著(编)者：王　力　2012年5月出版 / 估价：65.00元

金融蓝皮书
中国金融中心发展报告（2011~2012）
著(编)者：王　力　2012年4月出版 / 估价：65.00元

金融蓝皮书
中国金融生态发展报告（2012）
著(编)者：刘煜辉　2012年9月出版 / 估价：59.00元

金融蓝皮书
中国商业银行竞争力报告（2012）
著(编)者：王松奇　2012年5月出版 / 估价：69.00元

金融蓝皮书
中国银行投资发展报告（2012）
著(编)者：张志前　2012年10月出版 / 估价：69.00元

金融蓝皮书
中国金融监管发展报告（2012）
著(编)者：刘煜辉　2012年6月出版 / 估价：69.00元

金融蓝皮书
中国期货发展报告（2012）
著(编)者：车卉淳　2012年10月出版 / 估价：69.00元

保险蓝皮书
中国保险业竞争力报告（2012）
著(编)者：王　力　2012年10月出版 / 估价：59.00元

服务外包蓝皮书
中国金融服务外包发展报告（2011~2012）
著(编)者：王　力　2012年8月出版 / 估价：69.00元

西部金融蓝皮书
中国西部金融发展报告（2012）
著(编)者：李忠民　2012年11月出版 / 估价：59.00元

住房绿皮书
中国住房发展报告(2011 ~ 2012)
著(编)者：倪鹏飞　2011年12月出版 / 估价：69.00元

房地产蓝皮书
中国房地产发展报告No.9
著(编)者：潘家华　李景国
2012年5月出版 / 估价：59.00元

汽车蓝皮书
中国汽车产业发展报告（2012）
著(编)者：国务院发展研究中心产业经济研究部
中国汽车工程学会　大众汽车集团（中国）
2012年7月出版 / 估价：69.00元

服务业蓝皮书
中国服务业发展报告No.10
著(编)者：荆林波　史　丹　夏杰长
2012年3月出版 / 估价：59.00元

商业蓝皮书
中国商业发展报告（2011 ~ 2012）
著(编)者：荆林波　2012年5月出版 / 估价：85.00元

信息化蓝皮书
中国信息化形势分析与预测（2012）
著(编)者：周宏仁　2012年8月出版 / 估价：98.00元

会展经济蓝皮书
中国会展经济发展报告（2012）
著(编)者：王方华　过聚荣
2012年7月出版 / 估价：55.00元

电子政务蓝皮书
中国电子政务发展报告（2012）
著(编)者：王长胜 许晓平　2012年6月出版 / 估价：59.00元

电子商务蓝皮书
中国电子商务服务业发展报告NO.2
著(编)者：荆林波　2012年8月出版 / 估价：59.00元

商会蓝皮书
中国商会发展报告（2012）
著(编)者：刘忠祥　2012年9月出版 / 估价：98.00元

中国商品市场蓝皮书
中国商品市场竞争力报告NO.2
著(编)者：裴长洪　荆林波　2012年6月出版 / 估价：69.00元

产权市场蓝皮书
中国产权市场发展报告（2011～2012）
著(编)者：曹和平　2012年10月出版 / 估价：69.00元

资本市场蓝皮书
中国场外交易市场发展报告（2011~2012）
著(编)者：高峦　钟冠华　2012年1月出版 / 估价：59.00元

私募市场蓝皮书
中国私募股权市场发展报告（2012）
著(编)者：曹和平　2012年10月出版 / 估价：59.00元

中国农业竞争力蓝皮书
中国省域农业竞争力发展报告No.2
著(编)者：郑传芳　宋洪远　李闽榕 等
2012年9月出版 / 估价：128.00元

中国林业竞争力蓝皮书
中国省域林业竞争力发展报告No.2
著(编)者：郑传芳　李闽榕　张春霞 等
2012年8月出版 / 估价：129.00元

旅游绿皮书
2012年中国旅游发展分析与预测
著(编)者：张广瑞　刘德谦　宋瑞
2012年4月出版 / 估价：59.00元

休闲绿皮书
2012年中国休闲发展报告
著(编)者：刘德谦　高舜礼　宋 瑞
2012年5月出版 / 估价：69.00元

医疗卫生绿皮书
中国医疗卫生发展报告NO.6
著(编)者：杜乐勋　张文鸣　徐宝瑞
2012年9月出版 / 估价：68.00元

医药蓝皮书
中国传统医药发展报告（2012）
著(编)者：中国中医药管理局
2012年8月出版 / 估价：69.00元

食品药品蓝皮书
食品药品安全与监管政策研究报告（2012）
著(编)者：上海市食品药品安全研究中心
2012年5月出版 / 估价：69.00元

餐饮产业蓝皮书
中国餐饮产业发展报告（2012）
著(编)者：荆林波　2012年6月出版 / 估价：59.00元

交通运输蓝皮书
中国交通运输业发展报告（2012）
著(编)者：民生银行交通金融事业部课题组
2012年5月出版 / 估价：59.00元

体育蓝皮书
中国体育产业发展报告（2012）
著(编)者：江和平　张海潮
2012年3月出版 / 估价：69.00元

茶业蓝皮书
中国茶产业发展报告（2012）
著(编)者：李闽榕　杨江帆
2012年11月出版 / 估价：79.00元

测绘蓝皮书
中国测绘发展研究报告（2012）
著(编)者：徐德明　2012年11月出版 / 估价：58.00元

物联网蓝皮书
中国物联网发展报告（2012）
著(编)者：黄桂田　张全升　2012年5月出版 / 估价：69.00元

能源蓝皮书
中国能源发展报告（2012）
著(编)者：崔民选　2012年4月出版 / 估价：79.00元

煤炭蓝皮书
中国煤炭工业发展报告（2012）
著(编)者：岳福斌　2012年5月出版 / 估价：69.00元

基金会蓝皮书
中国基金会发展报告（2012）
著(编)者：刘忠祥　2012年11月出版 / 估价：69.00元

服务外包蓝皮书
国际服务外包发展报告（2012）
著(编)者：王晓红　2012年8月出版 / 估价：69.00元

工业设计蓝皮书
中国工业设计发展报告（2012）
著(编)者：国家发改委宏观经济研究院
2012年8月出版 / 估价：69.00元

投融资蓝皮书
中国中小企业投融资报告（2012）
著(编)者：中小企业投融资杂志社　2012年9月出版 / 估价：69.00元

投融资蓝皮书
中国国际贸易投资报告（2012）
著(编)者：赵忠秀　2012年10月出版 / 估价：69.00元

流通蓝皮书
湖南省流通发展报告（2012）
著(编)者：柳思维　2012年2月出版 / 估价：69.00元

供销社蓝皮书
中国供销社发展报告（2012）
著(编)者：赵亚平　2012年10月出版 / 估价：69.00元

奢侈品蓝皮书
中国奢侈品报告（2012）
著(编)者：冷柏军　2012年3月出版 / 估价：69.00元

产业安全蓝皮书
中国产业安全报告（2011~2012）
著(编)者：李孟刚　2012年6月出版 / 估价：69.00元

产业安全蓝皮书
中国能源产业安全与发展报告（2012）
著(编)者：李孟刚　2012年3月出版 / 估价：69.00元

产业安全蓝皮书
中国城市投资公司安全与发展报告（2012）
著(编)者：李孟刚　2012年3月出版 / 估价：69.00元

产业安全蓝皮书
中国粮食深加工产业安全与发展报告（2012）
著(编)者：李孟刚　2012年3月出版 / 估价：69.00元

产业安全蓝皮书
中国新能源产业安全与发展报告（2012）
著(编)者：李孟刚　2012年3月出版 / 估价：69.00元

产业安全蓝皮书
北京市房地产业安全与发展报告（2012）
著(编)者：李孟刚　2012年3月出版 / 估价：69.00元

产业安全蓝皮书
中国保险产业安全与发展报告（2012）
著(编)者：李孟刚
2012年3月出版 / 估价：69.00元

产业安全蓝皮书
中国私募股权产业安全与发展报告（2012）
著(编)者：李孟刚
2012年3月出版 / 估价：69.00元

产业安全蓝皮书
中国证券产业安全与发展报告（2012）
著(编)者：李孟刚　2012年3月出版 / 估价：69.00元

煤炭市场蓝皮书
中国煤炭市场发展报告（2012）
著(编)者：山西汾渭能源咨询公司
2012年3月出版 / 估价：69.00元

物流蓝皮书
中国物流发展报告（2012）
著(编)者：赵　娴
2012年10月出版 / 估价：79.00元

软件和信息服务业蓝皮书
中国软件和信息服务业发展报告（2012）
著(编)者：李　颖
2012年10月出版 / 估价：79.00元

“老字号”蓝皮书
中国“老字号”企业发展报告（2012）
著(编)者：张继焦
2012年10月出版 / 估价：79.00元

“两化”融合蓝皮书
中国“两化”融合发展报告（2012）
著(编)者：朱金周
2012年8月出版 / 估价：79.00元

中国养老金蓝皮书
中国养老金发展报告（2012）
著(编)者：郑秉文
2012年3月出版 / 估价：79.00元

国别与地区类

国际形势黄皮书
全球政治与安全报告（2012）
著(编)者：李慎明　张宇燕　2011年12月出版 / 估价：59.00元

世界经济黄皮书
2012年世界经济形势分析与预测
著(编)者：王洛林　张宇燕　2011年12月出版 / 估价：59.00元

世界社会主义黄皮书
世界社会主义跟踪研究报告（2011 ~ 2012）
著(编)者：李慎明　2012年3月出版 / 估价：69.00元

上海合作组织黄皮书
上海合作组织发展报告（2012）
著(编)者：吴恩远　2012年3月出版 / 估价：59.00元

拉美黄皮书
拉丁美洲和加勒比发展报告（2011～2012）
著(编)者：苏振兴　2012年3月出版 / 估价：69.00元

美国蓝皮书
美国问题研究报告（2012）
著(编)者：黄　平　2012年6月出版 / 估价：69.00元

欧洲蓝皮书
欧洲发展报告（2012）
著(编)者：周　弘　2012年3月出版 / 估价：69.00元

德国蓝皮书
德国发展报告（2011～2012）
著(编)者：李乐曾　郑春荣
2012年7月出版 / 估价：59.00元

俄罗斯东欧中亚黄皮书
俄罗斯东欧中亚国家发展报告（2011～2012）
著(编)者：邢广程　2012年6月出版 / 估价：59.00元

中东非洲黄皮书
中东非洲发展报告（2011～2012）
著(编)者：杨　光　2012年3月出版 / 估价：59.00元

亚太蓝皮书
亚太地区发展报告（2012）
著(编)者：李向阳　2012年3月出版 / 估价：69.00元

日本蓝皮书
日本发展报告（2012）
著(编)者：李　薇　2012年3月出版 / 估价：69.00元

日本经济蓝皮书
日本经济与中日经贸关系发展报告(2012)
著(编)者：王洛林　2012年3月出版 / 估价：69.00元

越南蓝皮书
越南国情报告(2012)
著(编)者：吕余生　2012年5月出版 / 估价：59.00元

缅甸蓝皮书
缅甸国情报告 No.1
著(编)者：刘　稚　2012年5月出版 / 估价：59.00元

印度蓝皮书
印度国情报告 No.1
著(编)者：刘　稚　2012年6月出版 / 估价：69.00元

G20国家创新竞争力黄皮书
G20国家创新竞争力发展报告（2011～2012）
著(编)者：李建平　李闽榕　赵新力
2012年11月出版 / 估价：98.00元

新兴经济体蓝皮书
金砖国家经济社会发展报告（2012）
著（编）者：林跃勤　周 文　2012年11月出版/估价：89.00元

东南亚蓝皮书
东南亚经济发展报告（2012）
著（编）者：厦门大学　2012年11月出版 / 估价：98.00元

俄罗斯蓝皮书
俄罗斯发展报告（2011～2012）
著（编）者：吴恩远　2012年7月出版 / 估价：98.00元

非洲蓝皮书
非洲发展报告（2011～2012）
著（编）者：杨　光　2012年6月出版 / 估价：98.00元

韩国蓝皮书
韩国发展报告（2011～2012）
著(编)者：牛林杰　2012年6月出版 / 估价：98.00元

澳门蓝皮书
澳门经济社会发展报告(2012)
著(编)者：郝雨凡　2012年6月出版 / 估价：59.00元

澳门会展蓝皮书
澳门会展业发展报告（2011～2012）
著(编)者：林广志　2012年6月出版 / 估价：59.00元

香港蓝皮书
香港经济社会发展报告（2011～2012）
著(编)者：薛凤旋　2012年3月出版 / 估价：69.00元

社会科学文献出版社
SSAP
SOCIAL SCIENCES ACADEMIC PRESS (CHINA)

社会科学文献出版社成立于1985年，是直属于中国社会科学院的人文社会科学专业学术出版机构。

成立以来，特别是1998年实施第二次创业以来，依托于中国社会科学院丰厚的学术出版和专家学者两大资源，坚持“创社科经典，出传世文献”的出版理念和“权威、前沿、原创”的产品定位，走学术产品的系列化、规模化、数字化、市场化经营道路，社会科学文献出版社先后策划出版了著名的图书品牌和学术品牌“皮书”系列、《列国志》、“社科文献精品译库”、“全球化译丛”、“气候变化与人类发展译丛”、“近世中国”等一大批既有学术影响又有市场价值的图书。

在国内原创著作、国外名家经典著作大量出版的同时，社会科学文献出版社长期致力于中国学术出版走出去，先后与荷兰博睿出版社合作面向海外推出了《经济蓝皮书》、《社会蓝皮书》等十余种皮书的英文版；此外，《从苦行者社会到消费者社会》、《二十世纪中国史纲》、《中华人民共和国法制史》等三种著作入选新闻出版总署“经典中国国际出版工程”。

面对数字化浪潮的冲击，社会科学文献出版社力图从内容资源和数字平台两个方面实现传统出版的再造，并先后推出了皮书数据库、列国志数据库、中国田野调查数据库等一系列数字产品。

在新的发展时期，社会科学文献出版社结合社会的需求、自身的条件以及行业的发展，提出了新的创业目标：精心打造人文社会科学成果推广平台，发展成为一家集图书、期刊、声像电子和数字出版物为一体，面向海内外高端读者和客户，具备独特竞争力的人文社会科学内容资源经营商和海内外知名的专业学术出版机构。

创社科经典　出传世文献

联系我们：

咨询邮购：社会科学文献出版社读者服务中心

地　　址：北京市西城区北三环中路甲29号院3号楼华龙大厦13层

邮　　编：100029　　电　话：010-59367070

邮　　箱：duzhe@ssap.cn　QQ：1265056568

经销图书：社会科学文献出版社发行部

地　　址：北京市西城区北三环中路甲29号院3号楼华龙大厦13层

邮　　编：100029　　电　话：010-59367088

开 户 名：社会科学文献出版社发行部

开户银行：工商银行北京北太平庄支行

账　　号：0200010009200367306

更多信息请登陆：

社会科学文献出版社　www.ssap.com.cn

中国皮书网　www. pishu.cn

皮书微博　http://weibo.com/pishu

皮书博客　http://blog.sina.com.cn/pishu

资不抵债，无法按照目前的超低利率重新贷款，美国房屋止赎率不断走高。奥巴马推出改革措施的目的就是要帮助这些人重新贷款，以降低其房贷负担，从而达到稳定房地产市场的目的。但由于一些条件的限制，受益的房主可能仅占需要救助对象的 10% 左右。因此，新措施能否有力提振楼市，仍有待观察。除政策因素外，美国住房市场持续低迷的深层次原因是美国就业市场持续疲软、个人收入增长乏力导致居民购买能力和意愿下降，以及待售房屋积压严重而需求不足对房价产生显著下行压力。从房价收入比、住房拥有率等多项指标来观察，美国住房市场仍然没有调整到位。

房地产业是美国经济的重要支柱，只有房地产业真正复苏才意味着新一轮繁荣的开始。总体来看，美国住房市场的前景在根本上取决于就业和工资增长状况，当前美国失业率仍处于 9.1% 的高位，较高的失业率影响居民收入增长和消费信心，近期住房市场不太可能出现大的改观。

3. 消费者支出难以有突破性改善

美国当前消费低迷的主要原因是失业率持续高企令美国家庭收入下降。事实上，美国家庭年均中位收入已经连续几年减少，从 2007 年至 2010 年下降了 6.4%。最近两年，美国家庭年均中位收入从 2009 年的 50599 美元减至 2010 年的 49445 美元，下降了 2.3%；没有医疗保险的人数 2011 年增至 4990 万，比 2009 年多出 90 万人，占美国总人口的 16.3%。这样的情况是 1930 年代大萧条以来所未见的。根据美国人口普查局近期发布的《2010 年美国收入、贫困和医疗保险报告》的统计数据，美国的贫困率从 2009 年的 14.3% 上升至 2010 年的 15.1%，为 1993 年以来的最高水平，沦为贫民（根据美国官方定义，2010 年，一个人年收入在 1.1139 万美元以下、四口之家的年收入在 2.2314 万美元以下即为处于贫困线下的贫民）的人数多达 4620 万，更是美国人口普查局发布相关数据 52 年来最高的。

消费开支约占美国经济活动总量的 70%，是衡量经济活动的重要风向标。从长期来看美国经济仍旧需要消费来推动，但未来几个季度内，收入下滑的趋势恐将导致美国民众不敢消费，从而拖累经济复苏的进程。

4. 财政状况依然严峻

美国财政部公布的报告显示，在 9 月份结束的 2011 财年，美国联邦政府财政赤字为 1.299 万亿美元，仅次于 2009 财年创纪录的 1.41 万亿美元，位列历史第二高位，这已是美国联邦政府财政赤字连续第三年超过万亿美元大关。2011 财年，美国联邦政府财政收入2.302万亿美元，增长6.5%；财政支出3.601万亿美元，增加4.2%。2011财年美国联邦政府财政赤字占GDP的比例为8.7%，虽然低于2010年的8.9%和2009年的10%，但是高于1945年以来的其他任何一年。

目前来看，由于美国联邦政府财政赤字连年处于高位，公共债务处于不可持续状况，加之目前全美失业率居高不下且实体经济增长缓慢，短期美国财政高赤字局面仍将很难改变。根据美国民主党和共和党8月初达成的协议，美国联邦政府需要在未来10年内削减数万亿美元的赤字。

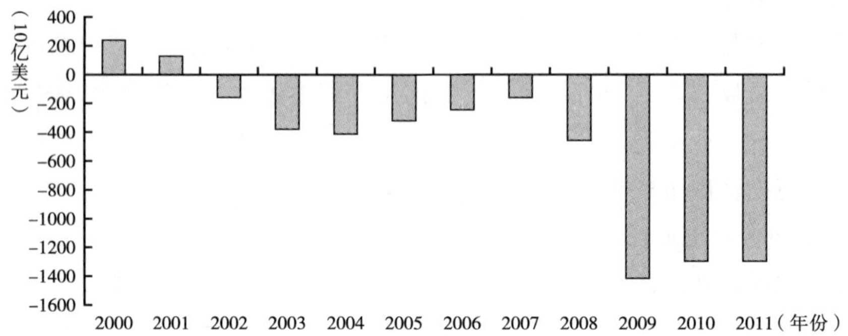

图6　美国政府财政赤字

资料来源：美国财政部。

5. 美联储“扭转操作”效果如何有待观察

美联储在9月21日结束的货币政策决策例会后宣布，对所持国债作出了以“卖短买长”来置换国债期限的决定，即计划在2012年6月前，卖出目前所持有的剩余期限在3年及以下的4000亿美元中短期国债，同时购买相同数量的剩余期限为6~30年的中长期国债。这种“扭转操作”，旨在不增加国债购买量、不提供更多流动性的前提下，压低长期国债收益率，从而达到降低借贷成本、刺激经济增长的政策目标。

这是美国历史上第二次直接使用这一政策。美联储此次未推出第三轮量化宽松政策，有如下考虑：一是前两轮量化宽松政策长期效果不佳，如果再强推第三轮副作用太大，将直接造成美联储资产负债表膨胀；二是国内外反对量化宽松政策的声浪很大，因此，美联储退而求其次，推出“扭转操作”政策，既能起到量化宽松政策同样的效果，又可避免承担较大的市场和政治风险。

问题是，美联储此番推出的最新举措能否见效？检验的标准是看能否实现平缓国债收益率、促使美国实业投资增长的政策目标。前两轮量化宽松政策实施之后，美国的长、短期国债收益率之差不降反升，与格林斯潘时代的美国长短期国债收益率倒挂的情形相似。市场人士对美联储新政策存疑的另一个重要原因是，美联储作为强有力的力量，其有形之手伸入了国债市场，干预了市场均衡收益率的形成，致使市场收益率无法准确反映市场对于利率的真实定价，也就无法使银行和企业对于未来的资本收益率作出风险定价，所以也就不会促使其投资实业。另外，美国长期进口石油，以及长期在贸易项目下的逆差，造成全球诸多巨量持有美元的国家和机构，他们往往持有各种期限的美国国债。这些国家和机构对于美国国债的抛售与购买，以及其持有美国国债的结构与调整，与美联储的判断和意图常常并非一致，这种不一致在一定程度上抵消了美联储的意图。因此，该计划能否刺激美国经济转好还有待观察。

三　2012 年经济增速将明显低于先前预期

由于 2011 年以来美国经济增速显著低于预期，加之受到主权信用评级降级、金融市场动荡和欧债危机带来的不确定性增加等影响，外界对于美国经济可能陷入“二次衰退”的担忧加剧。综合来看，由于美国金融系统及企业资产负债表较次贷危机期间稳健得多，个人收入虽然增速较低，但较危机爆发时还是有所改善，美国经济再度陷入衰退的可能性较低，但未来几个季度经济增速将明显低于先前预期。

美联储最新的“褐皮书”全国经济形势调查报告显示，美国经济延续微弱的复苏势头，但前景则更加疲弱或更不确定，不过没有迹象表明滑向衰退。美联储所有 12 个辖区的经济活动全都报告称经济继续增长，但增长率一般，有多个地区表示经济形势好坏参半或者增长正在放缓。有迹象表明，零售商在圣诞节前仍保持谨慎，许多零售商不愿在假日之前建立库存，表明近来消费者信心有所下降；就业市场状况依然疲软，经济前景的不确定性以及企业对未来增长的预期降温导致企业的招聘活动受到抑制；尽管一些地区建筑活动升温，但住宅和商业房地产的整体状况依然疲弱，除抵押贷款再融资外，贷款需求普遍较弱。褐皮书总体基调悲观，但美联储认为，导致 2011 年上半年经济增长减缓的部分临时性因素已经消除，特别是制造业供应链受阻情况已得到改善，年底销售与生产将有机会出现反弹。不过，全球金融市场的大幅震荡、房地产市场低迷与经济前景的不确定，依然是拖累经济增长的变数。如果美国经济继续保持疲软，美联储将考虑采取更多的刺激性措施来扭转局面。

由于近期经济表现疲弱，美国的宏观经济决策者已经降低对经济增长的预期。美国白宫行政管理和预算局近期下调了2011年美国经济增速预期，预计2011年美国经济增幅在1.7%～2.1%之间，显著低于2011年2月作出的增长2.7%的预测。IMF在其9月发布的《世界经济展望》报告中2011年第三次下调美国2011～2012年经济增速预期，预计2011年美国经济仅增长1.5%，2012年增长1.8%，均大幅低于6月份的预测。美国经济中短期增长前景不乐观已基本成为共识。

近期，国际投行也纷纷下调对美国经济增长的预测。其中，高盛预计2011年第四季度美国GDP增速可能放缓至1.0%，明年第一季度进一步减慢至0.5%，主要归因于受到欧洲问题扩散的影响以及美国政府受到的财政束缚增加，并认为美国经济衰退的风险较高，目前看来可能性超过33%；摩根大通将美国2011年第四季度经济增长预期从此前的2.5%下调至1.0%，2012年第一季度的GDP增速预期从1.5%下调为0.5%；花旗将美国2011年经济增幅预期从之前的1.7%调降至1.6%，将2012年经济增幅预期从之前的2.7%调降至2.1%；穆迪预计，2011年下半年美国GDP增速为2.0%，2012年将升至2.5%；标准普尔下调美国未来三年经济增长预期，将2011年全年经济增速由原先的2.4%下调至1.7%，2012与2013年的经济增速分别下调至2.0%与2.1%，同时还将美国2011年第四季度经济增速下调至1.8%。

G.15

2011年欧元区经济形势分析及2012年展望

赵 坤*

摘 要： 2011年上半年，欧元区经济呈现“过山车”走势，先是在一季度实现三年半以来的最快增速，紧接着又在二季度创下经济复苏以来的最低增长率。特别是在8月以来，欧债危机向意大利、西班牙以及法国蔓延，以及德、法经济急剧减速的事实，引发了人们对于欧洲经济复苏前景的担忧。从目前情况看，欧洲各国短期内不会出台能从根本上解决债务危机的举措，而只是在各国相互之间的妥协和协商下加大对危机国家的救助力度，这将导致债务危机进一步恶化。虽然在德国经济的带动下，欧元区经济二次探底的可能性较小，但区内各国经济分化程度将加剧，受援国家二次衰退的可能性较大，意大利、西班牙和法国等核心国家的经济增长前景也不容乐观，甚至存在负增长的可能性。

关键词： 欧元区经济 欧洲债务危机

一 2011年欧元区经济扩张速度骤减，增长乏力

2011年第一季度，在美国QE2政策刺激和希腊、爱尔兰债务危机因救助得到暂时缓解的作用下，全球经济信心得到恢复，欧元区经济增长超出预期，环比增长0.8%，同比增长2.5%，创下了三年半以来的最高水平。但是，随着债务危机向葡萄牙、西班牙、意大利甚至法国等核心国家逐步蔓延，且希腊债务重组

* 赵坤，经济学博士，国家信息中心经济预测部高级经济师，主要从事中国经济、世界经济跟踪分析与预测以及数量模型研究。

的可能性越来越大，二季度德、法经济急剧减速，导致欧元区经济仅增长了0.2%，创复苏以来的最低季度增长率。

1. 德、法经济急剧减速

作为欧元区第一大经济体，德国一直承担着引领欧元区经济复苏的重任，即便是在其他国家深陷债务危机、持续低迷之时，也能做到一枝独秀。2010年德国经济实现了3.6%的增长，是欧元区经济增速的2倍；2011年第一季度经济增长率更是达到了1.3%（约合年率5%），拉动欧元区实现了0.8%的增长，大大增加了人们对于欧元区经济复苏和解决欧债危机的信心。然而，二季度以来不断爆发的债务风险和其他突发事件通过经济信心和国际贸易对德国产生了较大的影响，导致德国经济增速下降至0.1%，创下自经济复苏以来的最低季度增速。一方面，因日本核辐射危机的影响，德国在二季度关闭了7座核电厂，导致能源产量下降了50%，对经济产生了较大的负面影响。另一方面，欧、美债务危机也对德国出口造成了冲击，上半年月度出口订单及出口同比增速不断下降，6月更是从之前的两位数增长分别滑落到仅6.8%和2.2%的增幅。

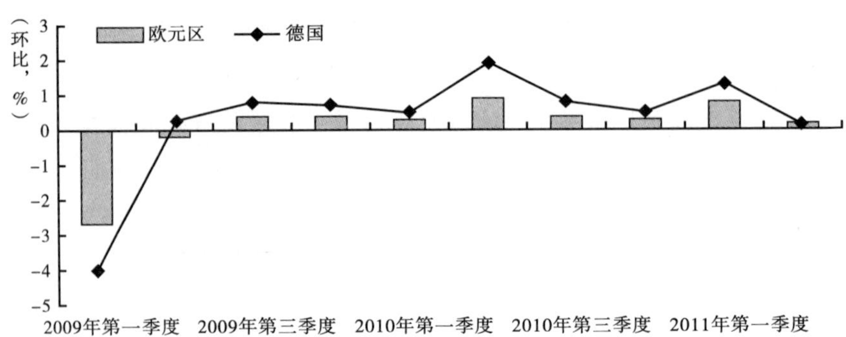

图1　欧元区及德国经济增长率（季度）走势

资料来源：欧盟统计局。

与德国相比，法国经济表现得更为疲软，由于内需增长乏力，二季度经济零增长。首先，家庭消费作为拉动法国经济增长的第一驾马车，在二季度下降了0.7%，成为制约法国经济增长的主要因素。这主要是由于购车补贴政策的退出使购车对于家庭消费和经济增长的推动效应逐渐消失。其次，公司投资增速较上一季度大幅下滑1.2%，也对经济增长产生负贡献。与此同时，一度好转的通胀指数、失业率、工业生产指数也再次恶化，预示法国经济增长前景不容乐观。根

据法国机械工业协会（FIM）、电气设备组织（Gimélec）、法国钢铁联盟、汽车制造委员会（CCFA）以及法兰西银行等相关行业组织的预计，由于国际需求减缓，库存增加，下半年法国的机械行业、电子元器件行业、电器设备、钢材、汽车以及零售业的经营活动将减弱，甚至可能持续到明年。

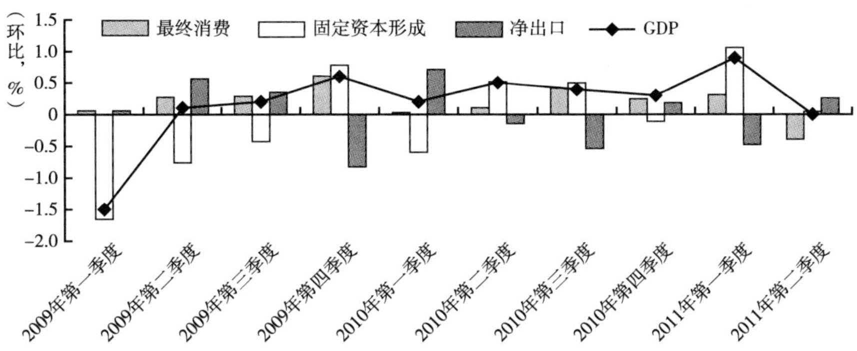

图 2　法国经济增长率及其各个组成部分的贡献

资料来源：欧盟统计局。

2. 通胀压力缓解，货币政策可能转向

2011 年初，国际粮价和油价轮番上涨，直接加大了欧元区输入型通胀压力：食品价格呈现明显的上升趋势，同时能源价格连续数月以两位数增长，推动交通和居住价格快速上涨。受此影响，欧元区消费者调和价格指数连续 4 个月（3 ~ 6 月）维持在 2.7% 以上的高位增长，远远超过 2% 的警戒目标；生产者价格指数也由上年平均 2.9% 的增长率升至今年的 6.3%，进一步加大了价格上升由生产过程向消费过程传导的压力。为了防止原油、食品价格的上涨对于价格总水平和核心物价水平的“二次效应”，欧洲央行被迫于 4 月和 7 月两次加息，将欧元区基准利率由 1.0% 提升至 1.5%。

随着美国 QE2 结束以及美、欧债务风险事件不断爆发，全球经济前景渐趋悲观，国际大宗商品价格失去了继续攀高的动力，甚至出现了暴跌，使欧元区输入型通胀压力得到暂时缓解。7 月以来，欧元区通胀率回落至 2.5% 左右①（见

① 9 月份，欧元区通胀率再次回升至 3.0% 的高位，但这主要是由季节因素导致的服装价格上涨引起的，随着该因素的消除，通胀率将在未来 1 ~ 2 个月回落。

图3)，使欧洲央行对于通胀风险的关注可以略微放松，转移到如何促进欧元区经济复苏和解决日趋严重的债务危机上。尽管实行单一通胀目标的欧洲央行迫于通胀压力连续3个月维持基准利率不变，但也不得不承认欧元区经济正在面临“尤其高的不确定性和加剧的下行风险”，因此正在通过购买欧洲银行债券等措施为银行系统注入流动性，以避免欧元区经济陷入“二次衰退”的窘境。

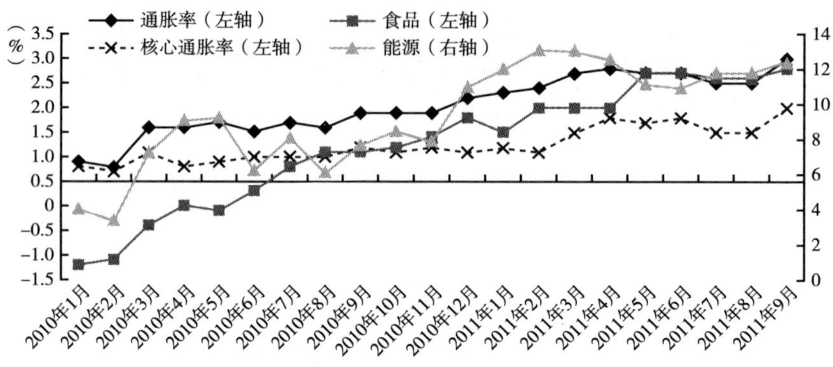

图3　欧元区通货膨胀率变化

资料来源：欧盟统计局。

3. 就业复苏缓慢

2011年，欧元区劳动市场的复苏程度不及GDP，且随着欧债危机加深，就业复苏有停顿下来的迹象。根据欧盟统计数据，到目前为止，欧元区就业人口总量仍没有达到危机前峰值，年轻人、妇女、移民、低技能等就业弱势群体受危机打击程度较大，其在失业群体中占比明显上升。在各主要成员国中，只有德国就业形势好转，法国、爱尔兰、意大利的劳动市场仍旧疲弱，而希腊、西班牙等国失业率则仍在继续攀升。

9月，德国失业人数降至279.6万，近20年以来首次少于280万人，失业率降至6.6%。随着德国国内企业经营状况的改善，对劳动力的需求达到2004年以来的最高点，尤其是机械制造、金属工业、建筑设计、贸易及运输等行业，与上年同期相比需求增加了25%，一些地区和行业甚至出现了劳动力紧缺的迹象。法国则由于退休年龄提高使一些将要退休的劳动力重新进入劳动市场，从而增加了劳动人口，导致失业率出现反弹。今年第二季度，法国本土失业率为9.1%，失业人口260万，与2011年第一季度相比略减0.1%，但7、8月份，法国求职

人口又出现了较大幅度的增长，从而使失业率再次提升。西班牙和希腊则因为财政紧缩，导致失业人口激增，就业形势急剧恶化。9 月，西班牙新增失业人口 9.58 万，使失业人口总数上升至 422.67 万人，失业率高达 21%。

4. 受主权债务危机影响，欧元汇率大幅波动

2011 年前 4 个月，受到欧元区加息、欧元区周边国家（西班牙、葡萄牙等）国债成功拍卖以及欧元区和欧元区核心国家德国、意大利整体向好的经济数据影响，欧元兑美元汇率持续攀升，最高升至 1.4940∶1，比年初升值约 12%。但自 5 月后，希腊债务重组、葡萄牙、爱尔兰、意大利、西班牙主权债务危机以及法国银行先后被降级使欧元一路震荡下行，最低跌至 1.3184∶1（见图 4）。

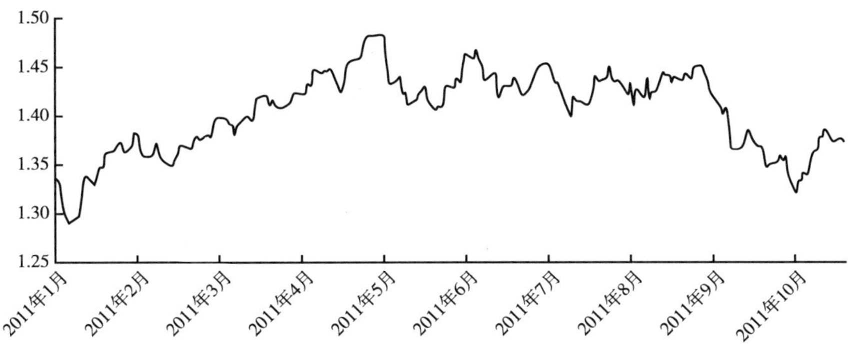

图 4　2011 年以来欧元兑美元汇率走势

资料来源：Wind。

虽然欧元因美元走弱可能会继续升值，但考虑到欧元区问题不可能在短时间内得到解决，不确定性将会持续并可能恶化，从而打压欧元，增加其波动性。

二　欧洲债务危机继续蔓延

1. 欧洲债务危机进入第四轮

欧洲债务危机自全面爆发以来，不断恶化和蔓延，已经历了三个阶段：希腊债务偿付危机、爱尔兰银行业危机和葡萄牙财政危机，目前正在进入第四阶段，即希腊债务违约危机及意大利、西班牙和法国的债务恐慌。

第一，希腊债务违约风险不断加大。8 月 31 日，希腊财政部宣称其所采取的紧缩措施并未达到欧盟及国际货币基金组织向其提供救援贷款的预期承诺目标，从而使政府正常运转所需资金面临着“断供”的危险。这一事件触动了投资者脆弱的神经，对希腊债务违约的担忧空前高涨，促使希腊国债收益率直线上升：1 年期国债收益率创下 148.9% 的峰值，2 年期、5 年期、10 年期国债收益率也分别攀升至 60%、30% 和 20% 以上的历史高位。受此推动，希腊国债信用违约掉期（CDS）价格剧烈上升至历史高位，5 年期国债违约概率超过 98%，也迫使希腊政府不得不宣布新一轮减赤措施以获得援助。

第二，债务危机的恐慌蔓延至意大利、西班牙，甚至法国。由于意大利经济增长前景暗淡、与推动生产力有关改革的政治承诺履行不力，同时潜在政治僵局可能导致财政状况恶化，标准普尔将意大利主权债务评级下调，导致意大利 10 年期国债收益率一度接近 7%，几乎相当于希腊接受救助时的水平。意大利政府虽然提出 480 亿欧元的紧缩方案，但政府为避免得罪选民，在减赤方面动作较为迟缓，其债务问题不断恶化已是不争的事实，陷入主权债务危机的风险不断加大。虽然西班牙债务仅占 GDP 的 64%，但由于失业情况极其严重、银行坏账问题极其突出，投资者难以舒缓对其债务偿付能力的忧虑，10 年期国债收益率也一度被推高至 6% 以上。法国则是因其银行拥有大量已经陷入危机的欧元区成员国的公共债务，虽暂时保住了主权债务的 3A 评级，但部分“涉债”银行被降级还是不可避免。

第三，欧洲银行业流动性风险再现。欧洲银行之间相互持有大量债券，政府债务危机通过银行业传导进一步蔓延：一方面，欧洲银行股股价一泻千里，部分大银行市值甚至蒸发近半；另一方面，银行 CDS 价格一路飙升，屡创历史新高。而且，由于信任度大幅下降，欧洲银行间惜贷情绪高涨，拆借资金濒临枯竭：商业银行在欧洲央行中的隔夜存款规模达到 2011 年平均水平的三倍，远远超出银行间借贷规模；同时银行间同业拆借利率和隔夜指数掉期利率间的利差（Euribor-OIS spread）也已超过 2008 年 9 月中旬雷曼兄弟倒闭时的水平。不仅如此，作为短期重要融资渠道之一的美国货币市场基金大举撤离，进一步加剧了欧洲银行业的“钱荒”。

2. 欧洲债务危机的演变发展趋势

尽管欧盟、欧洲央行及德、法两国领导人正在积极采取各种“力所能及”的努力阻止希腊债务违约的发生，以避免债务危机进一步扩散和蔓延，但并未产

生实质性效果。欧债危机仍在继续演变和发展，最坏的时刻远未到来，可能有三种演变和发展的趋势。

第一种，最乐观的情形是欧元区各国协同作出强有力的承诺，通过发行“欧元共同债券”共同担负起相关债务，同时开始着手建立共同的货币及财政机制。各国能够从此协调货币和财政政策，同时投资者的信心得到恢复，各种问题可以从最根本的机制上得到解决。但是，这种方案意味着“节俭和勤劳”的“德国人”将为“不节俭和懒惰”的“希腊人”买单，必然会激起德国人民的强烈反对，其政治成本相当高。欧洲中央银行首席经济学家、德国人史塔克的辞职就反映出“节俭”的人并不情愿无条件地继续为“不节俭”的人买单。而且，法国和德国领导人分别在明年和后年面临大选，不可能在此问题上过于慷慨而激怒国内选民。

第二种，继续目前的状况，即在市场持续波动和各种政治压力下，各国以及欧洲央行协商和妥协，并不断地推出零散的、短期的、针对具体问题的解决方案。如果情况渐渐稳定，可能会向第一种方向发展，即各国逐渐携手去建立一个长效机制。而短期内具体可能的措施包括：在税负政策上做一定的协调；对高赤字国家继续实施压力以使其改善财政状况；扩大“欧洲金融稳定基金”的权限，提高其金额；欧洲央行增加购买欧元区债券；进一步寻求其他国家的支持等。这种发展和演变暗藏着很多风险，如意大利政治出现危机，法国银行流动性枯竭以及希腊债务实质性违约等，可能使欧债危机恶化迅速。

第三种，最悲观的可能是欧元区解体，即将希腊等不能满足欧元区条件的国家逐出欧元区，或者由德国、法国及西北欧一些财政状况较好的国家组成一个新的货币区。这种情况发生的可能性不大。首先，将希腊逐出欧元区没有相关的法律依据。《里斯本条约》中没有授权欧元区可以将一个成员国逐出，任何成员国退出只能由该成员国自己要求。而希腊不会主动要求退出，因为那样将意味着希腊主动放弃低成本外援的机会。其次，退出的弱国极可能出现债务违约，这会间接地影响所有国家，特别是冲击各国的银行和金融系统，这一后果是不可控的。再次，较强国家的货币会大幅度升值，出口和经济增长会即刻受到货币升值的不利影响。最后，核心国家的政治家们不太会选择这样的解决方案，因为它将使欧洲国家几十年建立共同体的努力付之一炬。

从根本上来看，欧洲债务危机的解决，一方面要依靠欧洲国家进行彻底的社会福利和保障制度改革，从而扭转以财政赤字维持国民高福利的局面；另一方面则需要欧洲国家实现更为均衡和持续的经济增长来提高政府的偿债能力。然而，从目前的情况看，欧洲各国短期内不会出台能从根本上解决债务危机的举措，而只是在各国相互之间的妥协和协商下加大对危机国家的救助力度。但一年多以来对希腊、爱尔兰和葡萄牙的救助实践已经表明，这些举措不仅无助于解决危机，反而会使危机国家陷入恶性循环，同时将危机蔓延至更多的国家。而且，一旦意大利和西班牙债务危机全面爆发，欧盟的救助机制根本无法发挥作用，欧元体系将面临崩溃，欧元区也将面临解体。这时，“无法解决的危机”可能将迫使欧元区各国在货币一体化的基础上完成财政一体化的突破，建立债务危机的彻底解决机制，从而实现欧洲政治家们长期以来的理想和愿望。

三　主权债务危机下的各国经济前景

主权债务危机愈演愈烈，迫使欧洲各国政府不得不加大财政紧缩的力度，而紧缩财政又必然会对正在复苏的欧洲各国经济增长构成巨大的压力。目前，反映欧元区经济信心的经济敏感指数、商业景气指数和制造业 PMI 指数已经连续6 个月下滑，且已低于其长期平均水平；更为严重的是，组成经济敏感指数的工业、建筑业、服务业、零售业和消费者信心指数均连续 3 个月下滑。这种只在 2008 年下半年国际金融危机爆发之前才出现的现象再次出现，反映出欧元区生产者和消费者对未来的整体经济形势相当悲观，也预示着欧洲经济的下一轮全面危机可能即将到来。在这种形势下，欧元区 2011 年将不太可能实现 1.7% 的预期增长，预计在 1.5% 左右。

1. 德国经济受累减速，未来增速将回归温和

德国的商业信心指数和消费者信心指数自二季度以来连续数月下降，表明欧洲债务危机以及对新一轮经济衰退可能性的恐惧也已经明显影响了德国人对宏观经济的信心。一方面，德国银行业承担的意大利和西班牙债务风险敞口分别高达 1623 亿美元和 1819 亿美元，一旦意、西债务风险引爆，德国很难独善其身。另一方面，德国对法国、美国、意大利和西班牙的出口占其出口总额的四分之一，如果这些国家的经济因债务危机出现问题，将直接影响德国经济增长的外部环境，可能造成德国经济增速进一步放慢。

在内需主导下，德国经济并没有失去经济增长的动力。首先，德国失业率持续下降，目前已达到两年来最低水平，远远低于欧元区 9.9% 的平均水平。其次，企业订单充裕，生产设备得到了充分利用，汽车制造业、机械制造业和化工业几乎达到了生产能力的极限，仍然具有较好的出口势头。再次，为了应对海外市场需求萎缩的局面，德国公司开始更多地依赖快速增长的国内市场。二季度以来德国国内市场订单增速明显快于海外市场，且对资本类产品的需求较大，显示出德国国内的生产前景仍然乐观。

总体来看，德国经济在欧债危机的拖累下将结束快速复苏的进程，回归温和增长。由于上半年仅增长了 1.4% 左右，下半年还面临美国经济复苏放缓、欧洲主权债务危机等不确定性，全年再次实现 3% 的增长具有较大的难度，预计 2011 年将增长 2.5% 左右。

2. 银行面临巨额债务风险敞口，法国经济增长前景不容乐观

与德国不同，由于法国银行拥有大量已经陷入危机的欧元区成员国的公共债务，欧债危机随时都有可能蔓延到此。根据法国主要银行公布的最新业绩公报，由于参与第二轮救助希腊计划，其承担的损失将多达数亿欧元。如果西班牙和意大利受到波及，法国银行要承受的损失将更为可观。国际清算银行数据显示，法国的银行业分别承担意大利和西班牙债务的 3926 亿美元和 1406 亿美元风险敞口，远远高于对希腊的风险敞口（566 亿美元）。在法国政府的强烈抗议和推进减赤措施的坚决信心下，法国暂时保住了其主权债务的 3A 信用评级，但随着欧债危机持续蔓延，未来法国能否保住 3A 评级仍是一个未知数。特别是法国疲弱的经济前景可能会令新措施借加税增加财政收入的“如意算盘”大打折扣，而减赤又会进一步削弱经济复苏的动力，二者将相互掣肘，最终使法国也陷入债务危机之中。

法国二季度经济零增长，使法国政府原先制定的 2011 年 2% 增长预期越来越难，不得不下调这一预期至 1.75%。即便如此，也要确保第三、第四季度的经济增长率至少达到 0.4% 以上，这对于当前的法国经济来说比较艰难。

3. 意大利经济疲弱难振，债务危机迫在眉睫

近年来，意大利经济增长缓慢，2001～2007 年年均经济增长率仅为 1.1%，远远低于欧元区 1.9% 的平均增长率，是欧元区各国中增长最慢的国家。其根本原因是其加入欧元区后，劳动生产率大幅下降，竞争力逐步丧失；同时，政府为讨好选民，劳动力市场、社会福利制度改革一直停滞不前，对其财政造成沉重负担。而随着欧债危机向意大利逐渐蔓延，意大利议会也被迫通过了总额高达480亿欧元的财政紧缩计划，以降低财政赤字和政府负债率，实现预算平衡。

新的财政紧缩计划并未触及近年来深深困扰意大利经济的劳工体制、社会福利等，无法解决劳动生产率停滞不前的状况，实际上无助于其中、长期经济增长前景，反而会削弱当前经济复苏的动力。二季度，意大利经济比上一季度增长了0.3%，略高于一季度的0.1%。而由于财政紧缩方案让意大利各大企业产品进一步失去了竞争力，在内需薄弱的同时外需将进一步减退，经济在下半年不会有起色。更进一步，根据国际货币基金组织的数据，2011年意大利融资需求（包括新的借款需求以及还本付息规模）为GDP的22.8%，2012年为23.1%，在财政状况没有好转的情况下，如何抗击国际市场的压力，也是意大利经济所面临的最大挑战。

4. 银行坏账和高失业率将威胁西班牙经济增长前景

由于受到希腊和葡萄牙主权债务危机的拖累，西班牙第二季度经济比上一季度增长0.2%，低于一季度的0.4%。这意味着三、四季度西班牙经济需要增长0.4%左右，才能达到政府设定的2011年经济增长1.3%的目标，目前来看实现有一定难度。但是从总体来看，西班牙经济基本面还算健康，债务总量预计不会大幅增加，财政赤字也呈逐年减少趋势。不过，西班牙银行坏账问题和失业率居高不下是影响其经济前景的极不确定因素。

首先，自房地产泡沫破裂后，西班牙银行系统坏账比率逐年攀升，很可能进一步加剧投资者的担忧情绪，从而推升西班牙政府本已高企的国际市场融资成本，加剧该国的债务问题。7月进行的90家欧洲银行业压力测试中，只有8家未能通过，其中就包括5家西班牙银行。在欧洲银行业债务风险逐渐显现之际，西班牙银行恰恰是这一链条上最脆弱的环节，一旦引爆不仅威胁本国经济增长，也将对法国和德国的银行业造成巨大的冲击。

其次，近年来西班牙失业率一直高居20%以上，特别是年轻人失业率高达45%，是欧元区各国中就业状况最糟糕的国家。而政府紧缩财政、银行停止放贷，更加使民众情绪不满，是其未来经济增长前景中最大的不稳定因素。

5. 希腊经济陷入恶性循环，经济复苏遥遥无期

目前希腊毫无疑问地陷入恶性循环，为赢得救助，希腊不得不推进紧缩政

策，实现既定的预算目标，但这些政策对实体经济产生了负面影响，经济的衰退使得预算目标实现变得更加困难。2011 年，希腊经济下滑的程度要超过预期，预计 GDP 的降幅将在 4.5% ~5.3%，希政府关于 2012 年恢复经济增长的预期很不现实。

综合以上分析，希腊等已经深陷债务危机并接受援助的国家，由于采取比较严厉的紧缩措施，经济可能面临再次衰退；意大利则由于其自身的体制问题，一旦债务问题恶化，经济零增长甚至负增长的可能性较大；西班牙债务问题相对较轻，但银行坏账和高失业率可能威胁其经济复苏；法国银行因深深卷入其他深陷债务危机的国家，经济增长前景也不容乐观；德国经济基本面相对较好，即便遭受冲击，再次衰退的可能性也不大。

G.16

2011 年日本经济分析及 2012 年展望

张 鹏*

摘 要：2011 年 3 月日本发生里氏 9.0 级的大地震，其不仅直接造成重大人员伤亡和财产损失，还造成供应链中断和电力短缺，对工业生产和出口形成冲击，使日本经济重新陷入衰退。为了应付灾后重建和经济衰退，日本政府不得不增加支出，使公债负担更加沉重，这迫使日本政府必须通过增税来平衡收支，但增税不利于国内需求增长。因此面对财政状况恶化和经济增长停滞，日本政府已经陷入政策困境，经济决策表现出"头疼医头，脚疼医脚"的特点，缺乏长期性和有效性。依据目前经济运行情况判断，2011 年日本经济将出现小幅负增长，2012 年经济将出现低速增长。

关键词：日本经济衰退 政府债务 消费税

一 2011 年经济运行的基本特点

（一）经济陷入衰退

2010 年日本经济实现了 4.4% 的快速恢复性增长，但危机后的经济复苏主要得益于大规模的刺激方案和外需拉动，企业和居民的自主性需求并没有好转。进入 2011 年后，在刺激政策边际效应递减，外部经济形势恶化和自然灾害等因素的共同作用下，日本经济陷入衰退。

2011 年 3 月 11 日，日本发生里氏 9.0 级的"东日本大地震"并引发海啸与核泄漏事故，造成重大人员伤亡和财产损失，沉重打击了日本经济。据世界银行

---

* 张鹏，经济学硕士，国家信息中心经济预测部仿真政策研究室副主任，高级经济师，主要研究数量经济、世界经济和宏观经济。

估计，在不考虑核辐射后续影响的情况下，地震造成的经济损失约 19 万亿日元（约合 2350 亿美元），使上半年 GDP 增长率下降 0.25% ~0.5%。

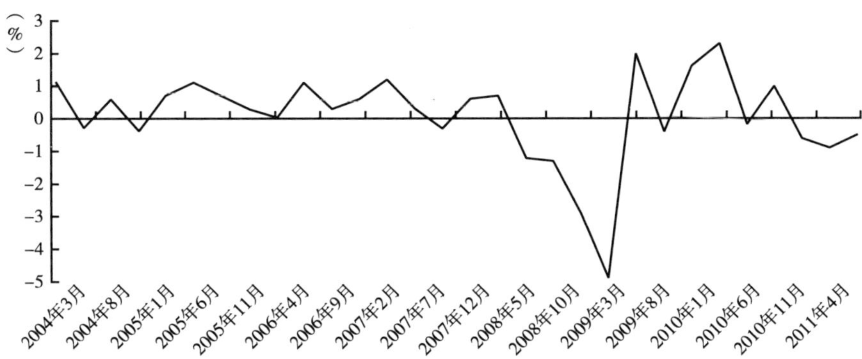

图 1　日本季度 GDP 增长率（环比）

资料来源：日本内阁府经济社会综合研究所。

2011 年第一季度，日本经济环比负增长 0.9%（见图 1、表 1），其中内需贡献了负 0.7%，外需贡献了负 0.2%。在构成内需的主要项目中，家庭消费支出环比减少 0.6%，住宅投资增长 0.2%，企业设备投资减少 1.4%。二季度日本经济继续萎缩，环比下降 0.5%，其中内需的恢复性增长拉动经济增长了 0.2%，而供应链中断对出口的影响显现出来，净出口拉动 GDP 增速下滑了 0.7%。

表 1　日本经济季度增长率（环比）

单位:%

			2010 年	2011 年	
			四季度	一季度	二季度
国内生产总值(GDP)			-0.60	-0.90	-0.50
国内需求			-0.50	-0.70	0.20
	民间需求		-0.50	-1.20	-0.10
		民间消费	-0.90	-0.60	0.00
		住宅投资	2.80	0.20	-1.80
		企业投资	0.00	-1.40	-0.90
	公共需求		-0.60	0.60	1.20
		政府消费	0.40	0.80	0.60
		政府投资	-5.60	-0.70	4.30
货物和服务出口			-1.00	0.00	-4.90
货物和服务进口			-0.60	1.40	0.00

资料来源：日本内阁府经济社会综合研究所。

（二）工业生产受到自然灾害的严重影响

日本工业生产在2011年受到了东日本大地震和泰国洪水的两次严重的外部冲击。

3月份地震和海啸发生后，位于灾区的工厂被迫关闭，其后的核辐射、电力短缺和供应链中断使很多企业不能正常生产，均对日本工业生产造成严重负面影响。此次大地震对日本汽车生产的冲击最大，原因在于受灾县市是日本重要的汽车工业生产基地，不少核心零部件工厂位于受灾地区。地震后，日本三大汽车厂商丰田、本田、日产的15家工厂停产，并对全球汽车产业形成严重冲击，法国雷诺、美国通用等汽车生产商也被迫减产。4月份日本国内汽车生产同比大幅下滑60%，直到8月份才恢复正增长。

大地震不仅直接造成工业生产的暂时停顿，还引发日本的长期电力紧张。福岛核电站事故发生后，日本停运了所有核电站，民众掀起反核浪潮，要求“脱核”。但是日本能源供应依赖进口，倘若停运核电改为火力发电，天然气及石油等燃料费负担将剧增，并在2012年造成日本全国至少一成电力短缺。为了解决电力供应不足，日本最终于8月17日在争议声中重新启动了核电站的运转。但截至2011年10月末，日本全国54座核电站中仍有44座停止运转，这造成电力供应无法恢复到地震前的水平。据日本经济团体联合会在10月份所做调查显示，约六成日本制造企业称，如果像今年夏天那样的电力供应紧张情况持续下去，它们将被迫缩小或停止在日本国内的生产。

在经历了夏季的缺电之后，秋季日本工业企业又受到泰国洪灾的影响。从7月中旬开始，因持续强降雨导致河流水位暴涨，泰国出现严重水患。泰国是日本企业海外拓展较集中的国家，受灾严重的泰国北部集中了汽车、电机、精密仪器等日资企业，而洪水使这些企业几乎全军覆没，大批企业关闭停产，疏散员工避难。洪水还造成当地所有日资汽车企业停产，本田公司称泰国水灾对其的打击超过了日本大地震。由于在泰国生产的零部件供应不足，丰田汽车在10月份减少了在印尼、菲律宾和越南三国的整车生产，并在日本国内也进行了减产。

（三）前三季度出现贸易逆差

由于地震造成企业生产能力下降，上半年汽车等工业品出口受挫。与此同

时，进口却因核电站事故而增加了。福岛第一核电站事故后，日本所有核电站均停运检修，用于火电的液化天然气进口大增。因此，仅上半年的贸易逆差就达到1.6 万亿日元。6 月份后随着企业生产逐渐恢复，特别是丰田、本田和日产等汽车业巨头产能恢复使出口实现了短暂回暖，对外贸易恢复了盈余。不过，随着欧美债务危机加剧，发达国家需求增长减速，日本出口增速已经大大低于地震前的水平（见图 2）。

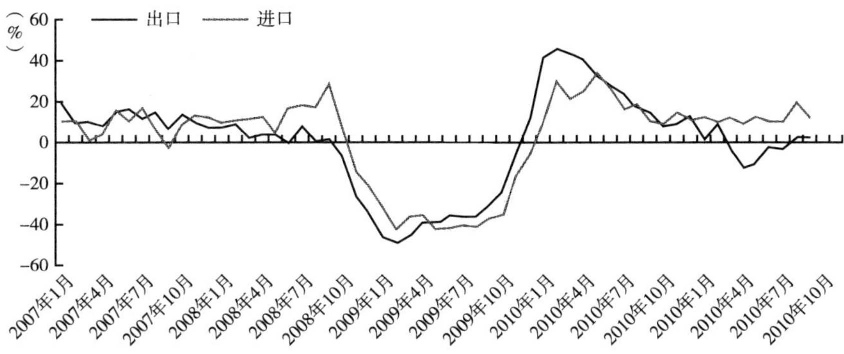

图 2　日本月度出口增长率

资料来源：日本财政部。

（四）消费支出下降

日本汽车销售补贴政策于 2010 年 9 月结束，加之 2010 年 10 月烟草税提高，导致从 2010 年底日本居民消费支出就开始下滑（见图 3）。2011 年 3 月日本大地震发生后，居民对正常生活与就业前景产生担忧情绪，消费者信心大受打击。据日本内阁府的消费动向调查结果显示，2011 年 4 月份日本消费者信心指数（两人以上家庭）大幅下降 5.5 点，跌至 33.1，创下有可比数据以来的最大降幅。消费者信心缺失，进而造成支出减少，导致日本内需严重不足。

（五）通缩现象没有改善

2011 年日本 CPI 指数同比实现了连续上升，但环比基本稳定，表明通缩问题没有得到有效解决。日本 CPI 同比上涨的主要原因是上年同期的物价出现了较大降幅，相对而言，今年降幅较小，因此消费价格指数同比出现一定涨幅（见图 4）。

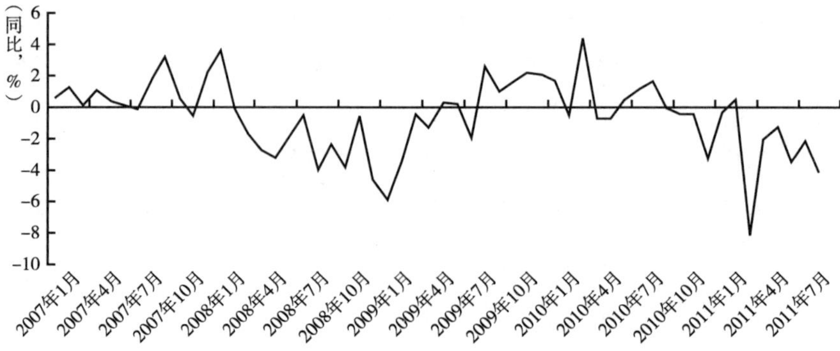

图 3　日本家庭月均支出增长率

资料来源：日本统计局。

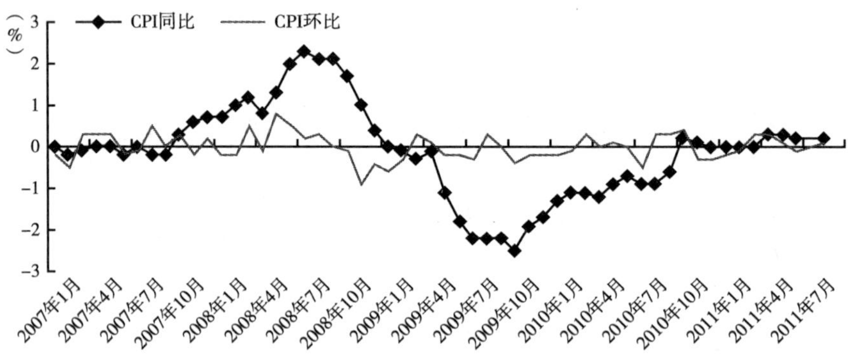

图 4　日本月度 CPI 变化率

资料来源：日本统计局。

由于 2011 年以来大宗商品价格疲软，而日元又持续升值，造成输入型通胀压力很小，日本企业物价指数没有明显上升，因此下游消费品价格也无法上涨。

（六）金融市场未受到欧债务危机的明显影响

2011 年以来欧洲债务危机愈演愈烈，并蔓延至银行体系，9 月 15 日穆迪下调法国三大银行的信用评级，引发欧洲金融市场剧烈动荡。日本金融体系没有受到欧债务危机的波及，不仅如此，虽然日本政府的债务负担并不比欧洲国家逊色，而且商业银行持有的公债数量巨大，但主权信用风险在日本银行体系并没有引起类似欧洲同行的恐慌。

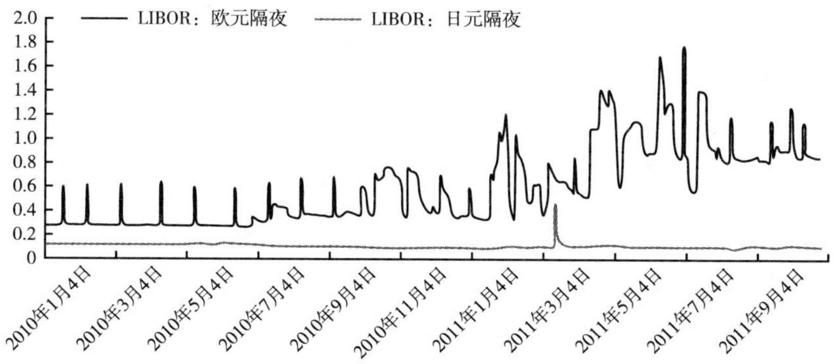

图 5　日元和欧元伦敦同业隔夜拆借利率

资料来源：Wind 数据库。

日本的银行之所以对主权债务危机具有免疫力，原因主要有两点。第一，日本银行持有的欧洲主权债务较少。截至 6 月底，日本 12 家大型银行、保险公司持有的希腊、意大利、西班牙、葡萄牙和爱尔兰等五国的国债合计约 1 万亿日元，其中主要为意大利和西班牙国债，仅大和证券持有 1 亿日元希腊国债。不仅如此，日本大型金融机构对欧洲五国的总融资规模也不大，截至 6 月底包括国债、公司债和金融担保等在内的资产约 2.87 万亿日元。第二，虽然日本政府债务负担较重，但与欧洲国家有很大区别。一是日本是世界上最大的对外债权国，经常账户长期盈余，且拥有巨额海外资产，这与发生债务危机的欧洲国家有很大区别；二是日本政府的债务主要是内债，而内债实际上是税收的替代形式，日本储蓄率较高使得内债违约的风险较小，这与发生债务危机的国家也有很大区别。

（七）日元持续升值

由于美元在金融危机后长期走软，日元保持了升值态势。2011 年，由于欧债危机恶化，投资者青睐作为避险货币的日元，造成日元大幅升值，兑美元连续突破历史高位。对于日元升值，日本政府多次入市干预，但成效甚微。日本出口企业大都把 2011 年的日元兑美元汇率预期设定于 1∶80 左右，如果日元升值到 1∶75，不少企业的出口和海外盈利将面临缩水，这对刚刚经历了大地震的日本企业来说是一个巨大的经营风险（见图 6）。

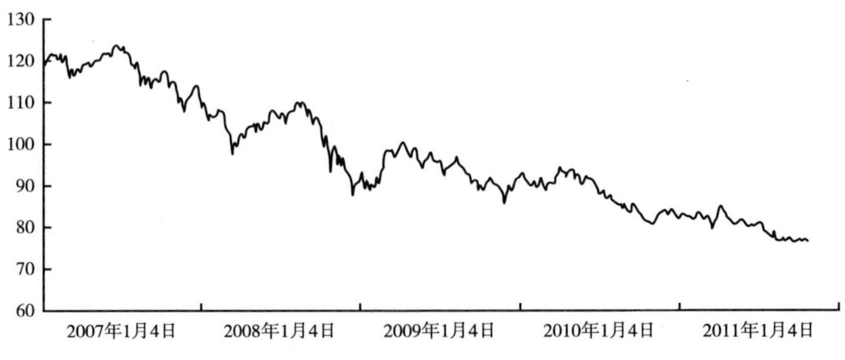

图6　日元兑美元走势

二　日本财税政策的两难处境分析

2011年，由于财政状况岌岌可危，而自主性增长动力依然不足，发达国家陷入“增加财政支出还是增加财政收入”的政策困境。面对政策困境，欧洲把减少财政赤字置于优先位置，美国仍将刺激经济视作优先选择，而日本政府却不得不两者兼顾。不同于欧美国家，日本长期面临增长停滞和债务危机两大挑战，虽不可能在短期内找到有效的解决之道，却无法对两个问题中的任何一个置之不理。因此日本政府在政策制定上已经陷入窘境：政府要增加支出刺激经济，只能不断发债，而为了还债，又不得不考虑增税，但增税又会抑制经济增长。加之日本政权更替频繁，使得日本经济决策往往是“头疼医头，脚疼医脚”，缺乏长期性和有效性。

（一）坚持执行积极的财政政策

为了应对大地震重建、低迷的经济形势和日元升值，2011年日本民主党政府先后编制了三次补充预算案，使财政支出规模不断扩大。

在大地震后，日本政府立即编制了2011财年第一次补充预算案，并于5月通过执行。第一次补充预算案总金额约4万亿日元，资金将用于灾区废墟清理、搭建临时住宅、修复受损道路港口、重建上下水管道等生活基础设施、修缮学校和社会福利设施等。第一次补充预算案财源不依靠发行特别国债，而是通过调整

2011 财年政府预算案中的某些项目来安排，例如其中 2.5 万亿日元将“挪用”原本用于增加基本养老金国家负担比例的资金。

7 月初，日本政府为大地震重建工作再次制定了总额为 2 万亿日元的第二次补充预算案。该预算案扩充了生活重建支援制度，拟向地震中住宅全毁或半毁的每户家庭最多支付 300 万日元补贴，其中 1200 亿日元将被用于支持东电的损失赔偿工作。

10 月，日本政府又批准了第三次补充预算案，该预算案规模远远大于前两次，达到 12.1 万亿日元。从规模上看，这是日本历史上第二大补充预算案，仅次于 2009 年全球金融危机后制定的预算案。如此大的新增财政支出不仅是为了支持地震重建，还是为了应对日元升值，预算案中包括对中小企业的金融支持。在通过 2011 年度第三次补充预算案的同时，日本政府还将当前财政年度短期债券发行规模上限提高了 15 万亿日元，至 165 万亿日元，以增加其实施汇市干预的财力。

一系列追加预算虽然有助于使日本经济在大地震后重新回到稳步复苏的轨道上，但也使日本财政状况进一步恶化。加总最初的预算和三次补充预算，日本 2011 年度的预算总额上升至 106 万亿日元，超过 2009 年度的约 102 万亿日元，再创历史新高。

（二）迫于债务压力寻求增税

低经济增速限制了财政收入的增长，而金融危机后的刺激方案和大地震后的重建支出又使得财政赤字不断增加，日本财政状况急剧恶化，只能靠借债维持运行。2011 年度政府财政预算案（不包括补充预算案）预算支出为 92.4 万亿日元，而税收预算仅有 41 万亿日元，不到支出的一半，为了应付支出和支付利息，不得不安排新发国债 44 万亿日元。据经合组织（OECD）预测，日本 2011 年政府债务将达到其国内生产总值（GDP）的两倍，2012 年会达到 210%，政府债务负担居 OECD 成员国之首。

希腊、意大利等欧洲国家的主权债务危机表明，低经济增长预期下的高债务负担会让金融市场对一国的财政稳定性丧失信心，从而爆发主权债务危机。8 月 24 日穆迪将日本政府信用评级下调至 Aa3。穆迪表示，降级是因为日本政府预算赤字庞大，且政府债务自 2009 年全球衰退以来不断增加，政府频繁更迭阻碍了长期经济财政政策的实施。

为了避免债务危机的爆发，日本政府必须增加财源，通过税收增长扭转政府收支的极度不均衡。但目前工商业低迷，对其增税显然不现实，因此解决赤字问题的唯一有效途径也许只有依赖消费税的提高。据测算，消费税每增加 1 个百分点，财政收入便可增加 2.4 万亿日元。

但是消费税的实行存在很大阻力，最大阻力是民众不支持增加税收，尤其是消费税这种直接影响其支出变化的税收。为了迎合选民，2010 年众议院选举时，民主党竞选纲领明确表示“4 年内不增加消费税”，但是急剧变化的经济形势和急剧恶化的财政状况，又让民主党政府不得不推进消费税改革。前首相菅直人上台前承诺不加税，但一上台便提出增加消费税，这在选民眼中是一种背叛行为，在消费税问题上摇摆不定是菅直人内阁支持率下降并最终下台的一个主要原因。与菅直人言行不一的表现不同，继任首相野田佳彦在增税问题上态度非常坚决，上台前就表示“光靠削减支出来拯救日本经济已经走到了尽头，今后必须依靠增税来给日本经济注入新的活力”。

目前，野田佳彦政府正在积极研究增税方案。日本政府计划在 2 年后将消费税率从目前的 5% 提高到 7% ~8%，继而在 2015 年提高到 10%。除了消费税，日本政府还将所得税和烟草税也纳入增税范围，计划从 2013 年 1 月起增收个人所得税，增税为期十年；企业所得税增收计划从 2012 年度起实施，为期三年。计划从 2014 年 6 月起提高住房税，并准备对每支卷烟多征税 2 日元。如果增税计划能够付诸实施将有效缓解日本债务负担沉重的问题，但由于日本政坛变数很大，该计划能否通过并执行还不能确定。

三　2012 年经济形势展望

由于欧美经济持续低迷，而中国等新兴市场国家经济也开始放缓，因此日本经济前景并不乐观。日本央行曾在 7 月末预期，从 2011 年下半年开始日本经济将出现缓慢增长，预估全年增长率为 0.4%，但在 10 月份已经将预测值修订为 0.2% 至 0.3%。7 月份，IMF 预测 2011 年日本经济增速为 0.2%，而到了 10 月份将预测值下调为 -0.5%。

依据日本经济运行情况分析，预计 2011 年日本 GDP 增速在 -0.1% 左右，

2012 年 GDP 增速在 1.5% 左右。未来影响日本经济走势的主要因素包括：外部需求变化、灾后重建工作进度、日元升值幅度和增税的影响。

1. 外部需求增长趋弱

预计 2012 年发达国家财政金融状况依然不佳，居民消费和企业投资增长缓慢，对日本商品需求将有所减少。当多数发达国家债务缠身、经济黯然失色的时候，新兴经济体被寄予厚望，希望其能拉动全球需求增长。可是，尽管新兴经济体的表现明显好于发达国家，但全球经济紧密相连，唇亡齿寒，发达国家经济恶化已经拖累了新兴市场国家。2011 年第三季度，巴西经济接近零增长，中国经济增速也开始回落。这说明 2012 年新兴市场国家的需求增长可能将低于 2011 年，因此日本对其的出口也不会有很大增长。

2. 灾后重建的资金支持不足

1995 年 1 月阪神大地震后，在重建工作的拉动下 1995 年和 1996 年两年日本经济都实现了较快增长。与之类似，这次东日本大地震也会在一定程度上促进日本国内投资。根据日本地震重灾区岩手、宫城、福岛三县的测算，今后 10 年复兴重建金额将超过 30 万亿日元。重建工程包括大量的高地动迁住宅、修复防波堤和道路、处理核电站等基础设施建设，在 2012 年乃至其后数年将对日本经济增长发挥巨大的乘数作用。

但东日本大地震对经济的拉动可能小于阪神大地震。阪神大地震时，日本泡沫经济崩溃不久，政府财力依然雄厚，民间资金也相对充裕，一般居民和企业对经济前景仍保持了较高的乐观态度，因此政府实行扩张性财政政策后迅速拉动民间投资和消费需求，使得日本经济迅速反弹。目前，日本已经历了两个“失去的十年”，民间的财力已大不如前。一般居民和企业对经济前景都抱着极度悲观的态度，消费和投资意愿很低，因此灾后重建资金负担主要压到了政府身上，但目前日本财政支出增加的空间有限。民间和政府财力匮乏将制约震后重建，这就造成 2012 年日本无法复制 1995 ~ 1996 年间的建设热潮。

3. 日元高位运行有长期化的可能

美国房地产泡沫破灭后，日元兑美元长期升值。从 2007 年 9 月美元兑日元 1∶115 到 2011 年 10 月的 1∶75。四年间，日元大约升值了 35%。展望未来，日元存在长期高位运行的可能。究其原因，主要有以下几点。

第一，日本经济受金融危机的冲击小于欧美，使日元成为规避世界经济下滑风险的避风港。虽然日本经济长期低迷，但受次贷危机和主权债务危机的冲击较小，未来经济大幅度下滑的风险小于欧美，所以受到避险资金的青睐。第二，日本债务负担虽然沉重，但 90% 以上是内债。这样的债务结构可以从两个方面对日元贬值形成阻力，一是国际游资不容易筹措到大量日元债券用于抛售，无法在金融市场上形成足够强大的空头仓位攻击日元；二是内债的违约风险较外债小，投资者仍对日本国家信用抱有很强信心。第三，日本长期通缩，持有日元资产可以避免持有美元资产和新兴市场国家资产那样的通胀损失。第四，日本长期经常项目顺差，外汇储备不断增加，对日元形成有效支撑。第五，由于套利交易（Carry Trade）的存在，日元成为国际金融市场主要的短期借贷货币，加之日本海外投资形成了巨额资产规模，从而国际市场一有风吹草动，就会出现投机者结清日元贷方头寸和日本企业海外分支机构向日本国内汇款的情况。目前已经形成了日元需求在金融风险发生后迅速上升的常态，从而使得日元抗短期风险的“韧性”较强。

日元长期维持在高位不仅不利于日本的出口，还可能加速日本国内产业向海外转移，加剧国内需求不足的问题，拖累日本经济增长。

4. 增税可能将抑制国内需求

沉重的债务负担迫使日本政府不得不增税，但增税显然不利于经济增长。1997 年由于错误的判断日本经济将趋于好转，当时的日本首相桥本龙太郎提高消费税两个百分点至 5%，造成居民消费锐减，日本经济陷入衰退，社会上怨声四起。虽然当时存在亚洲金融危机这一外部因素，但一般都认为提高消费税率是造成日本经济复苏中断的一个重要原因，也是造成日本内需长期不振的主要原因。目前日本内外需求均疲弱，提高税收可能会加剧经济下滑程度。虽然消费税等主要税种在 2012 年不会增加，但日本政府计划在 2012 年提高企业所得税和烟草税，仍不利于经济增长。

G.17

2011年新兴经济体形势分析及2012年展望

程伟力*

摘　要： 2011年，为控制通货膨胀，新兴市场国家均采取了紧缩性货币政策，这导致经济增速相对放缓，但对外贸易依然活跃，就业市场也有明显改善。未来新兴市场经济仍将是世界经济增长的动力和源泉。由于我国同其他新兴市场国家在经济方面存在较强的互补性，相互影响越来越大，随着世界经济格局的变化，这种趋势在未来将不断加强。我国应顺应这一历史潮流，加强与新兴市场经济体的合作和交流，同时积极防范资本大进大出的风险。

关键词： 新兴市场　就业　贸易　通胀

一　2011年新兴经济体经济形势分析

1. 新兴经济体继续保持较强的复苏势头，但增速趋缓

自2010年进入加息周期以来，巴西、印度、俄罗斯已经分别连续8次、11次和3次上调基准利率水平，中国也5次加息并12次提高存款准备金率。这些紧缩性货币政策导致新兴市场经济体经济增速放缓，但绝大多数新兴市场经济国家继续保持较快的复苏势头，仍然是促进全球经济复苏的重要动力和源泉。

以中国和印度为代表的亚洲新兴国家继续引领世界经济增长。印度中央统计局公布的数据显示，2011年第二季度印度的国内生产总值同比增长7.7%，增速

---

* 程伟力，国家信息中心副研究员，经济学博士，目前主要从事世界经济与计量经济研究。

高于市场预期的7.6%，与一季度的同比增长7.8%相差无几，与上年同期相比也只有一个百分点之差。在中印两国的带动下，其他亚洲新兴市场经济国家均呈现较快的增长速度。

欧洲新兴经济体受欧洲主权债务危机影响较大，增速普遍较低。不过，由于东欧各国采取了不同的发展模式，金融危机爆发后呈现两极分化的趋势。一类是波兰、捷克、斯洛伐克等国，这些国家经常账户赤字较小，经济结构相对合理，2009年经济没有出现衰退，尽管受到欧洲债务危机的影响，仍然保持相对较快的增速。根据波兰中央统计局的数据，2011年第二季度波兰GDP比上年同期增长4.3%，居欧盟国家首位，经济增长动力主要来源于国内需求增长，其中投资比上年同期增长7.8%，消费增长4.3%。二季度，捷克GDP增长2.4%，斯洛伐克为3%。另一类是匈牙利、罗马尼亚、拉脱维亚等国，这些国家外债高企、经常账户赤字严重，金融体系稳定性较低，2010年经济没有复苏，2011年仍低速增长。2011年上半年，罗马尼亚GDP同比实际增长只有1.6%。

由于经历了20世纪90年代金融危机的洗礼，拉美新兴国家经济发展比较稳健，在金融危机和欧美主权债务爆发后表现出较强的韧性。作为拉美国家的领头羊，2011年巴西经济增长仍然超过4%。巴西的发展也在拉动该地区经济增长，巴西正在加大对阿根廷等拉美国家的投资力度，预计2011年巴西、阿根廷双边贸易额将超过400亿美元。

受益于商品价格上涨、贸易正常化、国际资本流入以及国内经济政策，独联体国家出现温和复苏。作为独联体最大国家，俄罗斯2011年全年可实现4%的增长，同2010年持平。同俄罗斯经济密切相关的国家如塔吉克斯坦、亚美尼亚、摩尔多瓦等国也出现快速上涨趋势。石油出口国固定资产投资大幅增加，受此影响，土库曼2011年经济增速将接近10%。

2. 就业形势好转

2011年8月，巴西失业率下降到6%，比世界经济繁荣时期的2007年8月下降3.5个百分点，创2002年有该项统计指标以来历史同期最好水平。巴西失业率下降，固然有经济增长因素，但也同政策有关。自卢拉执政以来，巴西以加速经济增长和提高就业为目标制定经济和社会政策，其中一项重要的政策是“第一次就业计划”，该计划主要针对16~24岁、第一次就业的低学历青年人，目前的成绩说明政策实施取得了较好的效果。作为世界第二人口大国，印度工资

出现普遍上涨，工资涨幅最大的一年出现在 2007 年，达 15.5%，2009 年和 2010 年工资涨幅分别为 6.6% 和 11.7%，预计 2011 年接近 13%。尽管印度没有详细的就业统计数据，但从工资上涨情况来看，就业状况在明显改善。俄罗斯情况也大致如此，2011 年失业率逐月下滑，9 月下降到 6%，比上年同期下降 0.6 个百分点。

3. 对外贸易依然活跃

2011 年新兴经济体对外贸易依然活跃，发展中国家之间的贸易增速也在不断提高。2011 ~2012 财年前五个月（2011 年 4 ~8 月），印度进出口累计达 3239 亿美元，同比增长 45.8%。其中，累计出口 1345 亿美元，同比增长 54.2%；累计进口 1893 亿美元，同比增长 40%。2011 年前 8 个月，俄罗斯商品出口增长 33%，进口增长 37.5%，其中 8 月外贸出口同比增长 40.1%，继续保持高速增长趋势。另外，据波兰中央统计局数据显示，今年 1 ~8 月波兰进出口贸易总额为 1877 亿欧元，同比增长也达到 15.2%。

2011 年，巴西前三季度进口增速同比达到 26%，而出口同比增长也达到 30%。据巴西发展工业外贸部统计，2011 年 1 ~9 月巴西与中国双边贸易额 577 亿美元，同比增长 39.3%，其中巴西出口 335.7 亿美元，进口 241.3 亿美元，同比分别增长 44.8% 和 32.5%，巴西顺差 94.4 亿美元。中国现在已经是巴西最大贸易伙伴、第一大出口目的地和第二大进口来源地，这表明南南合作在不断加强。

4. 新兴经济体普遍面临通货膨胀压力

2011 年，在金砖四国中印度和俄罗斯的通胀率均高达 9% 以上，巴西和中国的通胀率也分别达到了 7% 和 6% 以上的水平。高通胀的主要原因包括：

首先，对农业的投入不足，以印度和印度尼西亚为代表的一些新兴国家粮食供给不足。当前印度经济发展坚持以城市为中心，对农业的投入不足，加上极端天气的影响，导致粮食供不应求和农产品价格率先上涨。另外，研究表明，发展中国家由低收入阶段向中等收入阶段转变时，消费结构相应地处于快速升级阶段，突出表现为直接消费用粮食数量停止增长或开始减少，但畜产品消费急剧增加，由此形成的粮食需求爆发性增长。美国和欧盟粮食自给率远远超过 100%，是国际上主要的粮食出口国家和地区，农产品价格稳定，并将国内通胀维持在相对较低的水平上。

其次，大多数新兴国家是出口导向的，出口的增加对国内所有商品和服务都会产生更多需求，这将导致非贸易部门价格率先上涨。非贸易部门包括服务、交通、建筑、电力、公共设施等，其劳动生产率提高较慢。贸易部门可以通过提高劳动生产率化解商品价格上涨压力，而非贸易部门则由于供给相对不足而涨价。俄罗斯是粮食净出口国，但始终保持较高通胀水平，原因之一就是服务业、电力等部门价格的快速上涨。

再次，大多数发展中国家处于工业化时期，伴随着重工业化进程以及城市化带来的房地产需求，对建材、燃料的需求随之增加，从而导致这些国家 PPI 保持在较高水平，并最终导向 CPI。

最后，紧缩性货币政策的负面影响也推动了物价上涨。这一现象在巴西尤为突出，为抑制国内通胀上扬，巴西曾连续五次提高基准利率，但这严重影响了工业生产，工业产品供给不足导致物价上涨，而农产品价格则相对稳定。鉴于此，2011 年 10 月 19 日巴西中央银行宣布，将基准利率下调 0.5 个百分点，至 11.5%，这是继 8 月底之后，巴西连续第二次降息，其目的在于促进经济增长。

不过，2011 年下半年以来，受国际市场大宗商品价格回调、比较基数抬高等因素影响，除巴西之外，新兴经济体通胀压力有所减弱。

二　影响新兴经济体发展的因素及发展趋势分析

1. 影响新兴经济体发展的有利因素

其一，新兴经济体仍然处于上升周期，当前欧美债务危机并不能阻止这一步伐。经济增长理论表明，资本积累、人口增长、技术及管理水平的提高是影响经济增长的基本要素。相对发达国家，新兴市场国家在每一项发展要素上都具有明显的比较优势。首先，由于基础薄弱，资本积累速度远远超过发达国家；其次，发达国家的成熟技术和管理经验转移到新兴市场国家表现为技术进步和管理水平的提高；再次，人口优势明显高于发达国家，只要通过教育将人口优势转化为劳动力优势，经济增长便具有较大潜力；最后，新兴市场原有制度不够成熟，制度变迁同样会促进经济增长。

其二，从金融市场和实体经济来看，新兴经济体发展前景比较乐观。在金融方面，20 世纪金融危机给予亚洲国家深刻教训，亚洲以及拉美国家普遍采取了稳健的经营模式，将大多数金融资源投资于实体经济，只有少量用于购买欧美债

券，因此金融体系受国际金融危机直接冲击相对较小。

其三，从实体经济来看，多年的国际产业转移促进了新兴国家的出口。在世界经济复苏的情况下，出口部门会率先繁荣，经常项目也积累了大量盈余，未来经常项目盈余将继续增长，这为新兴经济体自身发展和对外投资提供了资金。另外，一些资源型国家将继续受益于全球经济复苏的影响。世界经济发展的历史规律表明，由于经济发展的不平衡性，发达国家的危机往往都会转化为发展中国家的机遇。美国大萧条期间，苏联利用这一有利时机发展壮大本国工业甚至军工业，危机过后苏联国际政治和经济地位得到明显改善；也就是在这一时期，我国的民族工业得到快速发展，并为之后的抗战创造了物质条件。20 世纪两次石油危机导致了以亚洲四小龙为代表的东亚国家的崛起，本轮危机同样可以取得类似效果。

其四，从政策方面看，各国都在采取有效措施促进经济增长。比如，在 2011 年出台的五年经济发展规划中，印度政府将发展重点放在产品及服务的供给方面，以在防范通胀的同时满足未来五至十年经济快速增长的需求。另外，巴西等国至今保持正利率，货币政策还有很大空间。

2. 影响新兴经济体发展的不利因素

新兴经济体在发展过程中不可避免地面临一些不利因素，主要有如下几个方面。

首先，国际资本存在大进大出的风险，从而扰乱金融市场。在经济发展前景看好的情况下，国际资本容易大幅快速流入新兴市场，而国际资本流入又会进一步强化预期的形成和推高资产价格，并进一步加快资本流入。但是，一旦经济形势出现逆转迹象，各种预期随之作出反方向转变，国际资本容易快速流出，在这种情况下即使拥有大量外汇储备，也会出现国际收支危机，原因之一在于并不是所有的储备资产都可以随时变现。另外，一些国家外债绝对数量和相对数量都较高，以巴西为例，2011 年 8 月巴西外汇储备合计 3534 亿美元，外债余额 3042 亿美元，很容易出现国际支付危机。

其次，技术总体水平比较落后，很多方面受到发达国家限制，即使在农业方面也不例外。在工业技术方面，发展中国家可以从发达国家直接引进技术；而在农业技术方面，受气候、土壤、水资源、经营模式等条件限制，发达国家的农业技术并不能直接向发展中国家转移，自我开发能力较强的发达国家占有优势。为巩固这一优势，发达国家又通过贸易和补贴等诸多政策加以保护。当前发达国家主要采取新能源、气候变化、金融等手段制约新兴市场经济国家的发展，维护其在世界经济格局中的地位，未来很有可能利用农业的优势影响新兴市场经济体发展。最近七年全球粮食产量年均增长3.1%，但全球粮食价格仍面临持续上涨压力。鉴于近年多数发展中经济体的人均收入增加，上述趋势在未来几年应会持续。可以预见，消费结构升级推动全球粮食需求再次进入上行周期。

最后，尽管新兴市场内需旺盛，但不可能完全与发达国家脱钩，欧美债务危机将不可避免的影响其经济增长。

3. 2012年新兴市场发展趋势分析

在中印两国的带动下，亚洲新兴市场经济体仍将继续引领世界经济增长；拉丁美洲，将继续从农作物和矿产出口中受益，在巴西、秘鲁、哥伦比亚和智利等国的影响下，2012年经济增长将保持在4%左右；预计俄罗斯2012年经济增长4.2%，在其带动下，独联体国家明年增长将在3.6%左右；欧洲新兴市场也将逐步摆脱债务危机的阴影，2012年增速将超过3%。综合以上因素可以看出，明年新兴经济体将继续保持较好的增长势头，增速同2011年基本一致。

三　对我国的启示

由于我国同其他新兴市场国家在经济方面存在较强的互补性，相互影响越来越大，随着世界经济格局的变化，这种趋势在未来将不断加强。我国应顺应这一历史潮流，加强与新兴经济体的合作和交流，同时积极防范金融风险。

1. 积极参与新兴经济体基础设施建设，继续扩大贸易往来

基础设施落后是制约大多数新兴市场国家经济发展的瓶颈之一，加快基础设施建设是其经济起飞的必要条件，但欧美国家不愿也无力涉足这一领域。我国目前处于基础设施建设的高峰期，具有显著的比较优势。同时，基础设施建设有利于我国重工业产品、工程与交通运输设备以及劳务的输出，对化解我国产能过剩、缓解就业压力和稳定出口具有重要意义。

2. 借鉴巴西经验，积极探索经济增速下降情况下的就业增长模式

2011年巴西在经济增速回落的情况下失业率却创历史新低，这说明增加就业不一定依赖于经济高速增长。未来我国经济增速可能出现回落趋势，我国应借

鉴其经验，探索经济增速下降情况下的就业增长模式，把就业增长作为经济工作中的重中之重，从而促进经济和社会的和谐发展。

3. 加强外债尤其是短期外债的监管，防范国际资本大入大出

外债危机往往是国际收支危机的导火线，截至 2011 年 6 月末，我国外债余额为 6425 亿美元，较上年末增长 17%。其中，中长期外债余额为 1804 亿美元，占外债余额的 28%；短期外债余额为 4621 亿美元，占外债余额的 72%。尽管我国是第一外汇储备大国，但数千亿美元的外债如果在短期内快速流出的话同样对我国造成巨大冲击。因而“十二五”期间应进一步加大监管力度。一方面，在当前我国国内资金充裕的情况下，应尽可能降低外债规模；另一方面，要加强对短期债的监管，防止国际热钱以此形式大规模流入流出。

G.18

2011 年世界贸易形势分析及 2012 年展望

刘 宇*

摘 要：当前国际航运市场低迷和大宗商品价格的走低，显示国际贸易将出现下滑态势，同时，世界经济复苏放缓和出口商信心下降也将使贸易增长减慢。IMF 预测，2012 年全球贸易增长率为 5.8%，发达国家和发展中国家出口分别增长 5.2% 和 7.8%，进口分别增长 4.0% 和 8.1%。此外，危机后各国政府不仅没有完全撤销危机时出台的限制贸易的非常规政策，而且还不断出台新的贸易保护措施，与以往不同的是，为避免国际社会的压力，一些政府选择不公布或延迟公布有关措施，其中汇率争相贬值和碳税等潜在的贸易保护风险大幅上升。因此，明年全球贸易增长复苏的势头将放缓。

关键词：贸易 展望 保护

伴随着世界经济复苏乏力，世界贸易增长放缓。IMF 预计 2011 年和 2012 年世界经济将出现缓慢复苏的形势，世界贸易增长前景不容乐观，尤其是一些发达经济体的贸易将受到较大冲击。同时，各国失业率居高不下及国内产业压力持续走高，导致贸易保护主义情绪升温，贸易冲突加剧。本文将分析 2011 年的贸易形势，并展望 2012 年世界贸易。

一 2011 年全球贸易增速放缓

2011 年，伴随世界经济增速下滑，全球贸易也呈现回落态势。由于世界经

---

* 刘宇，管理学博士，毕业于中国科学院。现为国家信息中心经济预测部副研究员，主要从事宏观经济分析，全球动态 GTAP 模型和区域 CGE 模型开发与应用，以及国际贸易研究。

济增长与世界贸易存在长期稳定的正向关系，而且通常贸易的增速要快于经济增速，所以，世界经济波动尤其是发达国家的经济增长，对世界贸易有显著的影响（见图 1）。由于金融危机的影响，2009 年世界贸易增长率大幅跌至 -10.7%，创下了二战以来的最大跌幅。2010 年伴随着全球经济增长复苏，世界贸易增长率大幅回升至 12.8%，是自 1980 年以来最高的年度增长率（见表 1）。鉴于全球经济前景的黯淡，IMF 预计 2011 年世界贸易增速将放缓至 7.5%，接近 2007 年的增速，基本达到金融危机之前的水平。

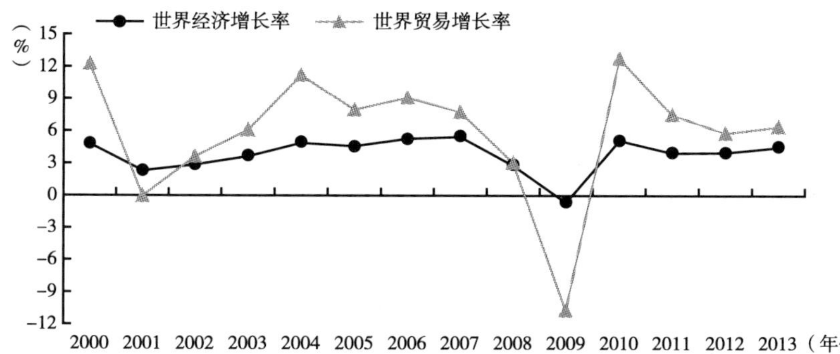

图 1　2000～2013 年世界经济与贸易增长率变化趋势

资料来源：IMF《世界经济展望》，2011 年 9 月。

表 1　2008～2012 年世界贸易增长趋势

单位：%

	2008 年	2009 年	2010 年	2011 年	2012 年
世界贸易量(货物和服务)	2.9	-10.7	12.8	7.5	5.8
出口:发达国家	1.9	-11.9	12.3	6.2	5.2
新兴市场和发展中国家	4.6	-7.7	13.6	9.4	7.8
进口:发达国家	0.4	-12.4	11.7	5.9	4.0
新兴市场和发展中国家	9.0	-8.0	14.9	11.1	8.1

注：2011 年、2012 年为预测值。

资料来源：IMF《世界经济展望》，2011 年 9 月。

（一）从年度数据看，发达国家和发展中国家贸易增速将出现“双降”

根据 IMF 最新预测，发达国家的出口增长率将从 2010 年的 12.3% 下降到

2011 年的 6.2%，下降 6.1 个百分点；新兴市场和发展中国家将从 2010 年的 13.6% 下降到 2011 年的 9.4%，减慢 4.2 个百分点。与新兴市场和发展中国家相比，发达国家的出口增速下降幅度较大。进口增速与出口增速的变化趋势大致相同。2011 年发达国家进口增速将从 2010 年的 11.7% 下降到 5.9%，而新兴市场和发展中国家进口增长率将从 2010 年的 14.9% 降至 11.1%。发展中国家将维持更加强劲的进口增长，主要是因为新兴市场和发展中国家的经济维持相对高的增长率，市场需求大幅增加，从而带动进口增加（见表 1）。IMF 预计，2011 年发达经济体、新兴市场和发展中国家经济分别增长 1.6% 和 6.4%。

（二）从月度数据看，全球贸易增速出现放缓迹象

2011 年荷兰经济分析局发布的 8 月份世界贸易监测数据指出，继 6 月份世界贸易量环比下降 2.0% 之后，7 月和 8 月连续两个月贸易量环比小幅上升 1.0% 和 1.3%（见图 2）。从进口来看，5 月份之后，大部分经济体的进口均出现增速下滑的态势。其中，美国和欧盟进口增长出现持续的回落，尤其是欧盟出现大幅回落，而日本进口则一直持续小幅增加；从出口来看，三大经济体均出现增速上升的态势。与美国和欧盟相比，日本的出口增长幅度较大。

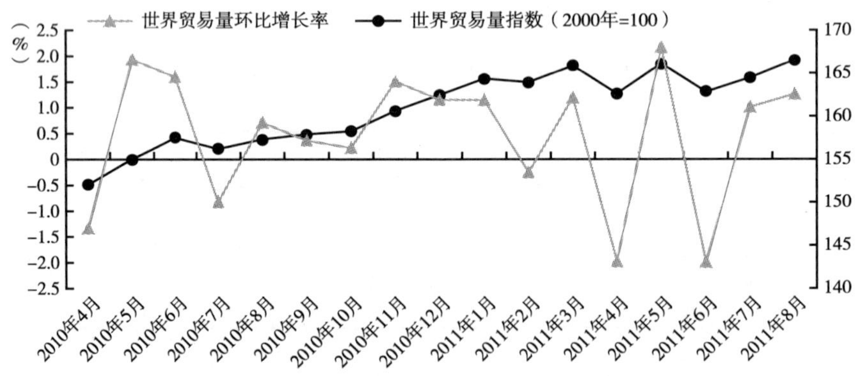

图 2　2010 年 4 月至 2011 年 8 月世界贸易量的环比增长率

注：贸易量数据经季节调整。

资料来源：荷兰经济分析局（CPB）。

由于单月的贸易数据波动性很大，所以我们通常更关注三个月移动平均增长率的变化。从图 3 中可以看出，继 7 月份小幅上涨至 0.2% 之后，8 月份的平均

增长率再次下降 0.2%，该指标自 2011 年 1 月达到峰值 2.9% 之后，已经连续七个月下降。所以自从 2011 年二季度之后，全球贸易增长就已经失去了动能，这主要有两方面的原因：一是日本大地震和海啸造成全球供应链的中断，二是发达经济体的消费需求减弱导致贸易增速放缓。

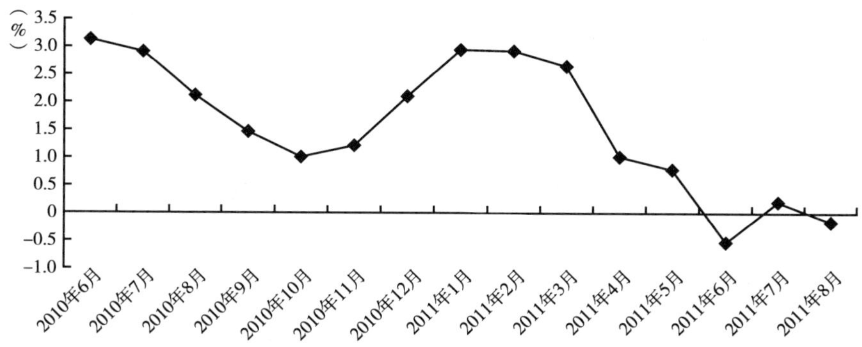

图 3　2010 年 6 月至 2011 年 8 月三个月移动平均的环比增长率

资料来源：荷兰经济分析局（CPB）2011 年 8 月世界贸易监测指数。

二　2012 年全球贸易将维持相对低速增长

（一）先行指标变化显示国际贸易增长回落

虽然近期国际航运市场小幅走高，但仍然处于低位。波罗的海干散货指数是国际贸易中的重要先行指标，该指标的变动通常能提前反映未来国际贸易走势的变化。从图 4 中可以看出，波罗的海干散货指数（BDI）自 2010 年 5 月份达到 3838 高点之后一直处于下降的通道。虽然 2011 年 9 月和 10 月出现小幅反弹，分别达到 1840 点和 2036 点，但仍远远低于历史平均水平。另外，从集装箱运输市场（HRCI）来看，国际集装箱指数自从 2010 年 3 月达到 916 点之后，也一直处于回落的态势，特别是 7 月大幅下跌到 792 点。从上述分析看，国际航运和集装箱市场走势均不支持 2012 年贸易强劲增长。

大宗商品价格出现回落态势。国际商品价格是影响国际贸易的重要因素。据

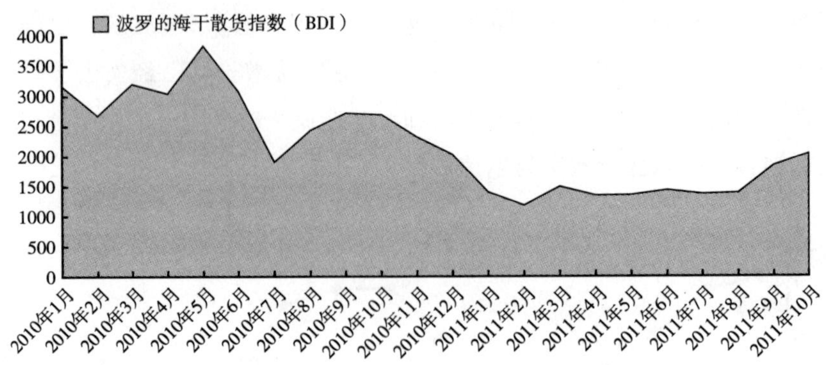

图 4　2010～2011 年 10 月波罗的海干散货指数变化

资料来源：Bloomberg 数据库。

IMF 研究显示，商品名义价格的变化是造成贸易剧烈波动的一个主要原因。从图 5 可以看出，从 2010 年 1 月到 2011 年 4 月国际大宗商品价格一路走高，其中总体价格指数上涨 44%，食品饮料和能源分别上涨了 36% 和 48%。但是，4 月之后所有产品价格均出现明显的回落走势。截至 9 月末，总体价格指数下降 10%，而食品饮料和能源分别下降 8% 和 11%。预计未来世界经济增速放缓将导致国际大宗商品价格继续走低。IMF 预计 2012 年总体价格指数、食品和化石能源价格同比将分别下降 4%、4.5% 和 3.5%。因此，国际市场价格的回落将带动国际贸易增速下滑。

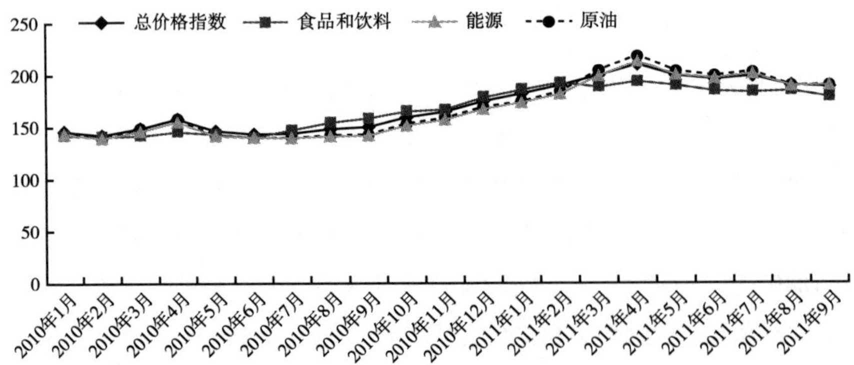

图 5　2010～2011 年 9 月主要国际大宗商品价格指数变化趋势（2005 年 =100）

资料来源：IMF 初级产品价格数据库。

香港贸发局出口商信心指数持续下滑。香港作为重要的国际贸易中转城市，其出口商的信心直接反映了未来贸易走势的变化。香港贸发局通过调查出口商而编制的季度出口商信心指数从 2010 年 2 季度达到顶峰 59.1 后持续回落，尤其是 2011 年三季度的出口商信心指数只有 49.5。这是自 2009 年 4 季度突破 50 后，时隔七个季度后再一次回落到 50 以下（见图 6）。该指数的分水岭是 50，如果高于 50 意味着信心扩张，低于 50 意味着信心收缩。因此，出口商信心指数的收缩意味着 2012 年世界贸易的增速将会放缓。另外，最新发布的全球 PMI 出口订单指数显示，9 月份新出口订单连续 2 个月下降。欧元区、日本、中国大陆、英国、巴西、印度、俄罗斯、中国台湾、波兰和澳大利亚新出口订单均有所下降，尤其是欧元区各国新出口订单均出现下降。

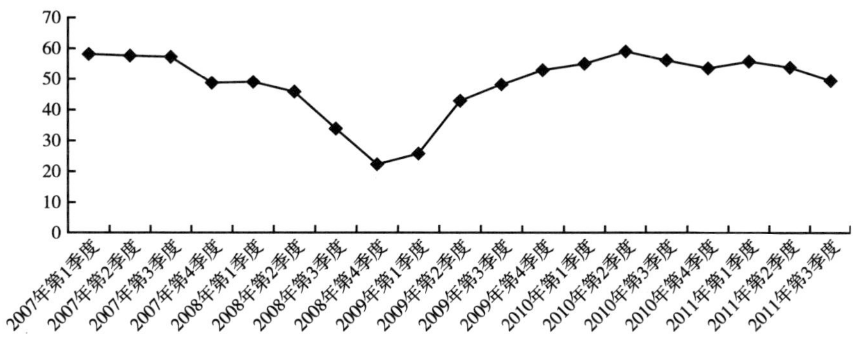

图 6　2007～2011 年第 3 季度香港贸发局出口商信心指数

资料来源：香港贸发局《贸易季刊》。

（二）2012 年全球需求疲软将抑制贸易增长

虽然国际组织对 2011 年全球经济预测不同，但都一致认为 2012 年将基本维持 2011 年的低速增长（见表 2）。其中，2011 年 9 月国际货币基金组织预计 2011 年全球经济将实现 4.0% 的增长，发达国家增长 1.6%，发展中国家增长 6.4%；2012 年全球经济增速不变，但是发达国家会有小幅上升，而发展中国家会出现一定的下滑。与该组织 6 月的预测相比，这一次对全球、发达国家和发展中国家的增长均作了下调。另外，OECD 最新的领先指标显示，除日本以外，其他国家的领先指标均大幅下滑，暗示全球主要经济体的前景继续趋于黯淡。OECD 8 月综合领先指标（CLI）从上月的101.4降至100.8，为连续第六个月回落，表明经济活动减缓。数据还显示，OECD 8月G7国家领先指标由上月的101.7跌至101.1。OECD 8月欧元区领先指标下跌9个点，跌至99.8，仅德国、俄罗斯和美国的领先指标保持在100上方。日本从上月的102.6小幅下滑至102.5，是所有主要经济体中唯一一个没有明显下滑迹象的国家。所以，预计疲软的全球需求将对贸易增长形成制约。

表2　2011～2012年国际组织经济增长率预测

单位：%

	国际货币基金组织预测		世界银行预测		联合国预测	
	2011	2012	2011	2012	2011	2012
世界	4.0	4.0	3.2	3.6	3.1	3.5
发达国家	1.6	1.9	2.2	2.7	1.9	2.3
发展中国家	6.4	6.1	6.3	6.2	6.0	6.1

资料来源：国际货币基金组织、联合国和世界银行数据库。

（三）2012年贸易融资风险上升

作为反映国际金融市场最重要的风险衡量指标泰德利差，从2011年8月到10月上涨了2.5倍。一般来讲，当泰德利差上行时，则显示市场风险扩大，市场资金趋紧，银行借贷成本提高，也连带提高贸易企业的借贷成本。可见，由欧债危机引发的银行业危机开始影响贸易融资。WTO总干事表示，由于贷款短缺以及银行监管较紧，贸易融资已经深感压力。当前的经济形势正在不断恶化，特别是在中东、南欧、东欧和非洲地区可能首先受到冲击。一些大型商业银行认为，在当前流动性趋紧的大背景下，再加上银行业监管收紧，他们已经开始权衡是否有必要关闭非洲贸易金融业务。

（四）国际航运成本增加将给贸易带来负面冲击

尽管《京都议定书》没有将国际航空和航海业纳入减排目标，但碳关税也表现出了向航空业、航海业转移征收的趋势。欧盟决定从2012年1月1日起将航空业正式纳入限额排放体系，欧盟采用2004～2006年三年进出欧盟所有航班

的 2.2 亿吨年平均碳排放总量为基数，将 2012 年航空排放许可限额定为 2.1 亿吨，从 2013 年起每年约 2 亿吨。欧盟按照上述基数原则，对各进出欧盟的客货航班实行排放限量，超出上限则需通过欧盟排放交易系统购买排放许可。这将会在一定程度上抑制通过航空运输的贸易活动。

国际航海业也将面临成本提高的挑战。2011 年 7 月 15 日，在伦敦闭幕的国际海事组织（IMO）海洋环境保护委员会第 62 次会议，由于国际航海业目前年碳排放量超过 10 亿吨，占全球约 3% ~4% 的总排放量，且有迅猛增长之势，所以通过了“新船设计能效指数”和“船舶能效管理计划”两项标准。按照国际海事组织（IMO）推出的能源效率设计指数（EEDI），2015 ~2019 年间建成的船舶碳效率须提高 10%，2020 ~2024 年间建成的船舶碳效率须提高 20%，2024 年后建成的船舶碳效率须提高 30%，规定适用于所有 400 总吨以上的船舶，将从 2013 年 1 月 1 日生效。由中国、巴西、沙特阿拉伯、印度、南非为首的发展中国家赢得一定的灵活性，将被允许申请豁免，执行相关标准的期限可延长至 2019 年。也就是说，从 2013 年起，船东和造船企业可能将不得不遵守一项有关新建集装箱船碳减排标准的强制性协议。新船建造成本将因此被大大抬高，造船技术也必须应对更高要求。国际航海业承担了全球 80% 的贸易运输，因此，全球贸易必将受到负面影响。

（五）高位徘徊的失业率导致贸易保护会进一步加剧

2010 年以来，由于经济下滑导致三大经济体的失业率居高不下。失业率是一个滞后指标，历史经验表明，在经济衰退结束之后两年甚至更长时间里，失业率仍将处于较高水平，所以 2012 年各国的失业率会继续攀升。据 IMF 预测，2011 年和 2012 年发达国家的失业率将会分别达到 9.2% 和 9.1%，2012 年美国和欧元区将分别达到 9.0% 和 9.9%。鉴于各国失业率往往是出台更具保护性贸易政策的重要催化剂之一，所以 2012 年各国一定会出台更多保护本国就业和产业的政策。

最后，鉴于先行指标变化、需求因素、融资条件、国际航运业和贸易保护的不利影响，预计 2012 年的贸易仍将维持缓慢的增长。我们预计 2012 年全球贸易增长率为 6.2%，略高于 IMF 的预测，但低于世界银行和联合国的预测（见表 3）。

表3　2011～2012年国际组织对贸易增长的预测

单位：%

	国际货币基金组织预测		世界银行预测		联合国预测	
	2011	2012	2011	2012	2011	2012
世界	7.5	5.8	8.0	7.7	6.6	6.5
出口	N. A.	N. A.	8.0	7.7	6.4	6.3
发达国家	6.2	5.2	7.5	7.3	6.1	5.9
发展中国家	9.4	7.8	9.1	8.7	6.9	7.2
进口	N. A.	N. A.	7.3	7.3	6.8	6.7
发达国家	5.9	4.0	6.3	6.6	5.7	5.5
发展中国家	11.1	8.1	9.9	9.2	8.5	8.5

注：表中贸易为实际量，即剔除物价和汇率因素。

资料来源：国际货币基金组织、世界银行和联合国数据库。

三　全球贸易保护加剧

危机以来，作为应对措施的重要组成部分，各国政府不断调整贸易政策，但出台的有些措施具有明显的贸易保护倾向，妨碍国际贸易的正常流动，违背了不采取保护主义措施的承诺。危机以来，全球贸易保护主义的发展呈现以下主要特点。

（一）贸易保护压力持续上升，各国贸易限制措施不断增多

尽管一再承诺要摒弃贸易保护政策，但随着经济形势的恶化，各国政府努力保护本国产业和就业，采取限制和扭曲贸易的政策措施呈现不断加强之势。2011年7月20日，独立经济研究机构“全球贸易预警”（Global Trade Alert）发布报告指出，自2010年11月二十国集团（G20）首尔峰会以来，世界各国总共采取了194项贸易保护主义措施，其中近80%的措施由G20国家发起，且有91项措施直接损害中国利益。报告称，GTA稍早记录显示，2010年下半年保护主义措施数量减少，但随后公布修正报告，2010年第四季度起各国采取的贸易保护主义措施飙升，达到原先估计的4倍之多，因为很多措施一开始并未对外公布，到后来才浮出水面。这代表GTA2011年首季查出的贸易保护主义措施数量最后可能向上修正到100件至125件，接近2009年决策者大声疾呼贸易壁垒抬头时的水平。

分国别看，GTA 发现欧盟目前所实施的贸易不公平措施较其他国家多，1055 件中有 227 件。非世界贸易组织（WTO）成员国的俄罗斯则排名第二，实施 105 个措施。但相对的，在受到贸易伙伴最多不公平对待的国家中，欧盟同样居首，总数为 180 个措施，超越阿根廷的 175 个与中国的 162 个。

我们认为，当前贸易保护加剧的深层次原因主要有三方面：第一，许多主政者面临领导权交替和经济恶化，从而采取贸易保护主义以获得短期人气。第二，目前许多政府削减预算，许多国家的利率也无法再降低，限制外国竞争变成是决策者能动用的少数工具之一。第三，影响和扭曲贸易与投资的措施长期堆积。据统计，自 2008 年年底以来新实行的贸易限制性措施只撤销了 15%，还有 85% 的扭曲措施仍然在起作用。

（二）“货币战”风险上升，抑制贸易稳定发展

2011 年 9 月 6 日瑞士国家银行宣布瑞郎以 1∶1.2 的汇率牌价与欧元挂钩，“无限量地购买流入的外汇”，务求稳定“被极度高估的”汇率。瑞士央行的举动是近十年来最激进的汇率政策。伴随着瑞士央行向全球发布的声明，瑞士法郎瞬间贬值，瑞士央行的一种半固定汇率制度正式向全球宣布一场真正的“货币”大战拉开了大幕。这种竞争性贬值的官方行为已经开始使得全球干预汇率市场的行动失去了节制，正在引导全球货币体系走向不利的方向。10 月 3 日，美国参议院不顾中方坚决反对，以 79∶19 的投票结果，程序性通过了“2011 年货币汇率监督改革法案”立项预案。根据这项法案的内容，如果主要贸易伙伴的汇率被认为低估，美国将对其实施惩罚性关税。受市场动荡和避险情绪推动，不少新兴市场出现抢购美元风潮，大部分新兴市场货币近期出现明显贬值。以拉美地区为例，自 9 月以来的短短一个月时间里，巴西雷亚尔、墨西哥比索和智利比索对美元贬值幅度就分别达 18.27%、12.61% 和 12.99%。另外，如英国央行宣布将在两个月内重启国债收购举措，日本央行也随时准备向市场注入流动性来抑制日元升值等等。

我们认为，也许一场真正的货币大战即将开始。可以想象，各国央行均承受着巨大压力，会以不同的形式出手，抗衡热钱袭来，制止本国货币的急涨，保护本国经济。尤其是一些依靠出口为主的国家已经不能够忍受浮动汇率制度下美元贬值带来的变相的本币升值的巨大压力。这场货币贬值竞赛可以理解为一种货币

形式的贸易保护。面对着随时可能陷入严重萧条的经济情况，由于各国不能够直接采用关税保护本国商品，那么货币贬值将成为世界各国恢复经济增长的主要手段。但是，货币战争势必导致贸易战争，全球贸易关系将更趋紧张。

（三）以应对气候变化为名的贸易壁垒可能会成为贸易保护的新形式

应对气候变化已逐渐成为后危机时代全球治理的重要组成部分。国际金融危机全面爆发后，一些发达国家以应对气候变化为名设置贸易壁垒的步伐加快，成为新一轮贸易保护风潮中引人注目的新特点。2008 年以来，美国、欧盟和日本都提出对高排放国家征收“碳关税”，发达国家寄希望于通过“绿色革命”推动经济复苏，气候变化等“绿色”问题日益转变成发达经济体和新兴经济体之间的关于经济、贸易发展权的斗争。如美国国会于 2009 年 6 月通过《美国清洁能源安全法案》，法案提出将从 2020 年开始实施此项“碳关税”政策。美国提出“碳关税”议案的目标非常明确，就是要借此对中国、印度等未承担约束性温室气体减排目标的主要发展中国家通过惩罚性关税实施贸易制裁。欧盟决定从 2012 年 1 月 1 日起将航空业纳入碳排放交易体系（EU ETS），日本从 2011 年 4 月起实施农产品碳标签制度，英国 2011 年初全面推广碳认证体系。可见，国际环境和温室气体减排正在成为新的贸易摩擦焦点。

G.19

2011年国际大宗商品价格走势分析及2012年展望

李继峰　蔡松锋*

摘　要：2011年全球经济未能呈现全面复苏态势，发达经济体和新兴市场国家经济增速都出现不同程度的放缓，而欧洲债务危机再次爆发和美国主权信用降级更是令全球经济雪上加霜。受此影响，国际大宗商品市场呈现大起大落之势。综合分析影响大宗商品价格的各种因素，我们认为，未来利好大宗商品价格的因素总体上占上风，目前价格逐渐筑底之后将呈现反弹上升态势。但短期利空因素依然存在，也会为大宗商品价格上升设置不少障碍。

关键词：大宗商品　基本金属　黄金价格　粮食价格　筑底反弹

一　国际大宗商品价格走势

（一）总体形势

2011年国际大宗商品市场跌宕起伏，主要商品价格都呈现先升后降的大起大落之势。2011年初世界经济复苏形势尚好，市场对实体经济的复苏预期乐观，因此国际大宗商品市场价格延续了2010年的上涨态势。日本地震及海啸之后引发的日本基础建设需求、利比亚战争爆发造成的石油供应趋紧等意外因素也不同程度地推动了市场价格上扬。然而2011年5月份，由于美国第二次量化宽松货

* 李继峰，管理学博士，国家信息中心经济预测部副研究员，主要从事宏观经济分析、数量经济模型开发及应用，国际商品市场研究；蔡松锋，管理学硕士，国家信息中心经济预测部助理研究员，主要从事数量经济模型开发及应用，国际商品市场研究，农产品价格研究。

币政策（QE2）接近结束，令美元升值，导致主要商品价格均出现环比下降。进入8月份，美国主权信用被标普从AAA降为AA+，欧债危机再次爆发，再加上欧美公布的一系列数据都表明2011年经济复苏前景暗淡，多重打击令投资者信心严重不足，纷纷逃离市场，导致商品价格一跌再跌。

从国际货币基金组织（IMF）的初级产品价格统计来看，大宗商品价格综合指数在2011年1月份为181.9点，4月份攀升至209.9点，其后不断下滑，截止到9月份已降至188.3点。分类商品来看，原油价格下降最为剧烈，从4月份218.8点降到了9月份的190.3点，下降13%；基本金属在波动中不断下降，从2月份的256.2点降到9月份的224.1点，下降12%。相比之下，粮食价格走势还略显温和，从4月份的190.9点降到9月份的175.8点，下降8%。

本文重点分析基本金属、粮食和黄金的价格走势。

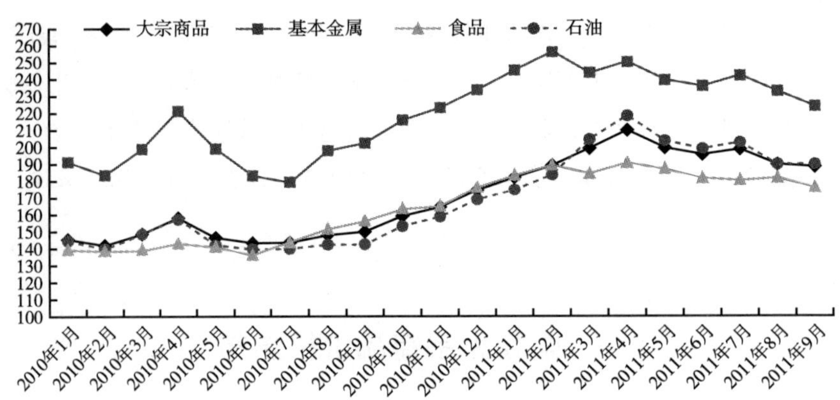

图1　2010~2011年IMF国际大宗商品价格指数

数据来源：IMF初级产品价格统计。

（二）主要基本金属价格走势

2011年主要基本金属价格纷纷从高位滑落。如图2所示，伦敦商品交易所A级铜价格的峰谷差达到3232美元/吨，谷底相对峰值下降31.8%。金属锌的波幅也很大，达到31.2%。相比之下铝振幅略小，但也达到24%（见图3）。

以伦敦金属交易所（LME）铜价格走势为例，2011年1~4月铜价围绕9500美元/吨上下高位震荡，其中2月中旬一度突破10000美元/吨，创造了新的历史

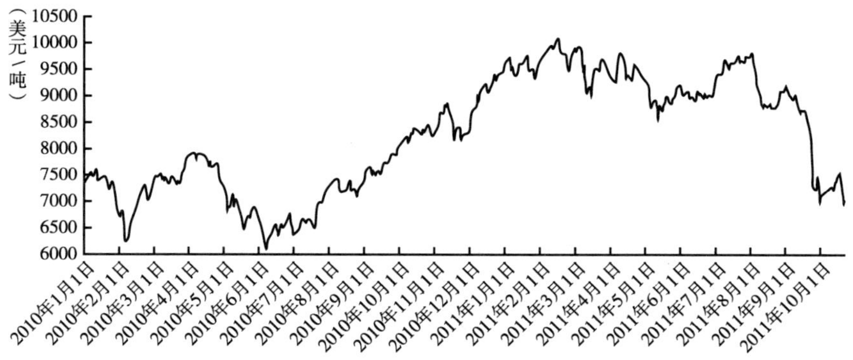

图2　2010～2011年伦敦金属交易所铜的价格走势

数据来源：国际市场商品价格网。

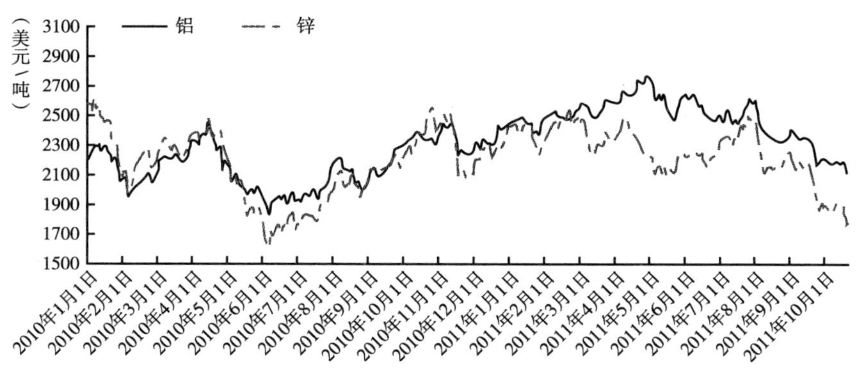

图3　2010～2011年伦敦金属交易所铝和锌的价格走势

数据来源：国际市场商品价格网。

纪录。从2011年5月开始，由于美元升值，投资者纷纷进入美元、美债、黄金等市场避险，大宗商品行情跌入谷底。伦铜5月均价较4月跌幅达到5.8%，最低探至8931美元/吨。6～7月间，在美国经济数据利好的情况下，铜价又出现了一波小幅震荡上扬行情，7月份达到9650美元/吨。但是从8月开始，由于美国信用评级下降，导致市场信心不足，国际大宗商品价格大幅下降，9月底已经下降到7131美元/吨。10月份铜价进入震荡整理阶段，基本稳定在7000美元/吨左右。

（三）主要粮食产品价格走势

2011年上半年，气候条件总体良好，粮价维持小幅震荡。玉米价格在1、2、

4、6月份分别环比增长6.5%、6.6%、6.1%和5.5%，3、5月份则分别环比下降1%和3.2%。小麦价格略有上涨，1、2、4、5月份分别环比增长5.9%、10.6%、9.8%和0.6%，3、6月份则分别环比下降9%和7.9%。大豆价格基本稳定，上半年仅波动下降2.2%。第三季度，在欧债危机以及美元升值等因素影响下，小麦、玉米、大豆的价格分别略降了3.2%、4.6%和1.8%，总体保持平稳。

国际大米的价格走势则略有不同。2011年上半年因为亚洲大米供应充足，价格略有下降，但从7月份开始持续上涨，如图4所示。7、8、9月份国际大米价格环比分别上涨5.42%、5.7%、6.63%，3个月累计上涨了18.8%，9月份均价达到616美元/吨。大米价格上涨有两方面的原因，一是美国农业部的7月份供需报告中将2011/2012年度美国大米产量数据下调了6%；二是因全球最大的大米出口国泰国持续洪灾导致大米供应下降，同时泰国政府11月可能实施以高于市场价格直接自农户手中收购大米的计划，全球农户期待高价，不愿意进行销售，供给趋紧推高了国际大米价格。

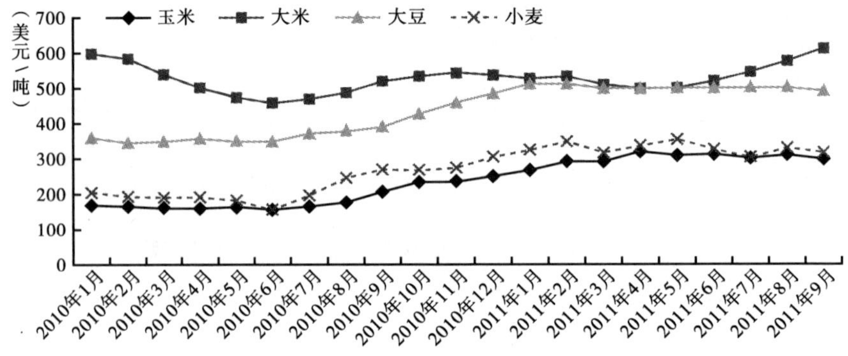

图4　2010~2011年主要粮食产品价格走势

数据来源：国际市场商品价格网。

（四）黄金价格走势

2011年黄金价格经历了一个先缓慢上升、然后快速上涨、最后突然"跳水"的过程。作为重要的资金避险市场，上半年金价稳步上升，主要源自新兴市场国家投资者躲避通胀的需求。1月份到6月份黄金价格从1422美元/盎司上升到1502美元/盎司，上升5.6%。但8月份以来，由于美国主权信用评级被标普下调，使得

美元和美债的避险功能受到空前质疑，挤出了大量资金；同时美债问题加重了市场对全球经济复苏前景的担忧，市场信心下降，也令大量资金从股市和期货市场流出。这两方面的资金都转向黄金市场避险，导致金价骤升。8 月底黄金的价格上涨到 1829 美元/盎司，环比上涨 12.3%。相比年初的 1400 美元/盎司，今年金价最高上涨了 35% 左右。但过高的金价也大大增加了购买黄金的风险。随着欧债危机进一步发酵和美国债务问题趋于缓解，大笔投机资金开始撤出金市，转投美元和美债，令黄金骤然下降，9 月底黄金的价格最低降到 1620 美元/盎司，较月初峰值下降 15% 左右。10 月份黄金价格进入小幅震荡整理阶段（见图 5）。

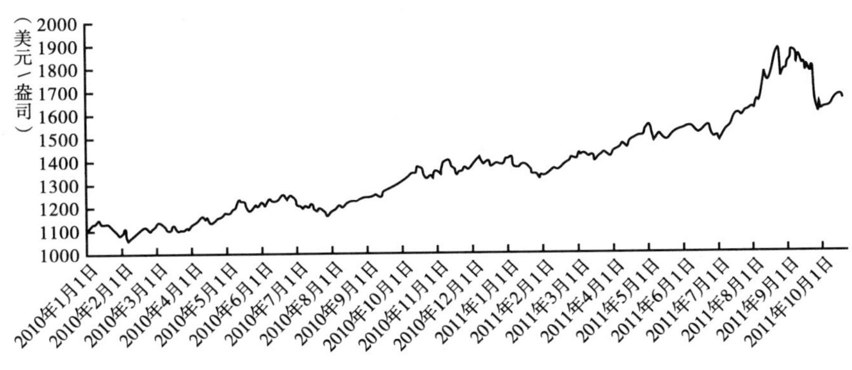

图 5　2010 ~ 2011 年黄金价格走势

数据来源：国际市场商品价格网。

二　2011 年国际大宗商品价格走势的主要特点及原因分析

今年国际大宗商品价格走势起伏，长期和短期影响因素交织。总体上看，长期因素以利好为主，短期因素则利空。具体而言，可以分为如下四个方面。

（一）全球经济虽然复苏放缓但二次探底威胁较小，利好大宗商品

尽管美国仍然未能有效解决就业复苏乏力的最大难题，欧洲仍然在主权债务泥沼中挣扎，但世界经济出现二次探底的可能性很小，当前缓慢复苏的局势会逐步持续下去。根据 2009 年以来的经验，在货币超发的背景下，当前的缓慢复苏态势对于大宗商品市场而言已经足够利好，使价格不可能回到 2009 年初次贷危

机导致的谷底位置。

次贷危机以来的一系列宽松货币政策和“凯恩斯”式的财政救助政策只是往市场中注入大量的流动性，暂时缓解了金融系统的压力，但对就业的刺激效果微乎其微。就业难题不解决，国内消费就无法启动，没有内生动力的发达经济体只能延续缓慢复苏进程。与此同时，以金砖四国为代表的新兴市场和发展中经济体经济增速虽然有所放缓，但仍然保持较高速度。巴西2011年前两个季度GDP同比分别增长4.2%和3.1%；印度二季度经济增速为7.7%；俄罗斯一、二季度GDP同比增长4.3%和3.5%；中国前三个季度GDP同比增速也达到9.4%。金融危机以来逐渐形成的这种经济格局对于大宗商品市场而言较为有利。一方面发达国家的原有庞大需求基数仍然存在，另一方面新兴经济体快速增长引发的需求增量巨大，两方面共同作用，基本面上支持和推动商品价格上涨的动力依然存在。只要不出现二次探底，当前格局料将持续下去，因此从长期来看，利好大宗商品市场。

（二）为解决金融危机注入的大量流动性将长期游荡于资本市场之中，推高大宗商品价格

2008年金融危机爆发，美国拨出7000亿美元救市，德国政府拿出5000亿欧元用于救市，法国拿出3600亿欧元用于金融救助，中国也推出4万亿元投资刺激计划。大笔资金注入像一剂强心针，迅速提升了全球的流动性，稳定了全球经济的发展。2009年初Libor（伦敦银行同业拆放利率，隔夜）迅速下降，全球流动性迅速实现从紧缺到充盈的转变（见图6）。后危机时代，以美国为首的主要发达国家一直采用宽松的货币政策，无疑继续加大了全球的流动性。从图6中可以看出，2011年受到主权债务危机的影响，Libor有所上升，但上升幅度不大，说明金融机构中的流动性依然很充足，随时可能将大宗商品市场价格推高。

（三）由于新兴市场的快速发展，大宗商品供需紧平衡关系依然存在

全球大宗商品的供求关系仍然呈现紧平衡。国际铜研究小组（ICSG）公布的数据显示，今年1~7月，全球铜累计供应量为1123万吨，全球铜累计消费量为1134.8万吨，供应依然略小于需求，处于紧平衡状态。铜的需求直接取决于全球经济发展走势，目前铜市仍处于胶着状态，然而一旦欧债危机明朗化，欧洲渡过难关，未来铜需求的预期有望进一步提高。

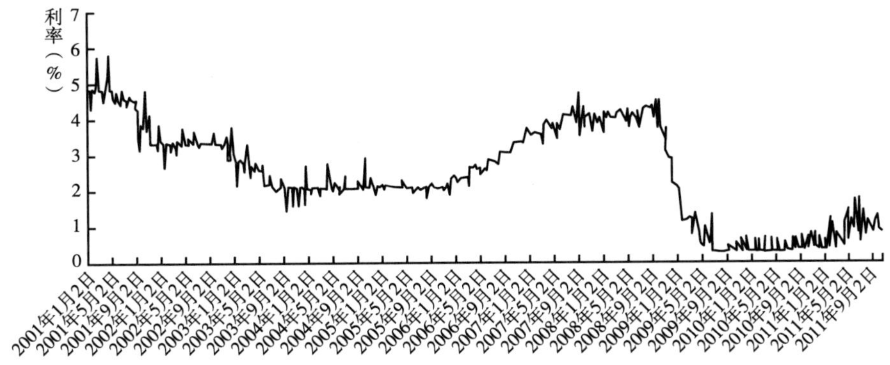

图 6　Libor（伦敦银行同业拆放利率，隔夜）的变化情况

数据来源：Wind 资讯。

表 1　全球铜市供需平衡表

单位：万吨

	2006 年	2007 年	2008 年	2009 年	2010 年	2010 年 1～7 月	2011 年 1～7 月
全球供应量	1729. 1	1793. 4	1822. 6	1827. 2	1903. 5	1098. 8	1123. 0
全球需求量	1703. 4	1819. 7	1803. 9	1810. 8	1938. 6	1131. 7	1134. 8
供需过剩/短缺	25. 7	-26. 3	18. 7	16. 4	-35. 1	-32. 9	-11. 8
过剩率/短缺率(%)	1. 49	-1. 47	1. 03	0. 90	-1. 84	-2. 99	-1. 05

数据来源：国际铜研究小组（ICSG）。

2011 年度粮食的供求关系将持续。粮农组织对 2011 年世界谷物产量的最新预测为 23. 02 亿吨，比 2010 年增产 2. 9%；预测 2011 年度世界谷物利用量将达到 23. 06 亿吨，比 2010 年度增加 1. 2%。尽管需求增幅小于供应，但需求绝对量仍高于供应量（见表 2）。

表 2　世界谷物供需形势

单位：%，百万吨

	2009 年	2010 年估算	2011 年预测
全球产量	2262. 7	2237. 8	2301. 7
全球需求量	2234. 4	2279. 3	2306. 3
供需差额	28. 3	-41. 5	-4. 6
差额率	1. 25	-1. 85	-0. 20
库存量	533. 6	489. 1	486. 2
世界库存量与利用量之比	23. 40	21. 20	20. 70

数据来源：联合国粮农组织全球粮食和农业信息预警系统。

（四）主权债务危机接踵而来，市场信心呈现“有限崩溃”特征

2010 年希腊爆发主权债务危机，一度令市场极为恐慌，国际大宗商品价格纷纷应声而跌。但随着欧元区 7500 亿美元救助计划的出台，市场信心得到较快恢复，价格也节节攀升。因此债务危机对大宗商品市场的冲击力表面上很大，但影响持续时间较短，一旦危机缓解，市场就会反弹。

2011 年 5 月份美国公共债务总额逼近 14.29 万亿美元上限后，众议院投票否决了“无条件上调债务上限”议案，由此引发市场对美债违约的担忧。虽然 8 月 2 日通过《2011 年预算控制法案》，债务上限得到调整，美债违约短期风险基本消除，但这一事件给美国信用造成的负面影响并未消除。2011 年 8 月 5 日，标普将美国国债保持了 70 年之久的 AAA 评级下调至 AA +，成为压断市场脆弱神经的最后一根稻草，大宗商品价格急转直下。

与此同时，欧元区主权债务危机再次成为市场焦点，一方面，债务危机向西班牙、意大利等债务规模庞大的国家蔓延；另一方面，持有大规模希腊主权债券的法国巴黎银行、法国兴业银行及法国农业信贷银行的信用评级受到质疑和下调；由于救助计划迟迟不能出台，欧洲债务危机的影响持续发酵，令投资者的信心雪上加霜，是导致 9 月以来大宗商品价格持续低迷的直接原因。但是 10 月底随着救助计划的出台，大宗商品市场价格也出现回升势头。

总体看来，2011 年 9 月份到 10 月底大宗商品价格水平虽然较年内高点下降很多，但是同比仍然持平或者上升，也高于 2010 年欧债危机爆发后的谷底值。这表明，美债问题以及欧债危机造成的市场信心崩溃并不同于 2008 年次贷危机时的情景，只是一种“有限崩溃”。

三　2012 年国际大宗商品价格形势展望

未来世界经济走势仍然是影响大宗商品价格的最重要因素。虽然当前世界经济复苏形势困难重重，但是发达国家缓慢复苏与发展中国家快速发展的格局还将持续，这决定了市场基本面并不差，商品紧平衡格局还将持续存在；与此同时全球流动性没有收紧的迹象。总体判断，大宗商品价格继续猛烈下跌的可能性并不大，反而可能在欧债危机出现缓解之后再度攀升。以下三个方面的未来走势值得关注。

（一）“欧债危机”的后续进展

欧洲债务危机引起的经济动荡正在成为全球经济增长的主要障碍，因此欧债危机的发展情况是判断未来全球经济走势的重要指标。10 月 27 日欧盟首脑峰会达成新的一揽子危机应对计划，内容包括私人债权人将“自愿”接受希腊债务削减 50%；欧洲将加强金融稳定工具（EFSF）的杠杆能力，使其为将来新发国债提供部分担保（20% ~25%），并通过特别投资工具（SPIV）将 EFSF 规模扩至 1 万亿欧元；进行银行重组，在 2012 年 6 月 30 日以前实现将银行一级核心资本率提高至 9%。

这些内容总体上是对症下药，也暂时稳定了市场信心，因此对短期大宗商品市场具有利好效果。不过，由于是否能够通过 SPIV 将 EFSF 规模扩大到 1 万亿欧元还存在不确定性，未来将成为影响大宗商品走势的重要因素。虽然将银行一级核心资本率提高至 9% 的重组计划雄心勃勃，但是如何确保银行实现这一目标才是关键。通过充实股本的方式提高资本率自然是最理想的方案，能够最大程度上稳定银行业，避免被挤兑破产，但是还存在另一种可能就是银行在未来 6 个月内更加惜贷，从而在资产负债表上完成这一目标。这种短期政策有可能给当前本已困难重重的欧洲经济雪上加霜，因此其未来的实际影响也值得关注。

如果欧洲再次陷入衰退，那么全球经济二次探底的可能性会大大增加，从而给大宗商品价格未来走势带来较大的不确定性。

（二）“货币战争”进一步恶化

由于美国经济前景有进一步恶化的可能，奥巴马提出了就业促进和减赤方案，美联储也宣布实施“卖短买长”的“扭转操作”以刺激经济。尽管美联储并没有直接推出新一轮量化宽松政策（QE3），但其可能推出一些非 QE 的货币政策刺激措施，如调整债券期限结构、设定债券收益率上限、降低存款准备金率或重新估值黄金储备等，已经对市场产生了较为强烈的预期。针对未来美国新一轮宽松的货币政策和美元贬值，世界一些主要经济体正在酝酿应对之策，如英国央行宣布将在两个月内重启国债收购举措，日本央行也已经向市场注入总额为 5.5 万亿日元的流动性来抑制日元升值，瑞士则直接锁定瑞士法郎与欧元汇率下限，同时巴西、阿根廷等新兴经济体也正在放松收紧的货币。如果更多的国家效仿这一宽松的货币政策，毫无疑问将会引发一场全球货币竞相贬值的战争。

货币超发问题已经导致全球流动性泛滥，同时令新兴市场经济体通胀严重。未来的“货币战争”如果继续下去，一方面无疑会使得大宗商品继续“被涨价”；另一方面，还会给新兴市场国家的增长带来不确定性，进而对大宗商品需求的增量部分产生不利影响。

（三）全球大宗商品依然处于紧平衡状态，不排除主要商品价格持续上升的可能

国际大宗商品需求逐步恢复，但供应前景并不乐观。主要商品供求偏紧，不利天气、地区冲突等因素都有可能令市场产生不良预期，从而推高价格。一方面，新兴市场经济体仍然保持较快发展速度，这些国家的巨大需求已经成为国际大宗商品需求增量的主要部分，同时成为推动大宗商品市场价格上涨的主要动力；另一方面，全球大宗商品的供应前景并不乐观。以石油为例，从 20 世纪 70 年代末期直到现在没有发现新的世界性大油田，并且很多油田已过了开采峰值，主要地区的原油出口量在持续减少，而原油消费长期持续增加。基本金属以及粮食的供应和需求也是类似的情况。在流动性依然充裕的情况下，供需紧平衡状态将是推动价格上涨的基本动力，同时也为金融投机炒作提供了源源不断的题材。

（四）大宗商品价格走势判断

1. 基本金属价格走势判断

路透社调查显示，尽管分析师纷纷下调了对 2012 年基本金属价格的预估，但价格仍将处于高位。预计 2012 年平均铜价为每吨 8950 美元，铝价为每吨 2475 美元，锌价为每吨 2222 美元。高盛最新预计未来 12 个月铜价为每吨 9500 美元，铝价预估每吨 2650 美元，锌价每吨 2400 美元。这些预计在一定程度上表明市场对今年底及 2012 年大宗商品市场的行情依然乐观。我们也认为，未来一年大宗商品价格相比当前价格有较大的反弹空间，预计仍会达到 2011 年所出现的高位水平，并在高位维持震荡。

2. 粮食价格走势判断

国际粮食以小麦、水稻（大米）、玉米、大豆为主，处于供求偏紧状态。近

年来由于气候变化的影响，越来越频繁的极端天气事件给全球粮食的供应造成了越来越大的压力，预计 2012 年这种气候状态不会迅速改变，令对供需平衡的预测时紧时松，造成粮价的震荡；与此同时，一些粮食主产区政府的粮食贸易政策影响力逐渐增强，也在一定程度上主导粮价走势，成为提高粮价的主因。因此，我们预计 2012 年粮食价格可能会震荡上扬。

3. 黄金价格走势判断

由于资源的稀缺性，黄金为非可再生资源，供给的增加呈下降态势，而投资需求却不断攀升，黄金价格从长期来看是呈上升趋势的。但影响今年第四季度和 2012 年黄金价格的短期因素是美国未来的经济数据表现情况和欧债危机的进展。

考虑到目前黄金价格高位滑落处于盘整阶段，其避险功能正在逐渐恢复。如果未来经济形势仍然不好，发展中国家通胀保持较高水平，同时美联储继续维持弱势美元，黄金价格会呈现持续上升行情。

G.20

2011 年国际油价走势分析及 2012 年展望

牛　犁*

摘　要： 2011 年以来，国际油价先扬后抑，波动幅度较上年明显加剧。年初在中东北非政局动荡、全球流动性过剩以及投机炒作等因素推动下，国际油价大幅上涨；自 5 月份以来，在欧债危机蔓延扩散、世界经济下行风险加大、利比亚战局趋于明朗等因素作用下，国际油价出现逐级震荡回落。预计 2011 年 WTI 原油期货价格平均为 95 美元/桶，同比上涨 19.6%。展望 2012 年，全球经济增长乏力，石油供求相对宽松，但全球流动性依然比较充裕、美元币值继续疲软、地缘政局动荡等因素使得国际油价将呈现相对高位震荡的态势。初步预计，2012 年 WTI 原油期货均价约为每桶 95 美元左右。

关键词： 国际油价　先扬后抑　高位震荡

一　2011 年国际油价呈现先扬后抑走势

（一）国际油价先扬后抑、波动明显加大

2011 年以来，国际油价先扬后抑，波动明显加剧，WTI 原油期价峰谷波幅超过了 50%。截至 10 月底，纽约市场 WTI 原油期价平均为 94.5 美元/桶，同比上涨 21%；北海 Brent 原油期价平均为 111.3 美元/桶，同比上涨 41.8%。

分阶段看，2011 年初，在石油需求超过危机前水平、中东北非地缘政局动荡、投机力量增强、美元疲软等因素影响下，国际油价呈现出一路攀升的态势，

---

* 牛犁，国家信息中心经济预测部宏观经济研究室主任，高级经济师，主要研究国内外宏观经济、能源、国际油价等问题。

WTI 原油期价运行区间由上年的 70 ~ 90 美元/桶抬升至 90 ~ 110 美元/桶之间，4 月 29 日 WTI 原油期价达到 113. 93 美元/桶，较上年末大涨近 25%，创出自 2008 年 9 月 22 日以来的新高。

然而，自 5 月份以来，中东北非局势对国际油市的影响趋于缓和，由于欧债危机向意大利、西班牙等核心国家蔓延扩散和美国经济增长极度乏力导致投资者对全球经济二次衰退的担忧加深，国际油价出现震荡下行的走势，特别是美债评级下调加剧了金融市场、商品期货市场的急剧动荡。WTI 原油期价运行区间回落至 80 ~ 100 美元/桶之间，10 月 4 日下挫至 75. 67 美元/桶的一年多来新低，较年内最高点 113. 93 美元/桶下跌了 33. 6%。

总体来看，年底前国际油价将呈现高位震荡的态势，预计 2011 年全年 WTI 原油期价平均约为 95 美元/桶，同比上涨 19. 6% 左右（见图 1）。

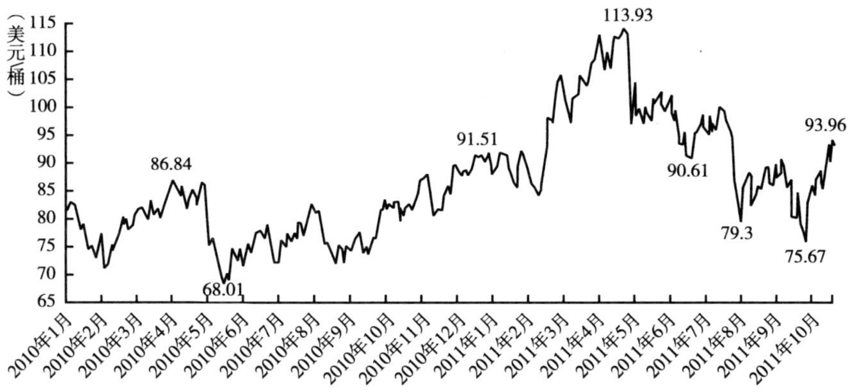

图 1　2010 年以来 WTI 原油期货价格走势

资料来源：美国能源情报署。

（二）WTI 和 Brent 价差倒挂不断扩大

WTI 和 Brent 价差不断扩大成为 2011 年国际油价走势的一大突出特征。从历史上看，WTI 较 Brent 期货的溢价通常在每桶 1 ~ 2 美元。今年以来二者价差不断扩大，在 10 月初创出 27. 9 美元的历史最大价差水平。其原因：一方面，中东北非地缘局势动荡，特别是利比亚战争导致约 160 万桶/日石油供应中断，而利比亚石油主要供应欧洲市场，因而反映欧洲市场的北海 Brent 油价受到了较大冲击。另一方面，美国经济增长乏力，北美市场石油供需宽松，特别是 WTI 原油期货交割地库辛库存和美国中西部库存过高，库辛原油库存一直处在 4000 万桶左右的历史高位。来自加拿大管道的油砂油和美国中西部的页岩油产出充斥市场，导致库存积压。

此次 WTI 和 Brent 价差的扩大很有可能意味着国际原油定价系统的变化。由于 Brent 市场海上运输的自然属性，交易者习惯将其作为国际原油定价标准；Brent 市场对中东局势的敏感度高于 WTI，也反映出其作为首选的国际原油标尺的地位。报价机构普氏（Platts）指出，目前约 70% 的原油现货交易的定价参照的是 Brent 标尺。一部分亚洲原油出产国最近都从其地区性的标尺例如 Tapis 和 Minas 转到了 Brent，WTI 作为全球原油标尺的地位在逐步削弱。

二　2011 年国际油价波动明显加大的成因

（一）2011 年初以来国际油价大幅上涨的成因分析

1. 中东北非政局动荡带来“地缘政治溢价”

中东北非政局动荡成为 2011 年初国际油价大涨的导火索，严重威胁全球石油的生产和运输，给石油市场带来了较大的现实冲击和预期影响。据估计，2 月底 Brent 的 112 美元/桶油价中，中东北非局势动荡引发的石油市场“地缘政治溢价”达到 15 ~ 20 美元/桶。而到 4 月底，Brent 油价一度达到 126.3 美元/桶，“地缘政治溢价”可能超过 20 美元/桶。

2. 石油需求超过金融危机前的水平

2011 年初以来，虽然世界经济复苏势头放缓，但是在新兴经济体较快增长的带动下，全球石油需求保持在 8700 万桶/日之上，石油需求量持续超过金融危机前的水平，特别是年初以来非 OECD 国家石油需求增量高达 150 万桶/日左右，全球石油供求关系较上年有所趋紧，直接支撑了国际油价的上涨。

3. 全球流动性过剩、地缘风险提供了投机炒作的条件

国际金融危机以来，各国实施了超常规的宽松货币政策，特别是 2010 年底美国推出二次量化宽松政策，极大地刺激了全球通胀预期，推动了各类大宗初级产品价格的大幅上涨。2011 年初以来大规模流动性对商品市场的影响逐步体现

出来。纽约商品期货市场上，WTI 原油期货非商业性净多持仓量由年初的 1.49 亿桶增加至 4 月底的 2.58 亿桶，增幅超过 70%。投机资金借助中东北非政局动荡题材大肆炒作，助推国际油价飙升。

4. 2011 年初以来美元指数震荡走低

2011 年初以来，美国经济增长乏力以及巨额财政赤字压力使得美元保持疲软态势。美元指数由上年末的 73 左右一路下跌至 4 月底的 68（见图 2），跌幅达 6.8% 左右。美元走势与国际油价具有非常强的负相关性，年初美元走低成为国际油价上涨的重要支撑因素之一。

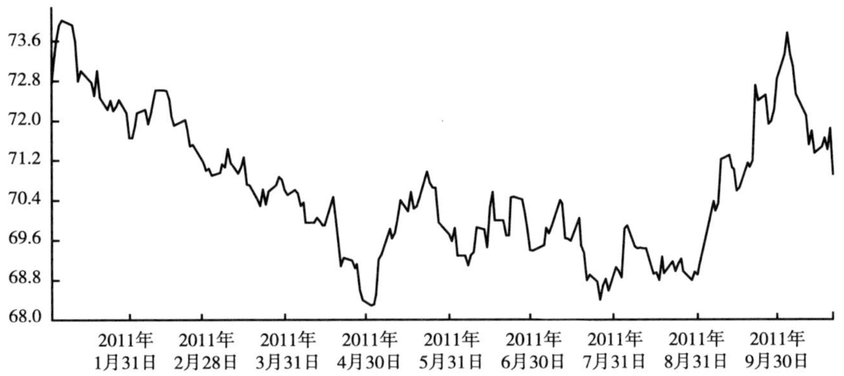

图 2　2011 年名义美元指数走势

（二）2011 年 5 月份后国际油价震荡下跌的成因分析

1. 世界经济下行风险加大，国际机构下调石油需求预期

2011 年 5 月份以来，投资者对全球经济减速的担忧加大，欧债危机已经由外围国家蔓延至核心国家，意大利和西班牙十年期国债收益率快速上升；美国债务上限风波虽已过去，但解决方案不足以稳定政府的中期债务状况，国际评级机构标准普尔公司将美国 AAA 级长期主权债务评级下调一级至 AA+，评级前景展望为“负面”。与此同时，一、二季度美国 GDP 环比折年率仅增长 0.4% 和 1.3%，接近衰退边缘。因此，世界经济下行风险加大，全球石油需求增长将放缓。国际能源署、美国能源情报署以及欧佩克等国际机构普遍下调了全球石油需求预期。全球经济基本面恶化成为国际油价下跌的根本动因。

2. 欧债、美债危机蔓延扩散，全球股市出现暴跌

下半年以来，国际金融市场急剧动荡，出现灾难性的狂泻潮。世界经济遭受前所未有的叠加冲击，全球股市上演“黑色星期四”，“黑色星期一”，大宗商品出现暴跌。此外，美国商品期货交易委员会的数据表明，国际油市投机资金在减少。纽约市场非商业性原油期货净多头持仓量由 4 月底的 2.58 亿桶左右减少至 10 月初的 1.1 亿桶，减少了约六成仓位。债务危机扩散，资本市场恐慌，加大了石油等商品期货市场价格的暴跌。

3. 美元并未因美债评级下调而走低

尽管国际评级机构标准普尔公司将美国国债信用等级由 AAA 下调为 AA +，但是美国长期国债收益率并没有因此而大幅上升，美元并没有因此而快速贬值，反而由于国际金融市场急剧动荡、恐慌情绪蔓延和避险功能而有所走强，或者说相对于其他货币而言，危急时刻还是美元更受大家信任。因此，美元相对走强也在一定程度上打压了国际油价的走势。

4. 中东北非地缘政治局势对油价影响趋于缓和

2011 年初以来，中东北非地缘政局动荡成为推动油价上行的重要力量。但是，自 6 月份以来，战争导致利比亚供应中断的约 160 万桶/日石油供应量已经由 OPEC 其他成员国增产得以弥补。因此，中东北非局势对国际油价的影响已经逐步减轻，国际油价的战争溢价逐步减弱。

表 1　2011 年 1 ~ 9 月欧佩克石油供给量

单位：百万桶/日

国　家	1 月	2 月	3 月	4 月	5 月	6 月	7 月	8 月	9 月
阿尔及利亚	1.27	1.27	1.27	1.27	1.27	1.27	1.27	1.27	1.27
安哥拉	1.70	1.70	1.70	1.65	1.55	1.60	1.65	1.70	1.75
厄瓜多尔	0.50	0.51	0.50	0.50	0.50	0.49	0.49	0.48	0.48
伊朗	3.70	3.70	3.70	3.70	3.70	3.70	3.65	3.65	3.65
伊拉克	2.60	2.50	2.50	2.50	2.55	2.55	2.60	2.60	2.70
科威特	2.30	2.30	2.40	2.50	2.50	2.50	2.50	2.55	2.55
利比亚	1.65	1.34	0.30	0.20	0.20	0.10	0.10	0.00	0.10
尼日利亚	2.18	2.17	2.05	2.10	2.17	2.17	2.17	2.20	2.20
卡塔尔	0.85	0.85	0.85	0.85	0.85	0.85	0.85	0.85	0.85
沙特	9.10	9.10	8.90	8.90	8.90	9.60	9.80	9.90	10.0

续表

国　家	1 月	2 月	3 月	4 月	5 月	6 月	7 月	8 月	9 月
阿联酋	2.40	2.40	2.50	2.60	2.60	2.60	2.60	2.60	2.60
委内瑞拉	2.20	2.20	2.20	2.20	2.20	2.20	2.20	2.20	2.20
欧佩克原油	30.45	30.04	28.87	28.97	28.99	29.63	29.88	30.00	30.35
其他液体燃料	5.61	5.60	5.42	5.48	5.48	5.48	6.15	6.17	6.18
欧佩克石油	36.06	35.64	34.29	34.45	34.46	35.11	36.02	36.17	36.54

数据来源：美国能源情报署，2011 年 10 月。

5. IEA 投放储备及产油国增产，石油供给相对宽松

6 月 23 日，国际能源署宣布，在未来一个月内向市场投放 6000 万桶石油战略储备，这在一定程度上缓解了欧美发达国家夏季用油高峰期的石油供需紧张状况。同时，投放战略石油储备在短期内具有打击投机、缓解油价上涨预期的作用。此外，尽管 OPEC 会议没有达成提高生产配额的计划，但实际上随后几个月 OPEC 的产量有所回升。根据美国能源情报署的报告，OPEC 石油产量由 3 月份的 3429 万桶/日增加至 8 月份的 3617 万桶/日，增加了 188 万桶/日，OPEC 石油供应量超过中东北非政局动荡之前。石油供给状况的改善抑制了油价上涨。

三　2012 年国际油价将呈相对高位震荡态势

（一）全球经济将低速增长，石油需求将稳步增长

展望未来，全球经济活力正在减弱，并且内外部失衡进一步加剧，市场信心近期大幅下降，下行风险逐渐增大。发达国家将面临陷入滞胀的态势。一方面，主要发达国家普遍面临主权债务压力和金融稳定风险，私人需求尚未接过拉动经济增长的接力棒，经济增长动力仍然不足；另一方面，由于货币政策依旧宽松，甚至存在出台新的量化宽松政策的可能，通胀压力相对较大。新兴经济体面临着外部环境复杂多变、大量热钱冲击以及政策紧缩对经济增长的抑制等问题，其经济增速将继续呈放缓态势。因此，2012 年全球经济将保持低速增长态势。根据 IMF《世界经济展望》秋季报告预测，2012 年世界经济将增长 4%，与 2011 年基本持平。其中，发达经济体将增长 1.9%，新兴和发展中经济体将增长 6.1%（见表 2）。

表 2 世界及主要经济体经济增长预测

单位：%

国家或地区	实际		预测	
	2009 年	2010 年	2011 年	2012 年
世界经济	-0.7	5.1	4.0	4.0
发达经济体	-3.7	3.1	1.6	1.9
美国	-3.5	3.0	1.5	1.8
欧元区	-4.3	1.8	1.6	1.1
日本	-6.3	4.0	-0.5	2.3
新兴和发展中经济体	2.8	7.3	6.4	6.1
中国	9.2	10.3	9.5	9.0
印度	6.8	10.1	7.8	7.5
俄罗斯	-7.8	4.0	4.3	4.1
巴西	-0.6	7.5	3.8	3.6
南非	-1.7	2.8	3.4	3.6
世界贸易总量	-10.7	12.8	7.5	5.8
发达经济体 CPI	0.1	1.6	2.6	1.4
新兴和发展中经济体 CPI	5.2	6.1	7.5	5.9

资料来源：2011 年 9 月 IMF《世界经济展望》秋季报告。

2012 年，全球经济将保持增长，特别是发展中经济体增速依然较快，全球石油需求将保持稳步增长态势。根据国际能源署、欧佩克和美国能源情报署的最新报告预计，2012 年全球石油日需求同比增加量分别为 130 万、119 万和 144 万桶，分别增长 1.4%、1.36% 和 1.6%（见表 3）。

表 3 全球石油需求变化预测表

单位：百万桶/日

年 份	2009	2010	2011	2012
OECD	45.61	46.1	45.74	45.68
美国	18.77	19.18	18.95	19.05
加拿大	2.16	2.21	2.21	2.18
欧洲	14.66	14.58	14.34	14.21
日本	4.39	4.45	4.49	4.48
其他 OECD	5.36	5.43	5.44	5.45
非 OECD	38.72	40.97	42.66	44.16
前苏联	4.14	4.29	4.54	4.62
欧洲	0.75	0.73	0.76	0.76
中国	8.33	9.19	9.88	10.45
其他亚洲	9.55	9.93	10.23	10.45
其他非 OECD	15.95	16.83	17.25	17.89
世界总消费	84.33	87.08	88.4	89.84

资料来源：美国能源情报署，2011 年 10 月。

（二）石油供给稳定，剩余产能较多，库存较为充裕

1. 全球石油供给将保持较快增长

2011 年以来，国际油价保持历史较高水平，将刺激石油生产国加大石油勘探开发投资，进一步增加石油产能。同时，当前全球通胀水平上升以及美元总体疲软，欧佩克将会通过生产配额的调控来调高对国际油价水平的期望值。此外，随着利比亚战争的结束，其石油生产将会逐步恢复。根据美国能源情报署《10 月份短期能源展望》报告预计，2012 年全球石油日供给量为 8941 万桶，较上年增加 157 万桶，同比增长 1.8%。其中，欧佩克石油日供应量增加 73 万桶，同比增长 2.1%，而非欧佩克国家石油日供应量将会增加 84 万桶，同比增长 1.6%。

表 4　全球石油供给变化预测表

单位：百万桶/日

年　份	2009	2010	2011	2012
OECD	21.07	21.42	21.52	21.74
美国	9.14	9.69	9.93	10.0
加拿大	3.31	3.49	3.58	3.78
墨西哥	3	2.98	2.96	2.91
北海	4.07	3.73	3.52	3.5
其他 OECD	1.55	1.53	1.52	1.55
非 OECD	63.27	65.5	66.33	67.67
OPEC	33.87	35.15	35.57	36.3
原油	29.1	29.77	29.74	30.01
其他石油气	4.78	5.39	5.83	6.29
前苏联	12.9	13.18	13.33	13.43
中国	3.99	4.27	4.41	4.55
其他非 OECD	12.51	12.9	13.01	13.39
世界总产量	84.35	86.93	87.84	89.41

资料来源：美国能源情报署，2011 年 10 月。

2. 欧佩克石油剩余产能仍比较充裕

根据美国能源情报署预计，2012 年欧佩克原油剩余产能仍将保持高位，预计将达到 346 万桶/日，将超过上年的水平，并大大超过 2000～2010 年平均约 270 万桶/日的水平（见图 3），剩余产能保持较大规模成为稳定国际市场油价的基础之一。

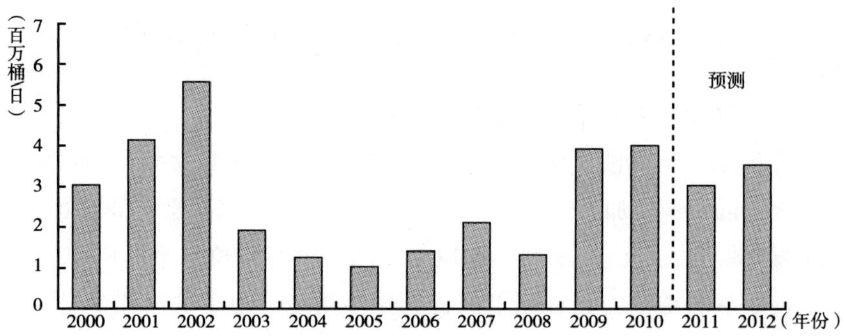

图 3　2000 年以来欧佩克原油剩余产能变化

资料来源：美国能源情报署，2011 年 10 月。

3. 发达国家商业石油库存将稳中趋降

展望未来，主要发达经济体经济难以强劲增长，石油需求比较低迷，因而补充石油库存的动力不足。据美国能源情报署预计，2012 年末 OECD 国家商业石油库存将为 25.6 亿桶，可满足 OECD 国家 56 天的石油需求（见图 4），尽管较上年末略有减少，但处于过去五年平均水平的中间偏上位置，将有助于稳定国际石油市场价格。

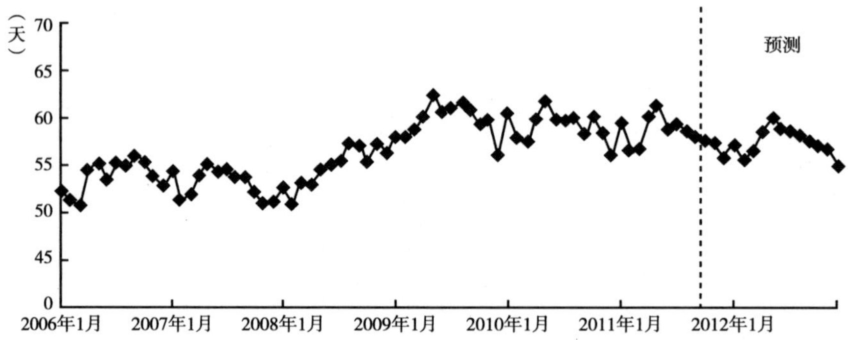

图 4　OECD 石油商业库存可供应天数变化

资料来源：美国能源情报署，2011 年 10 月。

（三）美元币值仍将保持疲软态势

2012 年，影响美元走势的基本面因素不会有太大改观。一是高失业率使得美国居民收入增长缓慢，这将导致作为美国经济增长主要动力的消费需求低迷，

同时，居民和企业部门去杠杆化过程比较漫长。二是美国财政赤字占 GDP 的比重接近 10%，数倍于 3% 的国际警戒线，国债总额占 GDP 的比重在 100% 左右，也明显高于 60% 的国际警戒线。三是美国到 2013 年中期之前保持现行利率不变，推出了“卖短买长”扭转操作等旨在压低长期国债利率的政策。四是欧元受到欧债危机的拖累难以走强，避险功能会在一定程度上增加美元需求。因此，美元仍将保持疲软态势，既难以强劲回升，也不会大幅贬值。而美元与油价之间存在典型负相关关系，美元疲软将会支撑油价上涨（见图 5）。

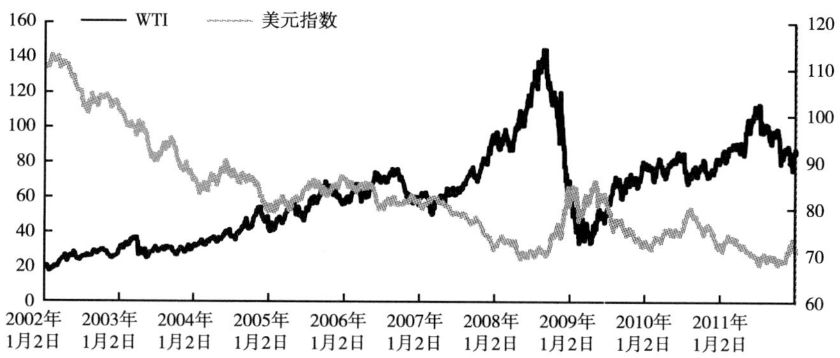

图 5　美元指数与 WTI 原油期价走势对比

（四）石油期货市场投机炒作仍起较大作用

总体来看，2012 年国际石油期货市场上投机炒作的力量仍不可小视。一方面，因经济增长乏力，主要发达国家仍然保持宽松的货币政策，特别是前期各国大规模注入的流动性对市场的影响逐步显现出来，同时也不能排除部分发达国家再次推出量化宽松政策的可能性，因而商品期货市场投机炒作的资金仍然比较充裕。另一方面，2012 年是美国、俄罗斯等大国的大选年，将会加强石油等期货市场的监管力度，抑制投机炒作活动。因此，2012 年投机炒作仍将对国际油价具有较大的助推作用，但过度投机行为将会受到一定的遏制。

（五）地缘政治动荡扰动国际石油市场

石油除了一般商品属性外，还具有战略物资的属性，其价格和供应很大程度上受政治势力、政治局势以及飓风等重大突发事件的影响。近年来，随着政治多

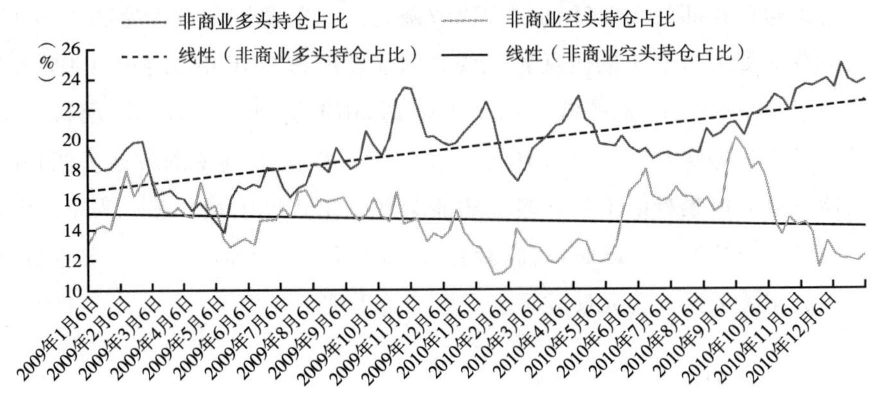

图6　2009 年以来纽约市场非商业性原油期货持仓比例走势

资料来源：美国商品期货交易委员会（CFTC）。

极化、经济全球化、生产国际化的发展，争夺石油资源和控制石油市场，已成为油市动荡和油价飙涨的重要原因。2011 年初，中东北非地缘政治局势动荡就导致国际油价出现大幅上涨。2012 年，中东北非地区政局仍然是影响油价的重要不确定性因素，伊朗因核问题与西方国家关系紧张等成为影响国际油价走势的重要不确定因素。

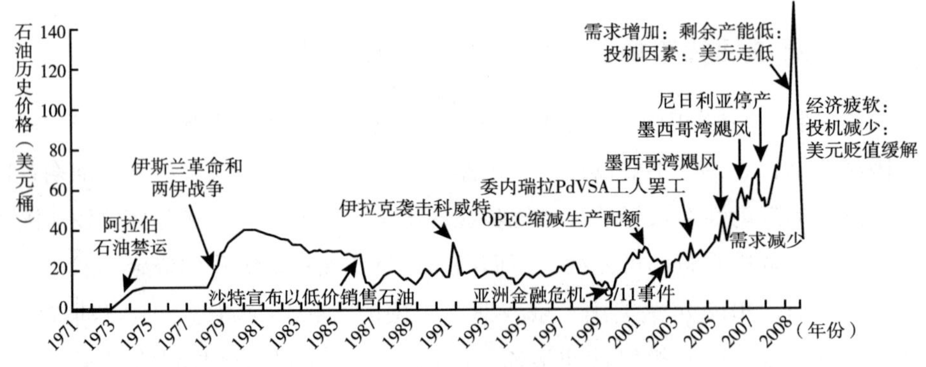

图7　地缘政治风险与国际油价走势

综上所述，2012 年世界经济将低速增长，石油供求关系仍比较宽松，国际油价将保持相对高位震荡的态势。初步预计，纽约市场 WTI 原油期货平均价格约为每桶 95 美元左右，与 2011 年基本持平。如果不发生新的影响油价的重大突

发事件，2012 年 WTI 油价在每桶 110 美元以上和 80 美元以下的运行空间有限。如果发达国家无法有效化解公共债务问题尤其是欧债危机蔓延，将有可能导致部分发达国家出现经济衰退，那么国际油价运行区间将会向下调整。而如果发达国家的债务问题和新兴经济体的通胀问题均能够得到有效解决，未来世界经济整体也有望维持较快增长，石油市场需求较预期更为旺盛，那么国际油价运行区间将会向上调整。

近期，国际机构对国际油价走势作出了预测。2011 年 9 月 IMF《世界经济展望》秋季报告预计，2012 年世界油价（WTI、Brent、Dubai 三个市场油价简单平均）为每桶 100 美元，同比下降 3% 左右。2011 年 11 月底，路透调查显示，2012 年 WTI 和 Brent 原油期货均价分别为 96. 5 美元/桶和 107 美元/桶。美国能源情报署 2011 年 12 月份《短期能源展望》预计，2012 年 WTI 原油期货均价为每桶 98 美元，同比增长 3. 4%。

G.21

2011 年国际金融市场走势分析及 2012 年展望

张茉楠 *

摘　要：2011 年以来西方国家主权债务风险集中爆发，全球步入危机发展新阶段。2011 年二季度以来，随着欧美债务危机动荡升级和对世界经济二次衰退担忧的升温，以及美元流动性骤然收紧导致的金融系统信贷困境，全球资产价格走势出现逆转，投资者风险偏好严重受挫，避险需求迅速攀升，“去风险化”成为短期国际金融市场的重要选择。展望 2012 年，由于恰逢欧美主权债务与银行债务偿债高峰期，金融市场流动性紧张以及融资压力进一步升高对银行业形成新的威胁，主权债务的“金融堰塞湖”效应还将严重困扰全球经济。

关键词：主权债务危机　金融加速器　避险资产　银行信贷危机

一　2011 年主权债务危机主导全球金融市场

2011 年国际金融市场步入剧烈动荡期，日本核辐射蔓延、利比亚局势升级、债务危机阴云笼罩等一系列威胁全球经济复苏和金融稳定的风险事件频频来袭。特别是进入二季度以来，欧洲债务危机持续升温，美国“3A”主权信用评级遭降级以及对全球经济形势急剧恶化的担忧，引发股市、汇市、债市等国际金融市场的剧烈震荡，风险资产损失惨重，主权债务风险成为主导本轮金融动荡的最主要因素。

---

* 张茉楠，国家信息中心预测部世界经济研究室副研究员，经济学博士后，主要研究国际金融与国际资本流动、全球经济失衡、国际货币体系改革等。

（一）2011 年全球主权债务风险集中凸显

金融危机以来，西方发达国家政府试图通过扩大其资产负债表和向金融、居民及企业部门提供刺激来减轻财富缩水的冲击，进而控制去杠杆化的速度，私人部门的资产负债转移至政府部门。根据 IMF 的数据，从 2007 年次贷危机开始至 2010 年，全球经济体财政赤字占全球产出的比重平均上升了 15 个百分点，全球公共债务增加约 15.3 万亿美元，几乎等于此前 5 年年均债务增加量的 3 倍，负债水平普遍比危机前的 2007 年提高了 15% ~20%。截至 2010 年底，希腊、意大利、比利时、爱尔兰、葡萄牙、德国和法国的债务占国内生产总值（GDP）之比分别高达 142.8%、119.0%、96.8%、96.2%、93%、83.2% 和 81.7%，而美国公共债务占 GDP 的比重也高达 97% 以上。

（二）“金融加速器”加大主权债务和金融市场风险联动

主权债务与金融市场的恶性循环是通过“金融加速器”来实现的。从机制上看，“金融加速器”会通过资产价格渠道加强主权债务和经济波动之间的反馈作用。经济处于扩张阶段时，随着资产价格的上涨，一国政府和私人部门资产负债表扩大，主权债务的增加使得该国可用资金增多，通过杠杆效应推动经济加速增长，而经济增长又会刺激市场信心和外部融资，导致债务规模的继续增大。相反，经济萎缩导致了政府和私人部门资产负债表的恶化，主权债务的增加将导致市场违约担忧情绪上涨和外部融资成本上升。“去杠杆化”效应将使各部门的资产负债表进一步收缩，市场流动性下降导致投资信心不足，资本溢价风险放大导致借贷能力大幅下降，并通过投资乘数效应使经济加速下滑。而为遏制经济复苏放缓，各国加强对危机的干预又导致财政赤字和国债规模的不断扩大，于是，就形成了“债务危机——资产负债表恶化——去风险资产——流动性枯竭——信贷全面紧缩——经济萧条——债务危机加剧”这样一个恶性循环。

二　资产价格走势逆转：风险资产受挫，避险资产受益

在主权债务危机、经济衰退两大风险集中爆发导致金融市场动荡不定的宏观

大背景下，全球投资者风险偏好严重受挫，避险需求迅速攀升，“去风险化”成为短期国际金融市场的风向标。

（一）“去风险化”情绪主导全球金融资产价格走势

全球总需求持续低迷、欧债危机不断发酵以及全球流动性预期的改变引发了“去风险化”情绪的增强，受此影响，资产走势开始回归基本面。由于美国经济增长的历史数据大幅下调，特别是2011年上半年的增速大大低于此前的统计数据，欧洲经济二季度环比增长率仅为0.2%，疲弱程度超出预期，这意味着公司的盈利前景、大宗商品的需求预期在此前是被高估的，金融市场必然对公司股票与债券，以及被金融化的大宗商品进行价值重估。因此，自7月份美国GDP数据发布以来，市场陷入“集体性恐慌”，全球股票价格持续下行，公司债券收益率上升，初级产品市场牛市终结。特别是欧债危机动荡升级后，全球经济增长前景更加恶化，强化了金融资产价格下跌走势。截至10月25日，摩根斯坦利国际资本公司编制的MSCI新兴市场指数、欧元区指数、美国指数今年以来分别下跌17.54%、11.47%和0.22%。同时，海外资金也从新兴市场股市基金大幅撤出。根据EPFR统计数据，截至10月19日，新兴市场股票基金自年初“失血”412亿美元。

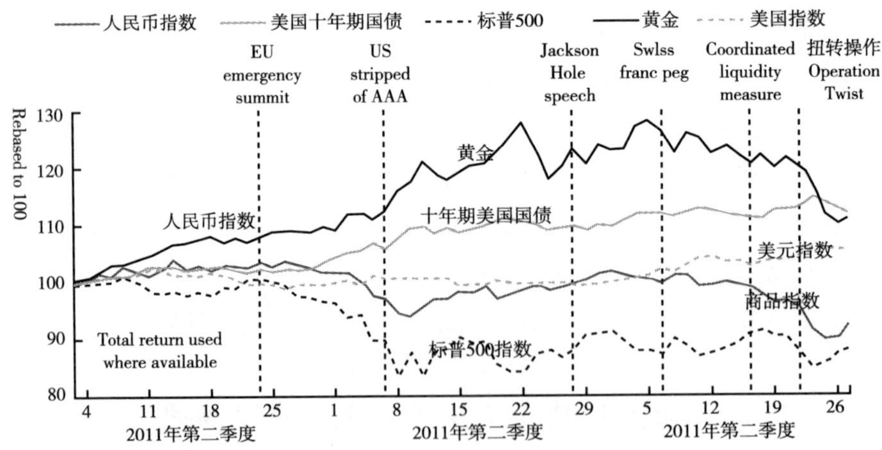

图1　2011年二季度以来全球主要资产价格走势及表现

资料来源：彭博社。

（二）全球汇市动荡加剧，美元重启“避风港”升值效应

受风险事件频发影响，今年以来，作为全球“货币锚”的美元“双向波动”幅度加大，但总体趋于强势。今年上半年以来，国际汇市非美货币走势强劲，频创新高。三季度，为抑制货币过度升值对实体经济的损害，日本央行、瑞士央行毅然祭出了“干预汇率”的杀手锏。其中，瑞士央行宣布将瑞郎与欧元汇率设定在1.2∶1的水平，并随时做好无限量购买外汇抛售本币的准备。为遏制日元快速升值，日本央行大举抛售日元买入美元，在不到一年的时间内四次干预日元。近期，日元兑美元创下了二战以来的新高，日元显著而持续的升值态势已经成为危及日本经济的最大隐患。

而随着8月以来希腊债务违约担忧加剧以及美联储卖短买长的“扭转操作”，全球金融市场短期美元流动性吃紧，美元需求紧张驱动避险资金回流美元，避风港效应重启美元升值通道，欧元以及新兴经济体货币兑美元开始大跌，欧元兑美元一度跌破1.3400关口并刷新8个月以来低点。巴西、印度、印尼、韩国、墨西哥、俄罗斯和南非等国货币一反过去的升值势头，出现较明显的贬值倾向。9月以来，巴西、印度、印尼、韩国、南非、土耳其、波兰和匈牙利的货币大幅贬值，巴西货币雷亚尔对美元贬值幅度超过了18%。近期，随着欧洲央行重启商业银行流动性信贷计划以及欧盟峰会新方案的刺激，风险偏好情绪大幅提振，令美元全线承压，新兴经济体货币兑美元出现反弹。

（三）全球债券市场冰火两重天，美债和新兴市场债券备受追捧

作为全球资金流向风向标的债券市场呈现“冷热”不均的发展态势。

一是作为危机震源地的欧洲债券市场遭遇“寒冬”。随着主权债务进一步恶化，并向欧元区核心成员国蔓延，影响范围不断扩大，欧元区多数成员国国债收益率呈现上行态势。二季度以来，欧元区国家主权信用评级频频被下调，“欧猪五国”国债收益率大幅飙升，与德国国债之间的收益率差急剧扩大，希腊几乎失去了在市场上进行融资的可能。

二是被视为避险资产的美债和新兴市场债券受热捧。8月初，美国国债虽然首次失去享受70多年的“AAA”评级，并没有影响市场对美债的需求。美国作为世界最主要的储备货币国，其国债具备天然的优势，是全球金融市场的定价基

准和安全港，再加上美联储持续购买国债的支撑，美债成为受追捧的避险资产。数据显示，美国债券基金过去三个季度的累计资金净流入额达 396.05 亿美元，其中美国机构债券指数和长期公司债券指数较 2011 年初分别上涨 15.0% 和 12.18%，就连美国“两房”抵押债券也上涨 4% 以上。日本国债市场相对封闭，在国内高储蓄率的支撑之下，也是国际金融市场的避风港。三季度以来美国和日本国债收益率持续下行。但近期，随着欧洲金融稳定基金 EFSF 扩容、希腊债务减记等解决方案的出台以及美国三季度 2.5% 的超预期增长，使市场情绪开始稳定，美国 10 年期国债收益率小幅走升（见图 2）。

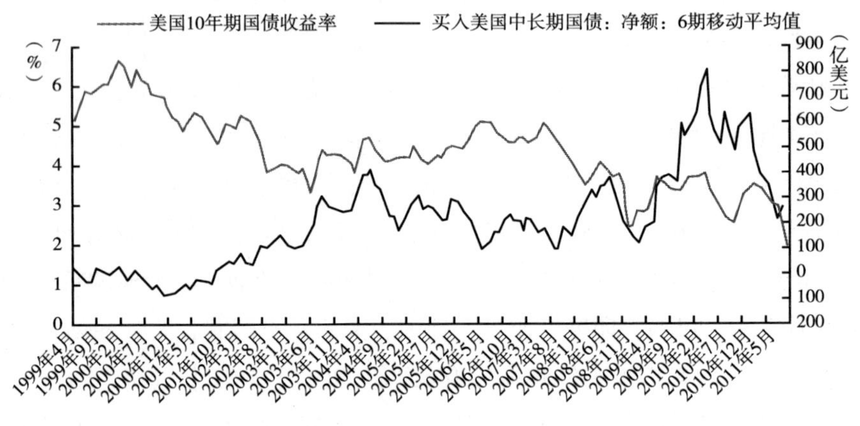

图 2 美债“避风港”效应再次凸显

数据来源：Wind 资讯。

相比于发达经济体，新兴市场主权债务情况总体良好，债务负担较低，债券收益率高，成为全球资金新宠。尤其是伴随着人民币国际化和香港离岸人民币市场的推进，以人民币计价的点心债券呈现爆发式增长，年初至今，有 38 家机构在香港发行总值 427 亿元人民币的人民币债券（不包括人民币存款证），打破了 2010 年全年共有 16 个发行人发行总值 358 亿元人民币债券的纪录。预计人民币等新兴经济体债券受追捧将成为全球债券市场的新趋势。

三 美元流动性骤然收紧加剧金融市场和银行业融资困境

全球总体流动性宽裕度高于金融危机之前，但金融市场流动性开始趋紧。为

应对金融危机，世界各国释放了大量的流动性，2008 年金融危机至今美元流动性增长了 2.3 万亿美元，全球广义货币供应量 M2 已接近 60 万亿美元左右。在全球十大经济体（以 2010 年 GDP 排名）中，美国、中国、日本、英国、巴西、印度、加拿大这七个国家，2008～2010 年三年时间，货币供应量增加了 8.96 万亿美元，增幅高达 43.16%。但是随着二季度全球总体流动性（M2/GDP）增幅放缓以及主权债务危机恶化，国际金融市场的流动性出现了逆转。

（一）国际金融市场和欧洲银行业凸显流动性短缺和大面积美元“钱荒”

二季度以来，随着欧洲金融货币市场骤然恶化，经济衰退和债务升级的恐慌情绪已推高欧洲银行间拆借利率，并导致银行间互不信任情绪增强，市场担心银行系统性风险即将爆发，欧元 3 月期 Libor-OIS 息差也自 7 月下旬的 0.2%～0.3% 的区间，升至目前的 0.75%（10 月 21 日），同时美元 3 月期 Libor-OIS 息差也被拉升（见图 3）。出现流动性枯竭主要是以下原因：

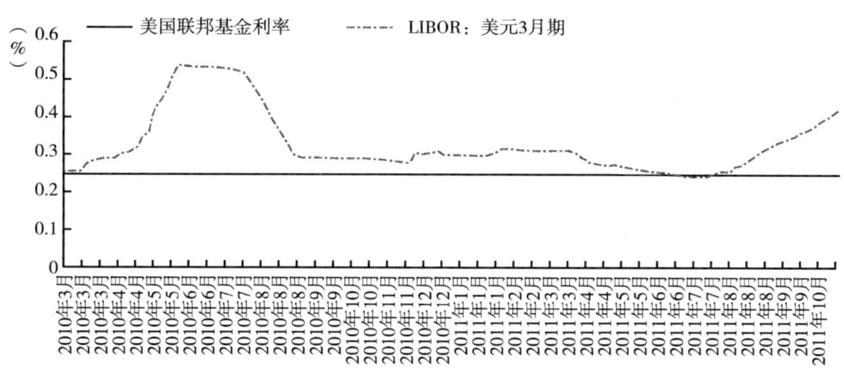

图 3　美联储基准利率与美元 3 个月 Libor 利率

数据来源：Wind 资讯。

（1）欧洲银行业对重债务国风险敞口巨大。国际清算银行统计显示，截至今年二季度末，欧洲银行业持有 1363 亿欧元的希腊债务，其中法国银行持有希腊债务为 557.4 亿美元，德国银行业尽管在第二季度减持了希腊、意大利债务约百分之十，但仍持有 213 亿美元债务。除此之外，法国、德国银行业持有意大利风险敞口分别为 4102 亿和 1649 亿美元；持有西班牙风险敞口分别为 1461 亿和

1779 亿美元；持有葡萄牙风险敞口分别为 283 亿和 389 亿美元；持有爱尔兰风险敞口分别为 301 亿和 1165 亿美元。随着对希腊债务违约以及对银行资产大规模减记风险的担忧，欧洲银行业 CDS 溢价持续上涨，并大大高于美国与英国银行业水平。CDS 溢价的上升意味着投资者需要更大的风险溢价补偿，这直接导致银行体系债务融资的成本上升。

（2）欧洲银行业拆借资金为主的融资结构。欧洲银行业对拆借资金的依赖要大于其他主要发达经济体。相比上年，2011 年 3 月欧洲银行业拆借资金占资金来源比重高达 50%。当 2007 年次贷危机爆发时，市场流动性的干涸相当迅速。类似的，当欧债危机加剧时，市场流动性的丧失也很迅速，而拆借资金为主的融资结构将会加剧欧洲银行业的流动性危机。

（3）美国货币基金开始撤资。随着银行交叉货币融资量的增加，欧洲银行体系自 2000 年起大幅增加多头美元头寸。当前，尽管美国货币市场基金直接持有欧债国家主权债券的份额并不大，但持有欧洲商业银行债券的风险敞口高达 1 万亿美元。为了避险清偿，美国主要货币市场基金已经削减了在欧洲银行存款和商业票据的风险敞口，货币基金的风险敞口由上年底的 3910 亿美元削减至 2140 亿美元。

（4）美联储卖短买长的“扭转操作”。为了压低美国长期国债收益率，美联储实施了改变资产负债表期限结构的“扭转操作”（OT），这使得全球金融市场短期美元流动性吃紧，导致欧洲银行将欧元兑换成美元的成本自 6 月份以来已经上涨了 5 倍，欧元/美元基准掉期利率出现严重恶化，欧洲银行在美元融资市场上压力陡增，欧洲银行体系出现大面积美元“钱荒”。

不仅如此，就连作为贷款人的国际货币基金组织（IMF）也凸显美元融资缺口，IMF 研究报告显示，如果全球金融形势恶化，越来越多的国家向世界贷款机构寻求金融救助，IMF 的贷款资源就面临近 6400 亿美元的缺口。一面是对美元极度的融资渴求，一面是收紧的美元流动性，因此，整个金融市场出现了美元信贷供给的严重短缺。欧洲各国为了保证美元融资链不至于断裂，甚至开始抛售黄金来换取美元融资。

（二）巴塞尔协议Ⅲ和金融监管法案给欧洲银行业套上了“紧箍咒”

根据巴塞尔Ⅲ的新规，商业银行一级核心资本的最低要求由之前的 2% 提高

至 4.5%，且商业银行需留存 2.5% 的超额资本作为“反周期缓冲”。两项加起来，商业银行一级核心资本充足率已达 7%。如果再加上讨论中的额外强制资本附加要求，系统性重要银行的一级核心资本充足率将达到 8% ~9.5%。此外，为了应对当前愈演愈烈的欧洲银行业风险，欧盟即将公布旨在遏制衍生品交易、加大对高频交易策略监督的一整套金融监管法案。从影响效果看，大规模银行监管可能是把“双刃剑”：不断提高的核心资本要求，尽管可以起到确保银行安全性的作用，但这可能加剧现在已经恶化的银行融资形势。资金短缺的欧洲银行业目前既无力在债市融资，又面临同业拆借枯竭，然而又必须为背负的长期债务寻找再融资，并满足贷款需求。陷入融资干涸的银行业，可能会进一步遏制欧洲本已经滑向衰退边缘的经济。

（三）融资成本上升，新兴市场银行业贷款条件趋于恶化

当前，欧洲银行业的融资困境正在向亚洲以及新兴经济体蔓延。随着全球美元存款增速减慢，美元流动性供应出现短缺，亚洲银行的美元融资成本也开始飙升。国际金融协会（IIF）调查表明，三季度以来亚洲、东欧、拉美等新兴市场银行正受到欧债危机的影响，面临信贷标准收紧、坏账增多等困境，全球新兴市场国家贷款条件指数从 2010 年第 4 季度的最高一路降至历史低点。欧洲新兴市场的银行贷款条件急剧恶化，说明不仅欧债危机蔓延，某些新兴市场国家本地借贷条件同样恶化。

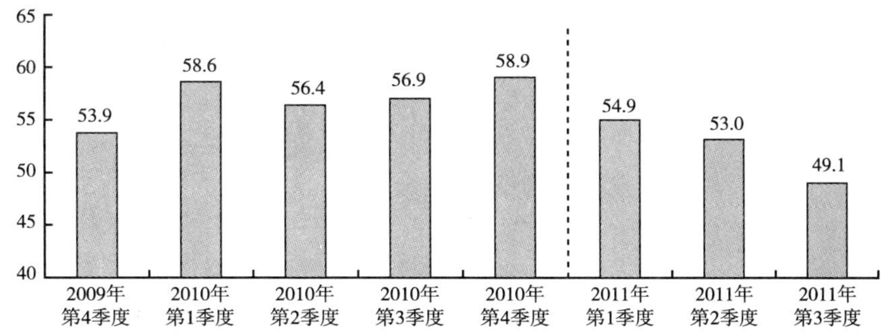

图 4　全球新兴市场银行贷款条件指数趋于恶化

资料来源：IIF。

四 2012年全球金融市场可能面临更大的风险与挑战

从总体形势看，明年不确定、不稳定的因素很多，发达国家债台高筑仍将是拖累全球经济复苏的最大隐患，资产负债表的艰难修复、中长期增长放缓以及主权债务危机解决的复杂性和艰巨性都决定着世界经济未来几年内还将低速徘徊。在“缺需求、缺方法、缺信心”的大背景下，全球经济的不平衡性与风险可能进一步上升。由于欧洲问题积重难返，很可能再出变数，主权债务的“堰塞湖”效应还将严重困扰全球金融市场。

（一）欧债危机难以调和，系统性风险逐步加大

10月26日，久陷谈判僵局的欧盟峰会终于达成协议，出台了包括“减记50%希腊债务、杠杆化扩容EFSF规模以及补充欧洲银行业1064亿欧元资本缺口”等一揽子救助计划。这些方案短期内对于舒缓希腊债务压力、提高银行业资本充足水平以及稳定金融市场情绪有一定积极效果，然而，由于新方案并未实质性改善偿付能力，并在主权债务与银行体系之间设立“防火墙”，救助机制是否足以遏制债务危机继续向银行业和核心国蔓延？意大利债务危机是否会被引爆？法国会不会失去其AAA评级？欧债危机的系统性风险正在逐步加大。

首先，希腊债务危机不仅仅是流动性危机，更是偿付能力危机，而欧盟的救助新方案并没有改善希腊的偿付能力。根据IMF、欧盟和欧洲央行“三驾马车”发布的最新报告，2011年希腊经济预计将会收缩5.5%，仍然深陷衰退，而债务水平仍在继续上升，2013年将达到GDP的186%。一面是大幅收紧的财政支出，一面是深陷衰退的经济，在经济增长远远赶不上债务增长的情况下，50%的减记规模依然挡不住希腊债务重组的脚步。

其次，欧盟希望通过EFSF担保债券4~5倍杠杆增至万亿欧元规模，但能否顺利融资仍存在相当大的不确定性。随着西方主权债务危机的持续恶化，国际金融市场的流动性骤然紧张，欧洲债券出现了大面积的美元钱荒，就连IMF也凸显美元融资缺口，想依靠4~5倍杠杆化融资的希望十分渺茫，而这也是EFSF寄希望新兴经济体出手的真正原因。

最后，截至今年一季度末，欧洲银行业对“欧猪五国”的债权（包括公共

部门和私人部门）为 2.27 万亿美元，1064 亿欧元可谓是“杯水车薪”。而且，继续大幅减记债务将使银行资产负债表受损，进一步加重欧洲银行业危机。

因此，“饮鸩止渴”式的救助措施依然令欧洲命运前途未卜。从现实情况看，要隔绝欧债危机的蔓延和升级，欧洲必须设下两道“防火墙”：一是防止希腊债务危机向欧洲银行体系扩散；二是防止危机在负债国之间“交叉感染”。但这两点欧盟在短期内都难做到。若希腊问题得不到妥善解决，市场对欧洲应对危机的信心可能进一步恶化，并导致意大利、西班牙面临债务违约的风险，甚至法国等核心国也将卷入风暴之中。如果法国被下降 3A 评级，EFSF 也会自动失去 3A 评级，并使 EFSF 的 CDS 溢价大幅上升，使整个欧债危机的救助机制流产。

（二）主权债和银行债集中到期，全球金融市场将面临新一轮融资困境考验

事实上，即便是 EFSF 能够杠杆化，也掩盖不了主权债务融资匮乏的局面。随着主权债务危机升级，常规融资来源供应会越来越少，未来融资可能会变得更加困难。2012 年是欧元区国家债务到期高峰期，五国债务到期规模将达到 4061 亿欧元，其中希腊、葡萄牙、西班牙、意大利将分别有 337 亿、184 亿、1093 亿、2447 亿欧元债务到期。此外，美、日等高债务国政府到期债务规模以及新增融资需求也比前几年明显扩大。根据 IMF 数据计算，日本、美国、法国 2011 ~2012 年政府融资需求与 GDP 比率的平均值分别为 54%、27% 和 20%。

与此同时，欧美银行业也有大规模的债务集中到期，均处于融资需求高峰期。2012 年全球银行业将有约 7 万亿美元债务到期。在债券市场融资已经饱和的情况下，银行业与主权债务之间将形成极大的融资竞争。未来，必须关注全球金融市场的三个风险时段（见图 5）：欧债的第一个还款高峰集中在今年 10 月份开始到年底的 3 个月里，债务到期总金额为 1552 亿欧元；第二个债务集中到期的时间段是从 2012 年 2 月开始之后的连续 3 个月，债务到期总量为 2360.3 亿欧元。由于欧洲央行从今年 8 月起就开始大笔买入“欧猪五国”国债，这些债券在 2012 年 3 月开始将有大量的利息到期，债务到期总额将高于 2500 亿欧元；第三个债务集中到期的时间段是 2012 年 5 月开始之后的连续 4 个月，债务到期总量为 2230.5 亿欧元，加上欧洲央行买入的五国国债到期，届时债务总规模将超

过2600亿欧元。这些时点不仅可能是欧债危机担忧加剧的时期，也可能成为全球金融市场急剧动荡的时期，全球金融体系将面临新一轮融资的考验。

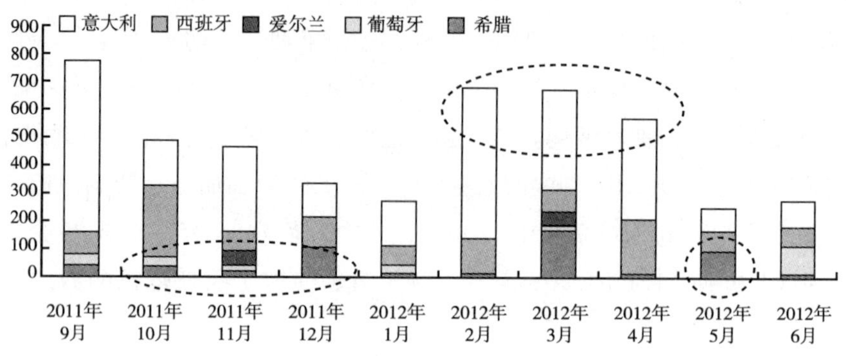

图5　欧猪五国债务到期的三个风险时段

数据来源：EBA。

（三）低利率可能对全球经济和金融稳定带来长期威胁

从主要国家的货币政策立场看，美、欧、日、英全球四大央行的低利率格局已经确定，并可能长期维持。从美国经济形势看，明年低增长态势还将延续，尽管今年三季度美国经济2.5%的增长创下了一年来最快的季度增速，但受制于欧洲问题扩散的影响以及债务压力和财政束缚的增加，美国经济加速增长的态势未必会延续至四季度或是明年。高盛预计，美国GDP增速第四季度可能放缓至1%，明年第一季度进一步减慢至0.5%，这也就意味着未来包括QE3、降低超额准备金利率以及设定名义GDP目标并与利率挂钩的刺激政策还可能出台。而从欧洲和日本的形势看，为应对欧洲银行体系流动性危机以及日元升值对经济的打击，欧洲央行和日本央行都有理由再度实施量化宽松，并进一步放松货币。

而新兴市场国家经济增长和货币政策调整也不可能与发达国家脱钩。近期，为了防止经济大幅放缓，抵御欧债危机对出口的冲击，巴西、印尼等部分新兴市场国家央行开启降息通道，这意味着新兴经济体的政策开始出现转向，未来新兴市场将很有可能与发达国家一起走向全球新一轮的变相刺激和宽松政策。

超低利率水平延续时间过长，可能延误发达国家本应采取的必要去杠杆化措施，致使资源配置不当，为发生严重的金融扭曲埋下祸根。而对于新兴市场而

言，化解债务风险的能力相对较弱。2012 年，新兴市场国家的通胀压力继续明显高于发达国家，根据 IMF 的预测，2011 年和 2012 年新兴市场整体的通胀预估值分别为 6.9% 和 5.6%，而同期发达市场整体的通胀水平仅为 2.6% 和 1.7%，相对更高的通胀压力使得新兴市场难以通过放松货币来冲抵财政巩固的负面效应。在全球超低利率水平下，新兴经济体资产价格继续膨胀，私人部门负债迅速增加，并可能引发系统性金融风险。

（四）短期跨境资本的流向及逆流可能引发次生金融风险

大规模资本及其流向的改变将可能是新兴经济面临的重大风险之一。从当前的形势看，虽然新兴经济体贡献更大的增长动力，但在通胀压力居高不下以及自身内部结构调整缓慢的约束下，对全球总需求的边际拉动正在减弱。如果全球经济复苏不力、资本流动逆转、融资成本上升，那么新兴经济体将面临新的次生性风险。更需关注的是，如果部分短期国际资本开始流入或沉淀于美国实体经济，则意味着全球范围内美元回流美国的调整进程或已展开，且这是在美元未曾加息的情况下展开的，由此也将对全球经济和金融产生极其深刻的影响。

因此，为最大限度地规避金融风险，各国政府需要采取切实和果断的行动，使债台高筑的国家改善公共资产负债表，同时欧洲银行需要继续建立充足的资本缓冲，新兴经济体应该控制信贷和流动性的过快增长，限制金融失衡的累积，以保持抵御未来金融冲击的弹性。

G.22

2011年世界主要货币汇率走势分析及2012年展望

赵硕刚*

摘　要： 2011年以来，全球政治经济形势复杂多变，世界主要货币汇率走势波折，部分货币汇率短期波动幅度加大。美元、欧元和英镑走势跌宕起伏；日元、瑞士法郎受避险需求驱动连续攀升并迫使两国政府干预；资源型国家货币和新兴经济体货币在资本流入的推动下一度持续升值，后随美元走强而回落。展望2012年，美元将维持低位震荡，欧元、英镑受欧债危机打压前景亦不乐观。由于避险需求高涨，日元将小幅上扬，瑞士法郎则因汇率目标的设定而维持高位震荡；资源型国家货币、新兴市场国家货币受良好基本面支撑有望进一步走强。未来人民币可能会在总体对美元保持升值的情况下更具弹性。

关键词： 汇率　美元指数　人民币

一　2011年主要货币汇率走势分析

（一）美元走势“一波三折”

作为国际货币体系中的“锚货币”，美元今年的走势可谓“一波三折”（见图1）：1～4月，受美联储第二轮量化宽松（QE2）政策影响，美元持续走弱，美元指数最低跌至73.03（4月29日），创金融危机以来的新低，较年初（1月3日）下跌7.76%。随后，虽然美国两党旷日持久的债务上限谈判以及一系列弱

* 赵硕刚，国家信息中心经济预测部，经济学硕士，研究方向为世界经济。

于预期的经济数据都对美元走势形成打压，但欧债问题的持续升级令美元相对欧元维持稳定，且美联储未推出 QE3 也对美元形成支撑，美元指数步入长达 4 个月的低位震荡期，维持在 74.6 左右波动。

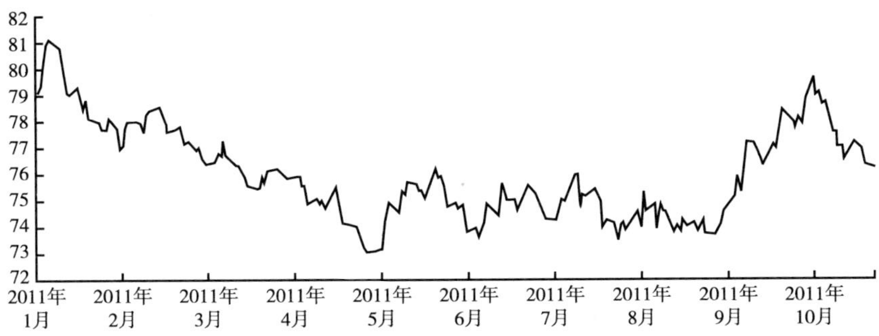

图 1　2011 年美元指数走势

资料来源：Wind 资讯。

进入 9 月，在欧债危机持续蔓延与全球经济前景堪忧的背景下，美元成为全球资金的避风港，美元对其他货币全面升值，美元指数一个月内飙升 6.7%，最高至 79.61。随着 10 月欧洲在解决债务问题上利好消息频出，美元指数随欧元走强而回落至 76 左右。

（二）欧元、英镑兑美元汇率跌宕起伏

上半年，由通胀上升引发的加息预期以及欧洲债务危机的演变进程相继主导欧元、英镑走势。年初，受国际大宗商品价格持续攀升影响，欧元区和英国的整体通胀水平在食品和能源价格带动下持续超过其 2% 的通胀控制目标，并不断上升。国际资本在欧洲央行和英格兰银行加息预期的指引下涌向欧元、英镑资产，推动其汇率走高（见图 2），欧元和英镑兑美元汇率均创出 2009 年 11 月以来新高，分别达到 1.4859（5 月 4 日）和 1.6745（4 月 29 日），较年初上涨 11.13% 和 7.75%。

5 月以后，随着国际大宗商品价格的回落，欧元区、英国通胀水平趋于平稳。与此同时，欧洲债务问题因希腊或将债务重组的传闻而进一步升级，欧债危机取代加息预期主导欧元、英镑走势。尤其是进入 9 月，市场对希腊可能发生债务违约并退出欧元区的担忧发酵到极致，触发了对欧洲银行体系可能崩溃、欧元区可能解体的恐慌情绪，导致避险资金大量回流美元，欧元、英镑兑美元汇率在

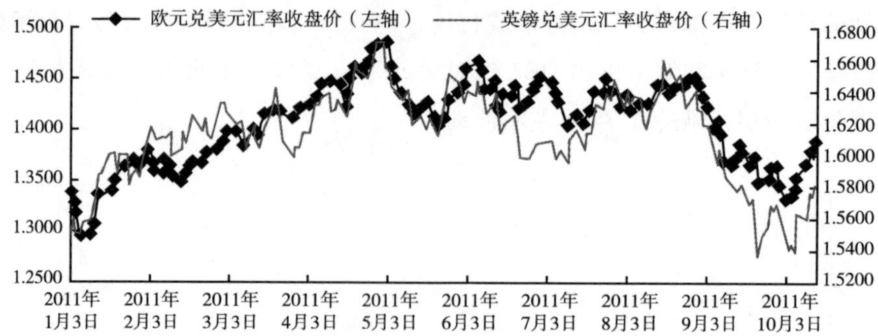

图 2　2011 年欧元兑美元、英镑兑美元汇率走势

资料来源：Wind 资讯。

一个月的时间内便回吐年初的全部涨幅，最低分别跌至 1. 3145（10 月 4 日）和 1. 5272（10 月 5 日）。而 10 月，在欧洲央行重启大规模流动性举措支持受困银行及欧盟达成解决债务问题新方案等消息刺激下，欧元、英镑兑美元实现反弹。

（三）日元、瑞士法郎持续升值，迫使两国干预汇率

由于今年全球风险事件不断，市场避险情绪推动日元、瑞士法郎持续升值。3 月中旬，受日本震后补损、应急和保险赔付资金需求攀升影响，日本海外资金集中回流本土，日元对美元汇率四天升值 6. 64%，直至日本央行联合 G7 共同干预汇市才得到暂时遏制。

二季度以后，欧美债务问题的不断升级与全球经济放缓的担忧相交织，令市场中的避险情绪持续升温，推动避险货币日元、瑞士法郎对美元和欧元连续升值。如图 3 所示，日元、瑞士法郎对美元汇率在 8 月欧美债务危机最为严重时，一度升至 75. 96∶1 和 0. 7066∶1，均刷新了历史高位，较年初（1 月 3 日）水平分别上升 6. 25% 和 21. 79%。日元和瑞士法郎对欧元汇率在 5 月份之后也持续升值，尤其是瑞士法郎对欧元汇率在 8 月 9 日攀升至 1. 0096∶1，创欧元面世以来的最高水平。

日元、瑞士法郎的持续升值对日本和瑞士的出口贸易以至经济前景造成了严重威胁，为此，两国被迫连续采取措施干预本国货币升值（见表 1）。其中，瑞士央行在数度干预市场仍然无法遏制本币升值趋势的情况下，9 月 6 日宣布将欧元兑瑞郎汇率的最低水平设定在 1. 2000∶1，并准备无限量买入外币以维持该下

图 3　2011 年美元兑日元、美元兑瑞士法郎汇率走势

资料来源：Wind 资讯。

限目标。至此，瑞士法郎才止住升值步伐，并出现一定幅度的贬值。而由于 10 月底日本内阁出台的日元干预措施不及预期，日元对美元汇率再次刷新历史纪录，创出 75.64 的新高（10 月 27 日）。

表 1　2011 年日本、瑞士出台的干预汇市举措

日　本	瑞　士
3 月 18 日，日本政府宣布联合 G7 共同干预汇市以遏制日元升势。	8 月 3 日，瑞士央行宣布将三个月期瑞郎 Libor 目标区间从 0.00% ~0.75% 下调至 0.00 ~0.25%，并将在未来几日大幅增加瑞郎货币市场的流动性供应。
8 月 4 日，日本政府宣布单方面对汇市进行干预；同时，日本央行宣布，将在现有 40 万亿日元宽松货币政策的基础上追加 10 万亿日元。	8 月 10 日，瑞士央行将商业银行在央行的活期存款规模由 800 亿瑞郎增加至 1200 亿瑞郎，并计划使用外汇掉期来增加瑞郎的流动性。
8 月 24 日，日本财务省宣布通过新设立 1000 亿美元的新基金，鼓励日本企业将手头持有的日元资金转换成美元。	8 月 17 日，瑞士央行将商业银行在央行的活期存款规模由 1200 亿瑞郎进一步增加至 2000 亿瑞郎。
9 月 30 日，日本财务大臣安住淳表示，将在 2011 年度第三次补充预算案中，把用于汇市干预的资金额度增加 15 万亿日元，使得截至明年 3 月的财年内最多能动用 46 万亿日元干预汇市。	9 月 6 日，瑞士央行宣布设定欧元/瑞郎最低汇率水平至 1.2000，并称将以最大的决心实施该汇率下限目标，准备好无限量买入外币。
10 月 21 日，日本政府在内阁会议上批准了应对日元飙升的"综合经济对策"。对策的核心为避免产业空心化措施及鼓励企业利用日元升值机会进军海外，同时批准的 2011 年度第三次补充预算案为此拨款约 2 万亿日元。	

（四）资源型国家货币随大宗商品价格陷入震荡调整格局

进入2011年，国际大宗商品价格在美国QE2推动下持续攀升，资源型国家货币澳元、加元对美元不断升值。4月29日，在CRB综合期货指数创出历史新高的同时，澳元兑美元、加元兑美元汇率也达到危机后的高点，分别达到1.0970和1.0516（图4）。之后，由于QE2到期以及全球经济放缓降低了对大宗商品需求的预期，澳元、加元随大宗商品价格陷入宽幅震荡的格局。其中，澳元兑美元、加元兑美元汇率7月底在大宗商品价格反弹带动下，一度刷新危机以来的高位。但随着欧美债务问题的再次升级，汇市中避险情绪迅速升温，国际资本抛售澳元、加元等风险资产，转而买入美元，澳元、加元对美元汇率转而跌至年内低点，最低分别达到0.9529和0.9493（10月3日）。

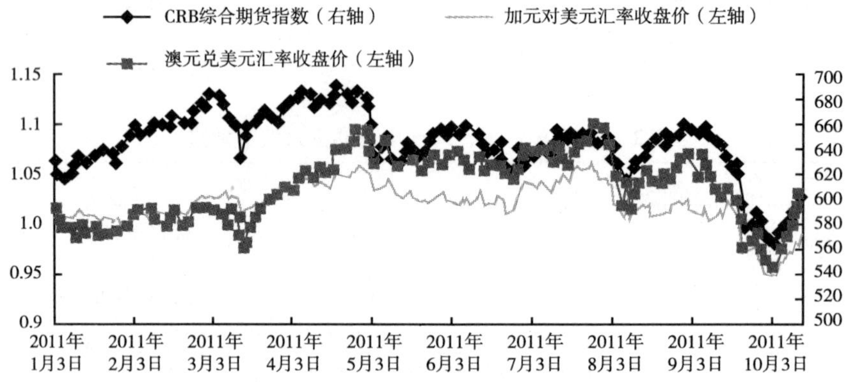

图4　2011年澳元、加元兑美元汇率和CRB综合期货指数走势

资料来源：Wind资讯。

（五）新兴经济体货币对美元汇率出现大幅回调

今年以来，虽然新兴经济体经济增速也有所放缓，但仍显著快于发达经济体。同时，为应对国内不断上升的通胀压力，新兴经济体不得不以连续加息的方式收紧货币政策。在良好基本面与日益加大的利差吸引下，国际资本持续流入新兴经济体，并推动其货币持续升值。截至7月底，跟踪10种亚洲最活跃新兴国家货币的彭博－摩根大通亚洲美元指数升至119.97，较年初上涨3.18%（见图5）。同期

内，巴西雷亚尔、俄罗斯卢布对美元也分别升值 5.82% 和 8.8%，其中，雷亚尔对美元汇率在 7 月 26 日达到 1.5375∶1，创 1999 年 1 月以来的最高水平。

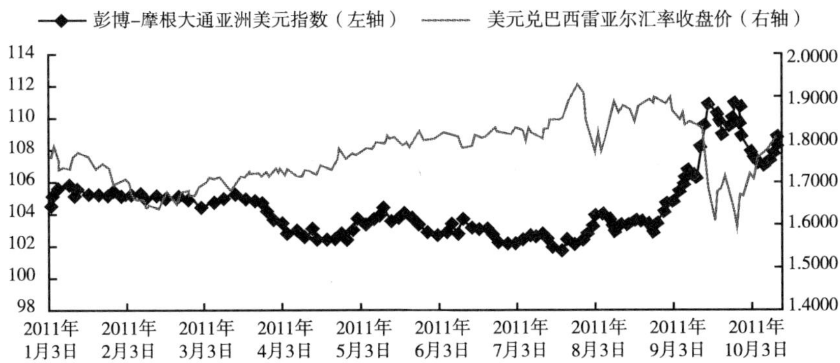

图 5　2011 年彭博 – 摩根大通亚洲美元指数和美元兑雷亚尔汇率走势

资料来源：Wind 资讯。

进入 8 月以后，受欧美债务危机的影响，国际资金回流美元资产，造成新兴经济体货币对美元开始贬值，尤其是 9 月份，新兴经济体货币对美元大幅贬值，彭博 – 摩根大通亚洲美元指数下降超 6%，雷亚尔、卢布同期对美元也分别贬值 18.77% 和 11.84%。

二　2012 年世界主要货币汇率走势展望

回顾 2011 年以来世界主要货币汇率的走势可以看出，全球突发事件、欧美主权债务问题、各国货币政策取向分化是影响各国货币间汇率走势的重要因素。而且，在全球流动性充裕的情况下，国际资本短期内大规模的流动也对汇率变动起到了推波助澜的作用。2012 年，世界经济将继续减速，不确定性因素将进一步增多，主要货币汇率走势也将更趋复杂。

（一）美国经济低速复苏，美元维持低位震荡

虽然美元在今年 9 月出现一定幅度的反弹，但总体上美元仍处于危机以来的历史低位。而且由极端避险情绪引发的资本回流难以成为推动美元回升的持久动力，近期美元指数的回落就证明了这一点。

未来美元仍将维持低位震荡的格局。第一，美国经济难有起色，基本面不支持强势美元。今年美国经济增速放缓虽然与国内通胀水平快速上升以及日本地震导致的全球产业链供应中断等临时性因素有关，但根本上还是在缺乏新经济增长点的情况下，经济增速由前期恢复性高增长向正常增速的回归，低速增长将是未来美国经济的常态。第二，在财政政策空间已极为有限的情况下，美国货币政策不仅将维持宽松，甚至还会进一步放宽。自9月中旬以来，由经济低迷引起的高失业等问题已经引发了美国国内大规模的抗议示威活动，并威胁到奥巴马在2012年的连任前景。在政府债务上限已经被框定，就业促进法案国会受阻的情况下，货币政策就成为奥巴马刺激经济、增加就业的不二之选。所以，未来美国货币政策除了继续维持宽松外，如果经济进一步减速，还将增大QE3推出的可能，届时将直接宣告美元贬值。第三，出口倍增计划的实现需要弱势美元。虽然美国出口占GDP比重不到15%，却成为金融危机以来拉动美国经济复苏的重要动力。2010年3月，美国总统奥巴马提出五年“出口倍增计划”，而弱势美元有助于该目标的实现。计划提出至今，美元指数下降8%，但美国出口增幅超过了20%。

当然，由于未来世界经济中的不确定性增加，突发事件、欧洲债务问题以及经济前景的恶化都可能令市场中的恐慌情绪迅速升温。在日元、瑞士法郎都存在政府干预预期的情况下，美元可能在一定时间内再次充当起全球资本避风港的角色，短期出现较大幅度的升值。

（二）欧洲债务问题将对欧元、英镑形成持续压力

目前来看，加息预期将很难再次成为欧元、英镑走强的诱因。首先，受国际大宗商品价格回落的影响，欧元区、英国通胀继续上行的压力在逐渐缓解（9月份欧洲通胀上升主要是服装换季等季节性因素造成，不会造成物价趋势性上涨）。其次，欧洲央行、英格兰银行目前对通胀的容忍度已经有所提高，在通胀持续超过2%的情况下，欧洲央行年内仅两次加息，英格兰银行更是一直维持基准利率不变。再次，鉴于经济放缓以及欧债问题的持续发酵，欧洲央行单一控通胀的政策目标正在发生转变，未来不排除为刺激经济以及向银行业提供流动性而降息的可能。

展望欧元、英镑未来走势，欧债问题的进展情况将是左右其走向的主导因

素。随着欧债问题的持续发酵，欧洲国家在相互妥协和协商下不断加大对危机国家的救援力度。10 月 27 日，欧盟就希腊债务减记、扩大欧洲金融稳定工具（EFSF）、银行注资以及加强金融监管等一揽子方案达成了一致，欧债问题得到暂时缓解，但这一方案并不能从根本上化解欧洲债务危机。而且，只要不彻底解决统一货币政策与各自为政的财政政策这一结构性矛盾，欧债危机还将继续演化和发酵，未来一旦意大利、西班牙出现偿付危机，将直接冲击欧洲乃至全球的银行体系，进而威胁到欧元以及欧元区的安全，同为欧系货币的英镑也必然受到牵连。所以，未来欧元、英镑都难以在现有水平上出现大幅回升，反而有进一步贬值的可能。

（三）日元有望再创新高，瑞士法郎将维持高位震荡

未来日元、瑞士法郎的走势将主要取决于两方面的因素。一方面，欧洲债务危机的发展、美国货币政策走向以及全球经济下行风险增大，令未来世界经济充满了不确定性，这将推升市场中的避险需求，对日元、瑞士法郎走高提供支撑。另一方面，由于本币升值已经严重威胁到两国的经济前景，日本、瑞士今年 8 月以来频繁干预汇市的行动表明，两国将尽一切努力维持汇率稳定。瑞士已经宣布了汇率最低下限目标，未来瑞郎将维持当前高位波动的态势。而日本虽然年内两次动用外汇平准基金干预汇率，并通过第三次补充预算案扩大了干预汇市的资金额度，但从之前的经验来看，这种干预的效果短暂而且有限，难以改变日元的升值趋势，未来日元仍有走高的可能。

（四）资源型国家货币将宽幅震荡，并存在进一步走高的可能

虽然 2012 年资源型国家货币难以重现今年年初时持续上涨的行情，但仍会维持在较高的水平上波动，而且有创出新高的可能。一方面，尽管全球经济放缓削弱了对大宗商品的需求，但由于全球流动性依然充裕以及发达经济体货币政策仍总体宽松，未来国际大宗商品价格将继续维持高位震荡的格局，这将对资源型国家货币走势形成支撑。此外，如果美联储推出 QE3，大宗商品价格将迎来新一轮的上涨过程，澳元、加元也有望随之走高。另一方面，澳大利亚、加拿大经济基本面要好于其他发达经济体，公共债务负担也较轻。而且，澳大利亚目前 4.75% 的基准利率水平显著高于其他发达经济体，且国内通胀水平仍在上升。良

好的基本面以及较高的息差将令资源型国家货币尤其是澳元成为国际资本的理想选择。因此，未来一旦市场中风险情绪回升，澳元、加元可能进一步走高。

（五）持续的资金流入将推高新兴经济体货币汇率

2012 年，虽然新兴经济体受全球经济减速以及前期连续紧缩货币政策滞后效应的影响，经济增速将继续放缓，但其持续的工业化及城市化进程将继续推动其经济保持较快增长。据 IMF 最新的秋季《世界经济展望》预测，2012 年，新兴经济体经济增速将达到 6.1%，虽然慢于今年的 6.4%，但仍将显著高于发达经济体的 1.9%。

同时，由于新兴经济体国家的物价水平仍处于高位，通胀压力将令新兴经济体货币政策总体偏紧，利率也将维持在较高水平。即便是今年已连续两次降息的巴西，其基准利率也仍处于危机以来的高位。在全球流动性充裕以及发达经济体前景黯淡的情况下，未来新兴经济体将吸引国际资本持续流入。据国际金融协会（IIF）的最新报告显示，2012 年，流入新兴市场的私人资本净值将达到 1.084 万亿美元，较 2011 年提高 310 亿美元，这无疑将推高新兴经济体货币汇率。

三　世界主要货币汇率波动对人民币走势的影响

（一）2011 年人民币对美元持续升值，名义有效汇率反弹

2011 年，人民币对美元汇率延续了上年 6 月份开始的升值趋势，并不断刷新 2005 年人民币汇率形成机制改革以来的新高。美元对人民币汇率中间价由年初（1 月 4 日，下同）时的 6.6215，最低下探至 10 月 28 日的 6.3290，人民币升值幅度达到 4.42%。人民币对欧元汇率则波动较大，前三季度先贬后升，近期在欧债利好消息影响下，对欧元汇率回落至 8.9726（10 月 28 日），相比年初贬值 1.6%。人民币对日元汇率呈贬值趋势，截止到 10 月 28 日，人民币对日元汇率中间价降至 8.3337，年内贬值幅度达 2.91%。由于美元 9 月对其他货币升值，人民币名义有效汇率大幅反弹（见图 6），当月升至 115.58，创上年 7 月以来的最高水平，较年初上升 1.74%。

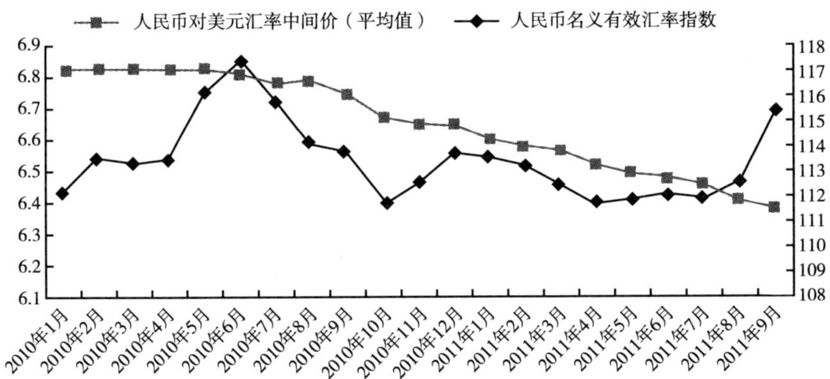

图 6　2011 年人民币对美元中间价和人民币名义有效汇率走势

资料来源：Wind 资讯。

（二）2012 年人民币汇率将保持升值趋势

2012 年，人民币对美元仍将总体保持升值的趋势。第一，尽管采取了扩大进口、鼓励对外投资等促进国际收支平衡的政策措施，但由我国出口导向型经济增长模式形成的“双顺差”局面短期内难有根本性改观，未来外汇储备资产仍将保持增长，这将对我国人民币汇率构成持续的升值压力。第二，由于未来世界经济不确定性增加，全球流动性过剩及中国经济基本面向好将促使国际资本加速流入中国，这也将提升人民币面临的升值压力。第三，人民币保持升值趋势有利于人民币国际化进程。国际经验表明，作为一种仍处在货币国际化起步阶段的货币，适当保持升值的趋势会吸引投资者持有，有利于扩大使用的范围和交易的规模，能够起到推动货币国际化的作用。第四，随着美国 2012 年总统选举年的到来，美国还将继续施压人民币升值。

虽然未来人民币仍将保持升势，但可能不会像今年这样呈现单边升值趋势，而是更多表现出双向浮动的特征。首先，国际大宗商品价格以及国内通胀水平的回落将增大我国人民币双边浮动的空间。目前，CRB 综合期货指数较 4 月底时的最高点已经下降了 105 点左右，降幅超过 15%，而我国 9 月 CPI 同比涨幅也回落至 6.1%，增幅为四个月来最小。国内外通胀压力的缓解将减弱以人民币升值对抗输入型通胀的迫切性。其次，外需下降、国内企业用工成本及原材料费用上升在未来仍将对我国出口企业盈利形成压力，放缓人民币升值步伐将有利于我国出口企业生产经营和稳定就业。再次，由于未来世界经济中不确定性因素增加，美元本身也存在一定时间内大起大落的情况，这就使人民币对其他货币可能出现较大幅度的波动，不利于维持我国对其他国家贸易和投资的稳定。最后，改变人民币单边的升值趋势也有利于降低市场对人民币的单边升值预期，从而对国际投机资本的流入起到一定的抑制作用。所以，未来人民币可能会在总体对美元保持升值的情况下，更具弹性。我国央行在管理汇率时也将更加关注人民币对一揽子货币的汇率走势，从而维持我国人民币汇率的总体稳定。

产业发展篇

Industrial Development

G.23

2011年工业运行分析及2012年展望

陈　强*

摘　要： 2011年以来，我国国民经济继续朝着宏观调控预期方向发展，工业总体运行平稳，结构调整取得新的进展，主要工业经济指标没有出现大起大落，主要工业行业继续保持稳定增长态势。但是，在不断变化的国内外环境下，我国工业生产成本压力明显加大，不同行业效益开始分化，小微型企业生存状况进一步恶化。2012年是我国结构调整的深化之年。随着扩内需、调结构等一系列宏观调控政策的进一步落实，工业经济运行的国内政策和市场环境相对宽松，投资、消费规模的扩大会增加对工业产品的需求，支撑工业平稳较快增长。但全球经济形势的阴晴不定也可能会形成新的干扰因素，对部分出口型、外向型产业形成冲击，改变我国工业增长的正常轨迹。

关键词： 工业　运行　预测

* 陈强，经济学硕士，国家信息中心经济预测部高级经济师，主要研究宏观经济与产业经济。

一　2011 年工业经济运行基本情况

在美欧债务危机频发，全球经济复苏缓慢、国际大宗商品价格大幅波动的背景下，我国工业经济总体呈现出生产经营平稳运行、结构调整稳步推进的良好态势，总体运行在平稳较快增长区间。

（一）工业生产平稳增长

从 2010 年下半年开始，我国工业经济运行开始从之前的高速增长回归到平稳运行的状态，其中 2010 年三、四季度规模以上工业增加值增速分别为 13.5% 和 13.4%。今年以来，我国工业生产继续保持了稳定增长态势，月度间增速大体保持在 13% ~15% 之间。其中，一季度规模以上工业增加值同比增长 14.4%，二季度同比增长 14%，1 ~9 月份累计同比增长 14.2%，未出现大起大落现象。受美国、欧洲等主要经济体复苏进程放慢的影响，四季度工业生产可能面临一定冲击，预计 2011 年全年工业增加值同比增长 13.8% 左右。

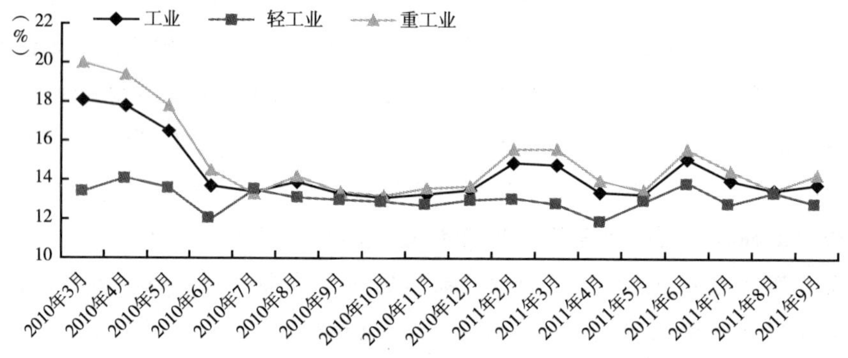

图 1　工业增加值当月增速

（二）整体效益继续改善

2011 年 1 ~9 月份，全国规模以上工业企业实现利润 36834 亿元，同比增长 27%，增速比上半年下降 1.68 个百分点，比一季度下降 5.02 个百分点。数据显示，虽然目前工业利润的增长速度较高，但随着原材料成本、人工成

本、资金成本、环保成本增加，工业利润增长速度已呈现出逐季下滑的走势（见表 1）。

表 1　2011 年以来工业利润增长情况

单位：亿元，%

	利润总额	累计同比	税金总额	累计同比
2010 年 8 月	26005. 23	55. 01	18467. 96	27. 61
2010 年 11 月	38827. 93	49. 35	27100. 98	28. 52
2011 年 2 月	6454. 58	34. 28	5300. 51	27. 3
2011 年 3 月	10659. 23	31. 99	8061. 39	27. 02
2011 年 4 月	14869. 21	29. 66	10772. 13	26. 8
2011 年 5 月	19203. 15	27. 91	13666. 13	26. 9
2011 年 6 月	24105. 42	28. 65	16678. 44	27. 02
2011 年 7 月	28003. 56	28. 28	19553. 77	26. 93
2011 年 8 月	32280. 88	28. 23	22641. 29	27. 38
2011 年 9 月	36834. 02	26. 97	25756. 18	25. 99

（三）工业投资保持活跃

2011 年 1 ~9 月，全国固定资产投资达 21. 23 万亿元，同比增长 24. 9%。其中，制造业完成投资 7. 3 万亿元，同比增长 31. 5%。前三季度，制造业投资占固定资产投资完成额的 34. 4%，高于 2003 ~2010 年同期平均值 4. 5 个百分点，贡献率为 41. 3%，高于 2003 ~2010 年同期平均值 7. 5 个百分点，制造业投资拉动总体投资增长 10. 3 个百分点。在制造业中，高加工度行业投资增长较快，投资新周期开始迹象初现。前三季度，高加工度行业投资累计完成 34537. 3 亿元，同比增长 35. 1%，比全部投资增速快 10. 2 个百分点，较上年同期加快 6. 9 个百分点。这说明，尽管小微企业生产经营比较困难，但工业投资仍是拉动 2011 年投资增长的主要动力，工业产能扩张趋势并未因宏观调控而出现明显的收缩。

（四）内需对工业支撑作用增强

在国家扩大消费需求的一系列政策刺激下，我国固定资产平稳增长，城乡市场持续活跃，为工业生产运行提供了较好的市场环境。据国家统计局统计，前三季度，规模以上工业完成销售产值同比增长 29.5%，出口交货值同比增长 18.4%，低于全部销售产值增速 11.1 个百分点。这说明，内需对工业增长的拉动作用进一步增强，制造业开始由过度依赖出口拉动向内外需协调拉动转变，我国工业抵御外部风险的能力明显提高。

（五）产业结构调整稳步推进

2011 年 18 个工业行业淘汰落后产能工作进展良好，电解铝、平板玻璃、煤化工等产能过剩行业的调控力度进一步加大。战略性新兴产业涌现许多亮点。新能源汽车推广使用试点力度加大，25 个试点示范城市试点工作全面展开，纯电动汽车和插电式混合动力汽车已开始进入市场，风电、太阳能等新能源快速发展。节能环保产业增长较快，节能照明加大推广力度。与此同时，我国战略性新兴产业呈现良好发展态势。新一代信息技术、高端装备制造业、节能与新能源汽车、新材料、生物医药、节能环保和新能源装备等战略性新兴产业，经过“十一五”期间的努力，自主创新能力和核心技术掌控能力显著增强。

二　主要工业行业运行情况

（一）原材料工业

从生产情况看，2011 年 1～9 月，原材料工业增加值同比增长 12.9%。其中，钢铁工业受宏观调控和汽车市场降温的影响，工业增加值同比仅增长 10%，增速较上年同期出现较大幅度下降；有色工业生产呈逐步上升趋势，工业增加值从一季度的 10.2% 逐步上升到 1～9 月的 13%；化学工业受益于产品价格的上涨，工业生产增长明显加快，1～9 月工业增加值同比增长 15%（见表 2）；建材工业因保障房建设及水利建设投资增加，工业生产一直处于高位运行态势，1～9 月工业增加值同比增长 18.9%，是整个制造业中增长最快的产业。预计 2011 年原材料行业增加值同比增长 12.6% 左右。

表 2　2011 年以来主要原材料行业工业增加值增长速度

单位：%

	钢铁	有色	化学	建材
2010 年 9 月	13.70	15.40	16.50	20.30
2010 年 10 月	13.00	14.40	16.40	20.10
2010 年 11 月	12.10	13.60	15.80	20.10
2010 年 12 月	11.60	13.20	15.50	20.30
2011 年 2 月	8.60	9.20	15.30	17.80
2011 年 3 月	8.80	10.20	15.10	18.60
2011 年 4 月	8.70	11.10	14.80	18.70
2011 年 5 月	8.90	11.20	14.70	18.70
2011 年 6 月	9.40	12.00	15.10	19.10
2011 年 7 月	9.60	12.30	15.20	19.10
2011 年 8 月	9.60	12.80	15.10	19.00
2011 年 9 月	10.00	13.10	15.00	18.90

从利润情况看，主要原材料行业都保持了较高的盈利水平。2011 年 1 ~ 9 月累计，原材料工业共实现利润总额 7322 亿元，比上年同期增加 2386 亿元。其中，钢铁工业利润增加 205 亿元，有色工业利润增加 447 亿元，化学工业增加 946 亿元，建材工业增加 789 亿元。在主要原材料行业中，建材工业利润增长速度最为突出，化学工业因部分产品价格大幅上涨，行业效益也有比较明显的改善。

表 3　2011 年以来主要原材料行业利润总额

单位：亿元，%

	钢铁工业	同比	有色工业	同比	化学工业	同比	建材工业	同比
2011 年 2 月	221.36	26.11	161.84	16.71	506.45	75.73	289.61	51.44
2011 年 3 月	350.65	15.64	298.39	28.46	847.73	65.05	523.14	59.32
2011 年 4 月	484.94	-0.14	424.84	31.15	1177.51	59.51	776.63	62.94
2011 年 5 月	640.22	-1.08	554.26	35.31	1518.92	57.37	1062.86	62.36
2011 年 6 月	804.76	6.87	710.24	48.46	1866.42	57.11	1369.50	63.32
2011 年 7 月	921.57	17.05	846.24	56.53	2145.20	56.59	1630.48	61.69
2011 年 8 月	1041.74	22.75	1016.19	64.58	2456.71	55.61	1901.03	59.15
2011 年 9 月	1166.05	21.31	1168.60	61.94	2793.01	51.20	2194.22	56.11

（二）装备制造工业

从生产情况看，2011 年 1～9 月，装备制造业工业增加值同比增长 15.5%。其中，通用设备制造业、交通运输设备制造业、电气机械及器材制造业、仪器仪表及文化办公机械制造业分别增长 18.5%、12.1%、15.3% 和 17.3%（见表4），均比上年同期有不同程度的下降，装备制造业基本上呈全行业调整的态势。根据目前发展趋势，预计 2011 年全年装备制造业增加值同比增长 15.2% 左右。

表 4　2011 年以来主要装备制造业增加值增长速度

单位：%

	通用设备	专用设备	交通运输	电气机械	仪器仪表
2010 年 9 月	21.40	20.70	24.20	18.80	19.30
2010 年 10 月	21.40	20.60	23.70	18.70	19.40
2010 年 11 月	21.10	20.60	22.90	18.80	19.40
2010 年 12 月	21.70	20.60	22.40	18.70	19.60
2011 年 2 月	22.40	24.70	14.40	17.70	17.00
2011 年 3 月	21.80	24.40	14.10	17.70	17.60
2011 年 4 月	21.60	23.30	13.00	16.90	17.90
2011 年 5 月	20.50	22.70	12.00	16.20	16.90
2011 年 6 月	20.20	22.10	11.80	16.30	17.50
2011 年 7 月	19.70	21.50	11.70	15.80	17.40
2011 年 8 月	19.00	21.20	11.90	15.60	17.50
2011 年 9 月	18.50	21.00	12.10	15.30	17.30

从利润增长情况看，装备制造业主要行业的利润增速都有不同程度的放缓，其中交通运输设备制造业完成利润总额 3488 亿元，同比仅增长 11.44%，比上年同期大幅下降 48 个百分点（见表 5）。这表明，在经历了上年的利润高速增长后，装备制造业的盈利能力开始回归正常水平。

表 5　2011 年以来主要装备制造业利润总额

单位：亿元，%

	通用设备	同比	专用设备	同比	交通运输	同比	电气机械	同比
2010 年 11 月	2042.06	46.04	1414.61	55.21	3934.36	59.41	2188.57	33.91
2011 年 2 月	292.91	42.62	197.71	47.88	666.52	19.31	287.72	30.87
2011 年 3 月	511.59	38.41	389.36	49.63	1075.20	11.57	500.16	28.45
2011 年 4 月	737.13	35.84	548.43	50.61	1547.75	16.34	710.87	24.97

续表

	通用设备	同比	专用设备	同比	交通运输	同比	电气机械	同比
2011 年 5 月	978.47	33.44	711.48	32.74	1906.06	11.80	916.25	20.39
2011 年 6 月	1251.86	31.99	906.07	33.64	2352.22	13.09	1158.91	17.64
2011 年 7 月	1465.04	30.22	1026.25	27.66	2717.82	13.19	1341.44	15.62
2011 年 8 月	1692.21	28.69	1154.89	25.24	3074.81	11.51	1550.77	13.78
2011 年 9 月	1933.82	28.71	1311.68	23.50	3488.25	11.44	1767.44	11.67

（三）消费品工业

从生产情况看，受农产品、食品价格上涨的影响，消费品工业生产明显加快。2011 年 1～9 月，全国规模以上消费品工业增加值同比增长 14.2%。其中，食品制造业同比增长 17.1%，增速比上年同期提高 1.6 个百分点，饮料制造业同比增长 18.4%，增速比上年同期提高 4.7 个百分点，医药制造业同比增长 17.6%，增速比上年同期提高 2.8 个百分点（见表 6）。这说明，内需型的消费品工业具有较强的涨价优势，能够在一定程度上消化上游产品的涨价压力。按照后几个月国内外需求的增长情况，预计 2011 年消费品工业增加值同比增长 14% 左右。

表 6　2011 年以来主要消费品工业增加值增长速度

单位：%

时　间	纺织业	食品制造业	饮料制造业	医药制造业
2010 年 9 月	12.00	15.50	13.70	14.80
2010 年 10 月	11.90	15.30	13.90	15.10
2010 年 11 月	11.80	15.20	14.10	15.10
2010 年 12 月	11.60	15.20	14.60	15.20
2011 年 2 月	7.70	15.40	16.70	14.40
2011 年 3 月	7.40	15.30	16.80	15.30
2011 年 4 月	7.10	15.30	17.00	16.10
2011 年 5 月	7.00	16.70	18.00	16.30
2011 年 6 月	7.10	17.40	18.80	16.80
2011 年 7 月	7.40	17.40	18.70	17.40
2011 年 8 月	7.40	16.90	18.60	17.60
2011 年 9 月	7.50	17.10	18.40	17.60

从利润情况看，由于遭受原料价格上涨和出口放缓的冲击，纺织业利润增速同比大幅下降。1～9月，纺织业累计完成利润总额1117.2亿元，增速从1～2月的50.51%下降到9月份的29.93%（见表7）。食品工业、饮料工业今年以来利润增速始终维持在30%以上，是整个工业行业利润增长最为稳定的行业。

表7　2011年以来主要消费品工业利润总额

单位：%

	纺织工业	同比	食品工业	同比	饮料工业	同比	医药工业	同比
2010年11月	1186.85	52.62	659.03	21.42	753.39	21.67	1050.42	29.84
2011年2月	185.06	50.51	124.14	22.46	163.89	38.23	180.41	20.68
2011年3月	307.80	49.01	196.35	30.92	247.11	35.05	299.77	22.29
2011年4月	432.26	43.42	263.01	35.49	330.96	38.46	404.93	19.55
2011年5月	566.79	40.25	342.91	37.35	428.41	38.97	518.80	19.45
2011年6月	726.80	39.43	421.61	38.61	537.37	40.07	656.68	21.67
2011年7月	849.52	36.33	498.28	38.06	624.40	38.84	758.83	20.67
2011年8月	986.66	33.66	579.27	39.53	741.68	40.06	866.31	20.43
2011年9月	1117.20	29.93	662.13	38.17	833.09	35.28	1012.52	21.20

（四）电子制造工业

从生产情况看，电子制造业生产增长较快，1～9月工业增加值同比增长16.1%（见表8），增速达到了今年以来的最高水平。但是，受欧美债务危机及日本地震灾害的影响，电子产业1～9月累计出口交货值同比增长14.9%，出口增速比上年同期出现较大幅度下降。预计2011年电子制造业增加值同比增长15.5%左右。

表8　2011年以来电子制造工业主要经济指标

单位：亿元，%

	增加值增速	出口交货值	累计同比	利润总额	累计同比
2011年2月	14.3	5071.20	13.6	226.10	33.41
2011年3月	15.3	8062.90	15.6	384.99	5.47
2011年4月	15.1	11107.60	15.3	527.33	2.35
2011年5月	14	14250.10	13.7	682.06	2.53
2011年6月	14.5	17501.00	13.7	947.48	3.56
2011年7月	14.8	20898.20	14.4	1025.98	-1.49
2011年8月	15.5	24408.00	14.8	1208.21	2.05
2011年9月	16.1	27964.20	14.9	1386.91	-2.49

从利润情况看，今年 2 月份以后，电子制造业利润增速一直低于 6%，7 月、9 月还出现了利润同比下降的情况，行业整体盈利水平急剧下滑，企业增收不增利的现象非常普遍，行业亏损面超过 25%，部分外向型处于破产倒闭的边缘。

三　当前工业运行中存在的主要问题

虽然 2011 年我国工业运行情况良好，但受原材料价格波动、人民币汇率上升、人工成本提高的影响，我国工业效益开始出现下降的趋势，工业运行中的不稳定性因素明显增多。

（一）工业生产成本大幅攀升

2011 年 1 ~9 月，工业生产者出厂价格平均同比上涨 7%，工业生产者购进价格平均同比上涨 10.4%，两者之间的剪刀差达到 3.4 个百分点。与上年同期相比，9 月份工业生产者购进同比价格中，有色金属材料类价格上涨 14.7%、燃料动力类价格上涨 12.3%、黑色金属材料类价格上涨 8.8%、化工原料类价格上涨 12.7%。由于下游需求特别是出口需求增长有限，这部分成本上涨因素很难通过涨价来消化，企业生产经营压力增大。另外，我国劳动力报酬进入上涨阶段，而且具有一定刚性。2010 年全国有 30 个省上调了最低工资标准，平均幅度达到 23%，2011 年又有一半省份再次较大幅度上调最低工资标准，长三角、珠三角等沿海地区职工工资普遍上涨，消化成本能力较弱的中小企业更加困难。这说明，在新的国际国内形势面前，我国的传统制造业高能耗、高污染、低附加值的发展模式，基本走到尽头。

（二）行业效益明显分化

在成本大幅上涨的背景下，由于各行业转嫁通胀的能力不同，不同行业的盈利能力出现显著分化。利润分布主要向上游资源行业集中，下游行业利润则出现明显下滑。2011 年 1 ~9 月，石油加工行业利润总额比上年同期减少 470 亿元。此外，欧美地区经济增长的明显放缓对我国的出口以及相关行业造成不小的冲击。2011 年 1 ~9 月，通信设备、计算机及其他电子设备制造业利润减少 3.5 亿元。

（三）小微型企业生存状况恶化

今年以来，温州、鄂尔多斯以及河南、江苏、广东等中小企业因资金链断裂而引发的“跑路”、“跳楼”现象愈演愈烈，中小企业陷入资金困局。据估算，目前对国民财富贡献高达60%以上的非国有经济，只能从主流金融机构拿到不到30%的贷款，中小企业能够从银行获得贷款的比例只有10%左右。中小企业融资难问题日益凸显，利润被高企的融资成本挤压，企业生产经营积极性受到严重打击。从小企业PMI指数来看，自今年5月份以来，一直处在50%以下，9月份进一步回落到45.3%。

（四）部分行业产能过剩问题突出

近年来，重化工业中重复投资所导致的产能过剩问题，影响我国工业持续健康发展。同时，在许多产能过剩行业中还伴随着相当数量的落后产能。目前，炼钢、炼铁、电解铝、焦炭、水泥、化纤等行业，均存在产能过剩问题。2011年涉及淘汰落后产能的18个工业行业中有10个行业目标任务比上年有较大增加，在人员安置、债务处置、兼顾地方利益等方面面临难度和压力加大。按照目标，“十二五”时期，我国仍需淘汰7000万吨炼铁、2.5亿吨以上水泥、600万吨铁合金、4000万吨焦炭的落后生产能力，处理不好，可能会影响到工业的稳定，并引发严重的社会问题。

（五）企业的设备能力利用水平明显下降

由于经济下滑，企业销售不畅，工业产成品库存持续积压。2011年9月，我国工业企业产成品库存同比增长24.2%，产成品库存连续2个月回升，企业的设备能力利用水平明显下降。从央行公布的5000户工业企业景气扩散指数来看，企业的设备能力利用水平三季度显著下滑，PMI产成品库存指数也连续数月上升。这表明，目前工业生产能力大大超过当前的市场容量。在总需求已经开始回落的背景下，工业去库存的时间可能比预期的要长得多，产成品库存水平可能持续维持在一个较高的水平。

四　2012年工业发展预测

2012年是我国结构调整的深化之年，工业发展将由后危机时期的“调整

和振兴”向“转型与升级”转变。随着扩内需、调结构等一系列宏观调控政策的进一步落实，工业经济运行的国内政策和市场环境相对宽松，但全球经济形势的错综复杂，也可能会形成新的干扰因素，改变我国工业增长的正常轨迹。

（一）2012 年工业发展的有利因素

1. 投资仍将是拉动工业平稳增长的重要力量

水利投资力度加大、保障性住房建设和棚户区改造推进，以及七大战略性新兴产业建设加快，都会增加对工业产品的需求，支撑工业平稳较快增长。

2. 国内消费市场平稳发展有利于工业保持平稳较快增长

城乡居民收入的继续增加，调整个人所得税起征点的效应释放，社会保障以及消费环境的继续改善，将全方位、多层次激发城乡居民消费的潜力，拓展消费品工业的市场空间。

3. 中西部承接东部产业转移的能力增强

随着区域发展政策体系不断完善，全国主体功能区规划发布实施，支持民族地区发展力度进一步加大，对口支援西藏、新疆、青海省藏区的指导意见、兴边富民行动规划、进一步促进内蒙古经济社会又好又快发展的若干意见逐步贯彻，中西部承接东部产业转移的能力不断提高，并将逐步成为带动整个工业增长的新亮点。

4. 中小企业的发展环境将逐步改善

随着国务院一系列支持、促进中小企业发展措施的落实，长期以来困扰中小企业发展的资金短缺、税赋过重、技术落后问题将逐步得到解决，中小工业企业将在政策刺激下焕发出新的活力和生机。

（二）2012 年工业发展的不利因素

1. 国内产业刺激政策逐步退出

为了应对国际金融危机冲击，前几年我国在刺激内需方面做了很多工作，具体包括制定十大产业调整振兴规划、刺激汽车和家电消费的政策措施等。随着这些政策的逐渐退出，与其相连的投资和消费增长速度会出现一定回落，使部分行业从政策刺激增长回复到理性增长。

2. 全球经济再平衡压缩我国出口产业的空间

国际金融危机后，发达国家变以往的“去工业化”战略，推出“再工业化”和重归实体经济的新战略。美国明确提出，为制造业奋斗就是为美国的未来奋斗。为此，美国制定和实施建设“新网络空间”计划，推进基础设施智能化改造，带动制造业和信息产业转型升级。法国出资2亿欧元支持“再工业化”。英国专门设立10亿美元的战略投资基金，重点支持新兴技术如先进制造、数字技术、生物技术的研发与创新活动。这些着眼于长远发展而作出的战略谋划，必将对世界经济格局产生深远影响，同时也将挤压我国工业产品的市场空间。

3. 国际贸易摩擦对我国出口产业形成制约

在金融危机催生的贸易保护主义中，“中国制造”成为主要牺牲品。2010年以来，美国、欧盟、印度、巴西等国家和地区对中国出口产品发起了前所未有、高度密集的贸易制裁，直接威胁到中国工业品出口的增长。同时，中国出口刺激和拉动产业增长的政策也一再为美国等国家所指责，中国出口企业因此遭遇了严重的经营困境，并对其关联产业的发展造成不利影响。目前，贸易摩擦已经演变为中国工业品出口面临的常态贸易环境，而且贸易领域的争端开始向汇率、金融体制等宏观层面渗透，并导致“中国威胁论”泛滥。这种利益对立无疑不利于中国制造业的长期、可持续发展，并增加了中国工业运行的外部风险和国际协调的难度。

（三）2011年工业发展趋势预测

综合上述各种有利条件和不利因素，2012年我国工业经济运行环境将更加复杂多变，但总体上不会偏离平稳较快增长的轨道。预计2011年全年规模以上工业增加值同比增长12.5%左右，增速比2011年有所放慢。分行业看，2011年工业行业发展格局将呈现以下特点。

1. 原材料工业保持稳定增长

2011年，预计我国固定资产投资增长20%左右，对钢材、有色、建材等原材料类产品生产仍会产生一定的拉动作用。但节能减排、淘汰落后产能，又会制约原材料工业的生产。预计全年原材料行业增加值同比增长12%左右。

2. 装备制造业增长止跌企稳

2012年，国家对装备制造业的政策支持力度将进一步加大，装备工业仍具

有较大的市场空间和持续发展动力。同时，汽车市场在经历了 2011 年的低潮之后，将出现恢复性增长，并带动整个行业增长速度的提高。此外，随着高铁事故影响的逐步平静，部分高铁项目再次获得政策性融资，轨道交通设备需求也会有所增长。预计 2012 年装备制造业增加值同比增长 16% 左右。

3. 消费品工业增长高位趋稳

随着收入水平的提高，以及国家对改善民生和扩大消费需求的一系列政策的落实，2011 年我国社会消费品零售总额将增长 16.5% 左右，从而拉动食品、服装、医药等消费品工业的发展。但是，受人民币汇率升值、国际贸易保护的影响，纺织、家具、玩具等出口型行业的增长仍存在较大的不确定性。预计 2011 年消费品工业增加值增长 13% 左右。

4. 电子制造业增长继续放慢

目前，由于全行业出口交货值占销售产值的 60% 以上，出口大幅波动对行业运行影响很大。2012 年，世界经济将维持低速增长格局，其中，发达经济体将增长 1.9%，新兴和发展中经济体将增长 6.1%，外需表现仍比较疲软。预计全年电子工业增加值同比增速在 15% 左右。

G.24

2011 年服务业运行分析及 2012 年展望

米建伟*

摘　要：2011 年，我国服务业增速平稳回落，对国民经济增长的贡献率有所提高，金融、软件、物流等行业保持较好发展态势，房地产行业增速明显下滑。展望 2012 年，经济结构调整、文化体制改革、服务业综合配套改革、中小企业发展环境改善将为服务业发展提供良好的外部条件，而房地产调控和出口减缓将是制约服务业发展的主要因素。根据模型预测，在高、中、低三种不同经济增长方案下，2012 年服务业增速将分别达到 9.2%、8.8% 和 8.3%。建议从加快垄断行业改革、实施减税、推进服务业综合配套改革、发展生产性服务业、发展新兴业态等五个方面采取措施，进一步促进服务业发展。

关键词：增长状况　服务业投资　外资利用　增速预测　政策建议

一　2011 年服务业运行情况分析

（一）总体增长状况

1. 服务业增加值增速继续回落

2011 年前三季度，服务业增加值完成 135557 亿元，同比增长 9.0%，增速比上半年下降了 0.2 个百分点，增速随着国民经济整体增速下滑而有所回落。

2. 服务业对国民经济增长的贡献率提高

2011 年前三季度，服务业增加值在 GDP 中的比重为 42.3%，比上年同期回落 0.4

* 米建伟，经济学博士，主要研究方向为产业经济和宏观经济。

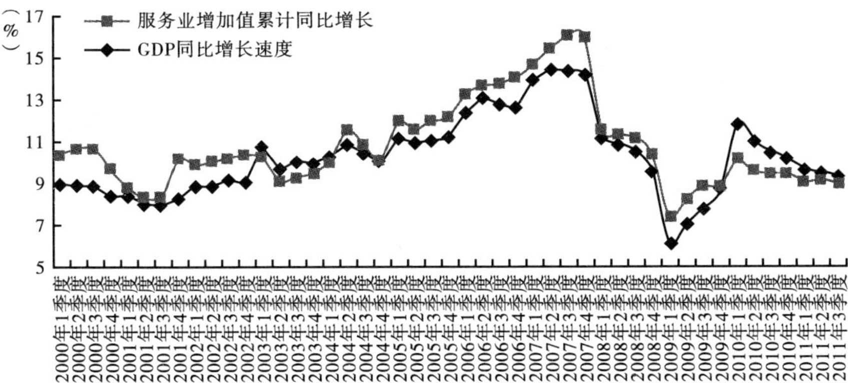

图 1　服务业增加值累计增长速度和 GDP 增速对比

个百分点，服务业比重有所下降（见图 1）。相比较而言，第二产业占国民经济的比重提高较大，2011 年前三季度第二产业由于增速较快，使得第二产业占 GDP 的比重比上年提高了 0.4 个百分点，回升到 48.3%；第一产业的比重保持不变（见图 2）。

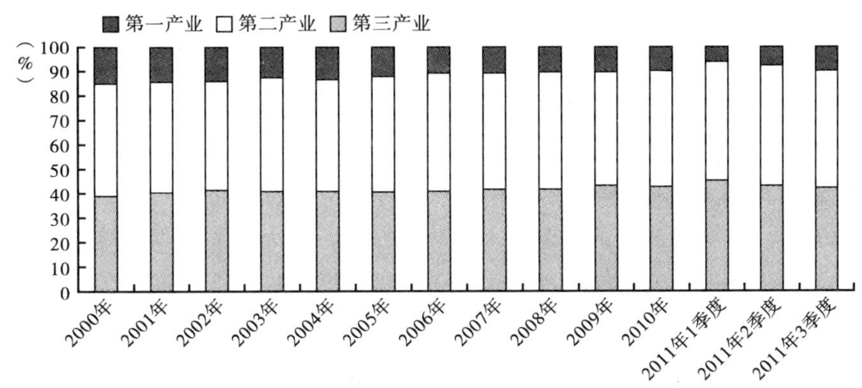

图 2　2000 年以来三次产业比重

由于第二产业增速比上年同期回落较大，使得第二产业对国民经济增长的贡献率有较大下降，而第三产业增速相对平稳，对国民经济稳定增长的贡献相对提高。2011 年前三季度第三产业增加值增速比上年同期回落 0.5 个百分点，幅度较低，使得第三产业对国民经济增长的贡献率比上年同期提高 1.6 个百分点，达到 40.9%。而第二产业在 2011 年前三季度的增速比上年同期大幅回落了 1.8 个百分点，使得第二产业对国民经济增长的贡献率由上年同期的 56.8% 下降到

55.1%，回落了1.7个百分点。第一产业对国民经济增长的贡献率小幅提高0.2个百分点，为4.1%（见图3）。

2011年前三季度，服务业拉动GDP增长3.7个百分点，为稳定国民经济增速作出积极贡献。

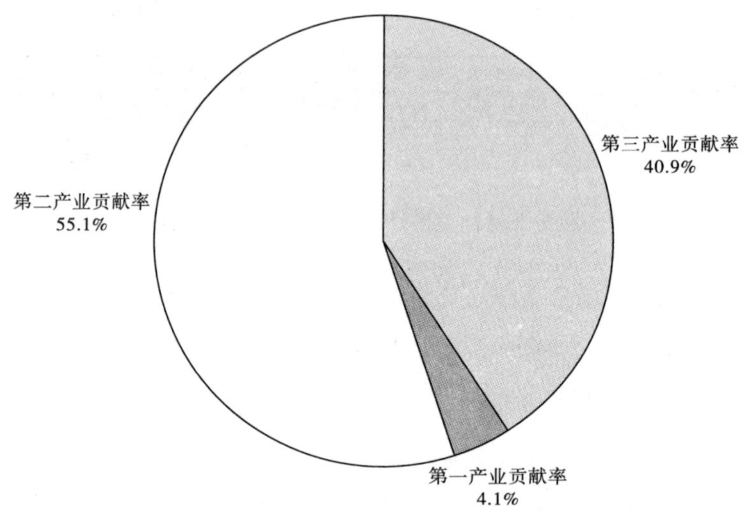

图3 2011年前三季度三次产业对GDP增长的贡献率

3. 非制造业PMI指数保持扩张区间，波动较大

2011年三季度，非制造业PMI指数保持在50%以上的扩张区间，但波动较大。2011年9月份，非制造业PMI指数为59.3%，比8月份回升了1.7个百分点，但比7月份仍回落0.3个百分点。整体上三季度非制造业PMI指数的平均水平比二季度下降1.6个百分点，反映出服务业经济活动降温的态势。

其中，非制造业的新订单指数在2011年9月份为52.8%（见图4），分别比7月和8月下降2.8个和1.3个百分点，连续两个月下降，反映出需求放慢的态势。在紧缩的货币政策条件下，服务业的需求受到较大影响，特别是房地产业的新订单指数比8月份下降了1.4个百分点，反映出市场观望气氛浓厚，需求不旺。

（二）主要行业增长状况

1. 金融业继续保持高增长

2011年前三季度，尽管我国总体经济增速逐步放缓，但运行比较平稳，虽

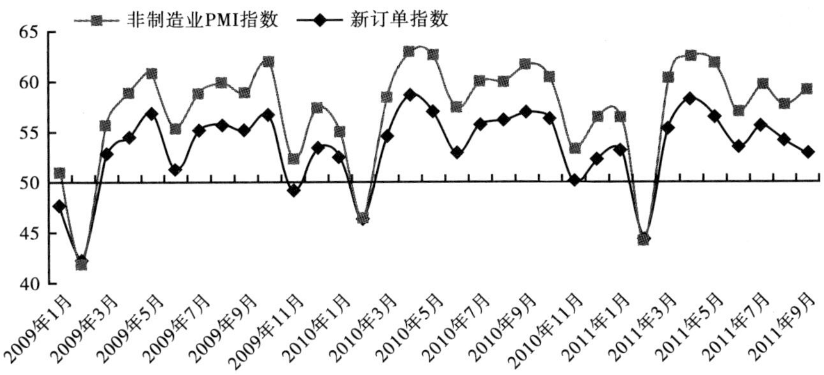

图 4　非制造业 PMI 指数变化情况

然部分地区中小企业遇到经营困难，但从全国范围来看，企业效益继续保持增长势头，银行资产质量良好，加上贷款规模继续增长，息差不断扩大，使得金融业得以继续保持高增长。9 月末，我国金融机构各项贷款余额达到 56.24 万亿元，同比增长 14.5%，第三季度净利差在上半年上涨基础上进一步提升，当前，多数银行净利差已升至 2.5% 上方，一些股份制银行净利差甚至已超过 3%。从具体的企业利润数据来看，已公布三季报的 15 家上市银行前三季度共实现净利润近 6900 亿元，同比增长约 31.6%，有 12 家银行的净利润增速超过 30%，其中，民生银行以 64.42% 的净利润增幅居首，增幅最小的中国银行前三季度净利润增长也超过 22%。

2. 房地产业遭遇“寒流”

受严厉调控政策影响，2011 年我国房地产业投资与销售增速下滑趋势明显，持续多年的高速扩张态势受到抑制。前三季度，我国商品房新开工面积累计达到 147774 万平方米，同比增长 23.7%，而上年前三季度增速达到 63.1%；前三季度商品房累计销售金额达到 3.93 万亿元，同比增长 23.2%，增速虽比上年三季度加快 7.3 个百分点，但比 2009 年同期减缓 50.2 个百分点。从企业经营数据来看，房地产企业 2011 年以来营业收入下滑明显，存货激增，现金流日益紧张，截至 10 月 23 日，根据已经公布的 29 家房地产类上市公司财务报表，三季度净利润环比大幅下滑 40%，经营性现金流量净额从上年同期的 30.8 亿元骤降为 -16.6 亿元。

3. 通信行业温和增长

2011 年前三季度，电信主营业务收入累计完成 7342.6 亿元，比上年同期增长 10.0%。主要业务中，移动通信业务增长明显好于固定电话业务，前三季度，全国移动电话用户累计净增 9330.2 万户，达到 95230.5 万户；全国固定电话用户减少 590.8 万户，达到 28843.3 万户；互联网宽带接入用户净增 2364.1 万户，达到 14993.2 万户，而互联网拨号用户减少了 19.8 万户，达到 570.3 万户。

4. 软件行业成长迅速

2011 年以来，在国家 4 号文等产业扶持政策的推动下，我国软件产业进入新的快速发展阶段，累计前三个季度全国软件收入已接近上年全年水平，信息技术服务增势突出，中心城市集聚效应明显。前三季度，我国软件产业共实现软件业务收入 13002 亿元，同比增长 31.7%，比上年同期提高 1.4 个百分点；完成利润总额 1578 亿元，同比增长 22.1%。前三季度，软件业实现出口 210 亿美元，同比增长 15.4%，比上年同期低 8.6 个百分点。其中，软件外包服务出口 35.7 亿美元，同比增长 38.1%，高于软件出口增速 22.7 个百分点；嵌入式系统软件出口增长 1.7%，低于软件出口增速 13.7 个百分点。前三季度，全国 15 个副省级城市实现软件业务收入 6909 亿元，同比增长 33.7%，增速快于全国平均水平 2 个百分点，占全国软件业务收入的 53%；实现软件出口 142 亿美元，增长 16.6%，快于全国 1.2 个百分点，占全国软件总出口的 67.6%。

5. 物流业平稳较快发展

前三季度，全社会物流总额为 117.7 万亿元，同比增长 13.4%，增幅比上年同期回落 3.4 个百分点，实现增加值 2.2 万亿元，同比增长 14.6%，增速分别比同期 GDP 和第三产业增加值高 5.2 和 5.6 个百分点。在物流业增加值中，交通运输业增加值 1.7 万亿元，同比增长 14.9%；贸易业增加值 0.4 万亿元，同比增长 13.4%。受油价高企、原材料和人工成本上升等因素影响，社会物流成本依然较高，前三季度，社会物流总费用 5.8 万亿元，同比增长 18.7%，增速比上年同期提高 3.8 个百分点。前三季度物流业固定资产投资 2.2 万亿元，同比增长 10.8%，增速比上年同期回落 12.4 个百分点。公路货运价格基本平稳，但市场竞争激烈，水运受船舶运力集中释放等因素影响，运价指数一直处于低位，前三季度，中国出口集装箱运价指数平均为 1010.9 点，同比下降 11.8%。

（二）投资增长情况

1. 服务业投资明显回落

前三季度，第三产业投资增长23.4%，增幅比上年同期回落3.3个百分点，比上半年回落1.3个百分点，低于整体投资增幅1.5个百分点。随着“十二五”规划项目的逐步落实，以及保障房建设进度的加快，服务业投资有望保持稳定增长，但由于民间投资在服务领域涉及不广，政府投资的放缓将影响服务业投资增速的提高。初步预计，2011年全年固定资产投资增长24.5%左右（见图5，图6），增幅与上年基本持平，其中服务业投资增速达到23%左右，增幅比上年回落2个百分点。

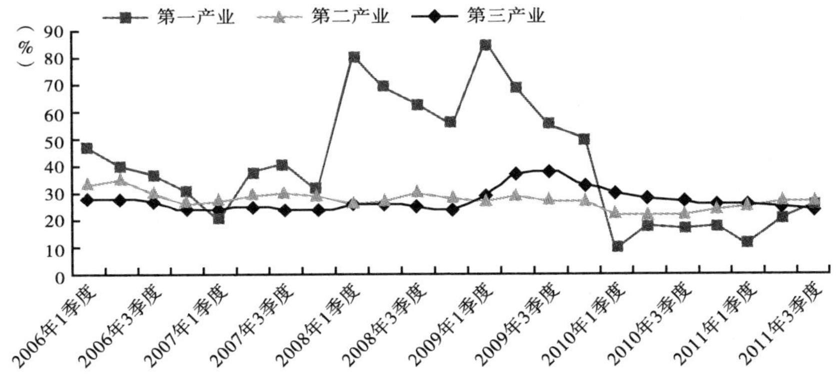

图5　固定资产投资三次产业累计增长速度

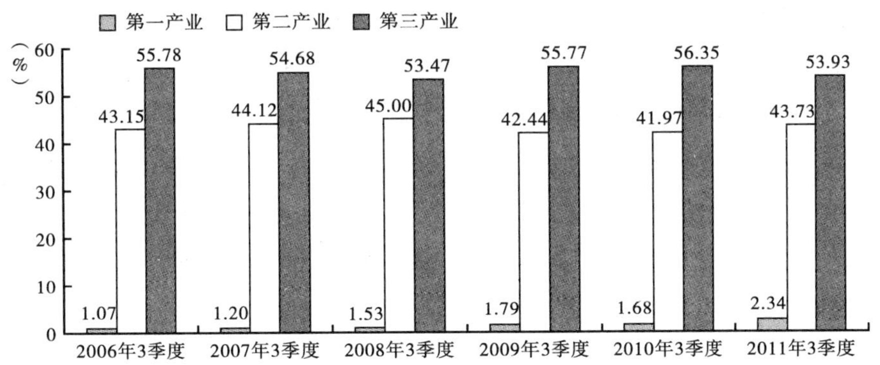

图6　城镇固定资产三次产业占比变化

2. 保障房建设投资加快

随着房地产市场调控措施效果的显现，房地产开发资金压力逐渐加大，商品房开发投资增速有所放缓，但保障房建设步伐的加快冲抵了部分商品房投资的减少，前三季度房地产投资增速仍高于整体投资增速7.7个百分点，累计增长速度达到32.6%，增幅比上半年加快0.7个百分点，但比上年同期回落2.1个百分点。8月末保障性住房和棚户区改造住房开工率已达到86%，四季度投资增速将逐渐减缓。而房价拐点的若隐若现、信贷资金紧缩加剧对商品房投资的影响将持续加大。因此，初步预计四季度房地产开发投资增幅将有所回落。2011年全年房地产开发投资增长31%左右，增幅比上年回落2个百分点。

3. 生产性服务业投资放缓

随着高铁建设大跃进的戛然而止，占服务业投资规模次席的交通运输仓储和邮政业投资明显放缓，前三季度增长5.7%，比上半年大幅回落10.6个百分点，比上年同期回落16.3个百分点。而金融业、租赁和商务服务业、科学研究及技术服务和地质勘查业等现代服务业领域在宏观环境趋紧的情况下依然保持较快增长，三季度增速均有所加快。其中，战略性新兴产业的振兴带动科学研究及技术服务和地质勘查业投资增长速度达到30.5%，增幅比上年同期提高15个百分点；受上年基数影响，金融业、租赁和商务服务业投资增速分别达到25.8%、32.6%，增幅同比分别回落18.6个、2.1个百分点。信息传输计算机服务和软件业投资依然低迷，前三季度下降2.2%，但降幅比上半年收窄2个百分点。

4. 民生领域投资回落

由于政府投资在民生领域中居主导地位，随着宏观调控政策逐渐趋紧，三季度水利环境和公共设施管理业、居民服务和其他服务业、教育等领域投资增速出现减缓，而卫生社会保障和社会福利业、文化体育和娱乐业、公共管理和社会组织等领域投资加快。前三季度，教育、卫生社会保障和社会福利业、公共管理和社会组织投资同比分别增长15.2%、26.7%、15.3%，增幅比上年同期提高2个、12.4个、5.6个百分点；水利环境和公共设施管理业、居民服务和其他服务业、文化体育和娱乐业投资同比分别增长17.2%、29.1%、20.7%，增幅比上年同期回落8.7个、11.9个、6个百分点。

5. 传统服务业投资稳健运行

扩大内需政策及消费结构升级加快推动批发和零售、住宿和餐饮等服务行业

投资高位运行。前三季度，批发和零售业、住宿和餐饮业投资分别增长 36.7%、34.1%，增速比上年同期分别加快 19.1 个、6.6 个百分点，也明显高于整体服务业投资增长水平。

（三）外资利用情况

1. 全国外资利用增速回落

随着欧美债务危机的深化蔓延，经济下行风险加大，国际产业资本流动明显放缓，导致我国利用外资增幅逐渐回落。前三季度，全国外商投资新设立企业 2.04 万家，同比增长 6.24%；实际使用外资金额 866.79 亿美元，同比增长 16.6%，增幅比上半年、一季度回落 1.8 个、12.8 个百分点，与上年同期基本持平。

2. 服务业利用外资增速领先

从产业结构看，服务业实际使用外资增速保持领先态势。前三季度，制造业外资同比增长 12.97%，增幅比上半年回落 2.6 个百分点；投资农、林、牧、渔业外资同比增长 10.18%，增幅比上半年回落 4.9 个百分点；而服务业实际使用外资金额 401.92 亿美元，占同期全国总量的 46.37%，同比增长 20.13%，增幅比上半年仅回落 1.3 个百分点。服务业中，综合技术服务、专用机械设备修理、批发、零售、旅游、运输服务等行业实际利用外资增幅同比均超过 60%，房地产业实际利用外资同比仅增长 13.29%，低于服务业总体增幅 6.84 个百分点。国际经济环境的日益严峻将影响我国利用外资的增长，预计服务业外资增长速度将继续呈现回落态势，但依然保持领先地位。

二　2012 年服务业运行趋势展望

（一）有利因素

1. 经济结构调整提供了有利的发展背景

2012 年是我国加快经济增长方式转变的关键时期，从需求结构来看，消费占总需求的比重将逐步提高。相关研究结果表明，消费对服务业的拉动最为明显，直接有利于物流、餐饮、旅游、文化传媒、教育等服务行业的发展；从供给结构来看，为破除资源环境约束、实现可持续增长，我国将加快产业结构调整，大力发展高端制造业和战略性新兴产业，加快推进传统产业的技术升级，为发展信息服务、技术服务等生产性服务业提供良好契机。

2. 文化体制改革带动文化创意产业大发展

党的十七届六中全会提出，要推动文化产业成为国民经济支柱性产业，为此，要加快推进文化体制改革，发挥市场在文化资源配置中的积极作用，要深化国有文化单位改革，健全现代文化市场体系。2012 年，无论从投资规模、企业数量，还是从发展环境、市场空间来讲，都将对文化创意产业的高速发展提供有力支撑。从发达国家的发展现状来看，文化创意产业已经成为国民经济的重要支柱，在经济增长、促进就业方面发挥举足轻重的作用。而我国目前文化创意产业主要集中在中心城市，这些区域在发展文化创意产业方面具有得天独厚的市场、技术、人才优势，起步虽然较晚，但成长潜力巨大，将是我国文化创意产业的主要增长极。

3. 服务业综合配套改革继续推进

自 2010 年我国开展服务业综合配套改革试点以来，各试点城市着眼于体制突破和机制完善，目前已经积累了一些可供推广的良好经验，主要集中在市场准入、补贴机制、监管机制等方面，这些经验将陆续向其他地区推广。2012 年是服务业综合配套改革的关键之年，政策创新和开放力度继续加大，已经出台的扶持政策将逐步发挥作用，对于服务业的影响也将逐步显现。

4. 中小企业发展环境进一步改善

服务业以中小企业为主体，中小企业发展环境的改善对于服务业发展具有重要意义。2011 年，我国出台了多项政策措施扶持中小企业，包括为中小企业贷款提供支持、提高营业税起征点等，在改善中小企业发展环境方面取得了突破性进展。2012 年，为增强经济活力、转变增长方式，将有更多的配套措施出台，例如垄断行业改革、加快对外开放等，都将对中小企业的发展环境产生有利影响。

（二）不利因素

1. 房地产业继续面临调控压力

2011 年下半年，我国房地产调控的政策逐步见到成效，部分重点城市房价

开始回落，房地产交易降温明显，在不利的市场环境下，房地产企业选择了收缩投资和降价销售，行业增长明显减缓。2012 年，我国已经出台的房地产调控政策短期内不会放松，房地产市场销售压力较大，资金紧张是房地产企业面临的主要问题，行业缺乏持续的扩张动力，将继续维持低速增长的态势。

2. 出口放缓影响相关行业

2012 年，受欧洲债务危机的影响，发达国家总体将维持低增长态势，对我国出口造成较大的不利影响，预计我国出口增速将比 2011 年明显减缓。我国出口对应着较多的下游服务需求：物流的增加带来运输需求的增长，人流的增加带来旅游需求的增长，信息流的增加带来了商务服务需求的增长，以上三类服务贸易金额占到了我国服务贸易总额的 85.4%，如果算上派生的国内服务需求，出口放缓对服务业的影响将不容忽视。

（三）增速预测

综合有利因素和不利因素，根据模型测算，在高、中、低三种总体经济增长情形下，预计 2012 年服务业增速将分别达到 9.2%、8.8% 和 8.3%（见表 1）。

表 1　2012 年服务业增速预测

指　　标		服务业增速(%)
2010 年实际		9.6
2011 年 1 ~ 9 月		9
2011 年预测		8.8
2012 年预测	高增长方案(GDP 9.5%)	9.2
	中增长方案(GDP 8.7%)	8.8
	低增长方案(GDP 8%)	8.3

三　加快服务业发展的政策建议

1. 加快垄断行业改革，鼓励市场公平竞争

一是在铁路、民航、通信、文化、教育、金融等领域逐步落实民营企业在准入、运营方面的非歧视待遇，实现公平竞争，打破行业垄断；二是放宽民营企业在参股、控股、兼并国有服务业企业过程中的限制，优化行业组织格局；三是积极推进国有垄断性服务企业的市场化改革，以市场竞争推动企业提高运行效率和经营效益。

2. 实施减税措施，降低服务业运营成本

当前，我国经济面临“保证稳增长和推动结构调整”的双重任务，对服务业实施减税可以同时起到促进经济增长和发展服务业的作用。一是对中小型服务企业实行税收减免，降低税率和起征点，促进服务企业做大做强；二是对服务企业的设备更新换代、技术转让加大税收抵扣力度，加快服务业技术升级；三是对劳动密集型服务企业加大税收支持力度，增加就业，缓冲经济减速带来的就业冲击。

3. 推进服务业综合配套改革，提高服务业占比

一是加大服务业综合配套改革试点的工作推进力度，支持鼓励政策创新和改革精神，打造服务业产业集群，紧抓“让利”二字，从国家、地方两个层面给予服务业税收优惠，实现让利于民和放水养鱼；二是扩大服务业综合配套改革试点范围，增加试点数量；三是尽快将改革的成功经验向全国推广，加快政策试验成果的转化。

4. 发展生产性服务业，提高国民经济总体竞争力

推动物流、金融、商务服务、信息服务、工业设计等生产性服务行业的发展，促进生产性服务业与制造业及其他产业的深度融合。一是积极推进产业园区建设，增强园区产业集聚能力和服务配套能力，为生产性服务业发展开拓市场需求；二是鼓励国有企业开展服务外包，推动企业专业化发展；三是提高全社会信息化水平。降低信息化投资成本和运营成本，促进信息技术在服务业中的应用面和应用深度；加快核心、关键技术的研发与引进，以三网融合、公共信息平台建设等重点领域为突破口，促进产业融合。

5. 大力发展文化创意、软件外包等新兴业态，推动服务业结构升级

一是鼓励社会力量以多种形式参与文化创意产业的投资运营，将文化创意产业打造成为具有长远生命力和群众基础的又一支柱性服务行业；二是加强知识产权的保护力度和创新精神的宣传力度，促进全社会创新文化氛围的形成；三是积极开展适合服务贸易运营特点的买方信贷、卖方信贷、出口保险等金融服务，加大服务贸易的出口退税力度，推动产业集聚，充分利用我国人力资源优势，将软件外包发展成为我国又一重要出口产业。

G.25

2011年房地产市场分析及2012年展望

邹士年*

摘　要： 2011年，从年初开始实施的限购限贷政策成为自2003年房地产调控以来最为严厉的政策，同时，保障房建设也成为史上建设速度最快的一年。在压制不合理需求和逐渐增大供给的情况下，房地产市场开始得到控制，尤其是前期涨势凶猛的一线城市房价开始出现停涨或下降苗头。但是，调控带来的结构和区域的冷热不均使得房价总体调控压力依然较大，国内外复杂的经济环境也使得调控难度加大。从目前房地产市场发展态势和中央调控决心来看，明年房地产市场从紧的调控政策不会有太大变化，房地产价格下行可期，区域分化特征将更为明显，房地产企业兼并重组加快，市场将更加优胜劣汰。而真正健康的房地产市场的建立，需要从土地供给、房地产税综合改革及房地产市场融资等方面进行不断改革。

关键词： 市场降温　拐点初现　区域分化

一　2011年以来房地产市场情况及特点

为进一步巩固和扩大房地产市场调控成果，2011年以来，中央和地方政府调控政策继续升级和深化，商品房和保障性住房两条腿并行。在商品房方面，实施限购政策，出台房价控制目标，调整住房转让营业税，货币政策持续收紧，信贷政策更加严厉，有效遏制了投资投机需求；在保障房方面，从土地、资金和制度等多方入手，单列保障房用地，加大保障房建设财政投入，鼓励多渠道筹集资

* 邹士年，经济学博士，国家信息中心预测部发展战略研究室助理研究员，主要研究方向为宏观经济、房地产经济等。

金，实行保障房建设责任制，公开保障房建设信息等，保障房建设力度明显加大。一系列调控政策使得2011年以来的房地产市场出现积极变化。

1. 国房景气指数持续下降，房地产市场开始降温

从反映房地产行业整体形势的房地产开发综合指数来看，今年1～10月平均值只有101.9，远低于上年同期的104.4，显示今年以来房地产市场开始降温。10月份，全国房地产开发景气指数继续持续回落，逼近100，比上年同期回落3.3个百分点，国房景气指数已连续6个月下滑。房地产销售价格指数今年1～9月以来基本一直处于下降趋势，只有5月份有所上升，均值达到102.6，远低于上年同期的108.6。与此相对应的房地产开发投资指数并未出现明显的下降，今年1～9月的开发投资指数均值为104.01，仅比上年同期均值低0.54（见图1）。

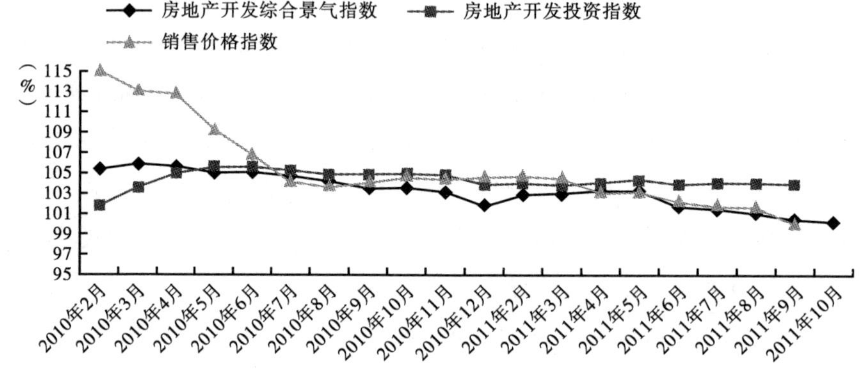

图1　2010年以来国房景气指数

2. 房地产开发投资保持较快增长，自筹资金成为主体

1～9月全国房地产投资实际完成额44225亿元，同比增长32%。其中，住宅投资231788亿元，同比增长35.2%。其中，9月房地产投资增速较1～8月下降1.2个百分点，住宅投资增速持平。1～9月房地产开发企业资金来源6.2万亿元，同比增长22.7%，主要受益于自筹资金的快速增加，自筹资金同比增长33.5%（见图2），占本年资金来源的41.2%，创历史新高，而国内贷款同比增速今年以来一直低于10%。

3. 商品房销售稳定增长，商办地产销售增速明显快于住宅

1～10月，全国商品房销售面积7.97亿平方米，同比增长10%，10月当月出现较大下降，增幅较1～9月下降2.9个百分点，较上年同期提高4.7个百分

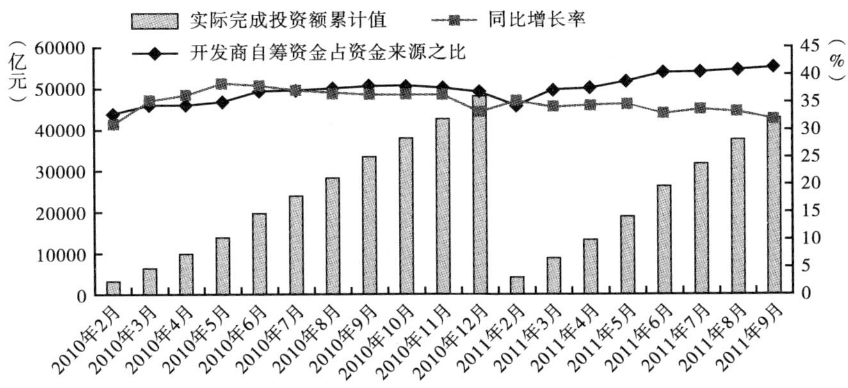

图 2　2010 年以来全国房地产投资实际完成额、同比增长率及开发商自筹资金占资金来源之比

点。其中，1～10 月住宅销售面积同比增长 9.0%，办公楼增长 14.40%，商业营业用房增长 17.60%。1～10 月全国商品房销售额 4.38 万亿元（见图 3），同比增长 18.5%。其中，住宅销售额增长 16.30%，办公楼和商业营业用房分别增长 27.10% 和 32.10%，商、办地产销售增速显然快于住宅。

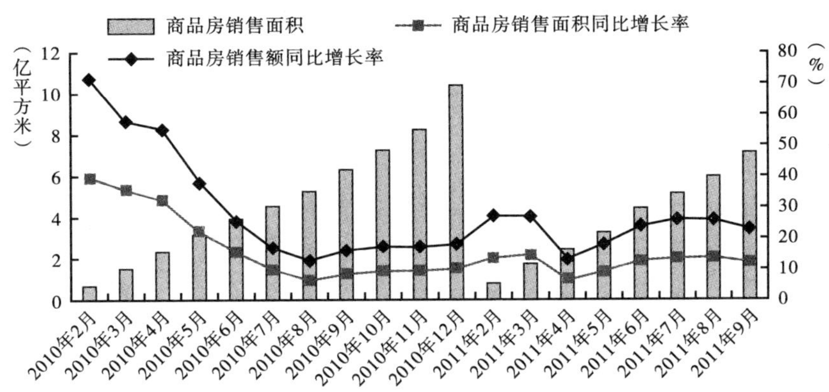

图 3　2010 年以来房地产销售面积及销售额同比增长率

4. 房价增幅放缓，非住宅类房产价格增长较快

用全国商品房成交面积和成交金额之比可以换算出 1～9 月全国商品房成交均价为 5514.4 元/平方米，同比上涨 9.1%，但是较 1～8 月下降 1.7 个百分点。其中，住宅成交均价同比上涨 8.1%，较 1～8 月下降 1.9 个百分点。这一环比下降幅度是今年以来最大的，而且住宅的价格下降幅度超过全国商品房的下降幅度。非住宅成交价格涨幅远远高于住宅价格涨幅。其中，办公楼成交均价同比上涨15.5%，较1~8月下降4.2个百分点，环比下降较快；商业营业用房成交均价同比上涨12.2%，较1~8月下降1.2个百分点。

二　房地产市场调控政策的效果和存在的问题

今年以来限购、限贷等政策效果逐步显现，遏制了一线城市房价上涨势头，供求关系趋于合理，但商办类房产和二三线住房市场涨势依然较快，凸显政策的结构和地区不均衡性，房价总体调控压力仍然较大。

1. 政策调控效果逐步显现，房价下降拐点初现

今年实施的限购政策是2003年房地产调控以来最严厉的政策，影响非常大。从更准确、灵敏地反映价格最新变动情况的环比数据来看，70个大中城市新房和二手房的环比价格下降和持平的城市数量震荡攀升。2月份新房环比价格下降和持平的城市仅14个，二手房环比价格下降和持平的有20个，到9月份新房环比下降和持平的城市已经多达46个，而且环比价格上涨的城市涨幅均未超过0.3%；二手房环比下降和持平的也多达46个，而且环比价格上涨的城市涨幅均未超过0.6%。从停涨的城市数量、涨跌幅等指标来看，大中城市房价过快上涨的趋势已经受到了一定程度的抑制，楼市已经到了停涨的临界点，全国房价下降的拐点已经初步显现，但是拐点的确立仍需政策的继续配合。

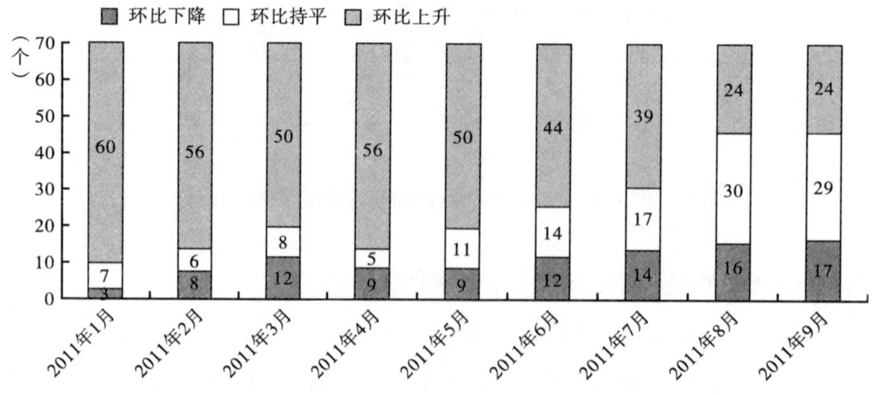

图4　2011年以来新建商品住宅价格上涨、持平和下降城市个数

2. 限购政策带来区域和结构调控的冷热不均，房价总体调控任务依然艰巨

严厉的限购和限贷措施带来一线城市房价上涨的势头得到遏制，但是未限购的城市和未受限的非住宅类地产今年以来上涨势头仍然比较凶猛。根据国家统计局公布的住宅价格指数，对照其中 31 个未限购城市和 39 个已限购城市数据，未限购的二三线城市的房价涨幅普遍快于限购城市，尤其是快于限购执行严格的一线城市。但是严格限购的一线城市非住宅价格涨幅上升速度仍然较快。当前，房地产市场下降的拐点已经基本呈现，一线城市普遍进入同比增速下降，环比停滞或者下降状态，开发商也在春节前陷入资金回笼的紧张时期，降价是开发商唯一选择，但是房价下降的区域性和结构性特点明显，房价总体水平仍然下降不多。央行发布的三季度居民储户调查结果显示，对未来房价走势，仅 8% 的居民预期将“下降”。而房地产商普遍在呼吁政府调控政策应该放松，甚至以威胁金融安全为借口。面对国内外严峻的经济环境，房地产价格如果下降过快造成经济的硬着陆确实会对整个经济造成危害，因此，总体来看，我国房价调控任务依然艰巨。

3. 行政性调控措施带来市场博弈，影响市场调控效果的可持续性

限购对今年的一线房地产投机需求起到了严重的遏制作用，但是限购政策是一种行政性调控，它有一定的时间表，不像税收政策具有持续性。今年很多地方出台的限购政策时间明确指向今年年底，而且对限购的目标也明确为抑制房价过快上涨，那就意味房价停止上涨或者开始下降就有可能退出了。很多开发商正是看准这点，即使在当前资金十分艰难的时期也不愿降价，而二三线地方政府更是宁可限价也不愿执行限购，因为限购直接压制需求，带来成交量的下滑，也就带来土地出让金和房地产交易环节的税收的减少。很多专家也都认为房地产的政策已经到了底部。在保障性住房市场还没完善，房地产调控的长效机制还没发挥作用的情况下，行政调控一旦退出，必然会带来房价的报复性反弹，重蹈以往调控失败的覆辙。

4. 国际国内经济形势更加复杂，房地产调控难度愈加增大

从当前国内外复杂的经济形势分析，未来的房地产调控面临更加严峻的形势。从国际经济形势看，当前世界主要经济体仍未完全摆脱金融危机的影响，债务危机引发全球经济衰退的担忧还相当严重。美元贬值、输入性通货膨胀压力持续存在，加剧了国内资产价格的上升。从国内经济形势看，宏观经济平稳运行受到世界经济不景气的影响以及通胀压力等挑战，经济结构调整压力加大。未来房地产调控既要防止房价反弹，进一步加剧通货膨胀，又不能让房价大落，影响金融安全和经济平稳发展，调控难度可想而知。而2011年以来，我国房地产调控已使用多种政策工具及组合，有关部门出台的调控政策涉及行政、经济、法律、金融等众多领域，未来房地产调控留下的政策空间逐步缩小，可选择的调控工具更加有限。

三　2012年我国房地产市场走势判断

1. 房地产调控政策持续从紧

当前房价下行空间在一定的程度上已经打开，限购范围不断扩大和信贷紧缩的双重压力已经导致一些大型房企在一二线城市开始以价换量缓解资金压力和提升销售业绩。针对房价下降带来危机的理论，银监会前主席刘明康指出房价下跌50%银行仍不亏本，无疑给从紧政策的执行坚定了信心。尤其是温家宝总理在11月7日表示，政府的目标是要使房价回归到合理的水平，基本已经为将来一段时间从紧的政策奠定基调。因此，整体从紧政策在房地产税等调控措施没有进一步出台前，不会出现明显松动，房地产投资的属性会进一步遭到遏制。

2. 房地产投资增速明显放缓

受到今年限购限贷政策的影响，房地产土地购置面积、新开工面积、施工面积增速出现下滑，意味着未来房地产开发投资增速将进一步放缓。尤其是2011年前7个月全国土地流标数量达到353块，比上年同期增长242%，被“限购”的城市住宅土地流标明显。在全国土地流标前十的城市中，有8个是已经执行限购的城市，调控压力迫使开发商拿地更加谨慎。另外，信贷的收紧也压缩了开发商的投资能力。但在政府计划保障性住房建设投资不低于今年的带动下，房地产投资仍将保持高位运行，预计全年房地产投资增速会保持在20%左右。

3. 房价下行可期，区域分化加剧

从需求方面看，当前的限购和限贷极大地挤出投资和投机性需求，而一线热点城市在限购前几乎一半都是这种投资投机性需求。未来对房价上涨过快的二三线城市也有可能采取限购措施。从供给方面看，今年各月的住房投资仍然保持同比30%以上的增速，前9个月全国住宅新开工面积为114480万平方米，而同期

住宅的竣工面积则为 34845 万平方米，差额高达 7.96 亿平方米，这显示出楼市的潜在供应量较大。因此，只要房地产调控政策不放松，在今年剩下的时间直到明年中期都会一直延续震荡下跌和盘整的趋势，尤其限购限贷执行严格的地区下降速度更快，并呈现大城市的不同区域会呈现周边郊区下降幅度大于中心城区、一线城市下降幅度大于二三线城市的现象。

4. 房地产行业调整加剧，企业兼并重组加快

在当前政策和市场环境下，打折降价现象开始不仅仅意味着房地产市场进入淡季，更意味着开发商之间的竞争加剧，行业洗牌已经开始。从上市房地产企业 8 月份的销售业绩来看，与年内各月销售业绩持续飙升完全不同，8 月份多家房企销售业绩首次出现下滑。在销售金额和销售面积下降的同时，多家房地产企业销售均价亦出现不同程度下跌。市场开始有向大开发商集中的趋势，这就加剧中小企业资金链断裂的危险，在政策不放松，甚至继续收紧的情况下，年底或明年初可能会迎来一批中小房地产企业的倒闭。而大开发商会通过提高开发和销售速度，甚至兼并中小开发商，加快房地产企业兼并重组。明智的开发商会抓紧时间兑现自己手上的筹码，争做市场的“快鱼”。

四　对我国房地产市场发展的政策建议

高房价已经不是简单的经济问题，高房价下房地产市场已经成为吸纳中下层老百姓当前和未来收入的黑洞，通过提前透支老百姓未来消费能力创造今天的繁荣。这种繁荣的背后加剧了财富向一部分富裕阶层的聚集，加剧了已经严重的社会贫富分化。政府抑制投机性需求应该是一种长期导向，最终调控应该以经济手段替代行政手段。

1. 限贷限购政策仍需从严，防止房价出现反弹

当前全国房价下降的拐点正在形成，但拐点的最终确立仍有赖于政策的持续和深入，尤其是全局性把握限贷、限购等关键点。面对稍微出现房价下降的节点阶段，很多利益集团和一部分专家往往会夸大房价下跌的风险。实际当前房价只是出现环比停涨和下跌的城市有所增加，而从同比指标看 9 月份 70 个大中城市中，新建商品住宅价格下降的城市只有 1 个，而二手住宅价格同比下降的仅有 7 个，二三线城市特别是未限购城市依然处于量价继续惯性上涨的过程中。在通胀

压力仍然较大情况下，如果稍有放松，房价反弹将一触即发，因此在一段时间内限购限贷政策仍需从严。

2. 改进土地供应机制，完善房价形成机制

房价居高不下的根源在于较高的土地价格，因此有效改进土地的供应制度一定程度对遏制高房价有重要意义。而改进土地供应制度就需要继续完善土地储备和招拍挂制度。改进土地交易方式，控制非理性土地竞价，可以设立地价合理区间、增加配建保障性房和承担公益性设施建设等作为土地竞买条件。逐步推动集体建设用地流转制度改革，缓解城市用地紧张局面。在理顺土地价格机制的前提下，引导和建立房地产价格可涨可跌的调整机制，发挥价格杠杆作用。

3. 继续推动房地产税改革试点，扩大房地产税制综合改革

在推动房产税试点改革基础上，应研究房地产税制综合改革。由于房产信息联网已经获得很大进展，这对房地产税收的分类征收提供了可能。通过联网信息可以有效确定自住和投资、投机性住房，对于自住住房在国家规定的人均面积类免除税收，超过规定的按照累进税率征收房地产持有环节税收，加大住房持有成本。对于住房交易过程中增值环节按照年限实行累退的税收制度。这样既可以增加地方税收来源，改变地方政府对土地财政的依赖，又可以有效降低住房作为投资、投机商品的属性，有利于住房价格的理性回归。

4. 调整房地产融资结构，降低房地产市场金融风险

房地产业作为资本高度密集型产业，具有高度杠杆化特征，房地产企业的融资结构往往关系金融安全程度。我国目前房地产投资中70%的资金直接或间接来自银行。当前房地产调控过程中普遍的担忧就是过于严厉的调控会带来金融的系统性风险，即所谓的房地产绑架中国经济的现象，很多房地产企业甚至以此作为与调控政策博弈的依据。而在国外，房地产业的投资资金70%来源于民间资金，其中房地产基金占绝对地位。今后我国应该加大力度发展房地产基金，调整房地产行业融资结构，降低行业资金杠杆，降低行业的金融风险。而发展房地产基金还有利于调节供求关系，使投资从需求端转向供给端，减少房地产市场中对商品房实物的投资、投机需求，以利于抑制房价的上升。

G.26

2011 年汽车行业增长形势分析及展望

王 硕*

摘 要： 2011 年以来，由于政策刺激效应大幅减弱以及经济增速的回落等主要因素的影响，我国汽车市场销量仅维持微幅增长，增速同比大幅度回落，其中受居民消费结构升级以及节能减排政策的推动，轿车和客车销量保持了一定的正增长，而货车销量受投资增速回落的影响同比出现较大下滑。经历了 2009 ~ 2010 年火爆的汽车市场行情之后，汽车行业的发展进入相对平稳阶段。由于能源供应紧张、环境压力增大、城市拥堵问题愈发严重等因素的影响，未来我国汽车市场增长空间将受到较大限制，汽车产业如何和社会、环境的协调发展将是汽车行业面临的重要问题。结构性的产能过剩以及节能减排的需要都要求汽车行业加快进行结构调整，提高行业集中度，增强可持续发展能力。

关键词： 汽车产业 节能减排

2011 年汽车行业景气明显下滑，政策环境的改变以及增长基数的大幅度抬升，导致 2011 年以来汽车行业产品销量、产值增速均出现大幅度回落。由于世界经济有所回暖，我国汽车出口保持了较快增长势头。未来汽车产业需要寻求和社会、环境协调发展的道路，能源、环境、城市空间等条件的限制将进一步制约汽车产业的增长速度，在加快结构调整、提高可持续发展能力方面汽车产业需要做更大的努力。

---

* 王硕，经济学硕士，国家信息中心经济预测部高级经济师，主要从事产业经济分析与预测研究、行业景气研究。

一 2011年以来汽车行业的经济运行形势

（一）汽车工业产值增长较快，增速回落

2011年汽车制造业工业增长速度保持了较快增长的势头，1～9月汽车制造业累计工业销售产值完成33226.2亿元，同比增长16.1%（见图1）。整体上2011年上半年汽车工业增速呈现逐渐回落的态势，上半年工业销售产值增速比一季度回落了4.2个百分点，但6月份以来汽车制造业工业增速呈现企稳态势，工业销售产值增速保持在15%左右的水平，呈现平稳较快增长，增速逐渐略有回升。与上年同期相比，汽车制造业工业销售产值增速大幅度回落25个百分点，2011年汽车行业没有延续2010年的火爆行情，行业销售进入平稳增长态势，由于政策刺激效应退去以及消费能量已经集中释放，行业增速出现回落属正常现象。

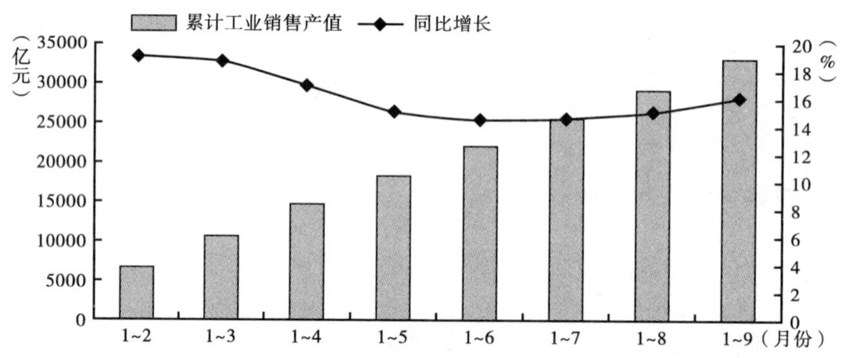

图1 2011年1～9月汽车制造业累计工业销售产值及增长

数据来源：国家统计局。

（二）汽车销量微幅增长

2011年我国汽车市场开局表现较好，1月份市场销量达到189万辆，再创历史新高，同比增长13.81%。但随后汽车市场呈现明显降温态势，销量增速大幅下滑，上半年汽车销量累计增长3.35%，增速比一季度下降了4.73个百分点。

下半年以来，汽车市场销售表现平稳，累计销量增长速度维持在3.3%左右的水平上，保持微幅增长的态势。1～9月份累计，全行业完成汽车销售量1363.35万辆，同比增长3.62%（见图2），增长速度比上年同期大幅度下滑30个百分点以上。由于政策刺激作用的退去，以及消费环境的改变，2011年汽车市场销售相比较2010年出现明显降温，整体上呈现平稳增长态势。

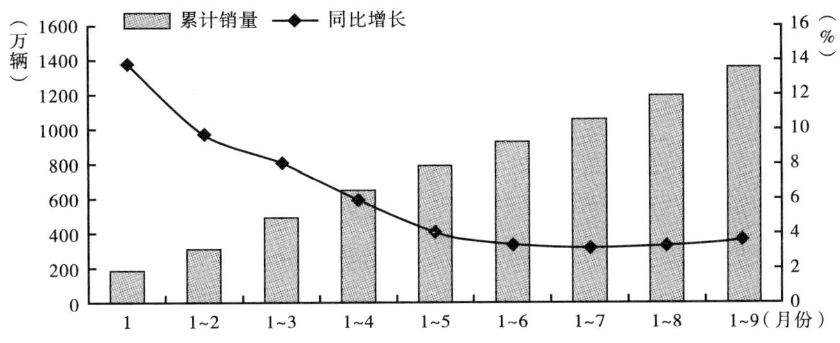

图2　2011年1～9月我国汽车市场累计销售量及增长

数据来源：中国汽车工业协会。

分车型来看。2011年1～9月份汽车行业乘用车的累计销售量为1053.78万辆，同比增长6.38%；商用车累计销量为309.57万辆，同比下降4.79%。与2010年相比，尽管增速有较大回落，但乘用车市场保持了一定的增长势头，而商用车销量则同比出现较大下滑，商用车销售不景气是汽车销量增速大幅度下降的重要原因。2010年商用车销售一度从金融危机的低谷中有所反弹，并支撑了2010年汽车市场销量的高速增长，但2011年由于国民经济增速回落，商用车市场销售再次出现下滑，特别是运输类货车的市场销售同比下降明显，1～9月份货车和半挂牵引车市场销量分别同比下降2.36%和28.09%，降幅较大，这主要是由于国家采取了从紧的货币政策，导致投资增速下滑，工业增速也有所回落，使得运输类货车的需求有较大下降。客车方面，1～9月客车市场销量同比增长11.99%，是汽车市场表现较好的品种，销量增速超过乘用车，这主要是由于节能汽车率先在公共交通领域展开，一些大城市大力发展公共交通，缓解城市拥堵，并促进节能减排，使得客车市场呈现了相对较为繁荣的景象。

表1　2011 年 1 ~ 9 月乘用车、商用车的销售量及增长

	乘用车		商用车	
	累计值(万辆)	同比增长(%)	累计值(万辆)	同比增长(%)
1 月	152.9	16.17	36.54	4.89
1 ~ 2 月	249.64	2.60	65.9	11.60
1 ~ 3 月	384.39	9.07	113.98	4.86
1 ~ 4 月	498.56	7.55	154.83	1.08
1 ~ 5 月	602.8	6.14	188.82	-2.05
1 ~ 6 月	711.03	5.75	221.49	-3.67
1 ~ 7 月	812.37	5.89	247.81	-4.68
1 ~ 8 月	921.83	6.05	276.53	-4.81
1 ~ 9 月	1053.78	6.38	309.57	-4.79

数据来源：中国汽车工业协会。

乘用车方面。2011 年 1 ~ 9 月，轿车销量达到 738.8 万辆，同比增长 8.58%；多功能乘用车（MPV）销量为 36.1 万辆，同比增长 14.91%；运动型多用途乘用车（SUV）销量达到 111.4 万辆，同比增长 17.64%；交叉型乘用车销售完成 167.4 万辆，同比下降 9%。MPV 和 SUV 继续呈现较强的增长动力，这与我国居民消费升级趋势直接相关；轿车销量保持一定水平的增长，显示出居民汽车需求稳定增长的态势。交叉型乘用车销量同比出现较大下降是乘用车市场销售增速下降的重要原因，这主要是由于汽车下乡政策效应退去，交叉型乘用车需求出现下滑所致。

小排量乘用车依然是市场销售的主力。2011 年 1 ~ 9 月份，1.6 升及以下乘用车销售 720.81 万辆，同比增长 6.72%，高于行业增速 3.1 个百分点，占乘用车总量比重的 68.23%，比上年同期下降 0.01 个百分点。其中 1.6 升及以下的轿车销售 523.48 万辆，同比增长 11.47%，高于行业增速 7.85 个百分点，占轿车总量的比重为 70.83%，比上年同期提高 1.82 个百分点。随着油价的高启以及国家节能减排政策的推进，小排量汽车需求依旧保持较快增长。

（三）汽车出口保持快速增长，进口增速明显回落

2011 年我国汽车出口形势继续表现良好。世界经济逐渐走出低谷特别是新兴市场经济体经济回升较快，为我国汽车出口提供了良好的外部环境。根据海关

统计，2011 年 1 ~9 月我国累计出口汽车 61. 24 万辆，同比大幅度增长 54. 55%，出口增速保持了快速的水平，其中小轿车出口增长最为快速，1 ~9 月份小轿车出口量累计达到 26. 61 万辆，同比大幅增长 119. 1%，增速比上年有大幅提升；小客车的出口增长也表现快速，1 ~9 月份小客车累计出口量为 4. 78 万辆，同比增速达到 65. 2%，继续呈现快速增长的势头（见表 2）。

进口方面。受国内汽车销售形势明显降温的影响，汽车进口增速也出现较大回落。2011 年 1 ~9 月我国汽车累计进口 72. 78 万辆，同比增长 24%，增速比上年同期回落 78. 7 个百分点，幅度较大。其中小轿车和四轮驱动轻型越野车，进口量分别为 29. 79 万辆和 29. 97 万辆，分别同比增长 18. 2% 和 17%，增长速度均比上年同期大幅回落，但与国内汽车销量增速相比，汽车进口增速仍相对较快，反映出进口汽车依旧具有较强的市场需求。1 ~9 月份小客车的进口规模为 10. 75 万辆，进口增长速度达到 74. 7%，进口增速继续保持较高水平。

表 2　2011 年 1 ~9 月汽车进出口数量及增长

	出口量(万辆)	同比增长(%)	进口量(万辆)	同比增长(%)
汽车	61. 24	54. 55	72. 78	24. 00
四轮驱动轻型越野车	2. 32	47. 40	29. 97	18. 20
小轿车	26. 61	119. 10	29. 79	17. 00
小客车	4. 78	65. 20	10. 75	74. 70

数据来源：海关统计。

二　2011 年汽车市场主要影响因素

（一）汽车市场遭遇较为冷淡的政策环境

2009 ~2010 年我国汽车市场经历了一段黄金时期，在购置税优惠、以旧换新补贴、汽车下乡补贴、节能汽车补贴等一系列刺激汽车消费政策的鼓励下，我国居民汽车消费热情获得集中释放，汽车销量增长速度在 2009 年和 2010 年分别达到 45. 5% 和 32. 4%。进入 2011 年，我国汽车市场政策环境发生了很大改变，首先是国家的一系列鼓励汽车消费的刺激政策大部分都已退出，只有节能汽车补贴政策继续发挥作用。2010 年 10 月 1 日起，国家调高了节能汽车的能耗标准，使得受补贴车型范围有很大缩减，政策刺激效应大为减弱，导致汽车市场需求明显降温，直接影响汽车销量增速的下滑，其中影响较大的是汽车下乡补贴政策的取消，直接导致 1 ~9 月份轻卡等交叉型乘用车销量同比下降；其次是个别城市开始对汽车购买实行一定的限制措施，主要以北京为代表，对汽车牌照不再无限制供应，而是实行抽签的方式，这在一定程度上限制了汽车需求的释放；继北京之后，贵阳也采取了类似措施以缓解城市交通拥堵问题。整体上，2011 年的汽车市场遭遇了较为冷淡的政策环境，鼓励政策的退出以及限购政策的出台，使得汽车消费热情受到较大抑制，导致汽车销量增长速度出现明显回落。

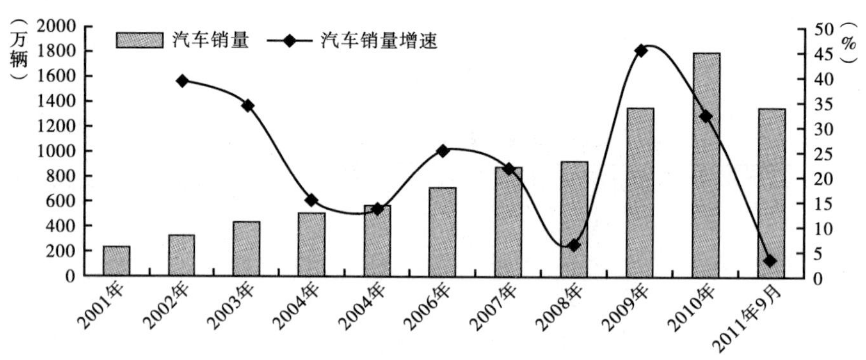

图 3　2001 年以来我国汽车年销售量及增速

（二）投资增速下滑导致货车销量同比下降

2011 年以来汽车市场相对疲弱，但轿车、客车等车型均保持了一定的增长，而货车的市场销售表现却呈现同比大幅下降的态势，特别是半挂牵引车的市场销量下滑幅度超过 20%，这主要与投资增速下滑、经济增长形势降温直接相关。2009 ~2010 年间，为拉动经济走出金融危机的低谷，我国推出了 4 万亿投资建设计划，包括房地产、铁路、公路、机场等，使得 2009 年和 2010 年的固定资产投资增速分别达到 30. 5% 和 24. 9%，直接拉动了商用车特别是货车、半挂牵引车等车型销量的大幅增长，2009 年和 2010 年国内货车销量的同比增速分别达到

40.95% 和 35.53%。2011 年以来，受成本推动以及输入性通胀因素的影响，我国物价增长速度较快，宏观调控的重点从保增长转到防通胀上来，国家连续动用利率和准备金率政策收紧了货币供应和信贷，导致 2011 年实际投资增速出现下降，导致货车的需求明显降温。同时，公路养路费的取消、油价处于相对低位也是促进 2009 ~ 2010 年货车需求旺盛的重要因素，而 2011 年以来这些因素的刺激效应都大幅减弱，使得货车销售出现较大下降。

（三）居民汽车消费需求恢复稳定的增长水平

从根本上来说，我国汽车市场近年来的快速发展源于居民收入水平大幅提高后消费结构开始加快升级。因此，尽管政策性因素催化了汽车需求的集中爆发，但政策效应退去后，居民消费结构升级的因素依然发挥基础性作用，促进汽车市场保持一定的增长水平。因此，尽管 2011 年汽车市场销售增速有较大下滑，但仍保持较高的销量规模。2011 年 1 ~ 9 月份汽车市场月平均销量达到 151.8 万辆，比上年平均月销量略有提高，汽车市场规模依旧很大。根据国家统计局的社会消费品零售总额统计，1 ~ 9 月份全国规模以上零售企业汽车零售总额达到 14823 亿元，累计同比增长 16%（见图 4）。从累计增速的月度变化看，汽车商品零售增速呈现稳中有升的势头，整体增速保持平稳。9 月份由于存在节能补贴车型能耗标准即将提高的因素，出现了一定的集中抢购，导致汽车零售总额增速在 9 月份比前 8 个月有所上升，整体上汽车零售增速恢复了较为稳定的增长。

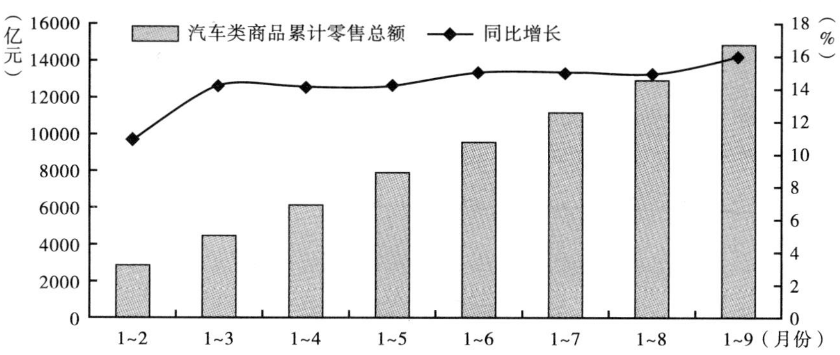

图 4　2011 年 1 ~ 9 月限额以上零售企业汽车商品累计零售总额及增长

三　汽车行业发展展望

（一）2012 年汽车销量将有所下降

2011 前三季度，汽车销量维持了小幅增长的态势，但由于四季度开始，国家调高节能汽车的油耗标准，使得受补贴车型数量明显减少，对汽车销售将产生进一步的抑制作用；同时由于上年四季度存在购置税优惠、汽车下乡等刺激政策退出前的抢购因素，导致 2011 年四季度销量基数较高，因此预计四季度的汽车销量同比会出现小幅下降。展望 2012 年，我国汽车销量仍会有所下降：首先国民经济减速趋势已经形成，国内通胀水平依旧高启、国外债务危机仍在蔓延等因素都使 2012 年的经济增长的困难增大，不确定性进一步增强，由于物价上涨压力仍然很大，再次出台大规模投资促进计划的可能性基本不存在，宏观经济环境对汽车销售不能形成有利的支撑；其次，前两年高速增长的汽车市场很大程度上是受政策刺激的影响，2011 年这些影响已经基本退去，汽车保有量的快速增长已经带来了环境、能源等诸多方面的压力，未来再次出台鼓励汽车消费的政策可能性很低，汽车市场需求缺乏有利的政策环境；再次，北京、上海等大城市汽车市场已经接近饱和，汽车销售的增长空间继续向二三线城市扩展，但由于收入水平差异较大，二三线城市的汽车市场空间相对较小，导致整体汽车需求增速下降；最后，经济增长方式的转变将降低对投资的过度依赖，提高消费对经济增长的贡献，这将使得投资增速进一步下滑，特别是房地产投资依旧没有回暖迹象，投资增速减慢将使得商用车，特别是货车市场销售进一步下降。

（二）汽车消费与社会协调发展将成为汽车行业面临的重大挑战

根据交通运输部的统计，截至 2011 年 8 月，我国汽车保有量已经突破 1 亿辆，2006～2010 年，汽车保有量年均增加 951 万辆；2011 年前 8 个月，汽车保有量增加 983 万辆。保有量的急剧增长给能源、环境、交通带来重大影响。目前，我国的车用汽柴油消费已占全国汽柴油消费的 65% 左右，每年新增石油消费量的约 70% 被新增汽车消耗。环境方面，根据环境保护部发布《2011 年上半年环境保护重点城市环境空气质量状况》报告显示，在 113 个环保重点城市中，

45 个城市空气质量超标，汽车尾气排放是影响部分大城市空气质量的重要因素；交通方面，上海、北京、贵阳等城市为治理城市交通拥堵，已经采取了限制牌照发放数量的方式控制汽车保有量的增长，城市交通拥堵已经成为各大城市面临的主要问题。尽管我国千人汽车保有量仍只有 54 辆左右，远低于 120 辆的世界平均水平和发达国家几百辆的水平，但我国是个人口大国，土地资源、能源、环境承载能力都相对有限，不能以汽车保有水平来衡量我国汽车市场发展阶段。综合环境、能源、道路空间等条件的限制，我国汽车市场发展很难保持过去几年的高速增长态势，如何协调汽车产业的发展和社会、环境的关系已经成为汽车行业发展面临的重要问题，这一矛盾在未来将更为突出。

（三）汽车出口困难增大

2011 年以来我国汽车出口保持了较快的增长水平，但未来汽车出口环境依旧存在较多的不利因素。首先，世界经济笼罩在欧美国家的债务危机的阴影下回升势头受到较大影响，债务危机的发展和解决存在较多不确定性，外部环境缺乏支持汽车出口保持高速增长的有利因素。其次，世界经济回升乏力导致国际贸易保护主义倾向进一步抬头，与汽车出口形势直接相关的是巴西政府 9 月份宣布将大幅提高汽车产品进口关税 30 个百分点，以保护本国汽车产业。目前巴西是我国汽车出口的第一大市场，占我国汽车出口总量的比重超过 10%，巴西政府的这一行动必然影响我国汽车出口增长，也反映出国际贸易保护主义倾向增强的氛围。第三，我国汽车出口以低价竞争为主的特点没有实质改善，在品牌经营、渠道建设及维修服务等方面的投入依旧有限，可持续的出口竞争力的培养依旧不够。最后，原油价格高位运行、世界范围内节能减排形势的发展都不利于国际汽车市场的快速复苏，也给我国汽车出口的进一步增长形成较大压力。

（四）汽车行业结构调整的压力会进一步增大

首先，我国汽车产业存在结构性产能过剩问题。近两年快速发展的汽车市场使得我国汽车行业出现过度乐观的预期，各大汽车企业纷纷扩张产能，力图占领更大市场份额；地方政府为追求地方经济的尽快发展，也都看上了汽车这个产业链长、经济带动作用强的产业，纷纷鼓励汽车项目投资，这些都导致我国汽车产能扩张迅速。根据发改委的调查，国内 30 家主要汽车生产企业 2015 年的规划产能超过3100万辆，接近2010年国内汽车销量的2倍。受能源供应紧张、城市交通拥堵等经济社会因素的影响，我国汽车市场很难保持快速增长的势头，国内汽车销量继续大幅扩张存在很强的限制，汽车产能存在过剩的风险。

其次，国内汽车行业集中度不高。2010年我国汽车产销量都达到世界第一的水平，但汽车行业布局相对分散。目前中国的整车生产厂商超过120家，改装厂加在一起有六七百家，而发达国家的汽车产能均集中在不超过5家的汽车集团手中，集中度较高。同时我国120多家的整车生产厂商中，大部分厂商的技术实力有限，产品集中在低端领域，很难适应汽车行业应对节能减排形势的要求。未来汽车行业需要进一步提高集中度，改善产能结构，增强可持续发展能力，应对稳定增长的汽车市场，适应汽车行业与社会、环境协调发展的要求。

最后，新能源汽车快速发展已经成为迫切要求。我国近两年快速发展的汽车市场已经明显带来了较大的能源压力，新增加的汽车消耗了我国大部分新增石油供给，能源压力正在制约汽车产业可持续发展。汽车行业必须寻找替代能源，新能源汽车的发展已经成为迫切要求。而我国目前新能源汽车产量不足万辆，新能源汽车亟待技术突破、规模化商用，以促进汽车产业可持续发展。

综合分析，预计2012年我国汽车销量为1700万辆左右，同比下降2.8%。

G.27

2011 能源行业运行分析及2012年展望

张 峰*

摘 要：2011年以来，我国能源行业生产和消费平稳增长，供需总体平衡，较好地支撑了国民经济的较快发展。但依靠能源资源投入支撑经济增长的粗放型发展方式尚无明显改变，煤电价格矛盾导致局部电力短缺时有发生。展望2012年，世界经济下行风险加大，我国经济平稳减速趋势明显。在资源环境、节能减排目标约束加强的情况下，能源行业将保持平稳发展态势，能源需求将稳中趋降，供需平衡有所改善，能源价格高位波动。转变能源发展方式、调整能源供需结构成为我国能源行业发展的重要任务。

关键词：能源 供需平衡 展望

一 2011年能源行业运行分析及全年预测

1. 能源需求增势放缓

近年来，在资源环境、节能减排约束加强的情况下，我国能耗强度持续下降，但依靠能源资源投入支撑经济增长的粗放型发展方式尚无明显改变。2011年以来，国民经济运行平稳减速，前三季度GDP增长9.2%，增幅比上年同期回落1.2个百分点；工业增加值增长14.2%，增幅同比回落2.1个百分点。随着经济增长平稳放缓以及全球经济不确定性增加，我国能源消费增速总体呈现逐渐放缓态势。分行业来看：（1）国际油价持续高位及国内政策偏紧导致石油消费需求逐季回落。前三季度，石油表观消费量达3.49亿吨，同比增长4.2%，增幅比上年同期回落10.1个百分点。其中，原油表观消费量3.39亿

* 张峰，经济学硕士，国家信息中心经济预测部高级经济师，主要研究宏观经济与产业经济。

吨，同比增长 2.8%，比上年同期回落 13.2 个百分点，比前 5 个月、一季度回落 5.7 个、9.1 个百分点；成品油表观消费量 1.94 亿吨，同比增长 9%，比上年同期回落 0.1 个百分点，比前 5 个月、一季度回落 2.7 个、3.2 个百分点。天然气消费保持较快增长，前三季度表观消费量 937 亿立方米，同比增长 20%，增幅与上年同期大体持平。（2）受火电、水泥等主要耗煤产品产量快速增长影响，煤炭需求整体旺盛。前三季度全国煤炭消费约 27.8 亿吨（行业协会数据），同比增长 10.3% 左右，比上半年加快 1.1 个百分点。（3）高能耗行业的快速反弹拉动电力需求较旺。前三季度全社会累计用电量同比增长 12%，增速比上年同期回落 6.1 个百分点，其中一、二、三季度增速分别为 12.7%、11.7% 和 11.5%，呈现小幅回落态势，但制造业日均用电量连续 3 个月稳定在历史最高位。

展望四季度，随着世界经济下行风险加大，国内经济减速态势明显，煤、电消费旺季对能源需求的拉动将有所弱化，预计能源需求将继续平稳放缓。按照全年 GDP 增长 9.3%、完成单位 GDP 能耗下降 3.5% 的年度目标进行测算，2011 年全年能源消费总量将增长 5.5%，比 2010 年 6% 的增幅有所回落。其中，考虑上年四季度基数因素影响，预计全年原油表观消费量将达到 4.5 亿吨左右，增长约 2.5%，比上年回落 11 个百分点；成品油表观消费量将达到 2.7 亿吨左右，增长约 9%，比上年回落 1 个百分点；天然气表观消费量将达到 1280 亿立方米左右，增长约 20%，比上年加快 4 个百分点；煤炭消费量将超过 35 亿吨，增长 10% 以上；全社会用电量将达到 4.7 万亿千瓦时左右，增长约 12%，比上年回落近 3 个百分点。

2. 能源生产运行平稳

2011 年以来，在宏观调控趋紧、市场需求趋缓、成本压力加大等因素影响下，我国能源行业生产保持稳定增长，但增幅有所回落。（1）国际油价震荡下行导致石油生产增速逐季回落，中海油漏油事故也制约了产量提高，而炼油行业持续亏损导致设备利用率下降。前三季度，原油产量、原油加工量、成品油产量累计分别达到 15361 万、33352 万、19843 万吨，同比分别增长 2.2%、6.0%、6.8%，增幅比上年同期分别回落 3.6 个、7.8 个、3.8 个百分点，比上半年分别回落 2.4 个、1.1 个、0.6 个百分点，比一季度分别回落 4.5 个、4.1 个、3.2 个百分点。截至 9 月底成品油库存由 2 月底最高的 1561 万吨明显下降到 1148 万

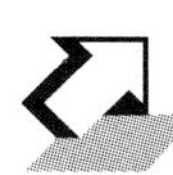

吨。天然气生产保持稳定，前三季度产量达到762.7亿立方米，同比增长7.5%，增幅比上年同期回落4.8个百分点。（2）煤炭供应总体平稳，社会存煤增加。随着资源整合后产能逐步释放以及一批大中型现代化煤矿建成投产，前三季度全国煤炭产量累计完成26.91亿吨（行业协会数据），同比增长11.6%，增幅比上半年减缓1.1个百分点。9月末全社会煤炭库存2.25亿吨，比年初增加774万吨，同比增长3.6%；重点发电企业存煤6455万吨，比年初增加848万吨，增长15.1%，可用17天。（3）水电出力下降导致发电量增速小幅回落，火电利用小时数明显增加。前三季度，全国规模以上电厂发电量34540亿千瓦时，同比增长12.7%，增幅较上年同期降低4.2个百分点，比上半年、一季度回落0.8、0.7个百分点。由于2011年来水较差使水力发电增速同比下降0.6%，火力发电发挥了替代作用，前三季度火力发电量同比增长14.4%，增速高出水电15个百分点，火电累计平均利用小时数3986小时，同比增加193小时，支撑作用进一步增强。

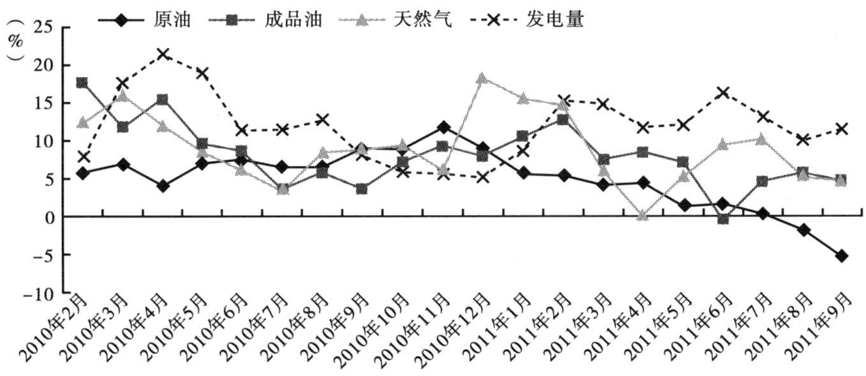

图1　能源产量月度增长速度

数据来源：Wind资讯。

展望四季度，随着国际市场价格持续震荡，中海油产量尚未恢复，以及国内成品油价格下调，我国石油生产呈现持续放缓态势。预计全年原油产量增长1%左右，成品油产量增长6%左右，天然气产量增长7%左右。随着煤炭供应能力明显增强以及冬储用煤需求转旺，预计全年煤炭产量将超过35亿吨，煤炭供需总体基本平衡，结构性过剩与区域性偏紧并存。受冬季水电出力低于常年、煤炭价格高位上涨、跨省输煤难言畅通、电源和电网建设不协调等因素影响，预计全年发电量增长13%左右，全国电力供需形势总体偏紧，今冬明春全国最大电力缺口将达3000万~4000万千瓦，部分地区可能出现持续性缺电。

3. 价格波动影响能源进口

2011年以来，国际市场价格震荡加剧，对国内能源进口产生较大影响。（1）原油进口逐季回落。随着国际油价高位宽幅波动，我国原油进口单价快速上涨，其中第三季度进口单价达到108.59美元/桶，同比大幅上涨47.22%，为历史上第三高价。油价高企及需求放缓导致原油进口增幅逐季回落。前三季度累计进口原油18836万吨，同比增长4%，增幅比上年同期回落20.1个百分点，比上半年、一季度分别回落3.0个、7.9个百分点。原油进口依存度达到54.6%，同比提高0.6个百分点，能源安全压力持续增大。（2）煤炭进口止跌回升。随着国内外煤炭价差不断缩小，从3月开始我国煤炭进口逐月回升，出口量则一直维持在较低增长水平。前三季度累计进口煤炭1.23亿吨，同比增长1.9%，结束了前8个月累计进口负增长的局面；出口煤炭1212万吨，同比下降19.7%；净进口1.11亿吨，同比增长5%。

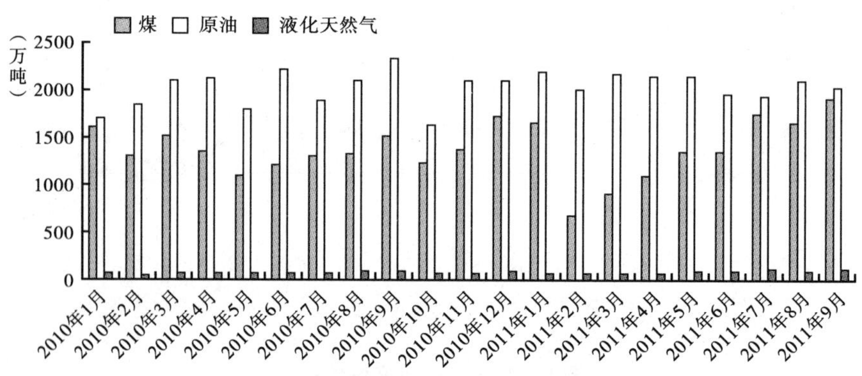

图2 主要能源产品月度进口数量

数据来源：Wind资讯。

4. 能源价格震荡加剧

在世界经济复苏前景复杂、欧债危机深化蔓延、美债评级下调、美元汇率波动、中东北非地缘政局动荡等因素影响下，2011年以来国际油价先扬后抑，波动明显加剧，WTI原油期价峰谷波幅超过了50%，截至10月底，纽约市场WTI原油期价平均为94.5美元/桶，同比上涨21%。今后几个月国际油价将呈现高

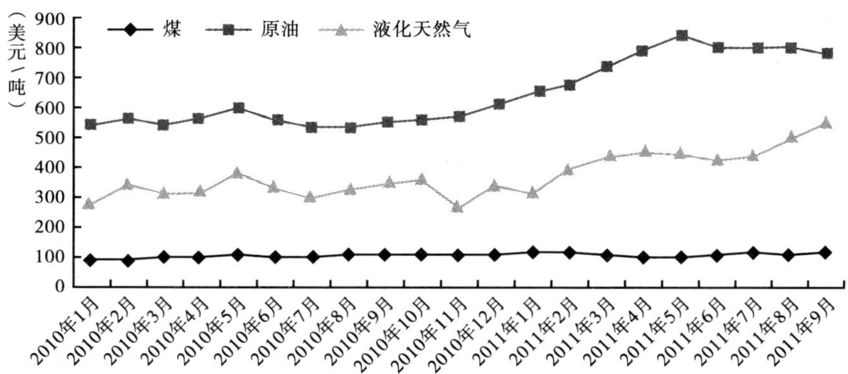

图 3　主要能源产品月度进口平均单价

数据来源：Wind 资讯。

位震荡的态势，预计 2011 年全年 WTI 原油期价平均约为 93.5 美元/桶，同比上涨 17.5% 左右。随着国际原油价格高位震荡，国家发改委两次调高、一次调低成品油价格，国内成品油价格有所波动。9 月份，93#汽油市场均价为 10040 元/吨，同比上涨 17.4%；0#柴油市场均价为 8592 元/吨，同比上涨 17.7%。国际大宗商品价格高位震荡，特别是国际油价大幅上涨，导致国内输入性通胀压力增大，成为 2011 年我国物价高位的重要因素。

国际煤价持续下滑，国内煤价高位震荡。经过年初的快速上涨之后，随着国际市场需求放缓及澳大利亚煤炭产量恢复，3 月以来国际煤价持续小幅下挫，特别是欧美债务危机深化蔓延导致澳大利亚纽卡斯尔港动力煤价格指数近来连续七周下滑，跌幅达到 5.18%。10 月份澳大利亚煤炭平均价格为 119.48 美元/吨，环比减少 3.78 美元/吨，但同比仍上涨 20% 以上。国际经济形势前景不明，国际大宗商品及国际油价将继续震荡，预计年底前国际煤价出现明显上涨的可能性不大。在国际煤炭价格持续下滑的同时，需求旺盛导致国内煤炭价格振荡上扬，国内外煤炭价格价差缩小。随着冬储煤高峰到来及大秦铁路检修影响，9 月份以来煤炭供应偏紧形势加剧，煤炭价格再度上扬，10 月份秦皇岛港 5500 大卡市场动力煤价格 845～860 元/吨，比年初上涨 60 元/吨以上，比上年同期上涨 14% 左右，达到年内新高。在国内经济增长放缓、重点电厂煤炭库存不断增加、煤炭进口加快以及国际煤价持续低迷的情况下，年底前煤价上涨动力将进一步减弱，煤炭价格将保持平稳态势。

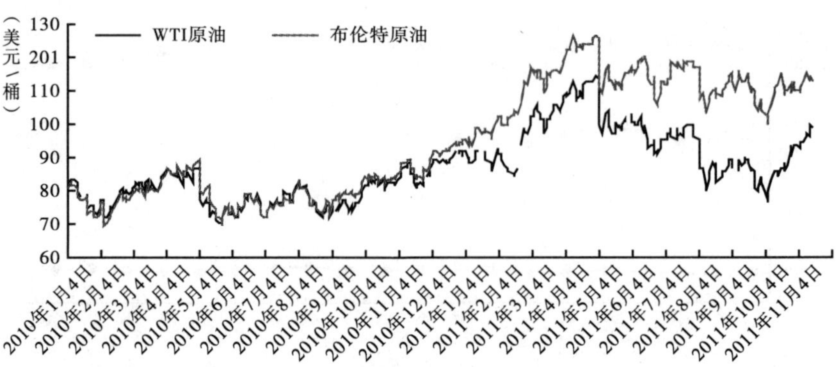

图 4　国际原油期货结算价

数据来源：Wind 资讯。

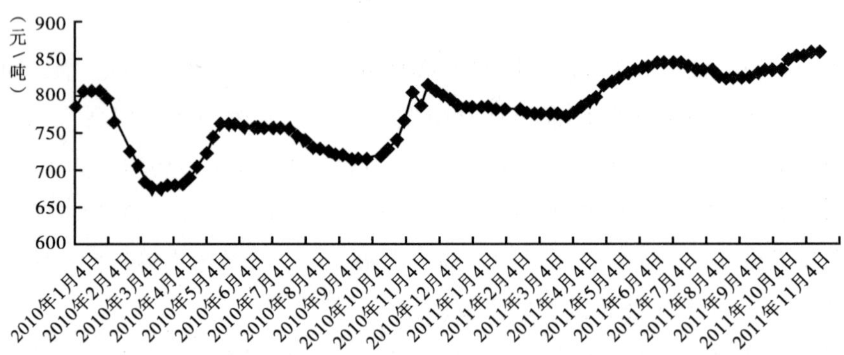

图 5　秦皇岛港 5500 大卡动力煤价格

数据来源：Wind 资讯。

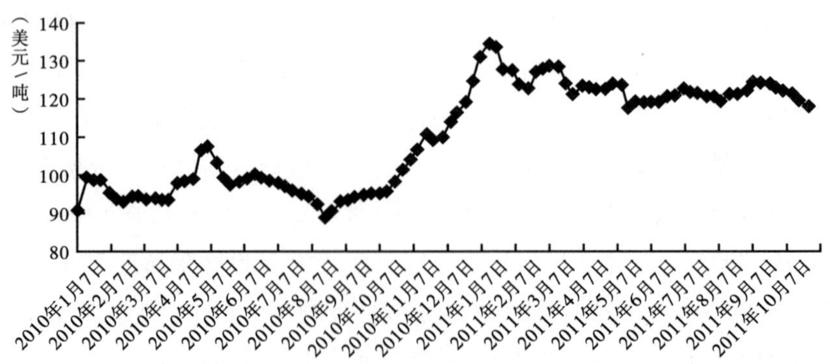

图 6　澳大利亚 BJ 煤炭现货价

数据来源：Wind 资讯。

二　当前能源领域存在的主要问题

1. 高能耗行业反弹导致节能减排压力增大

“十二五”开局之年，我国粗放型发展方式尚无明显改变，地方政府特别是西部地区重化工业投资依然存在扩张冲动，前三季度六大高耗能行业固定资产投资增长 17.9%，较上年同期加快 3.6 个百分点。随着各地项目投资启动，保障房建设进度加快，在产品价格上涨、利润持续提高的带动下，2010 年末曾受到抑制的高耗能行业快速反弹，资源电力供需紧张加剧。前三季度全部工业增加值增幅比一季度回落 0.2 个百分点，而建材、钢铁、有色等行业增长速度比一季度分别提高了 0.3、1.2、2.9 个百分点。生产的加快带动高耗能行业用电量明显回升，前三季度六大高耗能行业用电量同比增长 16.2%，高出全社会用电增速 4.2 个百分点。随着高能耗行业的反弹，我国节能减排形势不容乐观，前三季度电力消费弹性系数高达 1.28，实现单位 GDP 能耗下降 3.5% 的年度节能目标难度非常大。

2. 电煤价格矛盾突出制约电力供需平衡

自 2005 年实行煤电联动以来，我国先后进行了 9 次电价调整，上调 8 次，下调 1 次，但电价上调的幅度仍远远比不上煤炭价格上涨的幅度。以 PPI 分行业价格指数衡量，2005 ~ 2010 年，电力价格约上涨 10.7%，而同期煤炭价格却上涨了 59.2%。电价调整不到位严重侵蚀了电力生产企业，尤其是火力发电企业的盈利。2011 年 1 ~ 8 月份火电生产企业利润同比下降 39.1%，火电企业销售利润率仅为 1.5%，是各主要上下游行业中最低的。行业盈利水平的持续下降对电源投资和装机容量构成了威胁。前三季度，全国基建新增发电生产能力 4962 万千瓦，同比减少 224 万千瓦，9 月底全国 6000 千瓦及以上发电设备容量 97695 万千瓦，同比增长 10.2%，其中火电同比增长 8.8%，继续低于火电发电量及全社会用电量增速。全国火电新开工规模 1262 万千瓦，9 月底火电在建规模 6755 万千瓦，分别同比减少 1338 万千瓦和 1785 万千瓦。作为我国发电主力的火电新投产、新开工及在建规模持续减小，将严重影响未来电力供需平衡。

3. 成品油定价机制影响市场供需平衡

前三季度，我国成品油表观消费量为 1.94 万吨，而成品油产量达到 1.98 亿吨，在成品油总体供过于求的情况下，局部市场供应紧张局面多次出现。除局部地区社会发电用油增加导致需求增加外，更多的是由于成品油定价机制不能及时准确地反映市场供需关系变化造成的，单单对照国际原油的价格来评价国内成品油价格水平有失偏颇，使价格杠杆失去其调节供需的作用，甚至产生了反作用。如10月9日国家将国内的成品油价格每吨下调300元后，由于主要炼油企业供应收紧，导致部分地区出现不同程度的限量销售现象。解决油荒的根本出路在于深化成品油管理体制改革，进一步完善成品油定价机制，充分发挥价格机制调节供需、有效配置资源的作用。

三　2012年能源行业发展趋势展望

（一）能源行业发展面临的国内外环境

1. 世界经济低速增长，大宗商品价格高位震荡

当前全球经济活力正在减弱，内外部失衡进一步加剧，市场信心大幅下降，发达国家逐渐步入滞胀的泥潭，新兴经济体增长持续放缓，全球经济下行风险逐渐增大。根据IMF《世界经济展望》秋季报告预测，2011、2012年世界经济增长均为4%，比2010年的5.1%明显回落，我国经济发展的外部环境不容乐观，影响国内企业对能源需求的快速增长。

在世界经济低速增长导致大宗商品供需将继续保持紧平衡格局的同时，全球流动性依然宽松，欧洲国家缓解债务危机的主要方式，仍然是为欧洲央行购买危机国家的国债，从而给危机国家提供融资支持，美国可能推出一些非QE的货币政策刺激措施，并在较长时间内继续维持低利率水平。这些都将使国际金融市场流动性泛滥的格局进一步加剧，导致2012年国际大宗商品价格继续保持高位震荡，出现持续明显下跌的可能性不大，我国原油、煤炭等能源进口价格压力依然较大。

2. 国内经济平稳减速，能源需求有所回落

2012年，“十二五”规划项目进入集中建设阶段将带动投资和经济增长，战略性新兴产业发展规划、区域经济协调发展和主体功能区战略规划的全面启动将给经济增长增添新的动力，扩大居民消费的政策体系不断完善将进一步扩大消费对经济增长的贡献。但同时，刺激性政策逐步退出以及严厉的房地产调控政策将

使经济增速进一步放缓，节能减排目标将制约粗放式发展方式，地方财政风险和土地市场交易趋冷限制地方政府的投融资能力，资源、劳动力成本上升抬高经济增长的成本，汽车、住房等大宗消费可能延续低速增长，出口放缓对工业生产形成一定压力，进而导致经济增速放缓。总体来看，2012 年国民经济面临较大的下行压力。随着投资、消费增长放缓以及出口疲软带动中间产品需求下降，我国钢铁、建材、化工等高载能产品产量将出现明显减速，能源需求增长速度将有所减缓。

3. 节能减排力度加大，抑制高耗能行业发展

2011 年 9 月 7 日，国务院发布了“十二五”节能减排综合性工作方案，方案明确了未来五年节能减排的目标，要求到 2015 年，我国万元国内生产总值能耗下降 16%，并且对各地方、各行业节能减排下达了任务分解目标。随着重点推进电力、煤炭、钢铁、有色金属、石油石化、化工、建材、造纸、纺织、印染、食品加工等行业节能减排，将推动经济发展方式转变，对“两高一资”产业的增长形成一定的制约，我国能源需求总量及单位能耗强度将进一步回落。此外，资源税暂行条例修改后，原油、天然气税率分别按照销售额的 5% 到 10% 征收，用油成本可能会有所提高，也将在一定程度上抑制能源需求的较快增长。

4. 能源结构调整加快，能源产能总量受限

“十二五”期间，我国将合理控制能源消费总量，进一步优化能源结构。根据各产业规划有关信息，“十二五”期间，原油加工能力控制在 6.5 亿吨/年以内，成品油产量达 3 亿吨左右，新建炼油项目规模要控制在 1000 万吨/年以上，加快淘汰 200 万吨/年及以下的小炼油企业；煤炭行业加快结构调整，煤炭产能控制在 38 亿吨，高标准、高水平建设 14 个大型煤炭生产基地，淘汰落后产能 9718 万吨。同时，随着战略型新兴产业发展加快，新能源和可再生能源将迎来新的发展机遇期，“十二五”期末煤炭占一次能源比重将由 2009 年的 70% 以上下降为 63% 左右，非化石能源在一次能源消费中的比重将达到 11.4%，其中天然气占一次能源比重提高 4.4 个百分点，水电和核电占一次能源比重提高 1.5 个百分点左右，风电、太阳能、生物质能等新能源占一次能源比重提高 1.8 个百分点。

（二）2012 年能源行业发展趋势展望

2012 年，国内外经济环境更趋复杂，结构调整力度进一步加大，将影响能源需求增长速度有所回落。根据“十二五”期间能耗强度降低16%左右的目标，年均能耗强度需要下降3.42%，考虑到2011年单位能耗目标实现压力较大，2012年单位GDP的能耗目标将继续达到3.5%左右，预计全年能源消费总量将增长5%，比2011年有所回落。在能源需求总体稳中放缓、能源价格高位震荡等因素影响下，我国能源生产将保持稳定增长，能源供需将继续保持总体平衡。从主要能源行业发展来看主要有以下几方面。

1. 煤炭供需总体平衡

从需求来看，2012年，经济增长趋缓影响电力消费需求持续，宏观调控及外需放缓将抑制投资需求，高铁、保障房等投资增速将明显放慢，占煤炭总需求80%以上的电力、建材、冶金、化工等行业的市场需求将出现回落，必将影响煤炭需求稳中有降。从供给来看，行业整合稳步推进，资源利用效率逐步提升，主要产煤省资源整合后产能释放将进一步加快，大型煤炭基地加快建设，对供给的支撑作用将进一步增强。预计2012年煤炭产量增长8%左右。随着煤炭价格逐步与国际煤炭市场价格接轨，主要煤炭出口国和企业继续加大对中国的煤炭出口量，煤炭市场供应偏紧的局面将有所缓和。但同时，由于煤炭资源整合导致行业相对垄断程度进一步提高，国家及地方政府以各种名目收取的费用不断增加，煤炭产品的生产成本、交易成本、运输成本进一步提升，国际煤炭价格高位支撑依旧，我国煤炭市场价格将保持高位震荡格局，出现明显回落的可能性不大。

2. 电力供需平衡偏紧

从需求来看，经济增长放缓将影响电力需求稳定增长，但“十二五”规划第二年将进入投资项目集中建设阶段，我国投资结构趋重化势头短期内难以改变，电力需求将保持刚性增长，加上新一轮农网改造工程的实施以及农村家电产品普及率的提高，农村生产生活用电也将较快增长。考虑到结构调整、节能减排对电力需求的抑制作用，2012年电力需求弹性将有所减弱，但系数出现小于1的可能性不大，预计2012年全社会用电量将增长10%左右。从供给来看，由于近年电力装机容量扩张速度持续处于低位，2011年火电在建规模明显缩小，将对电力供应保障造成较大影响。而煤炭价格高位运行将导致电煤供需持续趋紧，继续成为制约电力供给的主要因素。预计2012年发电量将增长10%左右，全国电力供需将呈现平衡偏紧状态，部分地区将继续采取有序用电措施。

3. 石油需求有所回落

从需求来看，2012 年我国经济增长平稳放缓，石油需求增长将进一步放慢。其中，汽车产销增速将继续回落，汽油消费增幅将有所减缓；民用航空建设步伐将加快，航空煤油消费仍将较快增长；受工农业生产、基建和物流运输业的拉动，拉闸限电导致以油代煤发电增加，柴油消费将保持平稳增长。从供给来看，一方面，随着石油行业结构调整步伐加快，油气开采投资持续下降，2011 年前三季度油气开采行业实际完成投资同比下降 1.4%，炼油行业累计投资增长 15.6%，但新开工项目同比减少 11.1%。另一方面，随着国际市场价格高位运行，2011 年前三季度石油和天然气开采业利润同比增长 36.3%，炼油行业亏损有所减缓，2012 年仍将实现较高的盈利水平，将有利于提高企业生产积极性。预计 2012 年我国原油的生产和进口仍将保持平稳增长，全年原油生产将增长 3% 左右，成品油产量增长 8% 左右，将略快于 2011 年。世界经济低速增长将带动石油需求保持平稳态势，石油供给稳定、剩余产能较多和库存较为充裕，将使得石油供求相对宽松，全球流动性泛滥依旧，美元币值继续疲软等因素将使得国际油价呈现相对高位震荡的态势。如果不发生新的影响油价的重大突发事件，初步预计 2012 年 WTI 原油期货均价约为每桶 90 美元左右，较上年略有回落。

4. 天然气持续快速增长

从需求来看，我国经济持续较快增长、节能减排政策力度加大，城乡居民用能结构不断改善，将带动天然气这种相对清洁能源的需求持续快速增长，天然气在能源消耗中所占比重会进一步增大。从供给来看，输气管网陆续投产将对国内市场供应提供支撑，我国天然气产量和进口量都将持续快速增长。预计 2012 年天然气产量增长 10% 左右。随着价格较高的境外天然气供给增加，国内天然气出厂价格会逐步提高，给天然气终端使用价格上涨造成较大压力。

G.28

2011年钢铁行业运行分析及2012年展望

米建伟*

摘　要：2011年，我国钢铁产量继续保持较快增长，从全年运行趋势看，下游需求增速逐步放缓，产品价格高位回落，钢材净出口低位运行，库存压力由降转升，原材料价格持续攀升，行业利润率进一步下滑。展望2012年，宏观经济平稳运行、保障房建设持续推进、铁矿石价格回落是行业运行的主要有利因素，而房地产调控和外需不振是行业运行的主要不利因素。根据模型测算，预计2012年钢铁行业规模以上增加值增长5.5%，粗钢产量增长4.4%。建议从加快体制改革、合理调控下游需求、实施产能分类治理三个方面着手，加快钢铁行业结构调整，促进行业健康可持续发展。

关键词：运行分析　发展环境　长期趋势　政策建议

一　2011年钢铁行业运行分析

1. 钢铁产量保持较快增长

2011年，我国钢铁生产继续保持较快增长。从累计产量来看，在上年同期的高基数基础上又出现一定程度的增长，1～9月份，粗钢产量累计达到5.26亿吨，同比增长10.7%；钢材累计产量达到6.67亿吨，同比增长13.95%。从日产量水平来看，创出历史新高，1～9月份粗钢平均日产量达到193.2万吨，同比增长11.2%；钢材平均日产量达到243.3万吨，同比增长10.7%（见图1、图2）。

2. 下游需求增速逐步放缓

从下游需求来看，无论是投资还是主要用钢行业，受宏观调控的影响，增速

---

* 米建伟，经济学博士，主要研究方向为产业经济和宏观经济。

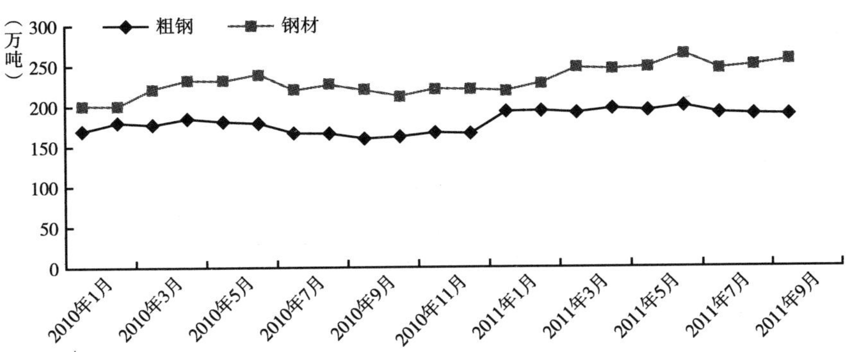

图 1　2010 年 1 月～2011 年 9 月我国粗钢月产量

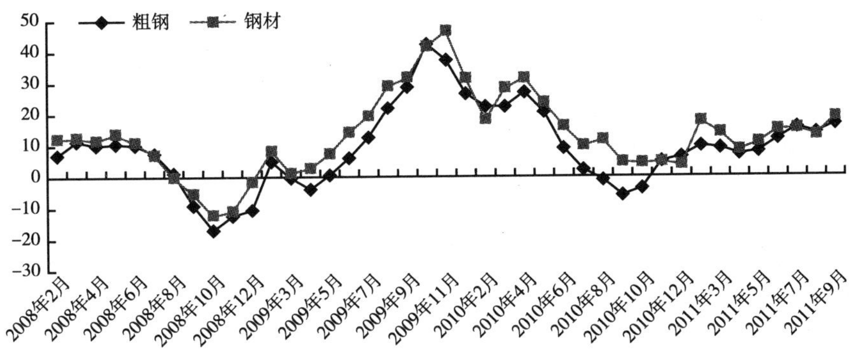

图 2　2008 年 2 月～2011 年 9 月我国粗钢和钢材单月产量同比增速

放缓都是 2011 年的运行“主基调”。

5 月份以来，我国货币紧缩政策效果逐步见效，投资放缓趋势十分明显。2011 年前三季度，全国固定资产投资累计同比增长 24.9%，分别比第一、二季度放缓 0.1% 和 0.6%，房地产开发投资累计同比增长 32%，分别比第一、二季度放缓 2.1% 和 0.9%（见图 3）。

主要下游需求行业增速持续放缓。前三季度，通用设备制造业、电器机械及器材制造业、电力热力的生产和供应业规模以上工业增加值累计增速分别为 18.5%、15.3% 和 10.4%，相比一二季度呈现逐季放缓趋势。交通运输设备制造业规模以上工业增加值前三季度为 12.1%，相比上年同期回落态势更为明显，回落幅度超过 10%（见表 1）。

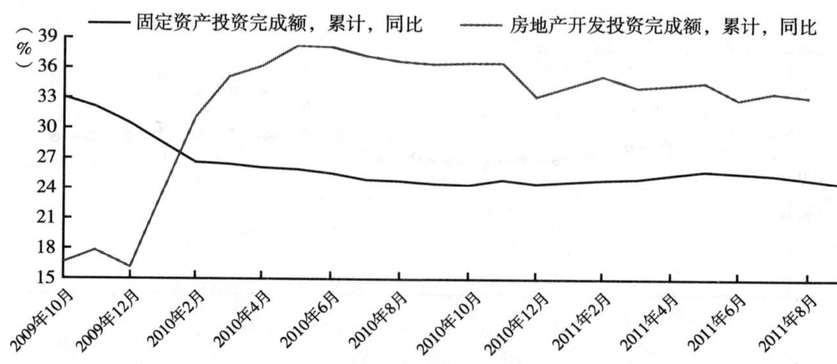

图 3　2009 年以来我国固定资产投资及房地产开发投资完成额增速

表 1　2010 年 2 月至 2011 年 9 月钢铁主要下游需求行业规模以上增加值累计增速

单位：%

	通用设备制造业	交通运输设备制造业	电气机械及器材制造业	电力、热力的生产和供应业
2010 年 2 月	22.30	43.70	18.90	17.20
2010 年 3 月	22.30	37.20	17.30	15.50
2010 年 4 月	22.80	33.90	17.70	15.30
2010 年 5 月	21.90	31.20	18.50	15.10
2010 年 6 月	21.40	29.10	18.40	14.30
2010 年 7 月	21.50	27.10	18.50	13.80
2010 年 8 月	21.40	25.90	18.80	13.40
2010 年 9 月	21.40	24.20	18.80	12.80
2010 年 10 月	21.40	23.70	18.70	12.10
2010 年 11 月	21.10	22.90	18.80	11.60
2010 年 12 月	21.70	22.40	18.70	11.00
2011 年 2 月	22.40	14.40	17.70	9.70
2011 年 3 月	21.80	14.10	17.70	10.80
2011 年 4 月	21.60	13.00	16.90	11.30
2011 年 5 月	20.50	12.00	16.20	11.00
2011 年 6 月	20.20	11.80	16.30	11.20
2011 年 7 月	19.70	11.70	15.80	11.20
2011 年 8 月	19.00	11.90	15.60	10.70
2011 年 9 月	18.50	12.10	15.30	10.40

3. 产品价格高位回落

2011 年，钢铁价格总体呈现高位回落的运行态势。截至 10 月第 3 周，中国

钢铁协会公布的钢价综合指数为 127.61，相比 2011 年 1 季度的最高点下降 6%，特别是 8 月中旬以来，受经济增速放缓的影响，钢价已经连续 9 周下跌。

受原材料、燃料、人工等成本的推动，相比上年同期，2011 年钢价仍出现了一定幅度的上涨。上半年钢价综合指数相比上年同期上涨约 15%，尽管下半年钢价出现持续回落，10 月份相比上年同期仍上涨了约 7%。

主要钢材品种中，长材价格走势强于板材价格。受国家加快保障房建设的拉动，建筑用钢需求增长较快，根据中国钢铁协会统计，10 月份长材价格同比上涨约 9%。而造船、汽车、工程机械等行业增长趋缓，导致产品结构性矛盾更加突出，板材产能过剩和产品的同质化竞争更加激烈，10 月份板材价格同比上涨约 6%。

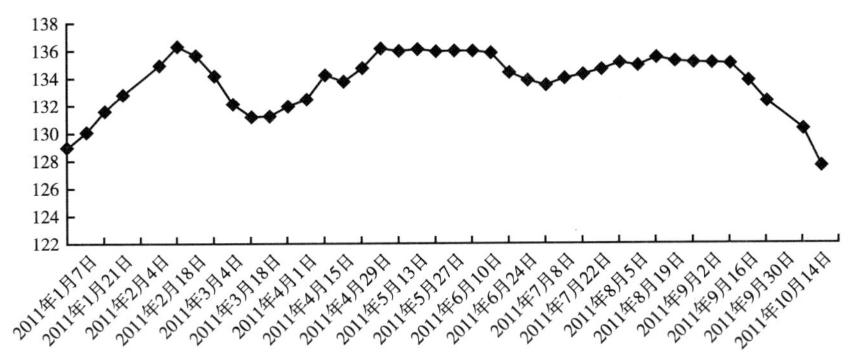

图 4　2011 年以来我国钢价综合指数

4. 钢材净出口低位运行

2011 年，我国钢材出口呈现低位运行走势。前三季度钢材累计出口 3715 万吨，同比增长 9.5%。与金融危机前相比，钢铁出口下滑明显，单月出口量目前在 400 万 ~500 万吨之间波动，距离 2008 年 8 月的最高值 768 万吨还有相当大的距离（见图 5）。

由于国际钢铁市场需求持续不振，在铁矿石价格高位运行的同时，钢价却处于阶段性低位，对钢铁出口形成明显拖累。

5. 库存压力由降转升

从 2011 年钢铁库存的变化趋势来看，2 ~7 月份钢铁库存持续下降，8 月份以来重新开始上升。

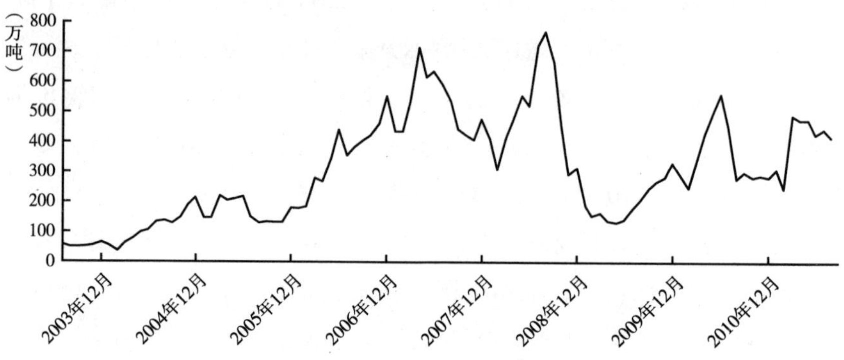

图 5　2003 年以来我国钢材月度出口数量

资料来源：Wind 资讯。

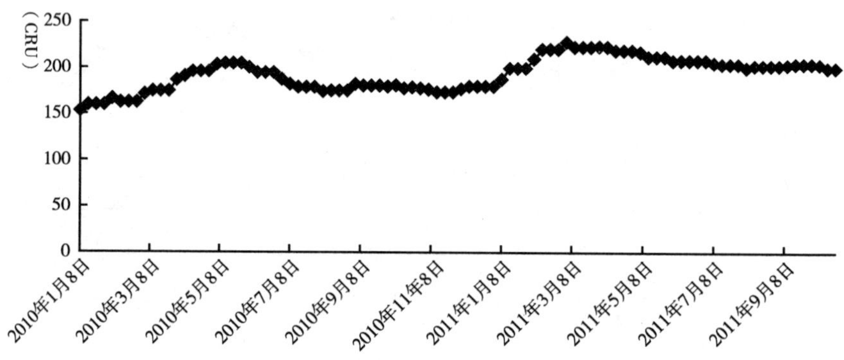

图 6　2010 年以来全球钢铁价格指数（CRU）

钢铁库存压力有所缓解的主要原因来自两个方面：一是保障房政策的逐步落实。2 季度以来，中央对保障房建设的重视程度和督查力度空前加大，地方政府迫于压力，加快建设进度和扩大投资规模，提高了建筑用钢需求，3 季度以来，在我国 26 个主要钢材市场的统计口径中，螺纹钢、线材是库存下降幅度最大的两种钢材。二是迫于产能过剩、成本高企的压力，企业自身进行生产调整，在一定程度上缓和了供过于求的局面。

目前，我国宏观经济继续减速，工业生产短期内仍维持回落趋势，已经影响到钢铁行业的下游需求，钢铁库存下降趋势出现反复，四季度库存压力继续加大将是大概率事件。

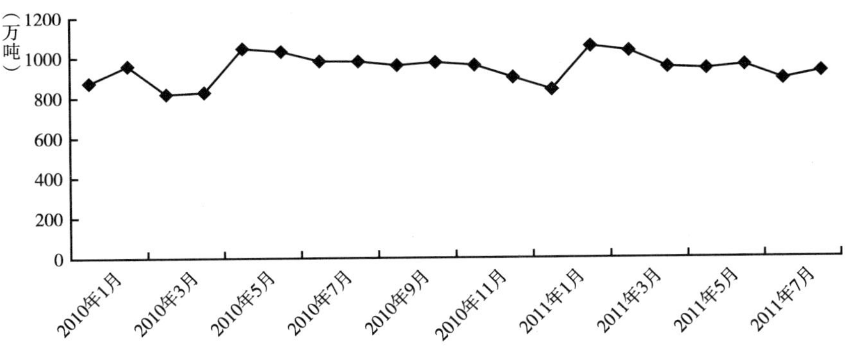

图 7　2010 年 1 月至 2011 年 7 月钢铁库存

6. 铁矿石价格持续攀升

2011 年，铁矿石价格延续 2010 年以来的升势，继续上行，9 月份进口铁矿石平均价格达到每吨 175.92 美元，相比上年同期上涨了 23%，拉动钢铁行业成本继续上升。金融危机后，受世界钢铁产能利用率回升，特别是我国钢铁产量屡创新高的影响，铁矿石价格迅速反弹，与此同时，世界范围内的流动性泛滥、铁矿石巨头加强垄断地位、铁矿石定价方式向现货市场靠拢等因素也成为推高矿价的重要原因。

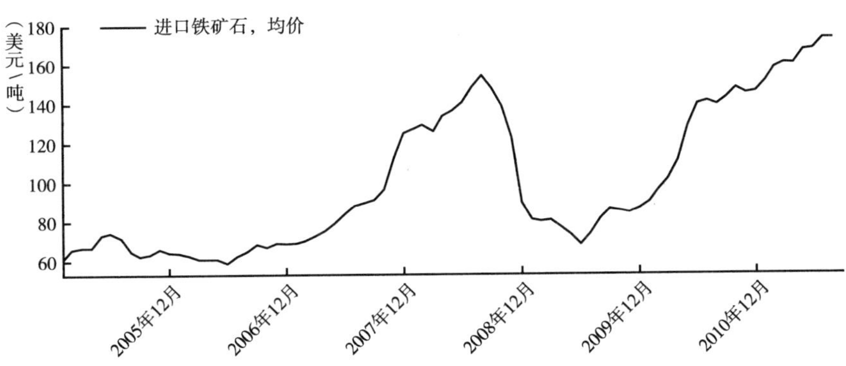

图 8　2005 年以来我国铁矿石进口均价

资料来源：Wind 资讯。

7. 行业利润率进一步下滑

受产量增加、价格上涨双重因素的拉动，2011 年钢铁行业主营业务收入增长较快，前三季度同比增长 28.71%。

成本上升过快使得行业利润率进一步下降。2011 年前三季度，钢铁行业累计利润同比增长 21.31%，比主营业务收入增速低 7.4 个百分点。

受钢材价格波动的影响，2011 年以来行业利润也显得很不稳定，1～5 月份行业利润同比下降 1.08%，6 月份以后受钢价反弹的拉动，利润增速逐月加快，9 月份利润增速又重新出现回落势头，预计利润增速回落趋势将持续到年底。

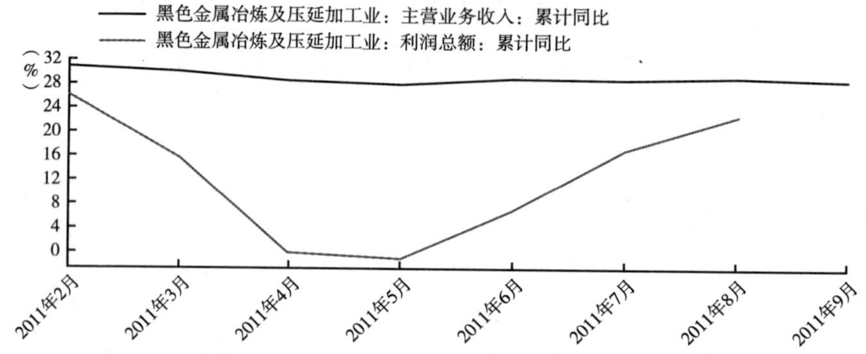

图 9　2011 年以来钢铁行业主营业务收入及利润累计增速

资料来源：Wind 资讯。

二　2012 年钢铁行业运行趋势展望

1. 行业运行的有利因素

2012 年，我国宏观经济调控将以稳增长、稳物价、调结构为主要目标，物价上涨压力逐步减轻，经济运行环境进一步改善，民生支出进一步增加，为钢铁行业运行带来了一些有利条件：一是宏观经济环境有望改善，2011 年高通胀造成的货币政策紧缩对于总体经济增长是一个明显的制约，导致工业增速回落态势明显，而钢铁行业与国民经济总体走势相关度高，是典型的周期性行业，2012 年行业运行的总体环境将趋于改善；二是保障房建设进度进一步加快，目前国家在保障房融资方面进行了诸多政策创新，包括动员企业资金、试点自主发行地方债等，预计 2012 年的保障房建设仍有较为可靠的资金来源；三是受世界经济增长放缓预期的影响，铁矿石价格可能出现阶段性回落，在一定程度上减缓钢铁企业成本压力。

2. 行业运行的不利因素

2012 年，钢铁行业运行的不利因素主要集中在房地产调控和外需上。一是我国仍将继续对房地产市场进行严格调控，在严格的限购措施下，商品房销售量持续低迷，这种状况在短期内难以得到明显改观。从目前的市场形势看，房产企业即使采取降价措施，促销效果也比较有限，对于未来房地产市场的悲观预期使得房地产企业异常谨慎，商品房开发投资继续低增长或者负增长的可能性较大，对于钢铁需求形成严重制约。二是世界经济的增长前景相对黯淡。金融危机对美国和欧洲的影响超出预期，2011 年美债危机和欧债危机的交替出现，说明发达国家的原有增长方式已经到了非改不可的程度，尽管美国提高了国债上限、近期欧盟就应对欧债危机达成重要协议，但根本问题的解决必须依赖于经济结构的调整，而进行经济结构的调整一定会对这些国家的消费支出和总需求形成短期冲击，预计 2012 年我国出口增速将会明显低于 2011 年，外围经济的不景气将继续对钢铁行业的出口形成压制。

3. 行业主要指标预测

综合以上因素分析，通过模型测算及季节调整，预计 2012 年钢铁行业增速相比 2011 年明显回落，规模以上增加值增长 5.5%，粗钢产量预计增加 3000 万吨，同比小幅增长 4.4%。

表 2　2011～2012 年钢铁行业主要指标预测

类别 \ 年份	2011	2012
规模以上工业增加值增速(%)	9.1	5.5
粗钢产量(亿吨)	6.96	7.26
粗钢产量增长(%)	10.9	4.4

三　钢铁行业发展的长期趋势分析

1. 钢铁需求总量仍将持续增长

中国目前仍处于快速城市化、工业化中期的发展阶段，城市扩张带来的大规模基础建设投资以及工业化的代表性产品汽车、机械等对于钢铁需求的拉动是长期的、根本的动力。回顾过去 10 年，受房地产市场的发展、大中型城市建设的推进、汽车保有量的增加、生产设备的更新换代等因素的推动，钢铁行业经历了历史上最好的增长时期，同时相对宽松的世界经济环境也为钢铁行业的发展提供了部分动力。尽管过去10年的高速发展难以再重新复制，但未来我国钢铁行业仍有较大的发展空间。之所以这样判断，主要原因来自于我国与其他国家在钢铁消费发展阶段上的对比：2010年，我国钢铁人均消费450吨，大体相当于日本、韩国与美国的1968、1988、1950年人均消费水平，从这些国家的后续消费趋势来看，基本在20年以后达到了人均消费顶点，如果从增长空间上来判断，我国应当还有至少50%以上的钢铁消费上升空间。

因此，未来我国钢铁行业的总体发展趋势应当是大体遵循以下路线：总体产能继续增长，年均增速显著低于过去10年，行业技术装备水平、行业集中度明显提高，行业总体呈现稳健增长的长期趋势。

表3　中国与其他国家人均钢铁消费的阶段性对比

指标 \ 国别	日本	韩国	美国	中国
对比年份	1968	1988	1950	2010
对比年份人均粗钢消费量	489	455	472	450
人均消费顶点（公斤/人）	802	1087	706	—
增长空间（%）	63.80	138.90	49.50	—
到达顶点需求时间（年数）	5	12	24	—

注：由于国与国之间的实际环境不同，本文仅对中国钢铁走势做出定性判断。

2. 成本压力将在长期内逐步缓解

过去10年，受中国因素拉动，国际铁矿石价格从2001年的20美元/吨增长到目前的180美元/吨。2003～2009年6年间，全球铁矿石海运量合计增加4.31亿吨，而中国同期进口铁矿石增量合计为4.8亿吨；2010年中国进口铁矿石占全球铁矿石海运贸易总量的75%。目前，钢铁行业进入了全球性的低回报时期，资产利润率从金融危机前的20%～30%下降到了4%～10%（2011年一季度最新数据为日本4.97%、美国7.65%、德国4.71%、中国6.62%）。

我国钢铁行业的发展状况是未来铁矿石价格走势的关键影响因素，从短期来看，铁矿石价格高企的局面暂时难以得到明显改观，特别是长协价改为季度定价更是推高了近两年的铁矿石价格。但从长期来看，我国对铁矿石价格施加影响存

在着以下优势和机遇：一是我国钢铁行业的产能增长将在长期内受政策控制，对铁矿石的需求增长逐步减缓；二是我国钢铁行业整合在未来一旦完成，各个钢铁企业集团之间的协作程度将明显加深，各自为政、无序竞争的局面基本结束，铁矿需求的价格弹性明显增加，我国钢铁业对价格的影响力将逐步显现；三是近年来我国致力于发展同三大矿山以外的国家、企业之间的合作，在破解铁矿石垄断上不断加大力度，随着一些合作项目的到位和开工，三大矿山的垄断地位将在一定程度上被削弱；四是欧美债务危机对世界经济产生长期影响，财政紧缩以及经济增长放缓对世界商品需求形成较大冲击，也有利于降低铁矿石等大宗商品的价格。预计随着欧美等国致力于削减财政赤字以及中国经济实现平稳着陆和进行结构调整，铁矿石价格将于 2012～2013 年开始进入价格回落周期。

3. 钢铁行业未来需要三方共赢的组织格局

我国钢铁行业的整合是行业发展的重点，同时也是难点。从目前来看，钢铁行业整合的博弈三方各有优势和劣势：一是央企的政策优势，国家出台的钢铁行业振兴规划以及相关发展政策中明确支持大型央企对地方中小钢铁企业进行兼并，但在具体的兼并重组过程中，央企遇到的阻力较大；二是地方国企的本地优势，由于地方钢企一般都是当地的重点利税企业和劳动力就业大户，影响一方民生稳定，因此各地国有钢铁企业近年来纷纷整合本省中小企业，避免被央企兼并重组；三是民营企业的成本优势，民营钢铁企业无论是从人工成本、管理成本，还是财务成本上，都较国有企业低出很多。

目前许多地方国企与民营钢企都在力求扩大规模，避免被兼并，这样，在央企整合地方钢铁企业的过程中，就会面临来自地方的诸多阻力，从国家的总体战略利益来看，这种三方博弈局面的形成和延续，不利于提高我国钢铁行业的总体对外竞争能力，破解僵局、尽快完成重组应是“十二五”期间必须完成的目标。

而完成行业整合的目标，需要把握好以下几个关键点：一是合理看待央企、地方国企、民营钢企的各自优势，合理定位，不搞一刀切，不仅鼓励央企为主体兼并地方企业，还应当尤其鼓励和支持那些规模大、效益好、技术先进、环保标准高的民营钢企兼并和重组其他企业，未来中国钢铁行业的主体不应当仅仅是央企和地方国企，民营企业必须也要有重要的地位，而最终的趋势还应当是民营企业成为经营主体，实现钢铁行业的效率优先；二是央企在整合地方企业时必须要统筹考虑，少动用行政手段，多采用市场谈判，与地方形成合理的利益分配和成本分摊格局；三是尽快建立中国钢铁企业之间的沟通协调机制，形成整体合力，改变国际市场上的被动地位。

表 4　2009 年民营钢企与国营钢企的“三费”比较

单位：元/吨

	民营钢企		国营钢企		
	津西钢铁	唐山国丰	河北唐钢	鞍钢集团	武钢股份
吨钢销售费用	9	4	16	82	41
吨钢管理费用	31	31	95	171	150
吨钢财务费用	28	31	52	52	71

四　加快钢铁行业结构调整的政策建议

1. 加快体制改革步伐，从供给上控制钢铁产能过快扩张

一是改革现有行政考核机制，减少地方政府不顾效益、盲目上项目的动力；二是发挥电力对钢铁行业的调控作用，对单位生产耗电较高的钢铁企业实行差别电价和惩罚性电价，提升生产成本；三是将外部成本内部化，抓紧研究出台环境税，提高用水和排污成本；四是建立产能统计制度，使宏观调控做到心中有数。

2. 合理调控需求，以市场力量控制产能

一是提高建筑、汽车等行业的钢材使用标准，推动高性能、高强度钢铁在建筑施工中的强制应用，鼓励汽车轻型化生产；二是提高建筑物使用年限的设计标准，严格控制过度拆迁，防止浪费；三是加快新材料在国民经济中的推广应用，减少对钢材的依赖；四是使用财税、配额等手段限制普通钢材出口。

3. 完善产能调控政策，分类解决违规产能和落后产能问题

一是突出能耗环保指标的作用，对于符合标准的钢铁项目，应予放行，不宜单纯以容积、规模、产品类型作为淘汰与否的标准；二是坚决淘汰能耗环保不达标项目，保证产业政策的权威性；三是创新产能退出机制，允许以等量合规产能置换落后产能，研究建立地区间产能指标交易市场，完善产能退出的社会保障和经济补偿政策。

G.29

2011年战略性新兴产业发展状况分析及2012年展望

朱 敏*

摘 要： 战略性新兴产业对经济社会全局和长远发展具有重大引领带动作用，2010年以来，随着国家一系列发展规划、扶持政策密集出台，战略性新兴产业呈现快速发展态势，产业规模持续扩大。然而，由于体制机制和发展思路制约，各地投入的大量资金往往流入后端的制造环节，这不仅容易造成重复建设和产能过剩隐患，而且导致技术创新投入不足，还有可能引发环境污染。我国具备发展战略性新兴产业的较好产业基础和资源条件，随着"十二五"时期政策措施进一步完善细化，支持力度不断加大，困扰行业发展的资金、技术、市场等瓶颈将逐步得到缓解，战略性新兴产业有望步入快速发展期，在促进经济增长、转变发展方式、提高国际竞争力中扮演越来越重要的角色。

关键词： 新兴产业 展望 政策建议

一 2011年我国战略性新兴产业发展状况分析

2011年既是"十二五"规划的开局之年，也是我国集中力量推进战略性新兴产业发展的开局之年，一系列发展规划、政策措施接连出台，政策支持力度不断加大。在政策的鼓励和扶持下，2011年以来我国战略性新兴产业呈现良好发展态势，产业规模持续扩大，一批关键性技术取得突破，对经济发展的拉动作用

* 朱敏，经济学硕士，国家信息中心经济预测部，高级经济师，主要研究战略性新兴产业、资源环境、节能减排与发展战略。

不断增强，支柱产业地位日益凸显。

1. 我国把发展战略性新兴产业作为战略决策进行部署

战略性新兴产业直接关乎国家、地区在未来经济格局中的战略地位和竞争优势，目前世界各国都在积极布局，加大对节能环保、宽带网络、生物技术、新能源、新材料等战略领域的投入，加速关键技术的突破和产业结构的调整，抢占新一轮经济和科技发展制高点。我国也高度重视培育发展战略性新兴产业。胡锦涛总书记在5月中央政治局第二十九次集体学习会上强调："我们一定要紧紧抓住历史机遇，切实加大工作力度，把战略性新兴产业加快培育成为先导产业和支柱产业。"温家宝总理2009年连续召开三次专家座谈会，研究加快培育发展战略性新兴产业问题，并在2011年政府工作报告中指出："发展战略性新兴产业，抢占经济科技制高点，决定国家的未来，必须抓住机遇，明确重点，有所作为"。中央经济工作会议要求，要抓紧研究提出培育我国战略性新兴产业的总体思路，强化政策支持，加大财政投入，培育新的经济增长点。根据党中央、国务院的部署，中央有关部委正在积极研究具体政策措施，扶持新兴产业发展，有些政策已经出台实施，如8月国家发改委出台了《关于鼓励和引导民营企业发展战略性新兴产业的实施意见》；工信部正积极推进战略性新兴产业重点产品目录制订，进入该目录产品将获相关政策支持。

2. 我国战略性新兴产业规模不断扩大，发展势头良好

根据有关测算，2010年战略性新兴产业增加值占GDP的比重约为4%，其中，新一代信息技术产业约占2.5%，高端装备制造业约占0.5%，生物产业约占0.3%，节能环保产业约占0.3%，其他产业约占0.4%。2011年上半年，包括新兴产业在内的高新技术产业增加值同比增长15.9%，增幅比规模以上工业快1.6个百分点，显示出新兴产业的良好发展势头。

（1）节能环保产业迅速成长。2009年9月，国家主席胡锦涛在联合国气候变化峰会上提出，我国争取到2020年非化石能源占一次能源消费总量的比重达到15%左右。同年12月，温家宝总理在哥本哈根气候变化大会上向全世界宣布，到2020年，我国单位GDP二氧化碳排放比2005年下降40%~45%。"十二五"规划纲要强调，"十二五"期间单位国内生产总值能耗和二氧化碳排放分别降低16%和17%。为实现上述目标，大力发展节能环保产业势在必行。"十一五"期间，我国在环保产业的总投入达2.16万亿元，中央财政直接投入1672亿

元。到 2010 年底，全国环保产业从业单位约 3.5 万家，从业人员近 300 万人，产业收入总额达 11000 亿元。

（2）新一代信息技术支柱性产业地位日趋突出。2010 年，我国电子信息制造业增加值、利润、投资增速分别高于工业平均水平 1.2、4.3、21.7 个百分点，金融、电力、交通行业应用软件收入增速均超过 25%，信息技术在智能交通、电网改造、无线城市中的渗透作用更加突出，手机阅读、移动支付、网络电视等新业务不断拓展。截至 2011 年 6 月底，我国网民规模已达 4.85 亿，2011 年底将超 5 亿，互联网普及率达到 36.2%，与发达国家 50% 至 70% 平均水平的差距在进一步缩小，涌现了华为、中兴等一批具有国际竞争力的企业，国民经济支柱性产业地位日趋突出。

（3）生物产业发展初具规模。现在发展比较快的是生物医药和生物农业，截至 2010 年，中国生物产业的规模为 1.8 万亿元，其中生物医药的规模在 1.1 万亿元。在这一领域，我国也蕴含着巨大的潜在需求和广阔的发展前景。中国是世界上拥有人口最多的发展中国家，13 亿人的吃饭问题必须靠自己来解决，这就有赖于生命科学和生物科技产业的大发展。

（4）高端装备制造业发展参差不齐。虽然我国已跻身于制造大国行列，但大而不强的矛盾始终困扰着行业科学发展。在高端装备领域，80% 的集成电路芯片制造装备、40% 的大型石化装备、70% 的汽车制造关键设备及先进集约化农业装备仍依靠进口。目前，我国在城市轨道交通装备、卫星及其应用产业等领域发展较快，但在干支线飞机制造、海洋工程装备、智能制造装备等方面则发展缓慢，与发达国家差距较大，如当前我国仍无力制造起飞重量 100 吨以上的大飞机，国内海洋工程装备市场占有率仍不足 10%。

（5）新能源发展规模居世界前列。近几年来我国新能源发展异常迅速，占能源比重不断提高，主要产品产量大幅增长，产业规模已经居于世界前列。2010 年底，水电、核电、风电、太阳能发电装机容量比重分别为 22.36%、1.12%、3.06% 和 0.027%，除水电外，分别比 2009 年提高 0.12、1.06 和 0.024 个百分点。2011 年前 8 月，核电、风电发电量分别达到 573 亿和 465 亿千瓦时，同比分别增长 24.0% 和 58.3%，增速分别高于同期全国发电量增速 11 个和 45.3 个百分点，显示出新能源的良好发展势头。目前，我国已经成为世界上水电和风电装机规模最大的国家，核电在建规模占全球的 40% 以上。到 2010 年底，我国新能源年利用量总计3亿吨标准煤，占当年能源消费总量的9.6%，为节能减排作出了巨大贡献。

（6）新材料产业保持平稳较快增长。新材料产业是国民经济各行业特别是战略性新兴产业发展的重要基础，现在全球市场规模每年4000亿美元，未来也是一个快速成长产业，特别是以纳米材料为代表的新材料的应用，在提高生产工艺和装备技术方面起着非常关键的作用。目前我国许多基础原材料及工业产品的产量位居世界前列，截至2010年底，我国新材料产业规模达到6500亿元，与2005年相比年均增长20%。

（7）新能源汽车崭露头角。在密集的政策扶持下，近几年我国新能源汽车市场的增长潜力开始释放，销售量稳步上升，充电站等基础设施不断发展完善。2010年，符合工信部节能与新能源汽车示范推广目录车型年产量为7181辆。截至2010年底，已经建设各种类型充电站大约100多座，充电桩300多个。

3. 地方政府积极布局，战略性新兴产业蓬勃发展

由于战略性新兴产业对地区经济增长具有重大战略意义，各地政府积极响应中央号召，纷纷制定规模宏大的地方战略性新兴产业发展规划，明确发展重点、优惠政策和加大投入，期望抢得发展先机。在政策的激励下，地方上掀起了一轮发展新兴产业的大潮，战略性新兴产业规模快速扩张，占工业和GDP比重不断提高。2011年上半年，上海战略性新兴产业9个重点领域实现产业规模4787.87亿元，约占全年目标的45%，同比增长18%。其中，新能源领域继续保持高速增长，同比增长116.3%；电子信息制造业、先进重大装备、新材料、海洋工程装备等领域在保持较大规模的基础上，实现了两位数增长。目前上海重点发展的新能源、先进重大装备制造等九大高新技术产业领域，2011年产值规模有望突破1万亿元。上半年，江西十大战略性新兴产业实现主营业务收入3720.17亿元，占江西工业的47.4%，同比增长46.4%，高于江西平均增速1.8个百分点，拉动江西工业收入增长21.7个百分点。上半年，湖北省高新技术产业累计完成产值3326.58亿元，同比增长26.3%，实现增加值1030.96亿元，按可比价计算，同比增长22.5%，高于同期工业增长速度2个百分点。

二 我国战略性新兴产业发展中存在的问题

尽管我国培育发展战略性新兴产业取得了初步成效，但在体制机制、发展思

路、资金投入、污染治理等方面仍然存在许多问题。

1. “贪大求全”的发展思路很有可能导致新一轮重复建设和产能过剩

由于多年的思维定式，各地政府对战略性新兴产业的发展思路仍然延续着发展传统工业时的老路，投入的大量资金往往流入后端的制造环节，甚至直接去购买国外生产线。大量资金投入的结果，导致当前一些新兴产业发展出现了“一窝蜂”现象，从全局来看存在新的布局雷同、重复建设和产能过剩的隐患。一项针对全国新兴产业发展的调查显示，超过 90% 的地区选择发展新能源、新材料、电子信息和生物医药产业，近 80% 的地区选择发展节能环保产业，60% 的地区选择发展生物育种产业，50% 以上地区选择发展新能源汽车，有 28 个省份将物联网作为发展重点，不少省市希望 7 个产业都做。目前部分产业无序发展的势头已经出现，特别是在光伏、风电等产业领域，出现了明显的产能过剩现象。2009 年中国的光伏电池组的总生产能力大约为 400 万千瓦，但实际产量仅为 200 万千瓦，并且实际产量的 98% 都出口了，装在国内的只有 10 多万千瓦。目前国内年均新增风电装机为 1000 万 ~ 1500 万千瓦，但产能已经达到3500 万千瓦。

2. 资金投入不足是困扰战略性新兴产业发展的最大瓶颈

战略性新兴产业对研究能力和投入能力要求都比较高，其培育和发展是一个长期、持续的过程，初期高投入、高风险的特征十分突出，需要强有力、系统性的财税、投融资政策支持。然而，国家现在还没有支持战略性新兴产业发展的完整、具体的投融资政策，无论在资金投入数量还是投入体制上均与发达国家有很大差距：从研发占 GDP 的比重来看，我国“十一五”规划中，计划到 2010 年研发占 GDP 的比重达到 2%，我们经过很大的努力，到 2009 年研发只相当于 GDP 的 1.62%；而在发达国家，研发占 GDP 的比重一般达到 2.5% ~ 2.8%。在投资体制上，一方面我国创业投资规模小、融资性担保机构不发达、多层次金融市场不完善，导致大批处于初创期、成长期的创新型企业融资困难，资金瓶颈制约明显；另一方面存在财政投入分散、使用效率不高的问题，政府采购、税收激励政策等未能发挥应有的作用，财政支持方式和政策体系需要进一步完善。

3. 环境污染问题不容忽视

战略性新兴产业虽然总体而言比较环保，但在生产过程中同样会产生排放和污染，如果处置不当，同样会对环境造成严重污染。如目前光伏产业的多个环节均会产生污染物。光伏行业污染问题主要存在于上游多晶硅制造企业，多晶硅生产的副产物主要为四氯化硅，1 吨多晶硅对应 10～20 吨四氯化硅，四氯化硅废液如果直接排放处理会对环境造成极大危害。而目前国内的现状是大多数光伏企业规模较小，为了节约成本，没有采用最先进的生产工艺和设备，也没有对污染物进行无害化处理，导致了一系列环境问题。据浙江电视台报道，晶科能源附近河道水质氟化物超标 10 倍，而国内有些光伏企业周围河流的氟化物超标可能达到 100 倍。再比如，电动汽车的电池和 IT 业的电子元器件的生产和报废过程中，均会产生大量有毒有害物质。即使是方兴未艾的环保产业，目前也未能实现零排放和循环利用。

三　2012 年及未来战略性新兴产业发展趋势展望

根据“十二五”规划，“十二五”末战略性新兴产业增加值占国内生产总值比重达到 8% 左右。《国务院关于加快培育和发展战略性新兴产业的决定》进一步明确了战略性新兴产业的三个阶段性发展目标：第一阶段，到 2015 年，战略性新兴产业增加值占国内生产总值的比重力争达到 8% 左右。第二阶段，到 2020 年，比重力争达到 15% 左右。第三阶段，到 2030 年左右，战略性新兴产业的整体创新能力和产业发展水平达到世界先进水平。我国具备发展战略性新兴产业的较好产业基础和资源条件，“十二五”时期发展规划、资金投入、扶持机制等政策环境将进一步优化，中小企业技术创新能力不断增强，在许多关键领域与发达国家的技术差距日益缩小，战略性新兴产业有望步入快速发展期。

（1）政策进一步完善细化，扶持力度不断加大。除了目前已经出台实施的扶持政策外，有关战略性新兴产业在“十二五”的财政、税收和金融方面的激励政策和优惠措施还在制订中，可以肯定的是，未来规划将进一步完善、政策将进一步细化、扶持力度将不断加大、相关促进措施也更有力，接下来将有一系列涉及战略性新兴产业及七大领域的重大政策陆续出台。目前国家发展改革委正会同有关部门抓紧编制《战略性新兴产业发展“十二五”规划》总报告以及面向七大战略性新兴产业的七个专项规划，进一步明确“十二五”期间培育发展战略性新兴产业的指导思想与发展目标，提出重点发展方向、主要任务、区域发

展、重大工程、政策保障措施等。

（2）资金瓶颈有望逐步缓解。近期，多个部委酝酿半年的新兴产业“国家金融战略”浮出水面，“国家金融战略”包括：建立一个部委联席机制，构建一个政策支持体系，实施一个工作试点。在“国家金融战略”的牵引下，“十二五”期间战略性新兴产业将与金融体系密切结合，形成产业与资本的良性互动。目前发改委正在组织推出新兴产业投资基金，使得产业基金可以通过多种渠道筹措资金。国家环境保护规划初步确定“十二五”期间环保投资额 3.1 万亿元，为“十一五”期间的 1.5 倍，其中中央财政投入将超过 2000 亿元，年均环保投资 6200 亿元左右。未来十年，中央财政将拿出超过 1000 亿元的巨额资金，用以扶持节能与新能源汽车产业链发展。预计新兴能源产业规划期累计直接增加投资 5 万亿元。

（3）许多关键领域与发达国家的技术差距日益缩小。随着一大批国家重点工程、科技计划项目的启动实施，我国在许多战略性新兴产业的关键技术领域取得了一大批创新成果，与发达国家的技术差距正在日益缩小。如在电动汽车方面，我国动力电池关键技术、关键材料和产品研发与国外先进水平比较总体相当，车用电机与国际先进水平差距不大。生物产业上，我国在生物信息学、基因组学、蛋白质工程、生物芯片、干细胞等生命科学前沿领域具有较高研究水平，一大批生物技术成果或已申报专利或进入临床阶段或正处于规模生产前期阶段。物联网在技术研发、标准制定、应用示范等方面已走在世界前列，一批关键技术取得重要进展，已成为国际标准制定的主导国之一。

（4）发展战略性新兴产业的资源要素条件较好。我国发展战略性新兴产业具有明显的资源要素优势。稀土是发展新兴产业不可或缺的核心资源，中国是全球最大的稀土资源国、生产国和出口国，20 世纪 90 年代以来，我国的单一高纯稀土产量约占全球总量的 90%。我国是世界上生物资源最丰富的国家之一，拥有约 26 万种生物物种、12800 种药用动植物资源、已经收集 32 万份农作物种数资源；具有十分珍贵的人类遗传资源，至今已收集了 3000 多个家系样本；建立了全球保有量最大的农作物种质资源库与亚洲最大的微生物资源库。水能资源技术可开发装机容量世界排名第一。太阳能资源非常丰富，2/3 的国土面积年日照小时数在 2200 小时以上。全国陆地可利用风能资源加上近岸海域可利用风能资源，共计约 10 亿千瓦。电动汽车关键零部件所需的原材料，如锰、铁、钒、磷、稀土等在我国是富产资源。

从以上分析及七大重点产业相关规划、现状及发展趋势看，七大战略性新兴产业的产业链将在未来几年逐渐形成和完善，对经济增长的贡献度不断增大，成为经济转型的重要推动力。初步测算，2011 年战略性新兴产业增加值将达到 2.1 万亿元，2012 年将进一步提高到 2.7 万亿元，占 GDP 比重达到 5.3%。2015 年战略性新兴产业增加值约为 4.3 万亿元（GDP 按 8% 的增速计），占工业增加值的 20% 左右；2020 年战略性新兴产业增加值约为 11.4 万亿元（GDP 按 7% 的增速计），占工业增加值的 40% 左右。战略性新兴产业在 2011 ~ 2015 年间将实现 24.1% 的年均增长速度，2016 ~ 2020 年将实现 21.3% 的增长速度，2015 年增加值占国内生产总值比重将在 2010 年基础上翻一番，达到 8% 左右。

四　加快培育和发展战略性新兴产业的政策建议

培育发展战略性新兴产业应结合其发展规律和存在问题，围绕技术创新与市场培育这两大关键环节，对症下药，深化改革，优化布局，完善政策，加快把战略性新兴产业培育成为国民经济的先导产业和支柱产业。

1. 创新财政资金投入方式，确保资金真正用于核心技术研发

战略性新兴产业需要大量资金投入，但需要创新资金投入方式，确保投入资金不是用来“铺摊子”、“上项目”及重复建设，而是真正用于关键核心技术研发。财政资金的投入，主要是通过激励解决市场失灵的部分，让它进入一个良性循环，重点是在整合现有政策资源和利用现有资金渠道的基础上，建立稳定的财政投入增长机制，设立战略性新兴产业发展专项资金，大幅度增加中央财政的资金投入，专项集中支持重大产业创新发展工程、重大应用示范工程、重大创新成果产业化、创新能力建设等，引导创业投资、股权投资和产业投资基金发展。

2. 通过政策手段积极引导培育对新兴产业的消费需求

战略性新兴产业往往都处于成长阶段，通常会面临潜在市场空间巨大、现实市场拓展艰难的共性问题。西方国家不仅注重基础研发和技术转化，还非常注重消费市场的培育和引导。例如，为了推动低碳经济的发展，欧盟制定了严格的汽车排放标准，促进旧车的淘汰，并降低电动汽车的登记及流转税。欧美政府还主导建立了碳排放交易市场，人为地为低碳经济创造新的需求。建议我国借鉴发达

国家扶持战略性新兴产业的做法，在市场推广、示范应用、政府采购、财政补贴等方面加大扶持，引导培育市场。例如，为推动新能源汽车的销售，不仅要提供价格补贴等购置环节的优惠政策，还可规定路桥收费减免、停车优惠等保有环节的激励政策。

3. 战略性新兴产业布局要体现区域分工，因地制宜、统筹规划

我国区域经济发展不平衡，每个地区都有各自的区位优势、资源优势、产业优势和科技优势，应当结合这些优势，找准突破点，引导地方在“全国一盘棋”的前提下规划发展具有区域特色的战略性新兴产业，避免一哄而起、急于求成、同质竞争，重走部分制造业低水平重复建设的老路。近年来，国家相继批复了多个区域规划，战略性新兴产业发展可以充分配合国家区域规划，联动发展。

区域经济篇

Regional Economies

G.30

2011 ~ 2012 年区域经济发展趋势分析

胡少维*

摘　要：2011 年是“十二五”规划实施的第一年，也是主体功能区规划实施的元年，区域合作进展良好，协调性进一步增强，发展格局出现一定的变化。2012 年，在成本要素发生变化、中西部地区市场环境进一步完善的背景下，产业转移会进一步加快，东部沿海地区经济转型也会加快，中西部地区经济增幅将继续高于东部地区。为进一步促进区域经济协调发展，建议：加快主体功能区规划的贯彻落实，加快中西部地区软环境建设力度，促进产业转移，引导区域产业结构优化升级，构建科学的区域评价体系，完善财政转移支付制度，促进区域间基本公共服务的均等化。

关键词：区域经济　区域政策　发展趋势　问题与建议

随着生产力发展和社会进步，逐步缩小区域发展差距特别是区域间公共服务

* 胡少维，国家信息中心经济预测部，高级经济师，主要研究宏观经济、区域经济等问题。

水平的差距成为经济社会发展的客观要求。中央强调，要把区域协调发展摆在更加重要的位置，切实贯彻落实好区域发展总体战略。“十一五”以来，我国区域发展呈现出协调性不断增强、布局不断改善、合作不断深化的良好态势，2011年，区域发展差距有望进一步缩小。2012 年，尽管外部环境依然不明朗，不确定性因素有增无减，但区域总的发展格局不会发生大的变化，区域协调发展向好的态势将得以延续。为了更好地促进地区经济健康发展，需要切实落实主体功能区等区域政策措施，构建科学的区域评价体系，引导不同区域发挥自身优势，走可持续、健康发展之路。

一　区域合作稳步推进、经济增长走势出现细微变化

1. 区域合作稳步推进

推进区域合作是新形势下促进经济社会又好又快发展的重要途径，有利于拓展发展空间、提升发展质量、维护民族团结和边疆稳定、促进区域发展和社会和谐。2011 年，相关部委探讨区域合作模式与路径，并与青海、西藏、四川、云南、重庆、湖北、湖南、江西、安徽、江苏、上海等长江干流 11 个省区市共同发表《长江与区域发展——南京宣言》，努力实现长江流域各地区经济社会协调发展。东北四省区政府共同签署了《推进东北地区战略性新兴产业合作协议》、《东北三省与蒙东地区战略合作协议》、《加快建设东北东部经济带合作协议》及“携手打造大东北无障碍旅游区行动计划”等 4 份文件，开启了全面合作的序幕。

2. 经济增幅趋势出现差别

2011 年前三季度，我国经济增长 9.4%，尽管依然维持在较高水平，但增幅逐季回落的态势比较明显（见表 1）。从各区域情况看，表现并不完全一致，差异比较明显。尽管 2008 年以来中西部地区经济增幅开始高于东部发达地区，但其上升、下降趋势基本一致，值得注意的是，2011 年第二季度出现了东部增幅下降而中西部和东北地区增幅上升的局面。

表 1　我国经济增长情况

单位：%

年份	季度	国内生产总值	第一产业	第二产业	第三产业
2010	Ⅰ	11.9	3.8	14.5	10.2
	Ⅰ~Ⅱ	11.1	3.6	13.2	9.6
	Ⅰ~Ⅲ	10.6	4.0	12.6	9.5
	Ⅰ~Ⅳ	10.3	4.3	12.2	9.5
2011	Ⅰ	9.7	3.5	11.1	9.1
	Ⅰ~Ⅱ	9.6	3.2	11.0	9.2
	Ⅰ~Ⅲ	9.4	3.8	10.8	9.0

资料来源：统计局景气月报。

表 2　各区域经济增长

单位：%

地区＼季度	2010. Ⅰ	2010. Ⅰ~Ⅱ	2010. Ⅰ~Ⅲ	2010. Ⅰ~Ⅳ	2011. Ⅰ	2011. Ⅰ~Ⅱ
地区合计	15.23	13.89	13.36	13.08	12.01	11.99
东　　部	14.71	13.03	12.67	12.32	10.99	10.79
中　　部	15.51	15.00	14.14	13.82	12.72	12.89
西　　部	16.44	15.00	14.15	14.18	14.05	14.15
东　　北	15.38	14.59	14.20	13.59	12.42	12.99
长 三 角	15.19	12.64	12.54	11.81	10.68	10.34
京 津 冀	14.90	14.23	13.15	12.66	11.40	11.31
广　　东	12.50	11.20	11.60	12.20	10.87	10.20

资料来源：根据景气月报各地区数据计算而来，地区合计与全国数据有所差别。

二　区域发展政策的基本架构

当前中国的区域发展总体战略是：深入推进西部大开发，全面振兴东北地区等老工业基地，大力促进中部地区崛起，积极支持东部地区率先发展，健全区域协调互动机制，形成合理的区域发展格局。区域政策基本架构可概况为“1334 的框架”，即贯彻 1 个总体要求、完善 3 个基础环境、推行 3 类区域政策、健全 4 类协调机制。

1. 总体要求

在当前阶段，区域总体发展战略的总体要求和主体内核就是要促进区域协调

发展，促进各地区之间形成优势互补、分工协作、相互促进、良性互动的协调关系。其内涵主要包括以下三方面：第一，各地区比较优势能得到合理有效的发挥，和而不同，各展所长，促进整体效率的提升。第二，各地区人民都能享有均等化的基本公共服务，地区间人均生产总值差距控制在适度范围内，促进公平的实现。第三，各地区人与自然的关系处于和谐状态，做到开发有度、开发有序、开发可持续，切实保护好生态环境。

2. 基础环境

（1）建设全国统一市场。充分发挥市场在配置资源中的基础性作用，消除阻碍生产要素自由流动的各种制度和人为因素，通过促进生产要素在区域间的自由流动，促进资源和要素在国土空间上的优化配置，提高各类资源的投入产出效率，进而促进各区域利益的最大化。（2）促进区域基本公共服务均等化。由以往强调控制区域间经济总量的差距，转向强调缩小不同地区间的公共服务和居民收入水平的差距，体现“以人为本”的发展理念。（3）实施全国普适性的环保规制。在全国实施严格统一的环保标准，实施标准统一、污染排放总量控制的环保制度。针对不同功能区环境问题本身的特性以及环境问题产生的背景等多种因素，按照不同功能区的资源环境承载能力、环境容量、生态功能等，将污染排放总量细分到不同的区域。

3. 区域政策

（1）依托“四大板块”的区域发展总体政策。四大板块的发展定位、发展重点、政策导向各不相同：西部地区要增强自我发展能力，侧重重大基础设施建设和生态环境建设，改善西部地区投资环境，培育发展优势资源支撑的特色产业，加大人力资本投资力度；东北地区要在改革开放中实现振兴，侧重结构调整，扩大对外开放，加强与毗邻国家的经济技术合作，建设具有比较优势的装备制造、原材料、农产品深加工基地，推进资源型城市经济转型；中部地区要在发挥承东启西和产业发展优势中崛起，侧重依托现有基础提升产业竞争力，构建综合交通运输体系，发展物流和商贸业，完善市场体系；东部地区要增强国际竞争力和可持续发展能力，侧重提高自主创新能力，加快形成一批掌握自主知识产权和核心技术、知名度高地品牌，促进加工贸易升级，提高外向型经济水平，增强国际竞争力。（2）基于功能区的差异化分类管理政策，不同区域采取不同的区域政策。（3）治理和扶持问题区域的区域政策，针对特殊问题区域采取不同的区域政策。

4. 协调机制

（1）市场机制。冲破地区封锁，加快建立全国统一市场，实现生产要素在区域间自由流动和产业转移。（2）合作机制。探索建立制度化的区域合作机制，开展多层次、多形式、多领域的区域合作，加强统筹协调，避免重复建设和资源浪费。鼓励和支持各地区开展多种形式的区域经济协作和技术、人才合作。（3）互助机制。鼓励发达地区采取对口支援、社会捐助等多种方式帮扶欠发达地区。在继续搞好资金和项目援助基础上，加大技术和人才援助力度，将外生援助转化为内生机制。（4）扶持机制。在上述三个机制充分发挥作用的基础上，加大政府特别是中央政府的调节力度，更好地促进社会公平，保障全体人民共享改革发展成果，按照基本公共服务均等化原则，加大国家对欠发达地区的支持力度。

三　区域发展趋势

1. 各地区差异化发展趋势将越来越明显

根据研究，人均地区生产总值低于5000美元的时候，工业化是加快推进的，工业增加值的比重和工业就业比重会不断提高。5000～10000美元的时候，主要是提高工业化的质量，工业增加值、工业就业比重大体保持稳定。超过10000美元的时候，主要是产业向高端化、服务化的方向发展。同时，根据国内外的经验，城市化水平在30%～70%之间是一种快速推进阶段，其中50%是一个转折点，30%～50%是处于加速阶段，50%～70%是减速阶段。70%以上则是稳定发展的阶段。

2010年，上海、北京、天津人均生产总值均超过10000美元，分别达到11237.83、11218.41和10782.78美元，三大直辖市未来肯定要走高端化、服务化的道路。5000～10000美元的有江苏、浙江、广东、内蒙古、山东、辽宁和福建，未来主要是提高工业化的质量。广西、西藏、云南、甘肃、贵州人均地区生产总值不到3000美元，因此，广大中西部地区，会继续加快推进工业化进程。

从城市化水平来看，各省城市化的差距也很大，其水平与人均生产总值高低

密切相关，甚至连排位都基本一致。2009 年，上海、北京超过了 85%，天津达到 78%，未来他们的城镇化是稳步推进。还有 9 个省区城市化率在 50% ～70% 之间，这部分地区未来城市化肯定是减速的。还有 17 个省份，城市化处于 30% ～50% 之间，城市化进程会加快推进。

工业化和城市化，作为驱动经济发展的主要动力的不同，预示着各地区的经济发展差异特别是结构性差异将会越来越明显。

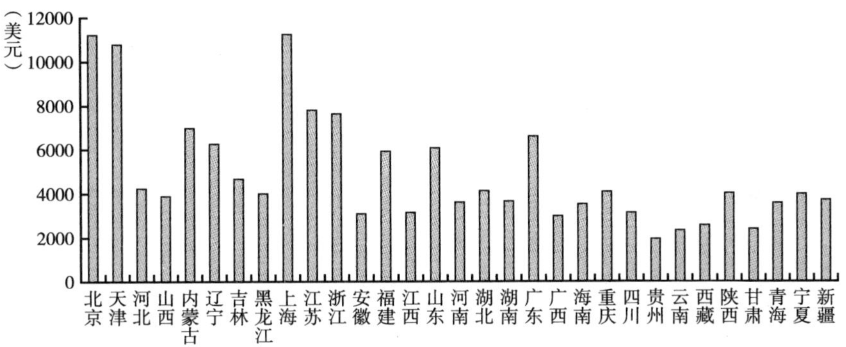

图 1　2010 年各地区人均生产总值

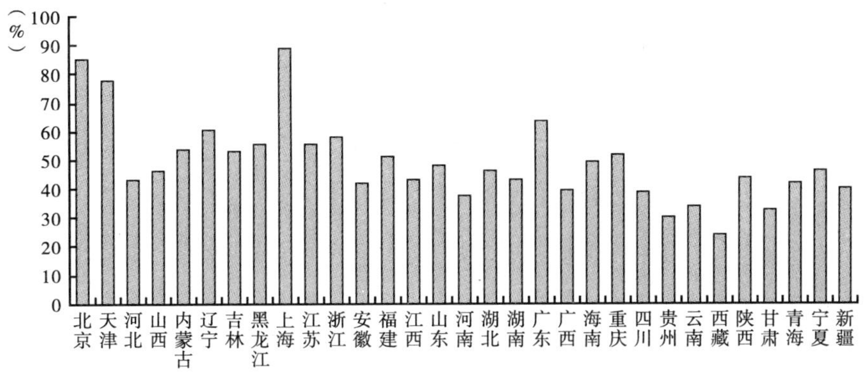

图 2　2009 年各地区城镇化率

2. 省域竞争将主要体现为都市圈、城市群之间的竞争

国际经验表明，21 世纪将是城市经济发展的世纪，经济的竞争日益依托区域大城市群的支撑。我国作为世界上最大的发展中国家和新兴转型国家，城市化发展呈现出从单一城市发展向“组团式”城市群发展的趋势，城市群对国民经济的主导作用和深刻影响将在今后数十年内越来越明显地表现出来。

目前，每个省域经济总量都在向一些大城市，尤其是省会城市集中，形成都市圈或者省会经济圈。特别是随着高铁时代的到来，极大地改变了中国经济的版图，改变了内需外需，改变了公路铁路与航空之间的运输模式，未来还要改变中国的产业模式，特别是会改变我们的城市化模式，省域竞争的重点以后很有可能是围绕着每个省内部的都市圈展开。

3. 产业转移趋势将继续强化

近年来，长三角、珠三角、环渤海等东部沿海地区资本相对饱和，加之土地、劳动力、能源等要素供给趋紧，资源环境约束矛盾日益突出，外延型发展方式难以为继，加之国际金融危机和周边国家竞争力上升的影响，加快经济转型和结构升级刻不容缓。而广大的中西部地区基础设施逐步完善，要素成本优势明显，产业发展空间较大。在此背景下，东部沿海地区产业加快向中西部地区梯度转移。目前，中国加工贸易由东南沿海向中西部转移已初见成效，2010 年中国中西部地区加工贸易进出口快速增长，远高于东南沿海，预计 2012 年这种趋势将继续强化。

四　2011～2012 年区域经济发展判断

1. 固定资产投资增幅中西部仍有望领先

数据显示，1～9 月，中部、西部和东北地区投资分别增长 29.5%、29.5% 和 31%，增速分别比地区合计投资增速高 3.4、3.4 和 3.9 个百分点。东部地区投资增长 21.3%，增速比地区合计低 4.8 个百分点，固定资产投资增幅中西部和东北地区继续领先。

2012 年，鉴于民生是“十二五”期间国家重点关注的领域，战略性新兴产业是中央倡导、各地方着力发展的行业，加上促进民间投资的政策措施逐步落实，民间投资积极性不断提高，对国民经济的贡献度也将进一步增强，因此，固定资产投资未来仍可维持一定增幅。从区域增长格局看，随着房地产新政效果不断显现，房地产投资将很有可能出现下滑，而这其中东部沿海地区由于前几年房价上涨幅度较大，受政策影响更为明显，房地产投资增幅下滑可能会更加突出。2011 年，在各地大力发展战略性新兴产业的带动下，电子信息产业固定资产投资保持高速增长，其中中东部地区投资增长迅猛，西部地区相对较慢，2012 年

这种格局变化的可能性不大；当前中西部地区投资结构中，严重依赖能源、原材料投资增长的特点较为突出，鉴于节能减排措施的实施，在一定程度上会抑制钢铁、电解铝、烧碱、水泥、锌冶炼等能源原材料行业的投资增长；施工项目和新开工项目变化的影响，2011年前三季度中西部地区施工项目和新开工项目个数比上年同期有一定减少，而东部和东北地区出现增加态势，中西部地区尽管施工项目计划总投资增幅仍然领先于平均水平，东部地区仍然低于平均水平，但新开工项目计划总投资增幅出现东部领先态势。综合考虑，中部、东北地区固定资产投资增幅将继续保持领先态势，但东部与其他区域固定资产投资增幅差距相比前几年会略有缩小。

表3　2011年1～9月各区域固定资产投资情况

	固定资产投资额(亿元)	增长(%)	施工项目个数(个)	比2010年同期增加(个)	施工项目计划总投资(亿元)
地区合计	209849.2	26.1	399659	-2812	529057.7
东部地区	89572.4	21.3	159766	8770	224738.8
中部地区	47100.5	29.5	113384	-10187	111039.0
西部地区	49741.9	29.5	94027	-8466	144732.8
东　　北	23434.5	31.0	32482	7071	48547.2

	施工项目计划总投资增长(%)	新开工项目个数(个)	比2010年同期增加(个)	新开工项目计划总投资(亿元)	增长(%)
地区合计	20.2	256876	-6783	177781.7	24.6
东部地区	15.5	98381	5634	70735.5	29.6
中部地区	24.3	74902	-12360	43336.3	20.9
西部地区	23.2	58501	-4459	42038.0	22.0
东　　北	25.4	25092	4402	21671.8	21.6

2. 社会消费品零售额增幅欠发达地区会略微高一些

从图3我们可以看出，与2010年全年相比，2011年1～9月各地区社会消费品零售额增幅普遍出现了下降，但下降幅度不尽相同，发达地区特别是北京、上海均下降接近6个百分点。前三季度，北京、上海、广东三个最发达地区增幅是最低的。一方面说明各地区消费结构有所差别，另一方面说明2011年房地产调控政策对各地方的影响不同，限购政策的出台实施短期内对发达地区的消费产生了一定的影响，加上部分大城市相继调整了对汽车政策，使得各区域消费增幅出现了与往年不同的格局。

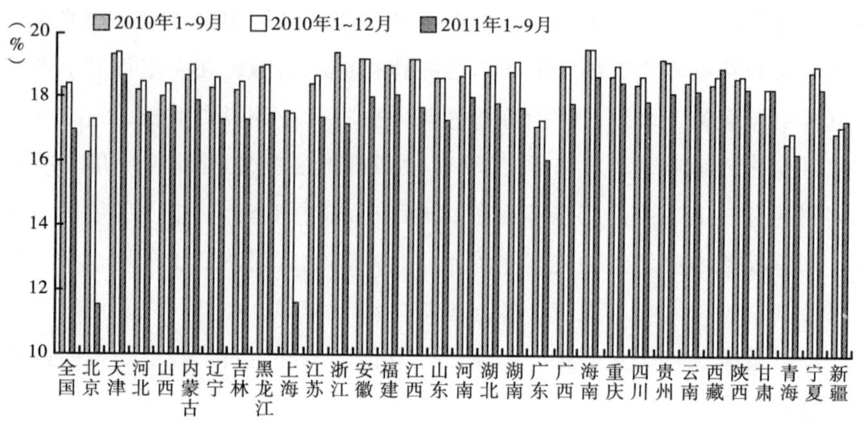

图3　社会消费品零售额增长

“十二五”期间，国家将着力构建扩大消费需求的长效机制，营造良好消费环境，改善居民消费预期，增强居民消费能力，促进消费结构升级。把扩大消费与推进城镇化、保障改善民生有机结合起来，加快发展服务业，使消费需求成为拉动我国经济增长的强劲动力。尤其是2011年9月1日起，新个税法实施，免征额由2000元调高至3500元，税率级数由九级减为七级，一级税率由5%降至3%。工薪阶层的纳税面经过调整以后，由目前的约28%下降到约7.7%，纳税人数由约8400万人减至约2400万人。约6000万人不需要再缴纳个人所得税。根据新方案，应纳税收入在8000～12500元之间的纳税人省钱最多，这个区间正是大中城市中产阶级所处区间，对居民消费能力的提升有积极意义。因此，2012年我国消费增幅仍将保持相对平稳。就区域消费格局看，由于个税调整对中西部的有利影响更大，其消费倾向也更高，加上影响2011年消费增长的因素依然存在，估计目前这种消费增长格局有望持续。

3. 中西部地区进出口相对活跃

数据显示，2011年1～9月，我国进出口贸易继续保持较高增速，其中，中西部地区更为活跃，增幅更高，特别是出口增幅比平均水平高的幅度更大。原因在于，一是前9个月我国贸易进出口中，一般贸易进出口好于加工贸易，加工贸易是东部沿海地区的主要贸易方式，对进出口影响比较大，而对中西部的影响没那么大。二是机电产品和高新技术产品进出口增速有所放缓，这种进出口结构的变化是东中西进出口增幅差距的一个重要因素。三是受成本因素和资源条件影

响，一些外贸企业内迁，相应带动了当地外贸的发展。2012 年，这些因素很难改变，因此，这一态势会延续下去，中西部地区进出口将相对活跃。

表 4　2011 年 1～9 月不同区域进出口情况

单位：亿元，%

	进出口总值	比重	增长	出口总值	比重	增长	进口总值	比重	增长
地区合计	2677441458		24.6	1392269838		22.8	1285171620		26.7
东部地区	2315798394	86.5	22.8	1197441998	86.0	20.6	1118356397	87.0	25.2
中部地区	114555361	4.3	39.4	63441607	4.6	43.9	51113755	4.0	34.2
西部地区	129586713	4.8	43.0	73924703	5.3	46.5	55662009	4.3	38.7
东　　北	117500990	4.4	29.9	57461530	4.1	22.5	60039459	4.7	37.9

4. 中西部 GDP 将继续保持领先增长势头

根据前述需求分析，2012 年中西部地区三大需求的增长相对于东部地区较为乐观。从供给方面看，东部的中、小型企业占比比较大，对经济增长的贡献度也比较大，但 2011 年以来，受市场和资金因素影响，增长并不乐观，2012 年由于自身实力受损，大幅扩张、增长的内在动力也会受影响；国外金融、经济动荡难安，对外贸依存度较高的东部地区工业经济发展也更为不利。因此，总体上看，中西部以及东北地区经济仍将保持较高增幅，并继续保持领先增长的态势。

五　区域发展问题与建议

尽管近年区域经济协调发展态势良好，但也存在一些值得注意的问题，为进一步促进区域协调健康发展特提出以下建议。

1. 加快主体功能区规划的贯彻落实

研究制定推进形成主体功能区的财政、产业、人口、投资等政策，明确不同类型主体功能区国家支持的重点投资领域和产业准入标准。各省要根据《全国主体功能区规划》的要求，加快制定本省的主体功能区规划，明确实施方案和进度安排，研究制定分类配套政策，推进省域主体功能区规划实施。

2. 加快调整投资结构，积极引导区域产业结构优化升级

在促进区域经济稳定发展的基础上，充分发挥投资对区域经济结构调整的导向作用。继续加大政府投资向中西部地区倾斜的力度，加快民间投资跟进的步伐，着力扩大中小企业投资意愿和规模。东部地区要围绕调整产业结构和转变发展方式，提高经济增长质量，重点培育现代服务业、先进制造业及战略性新兴产业，提高自主创新能力和整体竞争能力。中部地区要扎实推进“三个基地、一个枢纽”重大项目建设，加快“三农”、保障性住房、卫生教育、基础设施、节能环保、自主创新与技术改造等重大项目的实施。西部地区继续加大民生领域、基础设施和生态环保建设的投资力度，积极淘汰落后产能，推进技术改造。东北地区加快重点产业振兴，推进国有企业战略性并购重组，加快新型工业化进程。

3. 中西部地区应该注重软环境的改善

根据历史经验分析，产业转移应该是产业结构调整的结果。产业转移或企业迁移受诸多因素影响，成本只是其中之一。实际上，我国东部沿海地区还没有出现完整意义上的产业转移。很多东部沿海企业在中西部设厂，但是东部的研发基地和管理总部并没有转移，甚至工厂都没有关闭。对中西部的新增投资多是出于市场布局的考虑，属于产能扩张。目前，中西部地区的交易成本仍高于东部地区。政府应该意识到，除了劳动力价格外，市场环境、文化以及办公效率均是承接产业转移的重要因素，提高中西部地区的产业承接能力，需要改善软环境。

4. 尽快构建科学的区域评价体系

地方政府是区域经济运行的主体之一，同时也是地区经济调控的主体。在中国区域经济发展进程中，地方政府扮演了重要角色，成为推动区域经济发展的重要力量。它既承担了调控管理职能，也承担了大量的发展地方经济、稳定社会、提供地方公共物品和不断提高辖区人民生活水平的重任。地方政府既可以促进区域市场发育，弥补市场缺陷，也可以取代区域市场机制进行辖区内的资源配置。地方政府进行有效的符合经济规律的公共政策选择，可加速地方经济发展。反之，则制约地方经济发展。地方政府作为利益主体的经济扩张冲动，是地区经济增长的最强大动力。地方政府出于发展本地区经济所形成地方政府竞争，影响着地区经济差异的变化趋势，是平衡与协调当前中国地区经济差距的最主要因素。构建科学的政府绩效评价体系，是推进正确政绩观树立的重要途径，也是促进区域协调发展的必要手段。

5. 完善财政转移支付制度

财政转移支付制度是我国现行分税制条件下实现公共服务均等化、缩小区域社会经济差距的重要手段。我国的转移支付制度是 1994 年以来分税制财政税收体制改革中重点推出的内容，这一制度的实施对于加强中央政府的宏观调控能力、促进欠发达地区社会经济发展、改善财政支出结构、提高资源配置效率、均衡基本公共服务等方面发挥了积极作用。但是，实践中也暴露出我国现行的财政转移支付制度存在着不规范、功能弱等缺陷，在促进公共服务基本均等化、社会经济可持续发展以及全面小康社会建设等方面尚显不足，有必要根据促进区域经济社会协调发展等新形势的要求，对目前的财政转移支付体系进行完善。我国财政转移支付体系应以实现公共服务的均等化为第一出发点，同时兼顾激励与平等，充分考虑生态环境。遵循“目标明确、功能突出、结构合理、程序规范、因素分配、信息透明”的原则，确保各级政府提供公共服务能力的大体均衡，实现经济社会的可持续、和谐发展。应逐步取消税收返还，逐步建立一般性转移支付为主、专项转移支付为辅的转移支付体系，规范一般转移支付和专项转移支付的内容，改进一般性转移支付的分配方式，建立区际生态基金模式的横向生态转移支付制度。

G.31

长三角地区经济形势分析与展望

刘伟良　徐建荣*

摘　要： 2011 年，长三角地区积极贯彻落实稳增长、调结构、控物价的各项政策措施，加快推进经济转型升级，经济增长平稳、结构效益改善。展望未来，面临的环境更为复杂，不确定性因素增多，因此，要在转型升级、创新发展、强化外扩推动、改善中小企业发展环境等方面实现破题。

关键词： 长三角　经济增长　结构调整

2011 年，长三角地区以“十二五”规划为引领，围绕稳增长、调结构、控物价的整体目标，积极加快经济发展方式转变，大力推动经济转型升级，出现了经济平稳增长、结构不断优化、民生逐步改善的良好局面。

一　长三角经济运行基本判断

1. 经济增长平稳回调，产业结构调整优化

2011 年以来，金融危机深化蔓延引发的欧美经济不景气、地震海啸对日本经济的灾难性冲击与我国国内宏观调控的叠加，对长三角经济增长构成了前所未有的挑战，并直接冲击长三角经济发展。同时，该地区长期积累的经济结构矛盾难以在短期内快速化解，经济增长转轨的内在要求与经济增长转轨支撑条件缺乏

* 刘伟良，经济学硕士，江苏省信息中心副主任，研究员，主要研究领域为数量经济、区域经济；徐建荣，管理学博士，江苏省信息中心副处长，助理研究员，主要研究领域为产业经济、区域经济、经济信息化。

一定的契合，经济转型推进与经济增速正在寻求两者吻合的轨道，诸多因素导致长三角经济增长延续了2010年以来逐季回落的态势。2011年前三季度，江苏GDP实现35113亿元，同比增长11.2%，分别低于一季度、上半年0.4个和0.2个百分点；浙江GDP实现22627亿元，比2010年同期增长9.5%，低于一季度0.9个百分点、上半年0.4个百分点；上海市GDP一季度增长8.5%，上半年增速回落至8.4%（见图1）。从经济增长运行趋势看，长三角地区在2007年达到峰值后，进入了经济周期下行阶段，预计全年将保持这一下降态势，但大幅下行的情景较难发生。

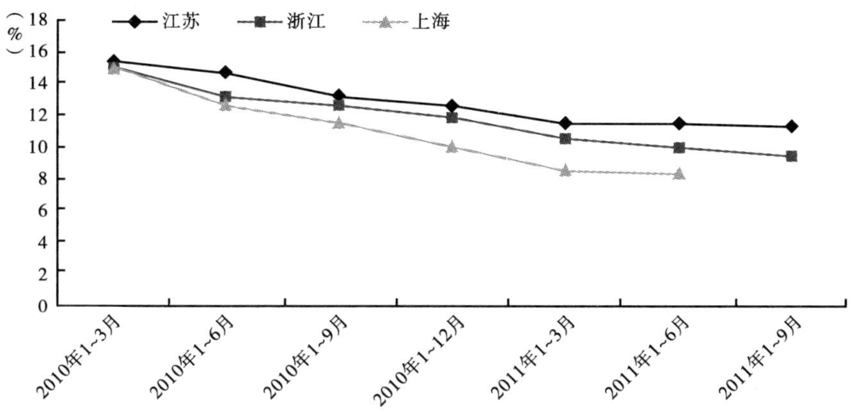

图1　2010~2011年苏浙沪季度GDP增速

与经济增速下行形成明显对比的是，长三角经济运行质量在结构调整、经济转型进程中显著改善。浙江创新驱动持续增强，前三季度，规模以上工业企业科技活动经费支出增长32.9%，产品升级换代取得积极成效，规模以上工业新产品产值同比增长30.8%，对规模以上工业总产值增长贡献率达27.1%，新产品产值率为21.3%，同比提高1.4个百分点，全省发明专利申请量和授权量同比分别增长32.3%和51.1%；节能减排取得一定成效，预计单位GDP能耗同比降低2%左右。江苏规模以上工业效益良好，1~8月规模以上工业利润增幅高于同期利税增幅2个百分点，投入产出效能较高，前三季度全省工业用电增幅低于全省规模以上工业增幅2.3个百分点。

2. 三大需求放缓不一，内需拉动作用增强

2011年以来苏浙沪投资、消费、出口“三驾马车”拉动经济增长的协调性进一步增强。前三季度，江苏完成固定资产投资 18619.4 亿元，同比增长 22.3%，增幅同比回落 0.4 个百分点，比上半年下降 1.6 个百分点；浙江省完成固定资产投资 9872 亿元，比 2010 年同期增长 25.6%，增速比一季度回落 3.4 个百分点；上海完成全社会固定资产投资 3211.29 亿元，比上年同期降低 2.2%。尽管增速放缓，但投资结构调整进展明显，市场内生性投资及新兴产业、服务业投资扩大；1~9 月，江苏民间投资加快发展，投资增幅快于同期城镇固定资产投资 2.2 个百分点，占投资总额比例上升到 65.29%；浙江三产投资快速发展，同比增长 33%，高于投资总额增速 7.4 个百分点。

受益于惠民政策实施，长三角消费增长虽出现一定程度放缓，但仍保持较快发展。前三季度，江苏社会消费品零售总额 11596.6 亿元，同比增长 17.4%，比一季度、上半年分别提高 0.5 个和 0.2 个百分点；浙江社会消费品零售总额 8625 亿元，比 2010 年同期增长 17.2%，增速同比下降 2.2 个百分点；上海实现消费品零售总额 4973.23 亿元，同比增长 11.6%，低于上年同期 6 个百分点。

出口方面，2011 年以来长三角出口持续受制于人民币升值压力、产业结构调整、欧美贸易保护和外部市场需求萎缩等因素的影响，出口增长下滑幅度较大，增速已落后于全国平均水平。前三季度，江苏、浙江、上海出口同比分别增长 18.7%、21.8%、17.5%，增速同比分别下降 20.9、16.3 和 14.2 个百分点。尤其值得关注的是，拉动长三角出口结构优化的高技术产品出口增长受到金融危机的影响加重，前三季度，江苏、上海高技术产品出口额同比仅增长 7.1% 和 13.6%，与 2010 年同期 42.2% 和 41% 的高增长差距悬殊。

3. 物价水平高位运行，通胀得到有效遏制

2011 年，长三角两省一市把稳定物价总水平作为首要任务，强化供给与需求衔接，严格规范市场价格秩序，千方百计抓好物价调控，稳定通胀预期，在市场调节与政策引导的合力下，物价上涨势头得到有效遏制。江苏、浙江、上海在 2011 年 6 月居民消费价格指数涨幅达到峰顶后逐月回落，分别由 6 月的 6.9%、6.4%、5.9% 下降至 9 月的 5.4%、6.2%、5.7%（见图 2）。工业生产者出厂价格指数和购进价格指数同比涨幅在达到年内高位后也都开始回落，对抑制整体物价上涨起到了积极作用。

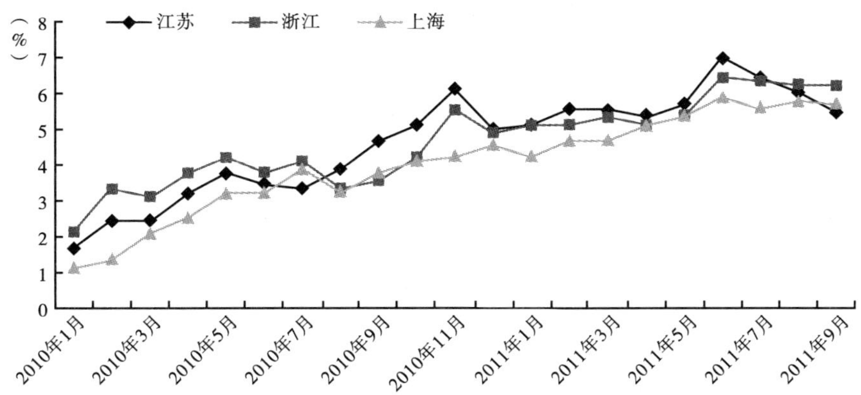

图2　2010～2011年9月苏、浙、沪居民消费价格涨幅

二　对未来长三角经济发展环境的认识与发展展望

1. 对世界经济短期难以复苏应有充分的认识

金融危机爆发使世界经济结构缺陷显露，这种经济失衡后的再平衡依赖于欧美国家负债务去杠杆化和全球新增长点的出现。然而，美国两轮量化宽松货币政策的实施并欲推进第三轮量化宽松货币政策以及2011年美国国债上限的再次上调，希腊、西班牙、意大利等欧洲国家财政状况恶化并加重欧债危机，两大经济体在金融危机面前缺乏去杠杆化的决心和有效的系统性措施，严重阻滞了危机化解进程和世界经济复苏步伐；在信息技术红利消失后，全球范围内新一轮的创新技术群尚未形成，以技术创新驱动经济增长短期内难以见效，加之日本国内经济矛盾重重和大地震、海啸对生产力的较大破坏，使世界经济复苏的曙光蒙上阴影。新兴发展中国家受世界经济结构失衡影响，也难以从根本上引领全球经济在短期内走向复苏。

2. 对长三角出口持续快速增长缺乏支撑条件应有充分的认识

长期以来，长三角外贸出口保持了持续快速增长，而这种出口增长形态与发达国家信贷过度供应支撑的需求以及国际产业分工深化所形成的不合理世界经济结构相适应，金融危机的爆发及深化蔓延打破了这种已有的经济平衡状态，使长三角出口继续快速增长缺乏必要的支撑条件。一是欧美两大经济体为摆脱金融危机，采取了财政紧缩政策和更加严格的金融监管，危机前由信贷过度供应支撑的超前消费需求受到较大的抑制，无论是政府需求还是私人需求规模均已萎缩。二是既有的分工格局也不利于出口持续快速增长。长三角在国际分工中既存在传统的产业间分工和产业内产品分工，也存在复合分工，与这种分工方式相对应的出口格局是长三角一般产品和出口加工贸易占主导地位，如江苏加工贸易占到出口额的60%，而发达国家依托于分工优势，形成了发达国家高竞争优势品出口与发展中国家高比较优势品出口的格局，发达国家因经济危机影响所产生的收入衰减以及国内产业保护，必然加大高竞争优势产品的输出并强化对发展中国家比较优势提升的限制，自然波及长三角地区出口增长。另外，在未来相当长的时期，人民币仍然面临升值压力。

3. 对加快新兴产业引领经济转型升级的艰巨性应有充分的认识

长三角抓住后金融危机时期世界经济结构调整的机遇，大力推动经济发展方式转变和转型升级，必须依托于创新性的发展。充分利用后危机时代新技术革命加速孕育的战略机遇，以新兴产业引领新一轮增长，是构建新增长动力和优化产业结构的重要方式。必须清醒地看到，长三角地区战略性新兴产业仍处于形成期，尚未形成稳定的技术经济范式，产业主导技术存在不成熟性，产业技术发展中存在颠覆性的技术更替，影响产业技术发展和新兴产业成长。新兴产业技术不成熟必然难以推动成熟的产品和市场的形成，而对新兴产业投资的崇拜则易于引发对有限产业资源的争夺，从而产生新兴产业低端产能过剩，造成产业发展的虚假繁荣，恶化产业结构。因此，要充分认识到战略性新兴产业对经济转型升级的引领作用，同时也应深刻认识到长三角战略新兴产业在推动经济转轨发展中的薄弱环节，强化新兴产业技术创新。

4. 对要素紧张诱发中小企业资源错配应有充分的认识

刺激性政策效应逐步消退后，伴随着国家三次加息、六次上调存款准备金率的趋紧货币政策的推行，长三角中小企业普遍面临资金紧张。同时，人工成本提高、原材料价格上涨、人民币升值、结款趋紧、电力供应限制等，也加大了中小企业的经营困难，企业倒闭、歇业现象为近年来少有。据北京大学国家发展研究院联合阿里巴巴（中国）有限公司7月发布的《小企业经营与融资困境调研报告》，处于半歇产或歇产状态的内销企业达23%。要素供应紧张直接推高企业人力、原材料、资金等成本，侵蚀企业利润和资金循环能力，压缩企业拓展空间。中小企业在无法支撑要素供给趋紧压力下，必然将企业资源按照利益导向进行重

新配置，甚至流出实体企业，在无严格市场监管和资产价格高涨引诱下，易于产生非制度性安排下的资源错配。资源错配一方面会恶化资金与产业实体之间的循环，弱化企业进一步创新发展的能力；另一方面会诱发社会不稳定因素，对此应有必要的认识。

5. 对物价黏性波动压力应有充分的认识

长三角地区两省一市物价涨幅在年中达到2009年以来新高后见顶回落，物价上涨压力有所缓解，政府调控物价的努力取得积极成效。但也必须清醒地认识到，本轮物价上涨具有较强的黏性，一是货币超发的拉动支撑。二是通胀预期的广泛高涨，引发价格的高位运行和价格轮番追赶。从推动物价上升的因素看，输入性通胀与成本推动性通胀交织在一起，使物价运行复杂化。因此，物价黏性发展与通胀复杂因素使得物价波动程度加大，支撑物价上涨的因素尚未消失，如原材料价格、人工成本的上升以及资源成本的上升，粮食连年增产却未缓和粮油价格的涨势等，因此物价缓慢回落后再度反弹的压力依然存在。

基于以上认识，我们预计2011年长三角未来几个月的经济运行将延续前三季度的发展态势，各项主要经济指标将以小幅回落为主要特征，整体经济难以出现大的波动，全年长三角经济发展增速将比2010年有所下降，预计全区域经济增长10.2%。展望2012年，尽管长三角经济发展的环境与以往相比并不十分宽松，内外部不确定性因素较多，但长三角地区也有诸多有利于推进经济平稳较快增长的积极因素，从国家层面看，伴随着经济发展形势的变化，国家宏观调控政策的针对性、灵活性、有效性进一步增强，国家针对小微企业融资难问题也出台了更为有效宽松的融资措施，采取灵活调控政策的氛围正在形成，将对长三角地区发展带来利好，提升经济增长的信心。2012年，党的十八大将召开，国家也将出台改革和发展的重大政策举措，必将对长三角加快发展带来积极影响。从地区层面看，长三角各地成功进行了新一届换届选举，新的领导层已经形成，为长三角经济平稳较快发展提供了有力的组织保障。此外，长三角地区蕴含着诸多区域发展优势，内生性自主增长动力强劲，社会资本充裕，高端人力资源丰富，自主创新投入高，新兴产业规模大，物联网、光伏发电等部分新兴产业技术处于领先等积极因素，都为2012年经济增长提供有力的支撑。整体上看，2012年长三角地区经济发展将继续保持平稳较快的增长态势，预计增速比2011年略低，但仍将保持10%左右。

三　对长三角经济发展的几点建议

1. 以创新方式推动经济转型升级

经济增长路径转换的重大动力来自于技术进步，要围绕经济增长绿色、低碳、高科技集成的趋势，加快低碳技术、绿色技术的市场化创新，加强基于信息技术、生物工程技术、新材料技术、航天技术等融合技术的集成发展，通过技术创新先行创造出新的成长产业和市场空间，以技术供给结构优化激发出潜在需求市场，进而推进配套产业集群发展，使技术创新与产业发展共同推动经济高效增长。要结合长三角新兴产业发展现状和优势，在物联网等具有先发优势的产业领域，进一步广泛集聚全球科技创新资源，重点谋求在新兴产业中的核心技术环节取得突破，加快发展一批具有较强自主创新能力的先导产业。积极引导企业生产方式的改革，推进生产组织创新，鼓励工序化分工生产模式发展，推动生产前移与服务发展相结合，使企业主体提高资源使用效率，增强企业在转型升级中的主体作用。深化商业模式创新，推广扩大电子商务应用范围，注重商务服务化功能，推动商务服务业发展，不断满足消费者需求，推进服务经济快速拓展。

2. 积极构筑营造催生创新行为的社会文化

社会创新文化是创新生态系统的重要组成部分，创新是人类对已有秩序和规则的大胆否定和颠覆性思考，创新的行为受到个人和群体思维方式的制约，文化则孕育和影响了思维方式的发展。因此，推进创新必须培育有创新性的文化和理念。要按照中共中央十七届六中全会关于深化文化体制改革的意见，大力推进文化领域的改革，推动创新文化发展，在组织机构文化、创新精神宣传、创新社会氛围、创新价值引导等方面构筑营造催生创新行为的社会文化。

3. 积极强化出口扩张能力

长三角两省一市要按照“十二五”发展规划，进一步加快推进经济国际化战略转型升级，积极强化出口扩张能力，加快外溢扩张发展。一是强化产业链优化整合，提升企业参与国际产业分工的战略掌控力。要适应国际分工发展的需要，加快增值性服务产业发展，围绕国际产业分工重点推动国际商务服务业、创意产业、国际物流业等产业发展，稳步提高在国际产业链、物流供应链、国际业务链、国际技术创新链、国际金融链等链环中的地位。二是积极推动外向扩张发

展。立足长三角发展，积极推动外向扩张发展，引进来与走出去协同促进，共同提升经济开放水平。要着力抓好本土企业竞争能力建设，提升本土企业的国际战略思维水平，提高本土经济力量对国际市场本土化和区域内市场外向化的掌控力。要在优化进口结构的同时，加快扩大对外市场领域和投资空间，积极引导企业在能源、资源、原材料等领域和金融投资、研发服务、市场渠道等增值服务领域两端环节的直接投资，加大长三角区域市场与国际市场的互动，深化外扩发展的基础和实力。

4. 积极改善中小企业发展环境

中小企业是长三角经济活力的重要源泉，也是推动民生富裕的重要载体。重点化解企业在融资、劳动力、原材料、电力供应等方面的要素供给紧张困境，合理引导企业资源重新配置，积极创新制度安排，纠偏资源错配。加强中小企业创新，推进产业升级，通过合理的财税政策对企业升级进行有效支持。

参考文献

1. 江苏省统计局：《江苏统计月报》、《江苏经济动态》。
2. 江苏省统计局：《江苏统计年鉴 2011》；浙江省统计局：《浙江统计年鉴 2011》；上海市统计局：《上海市统计年鉴 2011》，中国统计出版社，2011。
3. 江苏省信息中心宏观经济课题组：《2011 年江苏经济形势分析与 2012 年展望》。
4. 北京大学国家发展研究院、阿里巴巴（中国）有限公司：《小企业经营与融资困境调研报告》。
5. 上海市统计局，http：//www. stats-sh. gov. cn。
6. 浙江省统计局，http：//www. zj. stats. gov. cn。

G.32

东北地区经济形势分析及展望

梁 丰*

摘　要： 2011年前三季度，东北三省经济增长速度高于全国平均水平，经济活力和内生动力增强，预测辽、吉、黑2011年经济分别增长12.5%、14.0%和12.8%。展望2012年，东北地区经济社会发展内生动力依旧充足，经济发展仍处于较快增长期，预测辽、吉、黑2012年经济分别增长12.5%、13.0%和13.0%。

关键词： 东北地区　经济增长　趋势展望

一　2011年经济运行基本态势

1. 经济继续保持平稳较快增长

前三季度，东北三省实现地区生产总值30072亿元，增长12.9%。其中，辽宁、吉林、黑龙江分别完成15709亿元、6527亿元、7836亿元，增长12.5%、14.4%、12.4%。分产业看，东北三省一、二、三产业实现增加值2018亿元、17138亿元、10916亿元，增长4.6%、15.2%和10.9%。

前三季度，辽、吉、黑规模以上工业增加值分别增长15.1%、20.0%和13.6%。辽宁省装备制造、农产品加工、冶金和石化增加值分别增长19.6%、17.7%、10.1%和7.3%。吉林省九大产业增加值增速均达到两位数以上，汽车、石化、食品行业分别增长10.3%、14.6%、25.4%，装备、医药行业增幅超过30%。黑龙江省四大支柱产业两快两缓，石化工业和食品工业快速增长，分别增长18.7%和15.6%；装备工业和能源工业分别增长11.1%和7.3%。

---

* 梁丰，高级经济师，辽宁省信息中心预测处副处长。

预计2011年，辽、吉、黑地区生产总值将分别增长12.5%、14.0%和12.8%，规模以上工业增加值分别增长15.5%、18.5%和13.4%。

2. 三大需求更趋协调

前三季度，东北三省社会消费品零售总额保持了平稳增长，辽、吉、黑三省同比增长17.3%、17.3%和17.5%，均高于全国平均水平。

固定资产投资稳步增长，民间投资增速加快。前三季度，东北三省完成固定资产投资23434亿元，辽、吉、黑三省分别增长30.7%、30.5%和33.0%。吉林的固定资产投资项目中，民间项目投资增长40.8%，比重为71.8%。黑龙江前三季度民间投资1975.2亿元，增长38.5%，分别高于国有控股和外商及港澳台投资10.6个和11.5个百分点，占全部投资的50.5%。

受国际需求放缓和国内成本上升等因素制约，辽宁和吉林两省进出口增幅进一步回落，但黑龙江省进出口总额快速增长，创历史同期最好水平。前三季度，辽、吉、黑三省进出口总值分别增长19.8%、34.5%和59.4%。

预计2011年辽、吉、黑固定资产投资分别增长30.0%、28.0%、32.0%；社会消费品零售总额分别增长20.0%、17.1%、18.0%；出口额分别增长19.0%、18.0%、35.0%。

3. 财政收入、城乡居民收入快速增长

财政收入增幅加快，前三季度，辽、吉、黑三省地方一般性预算收入分别为1960亿元、659亿元、755亿元，同比增长33.4%、48.7%、37.5%。城乡居民收入大幅增加。前三季度，辽、吉、黑城镇居民可支配收入分别为15247元、13248元、11450元，同比增长15.3%、15.3%、12.4%，农民人均现金收入9773元、7876元、8053元，同比增长21.8%、24.8%、22.4%。

预计2011年全年，辽、吉、黑的地方财政收入分别增长30.0%、47.5%、36.0%，城镇居民人均可支配收入分别增长13%、15%、12%，农村居民人均纯收入分别增长18%、15%、20%。

4. 物价涨幅仍处高位

前三季度，辽、吉、黑居民消费价格分别上涨5.5%、5.4%和6.2%，食品类价格上涨是CPI上涨的主要推动因素。6月份，辽宁省CPI同比上涨6.8%，之后有所回落。吉林、黑龙江省物价水平持续攀升，前三季度累计涨幅均为年初以来新高。

预计2011年辽、吉、黑居民消费价格指数分别上涨5.0%、5.5%和5.5%。

二　区域内行业发展状况

1. 农产品加工业快速发展

农产品加工作为东北地区的优势产业之一，2011 年呈现出快速发展的态势。2011 年前三季度，辽宁省农产品加工业增加值增长 17.7%，以高于全省规模以上工业平均水平 2.6 个百分点的增速，继续保持较快发展势头，占规模以上工业增加值比重为 19.2%，比上年同期提高了 0.5 个百分点，已成为全省紧随装备制造业之后第二大支柱产业。一批国内外知名农产品加工企业也纷纷看好辽宁、投资辽宁，2011 年以来，投资额达 10 亿元以上的农业产业化签约项目就有 30 个。随着黑龙江省食品工业园区及食品行业循环经济产业集中区的不断发展扩大，食品工业越来越成为优势发展产业。2011 年前 8 个月，食品工业实现总产值 1318.3 亿元，同比增长 33.2%，高出工业总产值增速 8.8 个百分点，是四大支柱产业中增速最快的。

2. 装备制造业进一步发展

2010 年，辽宁省首次跨入全国装备制造业产值万亿元阵营，2011 年前三季度，辽宁省装备制造业增加值增长 19.6%，高于工业增加值增幅 4.5 个百分点。2011 年前三季度，吉林装备行业增幅超过 30%。

3. 汽车行业进入平稳增长阶段

在购车优惠政策退出、治理城市拥堵、油价上涨等因素共同作用下，汽车需求受到抑制，汽车生产也受到影响，前三季度，吉林省汽车行业增长 10.3%，远低于 2010 年 20% 以上的增速。交通设备制造业增速虽然从年初的 7.7% 逐步提高到 12%，呈回暖态势，但始终低于全省工业增速 7～8 个百分点。据中国汽车工业协会统计，2011 年前三季度全国汽车产销分别为 1346 万辆和 1363 万辆，同比增长 2.8% 和 3.6%，增幅较 2010 年同期分别回落 33.3 个和 32.4 个百分点，2011 年国内汽车市场形势不容乐观。

三　“十二五”时期东三省发展目标与方向

后金融危机时期，全球经济发生深度调整，为东北地区发挥资源和产业优

势，承接国际产业转移和要素重组，增强经济实力、加快经济结构调整提供了新的机遇；同时国际竞争更加激烈，贸易保护主义抬头，不确定因素增多，又给经济社会发展带来挑战。各省都制定了相应的发展蓝图。

辽宁“十二五”时期总体发展目标是：到“十二五”末，基本实现辽宁老工业基地全面振兴，力争总体发展水平进入东部发达省份行列。经济保持平稳较快发展，力争继续保持经济增长速度不低于实行振兴政策以来的平均增长速度和东部地区的平均增长速度，经济增长的质量和效益明显提高；结构调整取得重大进展，居民消费率上升，农业基础进一步巩固，战略性新兴产业发展取得突破，城乡区域发展的协调性进一步增强；科技教育水平显著提升，实现义务教育区域内均衡发展；资源节约、环境保护成效显著，主要污染物排放减少，完成国家下达的约束性指标；人民生活水平显著改善，努力实现居民收入增长与经济发展同步，新型农村养老保险全覆盖；社会建设和管理显著加强，覆盖城乡居民的基本公共服务体系逐步完善，公民思想道德素质、科学文化素质和健康素质不断提高，社会主义民主法制更加健全，文化事业加快发展，文化产业占国民经济比重明显提高，社会更加和谐稳定；改革开放取得显著进展，重要领域和关键环节改革取得明显进展，政府职能加快转变，沈阳经济区建成新型工业化综合配套改革示范区，辽宁沿海经济带建成引领东北地区对外开放的重要平台和经济社会发展的先行区域。

吉林省“十二五”时期总体目标是：转变经济发展方式取得实质性进展，实现老工业基地全面振兴迈出更加坚实的步伐，全面建成小康社会的基础更加牢固，城乡居民生活得更加美好。经济保持平稳较快发展，增长质量和效益明显提高；结构调整取得重大进展，消费需求进一步扩大，投资规模适度增长，十大产业发展计划扎实推进，支柱优势产业带动能力进一步增强，战略性新兴产业加快发展，高技术产业增加值比重和服务业比重上升；资源节约和生态环境继续改善；城镇化质量和水平明显提高，统筹城乡的公共服务体系框架基本形成，城乡基础设施、人居环境进一步改善，以长吉一体化为核心的中部城市群带动作用明显增强，延龙图实现一体化，区域中心和重要节点城市发展加快，县城集聚能力不断增强，若干特色镇脱颖而出，初步形成具有吉林特色的新型城镇化格局；“富民工程”取得实质性成效，就业规模不断扩大，城乡居民收入及在岗职工平均工资年均增长12%以上，社会保障体系加快完善，城乡居民居住条件明显改善，贫困人口显著减少；社会建设明显加强，科教、医疗卫生、文化等社会事业全面发展，覆盖城乡的基本公共服务体系逐步完善，社会主义民主法制更加健全，人民权益得到切实保障，社会管理得到切实加强，社会更加和谐稳定；改革开放实现新突破，重要领域和关键环节改革取得新进展，市场化程度不断提高，长吉图先导区建设取得实质性进展，图们江区域合作开发取得积极成效，对内对外开放的深度广度进一步拓展。

黑龙江省“十二五”时期经济社会发展的主要目标是：“八大经济区”和“十大工程”建设取得显著成效，经济发展方式实现重大转变，市场经济体制趋于完善，城乡经济社会一体化发展格局初步形成，生态文明建设成效显著，人民群众生活水平明显提高，基本建成国家重要商品粮生产基地和现代化大农业示范区、国家重要绿色食品产业基地、国家重大装备制造基地、国家战略性新兴产业基地、国家向北开发开放的重要桥头堡和枢纽、国家北方地区生态屏障，为实现老工业基地振兴和全面建设小康社会目标打下坚实可靠基础。综合实力跃上新台阶，结构调整实现新突破，非公有制经济快速发展，自主创新能力增强，城乡区域协调发展，主体功能区初步形成，需求结构进一步优化；构建现代产业体系取得新成果，新材料、生物、新能源装备制造、新型农机装备制造、交通运输装备制造、绿色食品、矿产经济、煤化石化、林产品加工业、现代服务业等十大产业支撑作用明显增强；改革开放迈出新步伐，重点领域和关键环节改革不断深化，市场化进程不断加快；生态建设达到新水平，可持续发展能力增强；城乡统筹取得新成效，城镇化水平进一步提高，扎实推进社会主义新农村建设，缩小城乡差距，进一步加大扶贫开发力度，基本公共服务均等化取得重大进展；城乡居民收入普遍较快增加，生活质量普遍提高。

四　2012 年经济社会发展走势预测

当前国际经济形势复杂多变，各种不确定不稳定因素增多，尽管多数机构均调低了这两年全球经济增长预期，但总体判断世界经济并没有改变温和复苏的基本趋势，这将为我国经济增长提供较为稳定的外部环境。

我国经济增长仍处于平稳较快区间，增长的内生动力较为强劲。年初以来，在国家各项政策调控下，我国经济保持了平稳较快增长态势，经济增长的质量和

效益进一步改善。未来一段时期，工业化、城镇化、消费结构升级、收入增长等经济增长的支撑力量没有发生变化，尽管外需将有所减弱，但内需的拉动作用进一步增强，经济增长的内生动力逐渐提高，我国经济长期向好的基本面没有改变。与此同时，国内经济运行中的新情况新问题较多，宏观调控的难度依然较大。通胀形势虽然得到有效控制，但仍面临着国际国内多方面因素影响，还存在较大的不确定性；主要能源、原材料价格高位波动并向下游传导，企业融资、用工成本增加给企业尤其是中小企业生产经营造成一定困难；完成节能减排、淘汰落后产能和遏制产能过剩、行业盲目扩张、推进结构调整等任务仍然任重道远。总体看，未来我国宏观调控面临的“两难”或“多难”选择增多，形势仍然比较严峻。

根据2012年国际国内发展环境和区域内的发展趋势，预计2012年东北地区经济仍将保持平稳较快发展态势，产业结构不断优化，民生保障力度加大，经济发展活力和动力明显增强。预计2012年辽宁、吉林、黑龙江地区生产总值分别增长12.5%、13.0%和13.0%（见表1）。从需求看，投资需求有效性进一步增强，消费需求对经济发展的支撑作用增强，出口平稳增长；从收入看，地方财政收入继续增长，城乡居民收入进入较快增长阶段。

表1　2012年东北三省主要经济指标增速预测

单位：%

指标＼地区	辽宁	吉林	黑龙江
国内生产总值	12.5	13.0	13.0
第一产业	5.0	5.0	6.0
第二产业	14.0	18.0	13.8
第三产业	12.0	11.0	12.6
规模以上工业增加值	15.0	20.0	13.5
固定资产投资额	28.0	28.1	35.0
社会消费品零售总额	19.0	16.0	19.0
出口额	18.0	13.6	40.0
地方财政收入	27.0	22.2	50.0
居民消费价格指数	4.0	4.0	5.0
城镇居民人均可支配收入	15.0	15.0	13.0
农村居民人均纯收入	15.0	14.0	18.0

五　政策建议

1. 加快优势产业升级，大力发展战略性新兴产业

继续推动装备制造、原材料、农副产品深加工等优势产业升级，支持高端制造业、新能源、节能环保、新材料、生物医药、生物工程等战略性新兴产业发展，大力发展金融、物流、旅游、文化等服务业，大力发展具有核心竞争力的产业，振兴东北老工业基地。

2. 转变农业发展方式，建设现代农业

认真落实《关于加快东北地区农业发展方式转变建设现代农业的指导意见》，发挥农业比较优势，进一步优化农业内部结构，提升现代农业发展水平，优化种植结构，大力发展设施农业及高效特色农业，壮大龙头企业队伍，扶持农产品加工业及龙头企业发展。

3. 严控物价上涨，确保物价处于合理水平

要继续确保农产品特别是食品、基本生活用品、重要生产资料的生产和供应，加强农产品流通体系建设，积极开展“农超对接”，畅通鲜活农产品运输“绿色通道”，加强价格监督，维护市场秩序，严厉打击恶意炒作、哄抬物价等不法行为。

4. 发挥经济区作用，推进城市化和对外开放

重点推进辽宁沿海经济带、沈阳经济区、长吉图经济区、哈大齐和牡绥地区发展，带动区域内开发建设和城市化进程，加速东北区域一体化进程，同时推动东北地区各行业间的联系，加强相互协作和优势互补，进一步提升行业竞争力。

5. 大力保障和改善民生，提升居民收入水平

实施更加积极的就业政策，完善公共就业服务体系。健全社会保障体系，完善社会保险体系，健全城乡社会救助体系。显著提高城乡居民收入，合理调整收入分配关系。建立企业职工工资正常增长机制、支付保障机制以及工资集体协商制度，确保劳动者收入和经济同步增长。

G.33

2011 年广东经济形势分析及 2012 年展望

蒙卫华*

摘　要：2011 年以来，受多种突发事件影响，世界经济复苏势头趋缓，国家实施稳中趋紧的宏观调控政策，广东经济增长内生动力有所增强，经济呈平稳略有回落走势，全年预计增长 9.8%，CPI 上涨 5%。2012 年世界经济复苏动力仍然不足，国际贸易形势更趋严峻，国内将继续推进经济结构调整升级。结合情景预测，2012 年广东经济增幅将可能小幅回调到 9.5% 左右，CPI 涨幅在 3% 左右。建议切实加大社会保障和改善民生的力度，保持社会和谐；进一步优化民间资本投资环境，促进民间投资良性发展；加强消费市场分析研究和信息指引，协助企业加快转型升级。

关键词：广东经济　分析　预测

一　2011 年广东经济运行特点及全年预测

（一）2011 年以来广东经济运行主要特点

2011 年以来，受日本大地震、西亚北非政局动荡和欧元区主权债务危机重启等国际经济环境急剧变动影响，全球经济复苏势头趋缓，国家实施稳中趋紧的宏观调控政策，广东经济总体呈现平稳回落态势。

1. 工业增速处于历史低位，民营工业拉动力有所增强

2011 年以来，受外需放缓、宏观政策趋紧影响，工业增速持续放缓，走势

---

* 蒙卫华，广东省发展和改革委员会信息中心，高级经济师。主要研究领域：宏观经济、数量经济。

与2008年有些相似。目前工业增速仅高于1996～1997年亚洲金融危机和2008～2009年的美国次贷危机时期，处于历史较低水平（见图1）。1～9月规模以上工业企业累计完成增加值17146.74亿元，增长13.0%。民营经济超过外商及港澳台经济，成为工业经济增长的主要动力。民营企业完成工业增加值占比上升到27.9%，增长24.2%，拉动工业增长6.1个百分点。

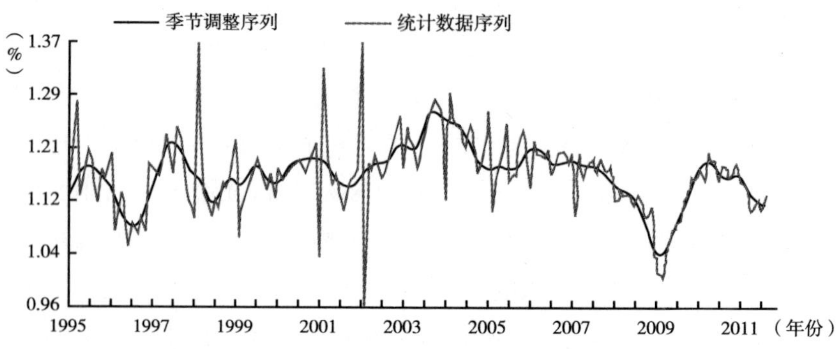

图1　规模以上工业增加值增速走势

注：原始资料来源于《广东统计月报》。下同。

2. 外需明显减弱，外贸增速持续回落

1～9月累计广东进出口总额为6743.10亿美元，同比增长20.5%，增幅同比回落10.5个百分点。从主要贸易伙伴看，位居前六的中国香港、美国、欧盟、东盟、日本和中国台湾进出口合计占全省进出口总额的67.9%，同比增长16.7%，比全省增幅低3.8个百分点。据海关提供的费氏指数显示，2011年6月以后，广东进出口增长主要依靠价格上涨拉动，进、出口数量则呈低迷状态，徘徊在与上年同期水平左右。显示广东外贸已逐渐受到国际经济急剧波动以及人民币汇率持续升值等双重影响，进出口增长已显疲态。

3. 受房地产开发和工业投资带动，投资保持较快增长

2011年1～9月全社会固定资产投资累计完成11317.49亿元，同比增长17.6%。投资增长的主要动力来源于民间投资，包括三产中的房地产开发和二产中的工业投资。民间投资占比达六成，同比增速达39.1%，拉动全社会投资增长19.8个百分点；基础设施投资、房地产开发和工业投资占比分别为27.4%、29.4%和33.2%，增速分别为-9.3%、34.5%和21.2%。

4. 消费保持平稳，扣除物价因素实际增速有所回落

2011 年 1 ~9 月社会消费品零售总额为 14766.74 亿元，增长 16.1%。消费增长动力仍靠传统商品零售和城镇居民消费。其中，城乡占比维持 85:15，分别拉动消费总额增长 13.9 个和 2.2 个百分点；商品零售和餐饮收入占比分别为 89% 和 11%，拉动消费增长 14.5 个和 1.6 个百分点，与上年情况基本一致。扣除价格因素（由于缺乏有关数据，本文用居民消费价格指数近似为商品零售价格指数作分析），2011 年 1 ~8 月累计消费品零售总额实际增长为 10.2%，增幅低于以往平均水平。

5. 受食品类价格大幅升高等影响，物价持续攀升

2011 年以来，广东省居民消费价格持续上涨。1 ~9 月 CPI 累计上涨 5.5%。从分项看，八大类价格同比全面上涨，食品类价格是推动物价上涨的主力军。食品类价格上涨达 11.6%，涨幅比上年全年扩大 5.7 个百分点，拉动 CPI 上涨约 3.7 个百分点，对总指数的影响超过 68.4%。从成因看，2011 年以来劳动力、土地、资金等要素价格刚性上涨，全球流动性泛滥导致国际大宗商品价格持续大涨，加上自然灾害频发等叠加影响共同推高了 2011 年广东物价涨势。

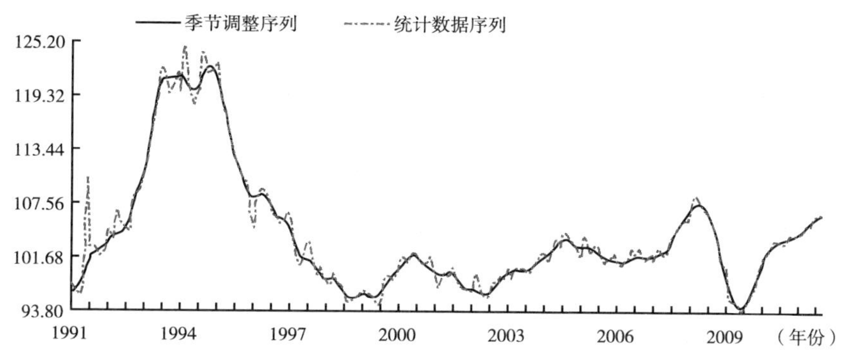

图 2　居民消费价格指数走势

（二）2011 年走势预测

结合广东综合经济景气走势看（见图 3），5 月前经济景气指数保持相对平稳，在正常区间运行。进入 6 月后，景气指数开始持续回落并跌入浅蓝灯区间运行，显示目前总体经济增长速度已低于正常平均水平。从九大监测指标走势看，进出口由较快增长转为正常，社会消费品零售总额基本保持稳定，工业、贷款、投资、港口吞吐量和用电量增速持续回落，其中工业和用电量增速处于历史较低水平，物价持续缓慢上升。从先行指标用电量和港口吞吐量增速看，全年经济景气指数继续回落的可能性较大。

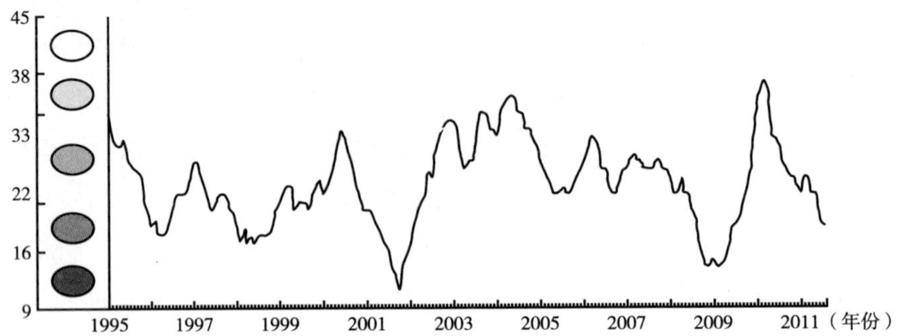

图3　广东综合经济景气指数走势

注：（蓝灯）：表示运行大大低于正常；（浅蓝灯）：表示运行低于正常；（绿灯）：表示运行正常；（黄灯）：表示运行高于正常；（红灯）：表示运行大大高于正常。

按目前发展趋势推算，2011 年广东省 GDP 将超 5 万亿元，增长 9.8% 左右。其中，全年进出口预计分别增长 18.4% 和 14.4%，固定资产投资增长 17.0%，社会消费品零售总额增长 16.0%，CPI 上涨 5.0%。其他指标预测值见表 1。

表1　2011 年全年广东主要指标预测表

单位：亿元，%

主要指标	2011 年上半年		2011 年 1~9 月		2011 年全年	
	实际值	增长	估算值	增长	预测值	增长
地区生产总值	23421.12	10.20	36950.37	10.1	52780.00	9.8
第一产业	1061.20	3.1	1840.81	3.8	2536.00	3.3
第二产业	12049.61	11.9	18970.70	11.7	27202.00	11.5
工业	11286.95	12.1	17749.45	11.9	25493.00	11.7
建筑业	762.66	8.4	1221.25	8.4	1709.00	8.2
第三产业	10310.31	9.0	16138.86	9.0	23041.00	8.9
规模以上工业增加值	10759.19	13.1	17146.74	13.0	23744.00	12.5
全社会固定资产投资	6990.69	18.7	11317.49	17.6	17340.08	17.0
全社会消费品零售总额	9692.55	15.9	14766.74	16.1	20623.25	16.0
出口总额(亿美元)	2506.60	28.2	3919.10	22.2	5365.00	18.4
进口总额(亿美元)	1844.30	23.2	2824.00	18.3	3791.00	14.4
CPI(上年同期=100)	105.20	5.2	105.50	5.5	105.00	5.0
PPI(上年同期=100)	103.80	3.8	104.00	4.0	103.80	3.8

二　2012 年广东省经济发展面临的国内外环境分析

（一）世界经济复苏动力正在减弱

1. 世界经济下行风险加剧

国际货币基金组织（IMF）9 月发布的《世界经济展望》报告将 2012 年全球 GDP 增速预测值从 6 月份的 4.5% 调降至 4%。主要发达经济体普遍面临自主增长动力不足，但货币政策过于宽松导致通胀压力较大的滞胀局面。其中美国、欧元区经济增长率分别调降至 1.8% 和 1.1%，比 6 月预测分别调低了 0.9 个和 0.6 个百分点。发达经济体 CPI 则预测为 1.4%。为防范通胀，新兴经济体宏观经济政策趋紧的作用逐步显现，加上外需趋于减弱，新兴经济体增速呈放缓态势。IMF 预测新兴和发展中经济体 GDP 将增长 6.1%，较 2011 年回落 0.3 个百分点。此外，部分地区处于政局动荡中，给全球经济复苏前景带来一定的不确定性。

2. 欧洲主权债务危机有向金融危机演变的迹象

主权债务危机在欧元区大规模爆发，外因是金融危机引发的全球金融动荡和经济衰退，内因在很大程度上可以归结为欧元区的制度性缺陷。欧元区的成立使成员国丧失了货币主权，只能依靠财政政策来促进经济增长和就业。但由于各国财政不统一，债务危机发生后，各国政府难以达成统一意见，致使危机愈演愈烈。欧洲大多数银行均大量持有欧元债券，特别是希腊、葡萄牙和意大利等国债券；10 月初，比利时、法国合资的德克夏银行被“拆分”，成为欧债危机中倒下的第一家欧洲重要金融机构，欧债危机转化成金融危机的风险加大。

3. 国际食品价格仍将高位波动

美国削减财政赤字效果有限，美联储将维持宽松货币政策，美国国债虽不会违约，但债务危机还会发生，美元贬值难以避免，美元流动性仍然充足。自然灾害频发导致粮食减产，还有粮食能源化导致全球粮食供给偏紧。此外，部分地区政局持续动荡，全球粮食安全风险加剧。预计国际食品价格仍将高位波动（见图 4）。

总的来看，全球结构性失衡的问题尚未根治，短期内世界经济应无法进入新一轮经济上升期。2008 年美国次贷危机后，一些主要经济体纷纷实施的宽松货币政策，虽然在短期内对全球经济起到了刺激作用，但引发了世界性通胀。欧洲

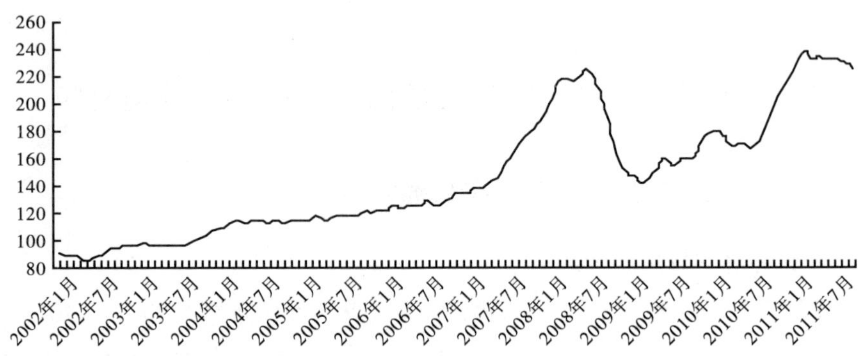

图4　国际粮农组织（FAO）食品价格走势

资料来源：国际粮农组织（FAO）网站，2002～2004 年价格为 100。

主权债务危机出现向金融危机演变的苗头，给全球经济前景添加了较大的不确定性。欧美等国为保护自身利益和转移国内矛盾等，将纷纷拿出反倾销、反补贴、碳关税等贸易保护壁垒，增加贸易摩擦，国际贸易环境日趋恶化。广东外贸占全国的三成左右，工业出口交货值占广东工业销售产值的三成，2010 年广东外贸出口依存度高达 66.7%，2012 年广东经济发展仍将受到较大的影响。

（二）国内将继续推进经济结构调整升级

1. 有利因素分析

（1）财政和货币政策将更趋于稳健和灵活，对经济的扶持力度将加大。自 2010 年以来，为控制物价和房价的过快上涨，央行先后 12 次上调金融机构存款准备金率、5 次加息，信贷投放水平目前已回落至正常甚至偏低水平。预计 2012 年货币政策可能有所微调，财政政策在民生、保障房项目、重点产业领域等促进经济结构调整方面支持力度将继续加大。

（2）刺激居民消费的政策将不断完善，对经济增长发挥较大的拉动作用。在外需趋紧的环境下，我国将可能在扩大消费需求方面抓紧出台一系列政策措施，推进消费结构升级。随着收入分配制度改革的加快启动，社会保障制度建设的进一步完善，消费潜力将逐步释放。广东将加大“广货全国行”推介力度，消费保持稳定增长仍然可期。

（3）民间投资环境有所改善，重大项目的不断推进仍将带动投资保持一定

的增长。“新非公 36 条”政策全面落实将进一步提高经济自主发展动力，民间投资 36 条细则将很快出台，民间投资领域逐步拓宽，民间投资将趋于活跃。以现代产业 500 强项目为主体的一大批“十二五”规划重点项目的陆续建设，保障性住房建设的加快，为广东省投资的平稳增长奠定了良好基础。

（4）在区域协调发展战略的带动下，落后地区加快发展，逐步成为经济增长的新亮点。

随着区域发展政策体系不断完善，全国主体功能区规划发布实施，中西部承接东部产业转移的能力不断提高，对经济增长将发挥重要的积极作用。从省内区域看，珠三角地区受国际经济变动影响较大，经济增长将不可避免有所放缓，但近年来广东省加大了对东西两翼和山区投资力度，东西两翼和山区投资占比持续上升，保持全省经济平稳增长的拉动力将有所加大。

2. 制约因素分析

（1）节能减排等结构调整将制约粗放型经济增长。2011 年上半年，广东规模以上工业增加值能耗下降仅为 3.04%，与年度目标相差 0.96 个百分点，节能压力巨大；污染物排放的约束性要求也与广东省粗放扩张的传统模式越来越难以兼容，降耗任务艰巨。综合来看，发展环境的收紧对广东省经济发展方式转变提出了更高要求，传统的粗放型经济增长将受到较大的限制。

（2）房地产对投资的拉动力将有所减弱。受房地产投资性需求、流动性及地方政府土地财政依赖等因素影响，目前房价仍处高位，并有从一线城市向二三线城市蔓延的态势，房地产相关调控政策难言太大的转变。随着有关政策效应的逐步显现，保障房不断推出，房价将有望出现见顶回落，房地产开发投资增速及相关行业增速将有所下滑，从而拉低经济增速。

（3）资源和劳动力成本上升将进一步抬高经济运行成本。2011 年 7 月，我国正式实施社保法，从 2011 年 11 月 1 日开征资源税。资源价格和劳动力成本持续上升已成为我国经济运行长期面临的问题，这也是目前经济形势与 2008 年美国次贷危机爆发期间相比最大的不同点。外需疲软，成本趋升，外向型企业经营难度加大。

三　2012 年广东省经济情景预测

2012 年世界经济增长前景具有较大的不确定性。现根据世界经济增长前景和国内宏观调控政策的不同组合，设定了高增长、基准增长和低增长三种情景，结合年度计量模型，广东经济增速预测如表2所示。

表2　2012年三种情景下广东省经济主要指标预测

单位：亿元,%

主要指标	高增长情景		基准情景		低增长情景	
	预测值	增长	预测值	增长	预测值	增长
地区生产总值	60545	10.3	59528	9.5	57477	8.9
第一产业	3255	3.0	3775	3.0	2611	3.0
第二产业	31184	11.3	30386	10.6	29705	9.2
工业	29277	11.5	28529	10.8	27915	9.5
建筑业	1907	8.5	1858	8.0	1790	5.0
第三产业	26106	10.0	25366	9.0	25161	9.2
规模以上工业增加值	28399	12.5	27673	11.5	27077	10.1
全社会固定资产投资	20201	16.5	19941	15.0	19768	14.0
全社会消费品零售总额	23663	16.0	23255	14.0	23051	13.0
出口总额(亿美元)	6170	15.0	5794	8.0	5172	-3.6
进口总额(亿美元)	4253	12.2	4170	10.0	3848	1.5
CPI(上年同期=100)	104.0	4.0	103.0	3.0	102.0	2.0
PPI(上年同期=100)	102.0	2.0	101.6	1.6	100.8	0.8

（一）基准情景：GDP增速放缓至9.5%

若欧美主权债务危机在一定程度上得到控制，世界经济继续保持弱势复苏态势，参照国际货币基金组织（IMF）9月预测值，2012年美国、欧盟经济增长分别为1.8%和1.1%，香港经济增长略低于2011年为4%；我国宏观经济政策主基调保持不变，继续实施积极的财政政策和稳健的货币政策，广东各项贷款增长13%，电力供应基本正常保持8.5%。在此情景下，广东地区生产总值接近6万亿元，增长9.5%。劳动力成本上升所导致的结构性通胀短期内难以消除，食品价格还有进一步上涨的压力，但受基数较高影响，预计价格涨幅将有所放缓，预计全年CPI和PPI分别上涨3.0%和1.6%。

重点项目加快建设进度，民间投资持续活跃，将对固定资产投资增长形成支撑；但“两高一资”新增产能投资门槛提高、强化地方政府融资平台的规范运

作等因素将会抑制基建投资的过快增长，房地产投资较快增长的势头受房地产调控政策影响将有所回落。预计 2012 年全社会固定资产投资增长 15% 左右。

广东省稳步推进城镇化进程和城乡居民社会保障体系建设，居民收入较快增长为消费平稳增长提供了基础。受有关政策退出和房地产调控政策影响，近年消费热点之汽车消费、家用电器类商品消费增长持续放缓，消费将可能平稳回落，预计全年全社会消费品零售额突破 2.3 万亿，增长 14% 。

广东主要市场美国和欧盟经济增长仍然低迷，全球新一轮贸易保护主义正在酝酿之中，国际市场竞争更为惨烈。同时，人民币持续升值，还有原材料、工资等成本趋涨，外贸企业经营处于两头受挤的困境，进出口增速将有所回落。预计全省出口总额为 5794 亿美元，增速将回落到 8% ，广东外贸以加工贸易为主，进口也将同步回落，预计进口总额为 4170 亿美元，增速为 10% 。

（二）低增长情景：GDP 减速调整，增速低于 9%

若欧美主权债务危机进一步恶化，世界经济面临再次衰退的风险，情况与 2008 年有些相似，欧美经济增长低于 IMF 9 月预期，美国、欧盟经济增长分别回落为 1.0% 和 0.5% ，中国香港经济增速也将回落到 3% 左右；我国实施稳健的财政政策和偏紧的货币政策，广东各项贷款增速回落至 10% ，电力供应减少，增速回落到 5% 。在此情景下，经模型测算，初步预计 GDP 增长 8.9% 。受世界经济形势恶化、贸易保护主义抬头、人民币升值以及原材料、劳动力和融资成本上升等因素影响，进出口增速将出现明显回落，其中出口将出现负增长，进口只有一位数的增长。

由于市场需求明显趋弱，企业投资意愿走低而且可能出现大量裁员，抑制消费增长，固定资产投资和社会消费品零售总额增速将下滑，预计将分别增长 14% 和 13% 。由于经济增速放缓，大宗商品和原材料价格涨幅将趋缓甚至回落，但食品类价格仍有一定的上涨动能，加上翘尾因素，预计 CPI 和 PPI 分别增长 2% 和 0.8% 。

（三）高增长情景：GDP 增长 10.3%

若欧美主权债务危机有所改善，世界经济复苏态势得到巩固，全球经济增长好于 IMF 预期，欧美和中国香港经济增长保持 2011 年水平；宏观调控政策基本保持稳定，广东各项贷款增长13%，电力供应正常保持8.5%。预计全年GDP增长10.3%，进出口增长保持二位数，分别增长15.0%和12.2%。

民间投资意愿保持较强，房地产调控政策有所放松，房地产开发保持较快增长，预计全社会固定资产投资增速为16.5%。在此情景下，房地产成交量逐步恢复到正常水平，带动相关行业景气度上升，有利于工业生产和消费增长的因素增多，初步预计社会消费品零售总额增长16.0%。世界经济持续复苏将会使广东省输入型涨价因素增多，食品类价格持续走高，导致广东价格水平仍处高位。CPI和PPI预计分别上涨4%和2%。

四　保持广东经济平稳发展的几点建议

（一）切实加大社会保障和改善民生的力度，保持社会和谐稳定

全球经济复苏前景仍然低迷，贸易摩擦加剧，结构调整加剧，物价高企，弱势群体规模将不断扩大且生活日趋困难。要适当提高低收入人群、弱势群体的生活保障水平，同时要继续加大对农业的投入和扶持力度，维护市场流通秩序，力争生活必需品价格相对稳定，确保社会稳定大局。

（二）进一步优化民间资本投资环境，促进民间投资良性发展

外需减弱，对广东这样的外向型经济体，更需着力扩大内需。应推动民间投资36条细则和相关配套措施尽快出台，降低民间投资门槛，拓宽投资领域，提高服务水平，全面优化投资环境，促进民间投资良性发展。

（三）加强消费市场分析研究和信息指引，协助企业加快转型升级

广东常住人口已超过1亿，一直是全国最大的消费市场，广东时尚的赴港、赴欧美消费潮流也反映出本地消费市场仍有较大增长潜力。据调查，出口企业转型面临的主要风险一是国内信用体系不完善，二是国内市场信息缺乏。除了积极推进全国信用体系建设，还应加强新兴消费市场研究并及时发布信息指引，逐步引导区域内产需协调衔接，以促进广东经济持续平稳健康发展。

参考文献

IMF, *World Economic Outlook*, Oct. , 2011

国家信息中心:《经济预测分析》(第 43 期):2011 年宏观经济形势分析和 2012 年展望

广东省统计局, http://www. gdstats. gov. cn/

广东省对外贸易经济合作厅, http://www. gddoftec. gov. cn/

新浪财经, http://finance. sina. com. cn

G.34

首都经济圈经济形势分析及展望

刘岚芳　崔岩*

摘　要： 首都经济圈作为环渤海地区的核心区，在全国区域生产力布局中占有重要地位。本文从运行特征、结构变化和区域对比等角度对首都经济圈2011年经济形势进行了分析总结；对2012年首都经济圈发展的运行环境进行了趋势展望；最后就推进首都经济圈发展合作提出了相关政策建议。

关键词： 首都经济圈　区域一体化　城市群　产业梯度

作为"十二五"规划的开局之年，2011年首都经济圈①发展虽然受到国际经济复苏放缓、国内加大调控力度和北京实施汽车住房限购政策等不利因素影响，呈现稳中趋缓的走势，但区域经济结构不断优化，区域合作日益紧密，区域整体竞争力和发展水平稳步提升。展望2012年，随着区域内城市功能和产业布局的进一步调整，大城市辐射带动作用增强，区域一体化进程加快，以京津为核心的城市群体系将在区域发展中扮演重要角色，首都经济圈在全国生产力布局中将占有更加重要的地位。

一　2011年首都经济圈发展形势及特征

（一）区域经济增速有所回落，运行保持平稳

进入2011年，受复杂多变的国内外经济形势影响，京津冀三省市宏观经济

---

* 刘岚芳，北京市经济信息中心经济研究和咨询部主任，高级经济师；崔岩，北京市经济信息中心经济研究和咨询部研究员，经济师。

① 目前，对首都经济圈空间范围的界定主要有"2+5"、"2+7"、"2+8"、"2+11"等几种方案，本文中首都经济圈的界定范围是北京市、天津市和河北省。

走势与全国基本保持一致，不同程度地延续了2010年下半年以来的回调态势，进入相对稳定的增长区间（见图1）。其中，北京主动推进发展方式转变和经济结构调整，实施了大力度的房市和车市调控措施，受此影响，1～9月，北京实现地区生产总值11404.3亿元，增速由上年同期的10.1%降至8%，在三省市中下滑幅度最大，排名也降至全国最后一位。天津依托滨海新区大工业项目持续拉动和外贸快速增长，1～9月，实现地区生产总值8006.3亿元，同比增长16.5%，保持较好的上升势头，增速继续居于全国前列。河北受投资结构调整优化和工业节能降耗影响，1～9月实现地区生产总值17821.9亿元，同比增长11.3%，较上年同期小幅回落1.4个百分点，"环首都绿色经济圈"和"沿海经济隆起带"发展势头良好（见表1），以物流、商贸为代表的生产性服务业保持了较快增长，与高新技术产业共同成为河北经济增长新的驱动力。

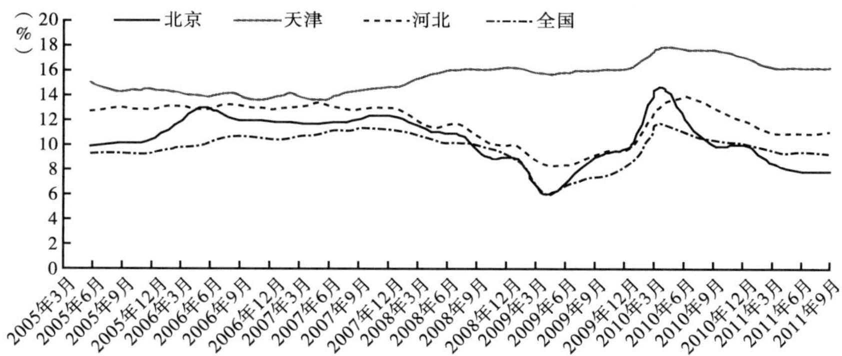

图1　2005年以来京津冀和全国的GDP累计增速情况

表1　2011年1～9月首都经济圈主要城市经济发展情况

地区/指标		GDP(亿元)	投资(亿元)	消费(亿元)	出口（亿美元）	财政收入（亿元）
北京市	绝对值	11404.3	4169.3	5007.7	2426.7	2303.5
	增长(%)	8.0	17.4	11.5	33.9	25.7
天津市	绝对值	8006.3	5427.8	2515.5	324.6	1055.3
	增长(%)	16.5	33.4	18.7	19.1	38.5
河北省	绝对值	17821.9	11500.1	5533.4	210.1	1362.1
	增长(%)	11.3	25.4	17.5	27.1	34.2

续表

地区/指标		GDP(亿元)	投资(亿元)	消费(亿元)	出口（亿美元）	财政收入（亿元）
石家庄	绝对值	2909.8	2189.2	1096.3	52.2	175
	增长(%)	12.0	27.5	17.7	23.6	40.3
唐山市	绝对值	4030.4	1975.3	937	28.6	211.2
	增长(%)	11.6	15.7	17.4	20.7	34.3
保定市	绝对值	1801.2	1085	707.7	40.1	100.1
	增长(%)	11.8	27.5	17.6	30.5	43.5
秦皇岛	绝对值	780.6	425.9	278.2	15.8	68.5
	增长(%)	11.2	26.9	17.7	13.6	22.6
廊坊市	绝对值	1166.2	750	361.5	19.6	121.3
	增长(%)	10.9	29.8	17.4	26.5	34.3
沧州市	绝对值	1950.3	1088.6	476.4	13.2	87.7
	增长(%)	12.2	26.9	17.5	25.3	29
张家口	绝对值	806.8	714.3	263.5	1.8	65.9
	增长(%)	11.5	27.5	17.5	30.6	44.2
承德市	绝对值	747.9	592.6	208	1.2	55.6
	增长(%)	12.0	29.7	17.5	-36.3	31.2
衡水市	绝对值	743	370.5	258.3	18.5	29.1
	增长(%)	11.8	27.4	17.5	55	37.8
邢台市	绝对值	1061	703	374.8	8.8	55.8
	增长(%)	11.7	27.4	17.5	25.2	34.8
邯郸市	绝对值	2045.4	1378.9	571.7	10.3	115.5
	增长(%)	12.1	27.4	17.6	58.6	32.8

（二）综合实力稳步提升，区域地位日益突出

经过多年的发展，首都经济圈已发展成为北方最大科技研发基地和产业密集区，依靠北京中关村国家自主创新示范区和天津滨海新区两大区域引擎，电子信息、汽车生产、高端装备制造、冶金和石油化工等产业发展势头良好，区域经济实力稳步提升。从1～9月全国三大经济区经济结构看，首都经济圈GDP占全国比重达到11.6%，较上年同期提高0.3个百分点，首次超过珠三角11.5%的比重（见表2）。从经济发展质量看，首都经济圈人均GDP首度超过珠三角，缩小了与长三角的差距。

表 2 2011 年 1 ~9 月全国三大经济区主要指标对比情况

地区/指标		GDP(亿元)	固定资产投资(亿元)	出口总额(亿美元)
全 国		320692.4	212274.0	13922.7
首都经济圈	北京市	11404.3	3814.8	227.9
	天津市	8006.3	5190.3	328.6
	河北省	17821.9	11500.1	263.8
	小计	37232.5	20505.1	820.2
	占全国比重(%)	11.6	9.7	5.9
	上年同期比重(%)	11.3	10.5	7.5
长三角	上海市	13126(测算数)	3124	1464.9
	浙江省	22627	9629.3	1780.7
	江苏省	32697(测算数)	18619.4	2405.6
	小计	68450.2	31372.7	5651.3
	占全国比重(%)	21.3	14.8	40.6
珠三角	广东省	36953	10934.3	4096.4
	占全国比重(%)	11.5	5.2	29.4

（三）产业结构不断优化，区域梯度逐步显现

2011 年以来，京津冀三省市按照各自的区域功能定位要求，继续发挥区域比较优势，加快产业调整升级步伐，各自传统领域优势进一步扩大，为深化区域产业分工合作打下坚实基础。截至 9 月底，北京、天津和河北的第一、二、三产业结构分别为 0.78%：22.88%：76.35%、1.24%：55.03%：43.72% 和 13.42%:55.41%:31.17%。其中，北京受国际市场变化影响，通信设备、计算机及其他电子设备制造业下降 1.9%，受首钢涉钢产业调整影响，黑色金属冶炼及压延加工业下降 74.1%，但全市信息传输、计算机服务和软件业，租赁与商务服务业分别增长 23.5% 和 15%，文化创意产业表现活跃，第二产业区位商降至0.47，第三产业区位商升至 1.81。天津受工业新项目支撑作用明显，1 ~9 月，全市工业增加值同比增长 19.3%，拉动全市经济增长的贡献率达到 57.8%，其中八大优势产业完成工业总产值 13818.8 亿元，同比增长 29.3%，第二产业区位商升至 1.17。河北依托今年秋粮丰收和设施农业快速发展带动，1 ~9 月，第一产业的区位商稳步提高至 1.42，全省工业尤其是重工业通过逐步承接京津地区的产业转移，得到了较快的发展，第二产业区位商攀升至 1.15（见表 3）。

表 3　2007 年至 2011 年 1～9 月京津冀三省市产业区位商* 变化情况

年份 \ 区位商 \ 产业	北京市			天津市			河北省		
	第一产业	第二产业	第三产业	第一产业	第二产业	第三产业	第一产业	第二产业	第三产业
2007 年	0.09	0.54	1.84	0.18	1.17	1.03	1.21	1.06	0.86
2008 年	0.1	0.53	1.83	0.17	1.24	0.95	1.12	1.12	0.83
2009 年	0.09	0.49	1.78	0.17	1.17	1.02	1.23	1.11	0.82
2010 年	0.09	0.52	1.74	0.16	1.14	1.05	1.26	1.13	0.8
2011 年 1～9 月	0.08	0.47	1.81	0.13	1.17	1.03	1.42	1.15	0.74

* 产业区位商计算公式：HQij =（Hij/Hi）/（Hj/H），其中，HQij 表示 i 地区 j 产业的区位商，Hij 表示第 i 个地区、第 j 个产业的产出；Hi 表示 i 地区的全部产出；Hj 表示全国 j 产业的全部产出，H 表示全国所有产业的总产出。一般来讲，当区位商显示超过 1 时，说明该产业在该地区拥有一定的比较优势。

（四）经济效益显著提升，区域发展后劲增强

虽然 2011 年首都经济圈发展增速有所放缓，但三省市的政府、企业和个人经济效益显著提升，经济保持较高质量增长，区域发展潜力较大、后发优势明显。1～9月数据显示，京津冀三省市地方财政一般预算收入分别增长 26.5%、40.9% 和 38%，工业企业利润分别增长 10.9%、26.3% 和 28.5%，城镇居民人均可支配收入分别增长 9.3%、14% 和 11%。从发展趋势看，北京对楼市、车市的依存度减弱，投资领域向生态环境、公共领域倾斜，动漫网游、影视制作、文化演出、艺术品交易等文化创意产业表现活跃，“软产业”对经济的贡献愈加突出。天津继续加快滨海新区制造业与生产性服务业的融合，加快从制造业高地向技术创新集成地转化，围绕航空航天、石油和化工、装备制造、电子信息、生物医药、新能源新材料、轻工纺织、节能环保等八大主导产业，构筑自主创新的大工业高地。河北走新型工业化道路态势明显，一方面加大用新技术、新工艺、新装备改造传统产业力度，提高产品技术含量和附加值，实现钢铁、装备制造等传统制造业由大变强；另一方面培育壮大战略性新兴产业，把新能源、新一代信息、生物医药、高端装备制造业发展成为后续支柱产业。

（五）步入不同发展阶段，呈现各异转型特征

进入 2011 年，国内外环境发生深刻变化，京津冀三省市均面临发展模式转

型的艰巨任务。北京人均 GDP 超过 1.2 万美元，率先迈入后工业化时期，经济增速将有所趋缓，“大城市病”日益凸显，“实现降速增质、完善城市功能、注重产业创新、加速社会转型、寻求区域支撑”是这一阶段北京发展转型的方向。天津人均 GDP 超过 1 万美元，处于工业化后期，投资仍然是它主要推动力，产业集聚效应将进一步增强，相当一段时间将保持快速增长势头，面临的主要任务是如何尽快由要素驱动向创新驱动、由粗放增长向集约增长转变，如何构筑自主创新高地，成为全国科技创新实践的领航区。河北人均 GDP 超过 4000 美元，处在工业化中期和城镇化加速发展的时期，发展方式相对粗放，主要还是靠资源加工和规模经济，面临主要任务是加快产业结构调整，提升产品技术含量，提高中小城市功能承接能力和城镇化率。

二 2011 年首都经济圈发展中需关注的主要问题

（一）区域内各省市自成体系的产业发展路径尚未打破

由于珠三角在同一行政区划内，内部协调能力强，容易统一行动，而长三角地区苏南和浙江经济发达，与上海经济落差小，有较强的话语权，江浙对上海是很大的支撑，又需要上海引领，所以一体化也进展顺利。反观首都经济圈发展合作，京津两大主体都没有显示强烈的合作需求，河北又与京津存在较大落差，始终处于被动地位。受当前行政区域体制影响，区域壁垒相当明显，从产业定位到具体项目，都存在严重的同质化竞争，导致项目的重复建设和资源不合理利用，造成京津冀三省市自成体系的产业发展路径尚未根本改变。

（二）区域内部合理的产业链梯度尚未形成

从产业梯度看，由于区域开放度和市场化程度较低，民营经济发展较慢，周边中小城市特色不突出，河北以能源、原材料和加工制造业为主，科技转化能力不强，造成北京的科技存量优势和天津的高端制造能力对河北的辐射带动能力和市场实现能力较弱，合作领域仅局限于产业链的低端环节，大多数先进制造业和高新技术产业的产品零配件在区域内没有形成配套，科研成果难以近距离扩散，造成京津冀三地间产业分工与合作发展相对缓慢。例如北京、天津的电子信息、汽车等配套产品供应主要来自长三角、珠三角的城市，河北未建立与京津对接的相关产业体系。

（三）区域内中小城市网络体系尚未形成规模

虽然京、津两大核心城市近年来的自身发展有目共睹，但在发挥增长极的带动作用方面，表现得并不突出，城市二元结构仍较明显，与长三角、珠三角相比，首都经济圈缺乏具有一定发展水平的中小城市作为大城市依托，导致了京津的资金、技术出现跳跃式转移，影响资金、技术、人才、信息等要素跨区域流动，城市群体系建设滞后影响到首都经济圈整个区域的竞争力提升。

三　2012年首都经济圈发展的环境分析及展望

（一）国家战略迫切需要首都经济圈加快发展步伐

从国际形势看，后金融危机时代世界经济政治发生深刻变化，国内外产业变革和调整加快进行，科技创新孕育新突破，以特大城市为核心的城市群扮演着日益重要的角色，特大城市要以更宽阔的视野推动区域发展，在更高层次上参与全球分工。首都经济圈作为优质生产要素富集的特殊载体，已成为当今世界上最活跃的区域经济中心之一，许多国家的首都经济圈创造的生产总值约占国家的1/3以上。国家“十二五”规划中首次提出了“打造首都经济圈”的概念，就是期待推动京津冀大幅跃升，成为全国经济发展的“第三极”。

（二）国内区域多极崛起对首都经济圈发展带来竞争压力

自2009年至今，国家先后批准了近30个区域经济发展规划，全面启动包括长三角、珠三角、北部湾、海峡西岸、东北三省、黄三角、中原经济区等多个区域发展规划，可谓东中西部兼顾，全国遍地开花，可以清晰地看出区域发展已成为继4万亿元投资和战略新兴产业规划后，国家经济发展转型第三张牌的思路。各区域也呈现多极发展、齐头并进的态势，“长三角”、“珠三角”加快“腾笼换鸟”步伐，推动区域经济结构不断优化，形成区域轮动发展的新格局。这些都给首都经济圈发展带来一定的竞争压力。

（三）区域自身发展要求推动首都经济圈加快发展

从发展阶段看，当前京津两大城市人口资源环境矛盾日益突出，中心城市功能及人口压力亟待疏解，迫切需要在更大空间范围优化配置资源，完善城市功能布局，释放城市压力，实现城市的可持续发展。而河北则期待通过有效承接首都产业转移和功能扩散，加速产业转型升级，有效解决自身产业层次低、环首都贫困带等问题。

（四）京津冀在多个领域开展的合作为区域深化合作打下了良好基础

长期以来，京津冀各省市已在生态、资源、能源、交通、旅游等诸多领域进行了合作。2010 年河北省出台了“环首都绿色经济圈规划”，提出建设“1 圈、3 城、4 区、6 基地”，主动加快与北京产业转移的对接。中关村国家自主创新示范区、天津滨海新区、曹妃甸新区的全面建设，为增强对区域产业连接的重大带动和示范作用提供了契机；高铁连通京津两地仅需半小时，规划建设中的高速铁路网络将使唐山、保定、沧州等邻近城市进入北京的“1 小时经济圈”。

综上分析，展望 2012 年首都经济圈发展，机遇与挑战并存，但机遇大于挑战。在首都经济圈国家战略、北京建设世界城市、天津打造滨海新区和河北加快建设“环首都绿色经济圈”等大力度举措的推进下，京津冀三省市有望主动加强各领域尤其是产业的合作，区域资源要素流动和区域一体化进程将进一步加快，以京津为核心的城市群体系将在区域发展中扮演重要角色，首都经济圈在全国生产力布局中也将占有更加重要的地位。

四　推进首都经济圈发展合作的政策建议

（一）推动国家层面的首都经济圈总体规划出台及合作协调机构设立

统一的区域规划是首都经济圈发展的基石。京津冀三省市应积极落实国家“十二五”规划纲要关于打造首都经济圈的战略部署，主动加强与国家发改委等有关部门衔接，做好相关协助工作，加快推动国家层面的“首都经济圈规划”编制和出台，并积极争取国家在重大基础设施布局、项目审批核准、体制机制创新等方面对首都经济圈发展给予优惠扶持政策。此外，考虑到京津冀三省市产业级差大、行政壁垒强、发展合作中存在一定矛盾，建议由国家发改委牵头，设立国家层面的首都经济圈区域合作协调机构，有利于统筹推进各项工作，强化在区域共同政策、重大项目建设、产业用地合作、跨区利益分享等方面的统一协调工作，及时指导和解决首都经济圈发展的重大问题。

（二）加快首都经济圈基础设施和要素市场一体化建设

基础设施和要素市场一体化是首都经济圈发展的物质支撑。首先，京津冀三省市应尽量统一规划区域内城市快速铁路、高速公路、港口、机场等重大交通项目建设，并加强在水利、电力、能源和可再生能源等领域的开发合作，从区域整体层面超前规划建设区域大交通、大能源供应、大信息网络等基础设施网络体系。同时也要科学规划建设时序，避免因基础设施一体化可能带来的区域人流、物流短期内加速向大城市集聚的势头，不利于区域平衡发展。其次，京津冀三省市应加强在税收分配、土地利用、资金融通、人才流动、市场准入、社会保障、公共服务和创业生活等方面的政策协调，加快推动生产资料市场、人才市场、资本市场和产权交易市场的区域一体化进程，以降低区域交易成本，加快区域要素流动，推动区域共同发展。

（三）发挥核心大城市在首都经济圈产业升级中的引擎带动作用

产业分工合作是首都经济圈发展的长远保障。首先，继续发展好北京中关村、天津滨海新区和河北曹妃甸三个主要的区域产业增长极，着力培育京津塘高技术产业带、滨海临港产业带、京唐秦先进制造业产业带，优化发展冀中（保定、沧州）传统产业提升区和冀北（张家口、承德）生态产业发展区。其次，提升京津等核心大城市在生产性服务业的辐射带动作用，积极发展面向区域的金融、信息、科技、商贸和文化创意等服务业，完善服务业产业链区域空间布局，通过“龙头企业－产业链－产业群”的发展模式，实现产业环节在区域内转移和配套。再次，发挥核心大城市作为总部中心、市场中心和信息中心对区域产业分工合作的引领作用，支持总部企业在区域内建设生产基地和配套服务基地，进

一步拓展总部经济的产业链条；利用大城市的市场优势，支持周边地区的都市工业、农副产业和旅游等产业发展。

（四）完善首都经济圈阶梯形的城市群构架体系

城市发展的历史证明，特大城市的发展都离不开巨大区域腹地和区域内中小城市群的有力支撑。首都经济圈应加快建设以特大城市和大城市为主体、中小城市和小城镇合理发展的网络化城镇体系。首先，严格控制北京和天津的中心城人口规模，合理引导中心城人口向综合性新城和周边地区有序转移。北京要以中国特色世界城市为目标，着力发展生产性服务业、文化创意产业、高技术产业，完善首都服务功能，建设国家政治中心、文化中心、创新中心和对外开放的门户；天津要以国家中心城市为目标，加快形成高水平的现代制造业和研发转化基地，巩固国际航运中心和物流中心地位，加快宜居生态型新城区建设。其次，进一步完善和提升唐山、保定、廊坊、承德等区域节点城市的服务功能和综合承载能力，处理好二级城市特色作用同中心城市辐射作用的关系，既疏解京津特大城市的压力，又有利于形成河北新的增长极。最后，大力发展中小城市和小城镇的特色经济，加快交通、通信、供电、供排水等基础设施一体化建设和网络化发展，根据实际放宽外来人口落户条件，增强公共服务和居住功能，发挥连接大中城市的区位优势。

（五）鼓励社会力量参与首都经济圈发展

首都经济圈发展合作的最终主体应是符合市场规律的企业。京津冀三省市应逐步消除在人才、物流、资金、信息等方面的流动障碍，鼓励企业和行业协会乃至个人采取灵活多样的合作方式参与首都经济圈发展。如支持企业在区域内设立分支机构，通过总部经济模式开展跨区域经营；支持企业通过资本、技术、商标、专利和标准等知识产权为纽带实现品牌输出和区域市场拓展；支持企业通过产业联盟或技术联盟形式拓展区域市场；鼓励科研机构、公司企业的服务环节在区域内实现外包，在政府前期主导推动产业合作的基础上，最终形成推动首都经济圈发展的市场化运作机制。

（六）探索首都经济圈发展合作的政策新机制

土地利用和利益分配始终是影响首都经济圈发展合作的主要问题。首先，京津冀三省市应积极探索“区域内部产业用地合作模式”，如探索在河北开发区内划出部分土地，建设产业区园中园，按照统一规划，由京津组织实施和具体运作；探索将开发园区整体由京津委托，建设托管园区，进行规划和开发建设；探索“BOT 飞地模式”，设立“试点园区”，将产业园区长期划归京津整体管理，培育区域特色明显、有较强竞争力的产业集群，若干年后移交当地。其次，积极探索“跨区利益分享机制”。如构建区域 GDP 和财政收入跨区调整机制，设定一定年限，将转移企业创造的 GDP 和财政收入按比例阶段性返还给迁出区；如以横向财政转移支付方式补偿接纳区因承担城市功能疏解、低端产业承接、人口转移等造成的损失，在利益机制上保证双方有动力开展长期合作。

参考文献

[1] 王一鸣:《中国区域经济政策研究》，中国计划出版社，1998。

[2] 杨开忠:《我国首都圈发展的几个重大问题》，《社会科学论坛（学术研究卷）》2008 年第 2 期。

[3] 祝尔娟:《京津冀都市圈理论与实践的新进展》，中国经济出版社，2010。

[4] 邵颖萍:《从“首都圈”到“首位都市圈”的战略定位——京津冀都市圈一体化再建构探索》，《中国名城》2010 年第 10 期。

[5] 李景元:《对接京津与都市区经济一体化：构建环首都经济圈与京津走廊的崛起》，中国经济出版社，2011。

[6] 赵弘:《区域一体化视角下的“首都经济圈”战略研究》，《北京市经济管理干部学院学报》2011 年第 3 期。

G.35

中部地区经济形势分析及展望

阮华彪　王莉莉*

摘　要： 2011 年以来，面对国内外极其复杂的经济运行环境，中部六省认真贯彻落实国家宏观调控政策，积极应对新情况，在调结构、控通胀中实现了经济平稳较快增长，装备制造、汽车、家电、新兴产业等行业的较快复苏有力支撑了中部经济的快速发展。后金融危机时代，中部地区应该更加注重探索科学发展的新路径，推动战略性新兴产业加快发展，加快区域大城市建设和区域合作，进一步加快中部地区崛起进程。

关键词： 中部　经济运行　后金融危机　展望

过去五年，在国家政策的支持和中部各省的努力下，中部地区经济发展水平显著提高，经济总量占全国的比重由 2005 年的 18.8% 上升至 2010 年的 19.7%。到 2011 年底，中部六省的 GDP 都将突破万亿元大关，加速崛起态势更加明显。2011 年，中部各省积极落实国家各项宏观调控政策，加快推进经济结构的转型升级，发展态势良好。

一　2011 年经济运行基本态势

1. 经济增速温和回落，总体保持较快增长

前三季度，中部六省经济在调结构、控通胀中呈现出快速稳定发展的良好态势，GDP 总量达到 74645.5 亿元，增长 12.8%，增速较一季度和上半年均回落

* 阮华彪，安徽省经济信息中心预测处经济师；王莉莉，安徽省经济信息中心预测处助理经济师。

0.1个百分点，回落幅度小于全国。从总量看，河南GDP总量在前三季度已经突破2万亿元，稳居中部首位；从速度看，中部六省均保持11%以上增长，其中湖北增长14%，居中部首位。

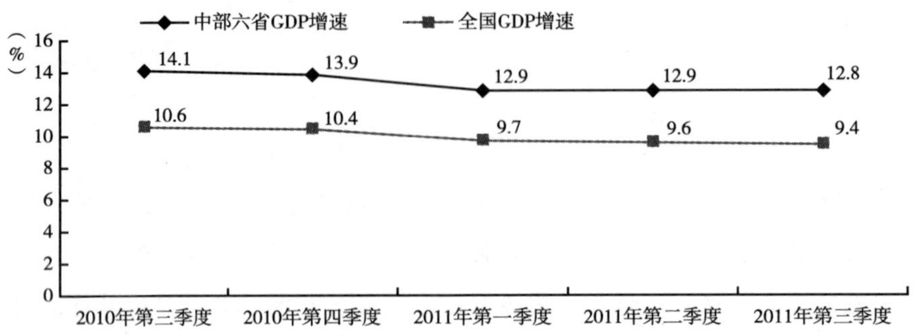

图1　中部六省GDP平均增速与全国比较

2. 工业经济保持较快发展，经济效益持续向好

前三季度，中部六省规模以上工业保持较快增长，增速均超过19%，其中安徽和湖北规模以上工业增速均为20.7%，并列全国第六位、中部首位。

工业经济效益持续向好。特别是江西工业经济效益综合指数创年内和历史同期新高，规模以上工业企业实现利润729.4亿元，增长60.3%。

3. 投资增速略有回落，民间投资拉动作用明显

前三季度，中部六省完成固定资产投资47882.6亿元，增长29.5%，增速较一季度、上半年分别回落2.4个和2.8个百分点。山西省完成固定资产投资4490.6亿元，增长31.1%，增幅居中部首位。

固定资产投资中民间投资拉动作用明显。湖北民间完成投资增长41.4%，高于全省平均水平12个百分点。江西民间投资总量占全省投资69.5%，同比提高3.1个百分点。湖南非国有投资5427亿元，增长36.6%，占全省投资的比重达70.1%，同比提高3.2个百分点。河南民间投资增长29.7%，高于总投资增速0.8个百分点。

4. 消费需求继续加快，汽车、居住类商品消费回落

前三季度，中部六省实现社会消费品零售总额25937.9亿元，增长17.8%，增速比全国高0.8个百分点，比一季度、上半年分别高0.8个和0.2个百分点。

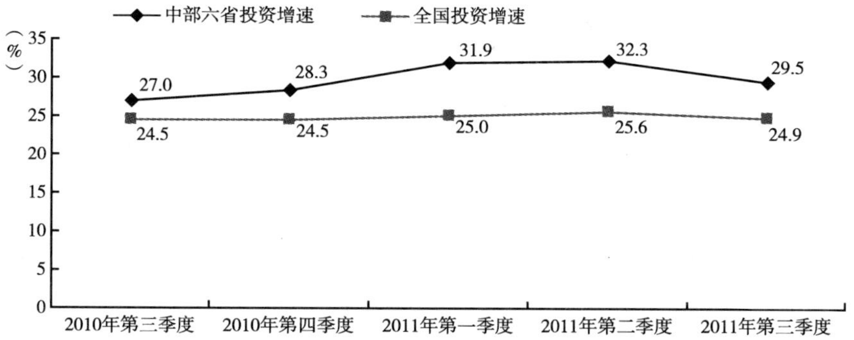

图 2　中部六省固定资产投资增速与全国比较

但受刺激政策退出以及房地产调控政策影响，汽车、居住类商品零售额增幅回落较大。

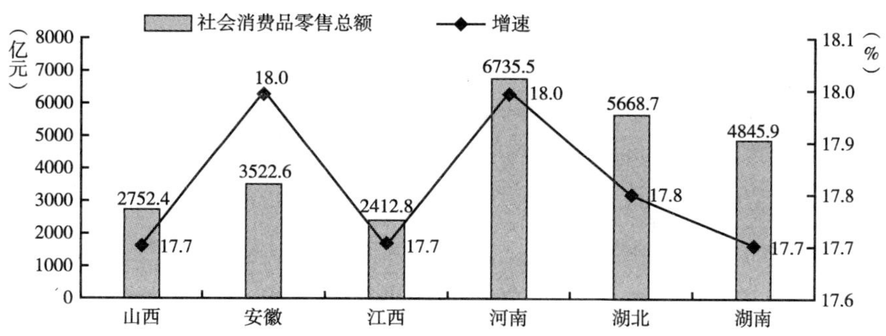

图 3　2011 年前三季度中部六省社会消费品零售总额及其增速

5. 对外贸易平稳增长，机电和高新技术产品出口成亮点

前三季度，中部六省完成进出口总额 1145. 2 亿美元，增长 40. 7%，增速较一季度回落 3. 5 个百分点，较上半年提高 0. 8 个百分点，高于全国同期增速 16. 1 个百分点。其中进口总额 510. 8 亿美元，增长 36. 4%；出口总额 634. 4 亿美元，增长 45. 3%。

机电和高新技术产品出口增幅快于出口平均增速。前三季度，江西机电和高新技术产品出口 56. 7 亿美元，增长 70. 8%，占全省出口总值的 41. 2%。湖南机电产品和高新技术产品分别出口 25 亿美元和 5. 7 亿美元，分别增长 35. 9% 和 53. 4%，增幅分别高于全省出口增速 7. 6 个和 25. 1 个百分点。

表 1　2011 年前三季度中部六省外贸进出口情况

单位：亿美元，%

地　区	进出口		进口		出口	
	总额	增速	总额	增速	总额	增速
山　西	108.7	19.6	67.5	18.6	41.2	21.2
安　徽	230.4	33.4	106.3	26.3	124.1	40.0
江　西	211.0	45.5	73.5	22.8	137.6	61.4
河　南	207.3	66.9	88.1	75.4	119.2	61.1
湖　北	248.0	33.4	106.3	29.5	141.7	36.4
湖　南	139.8	35.8	69.1	44.4	70.7	28.3
中部六省	1145.2	40.7	510.8	36.4	634.4	45.3

二　部分行业的较快复苏有力支撑了中部经济增长

中部各省工业在2009年、2010年两年保持平稳较快增长，主要得益于部分行业在国家政策刺激的带动下先行强势复苏，确保了宏观经济的平稳增长。特别是装备制造、汽车、家电、战略性新兴产业发展迅速，有力支撑了工业经济的回升。

表 2　中部六省规模以上工业增加值季度增速与全国比较

单位：%

地区	2008	2009Q2	2009	2010Q2	2010	2011Q2	2011Q3
山西	6.5	-17.4	2.5	37.6	23.2	19.4	19.3
安徽	22	16.2	22.6	27	23.6	20	20.7
江西	21.9	14.8	20.1	25.9	21.7	19.4	19.1
河南	19.8	7.1	14.6	26.3	19	17.9	19.4
湖北	21.6	12.5	20.1	28.4	23.3	20.5	20.7
湖南	18.4	17.4	20.5	26.5	23.4	20.4	19.5
全国	12.9	7	11	18.5	15.7	14.3	14.2

装备制造。山西“十一五”时期装备制造业实现年均21.9%的增长，高于同期全部工业增速10个百分点。2010年，湖南机械装备工业新产品产值较上年增长42.2%。湖北装备制造业工业增加值在2010年突破2000亿元大关，高于全

省工业和全国装备制造业增速。安徽装备制造业2010年实现工业总产值4651.8亿元，同比增长46.8%，远高于工业平均增速。

汽车产业。在汽车购置税减免、汽车下乡以及《汽车产业调整和振兴规划》政策刺激下，中部的两大汽车产业基地湖北、安徽的汽车产业呈现出跨越式发展态势。湖北2010年的汽车产量达到了172.3万辆，跃居全国首位，增幅达到47.6%，高出全国15.2个百分点。汽车产业产值继2006年突破千亿元后，2010年达到3千亿元。安徽的汽车产量在2009年超过120万辆，2010年突破150万辆。骨干企业奇瑞的累计产量已超过300万辆，是第一个达到这一规模的自主品牌企业。

家电产业。随着国家先后启动了出口退税、家电下乡、以旧换新和节能惠民工程等一揽子措施，中部地区家电产业进入快速增长期，生产规模持续扩大。

其他新兴产业。新能源、新材料、医药、文化和现代服务业逐步成为中部地区发展的新热点。山西2010年传统四大支柱产业煤、焦、冶、电仅占签约项目投资总额的7%，新兴产业项目占到了63%，煤炭企业的非煤收入5年间增长了10倍，形成煤与非煤产业齐头并进的新格局。前三季度，江西十大战略性新兴产业实现增加值1132.9亿元，占全部工业增加值的40.6%，增速高于全省平均水平2.7个百分点。湖北光电产业发展迅速，规模以上企业锂离子电池、太阳能电池、集成电路、发光二极管产量分别增长41%、51.7%、140%和52.4%。安徽的电子信息、节能环保、新材料、生物、公共安全、新能源、新能源汽车、高端装备制造等八大产业在2010年增长了48.8%，远高于同期工业增速，产业增加值连续五年保持30%以上增幅，成为拉动经济增长的新动力。

三　后金融危机时代中部地区的发展方向

1. 努力探索科学发展的新路径

国家出台的《中部地区崛起规划》，不仅为中部地区发展带来了政策机遇，更为中部地区转型发展指明了方向。中部六省围绕各自的区域性规划积极探索发展新路径，谋求经济发展的转型。山西以建设转型综改试验区为抓手，加大对煤炭资源的整合力度，大力推进工业新型化，走资源型地区科学发展的新路子。江西全面推进鄱阳湖生态经济区建设，探索科学发展、绿色崛起的道路。河南建设中原经济区的战略构想正式上升为国家战略，努力破解工业化、城镇化、农业现代化即“三化”协调发展的全国性战略课题。湖北用好武汉城市圈综合配套改革试验，全面实施“两圈一带”战略，加强体制机制创新，引领和带动全国“两型”社会建设。湖南以建设“两型社会”作为加快经济发展方式转变的目标和着力点，以新型工业化、农业现代化、新型城镇化、信息化为基本途径，全面推进“四化两型”建设。安徽承接产业转移与自主创新并重，以战略性新兴产业为重点，加快皖江城市带承接产业转移示范区建设，启动合芜蚌自主创新综合试验区和国家技术创新工程试点省建设。

2. 推动战略性新兴产业加快发展

把培育发展战略性新兴产业与提升传统产业结合起来，大力发展符合国家产业政策、有市场、有需求的新兴产业。湖南提出发展战略性新兴产业的“753”战略，围绕先进装备制造、新材料、文化创意、生物、新能源、信息、节能环保7大战略性新兴产业，实施5大基础工程，打造3大支撑平台。河南重点发展电子信息、生物、节能环保、新材料、新能源、高端装备制造、新能源汽车等七大新兴产业，力争到2015年战略性新兴产业增加值突破2500亿元，占GDP比重达到6%。安徽重点发展光伏产业、生物产业、新材料、节能环保产业、新型装备制造、电子信息产业，到2015年，力争新兴产业产值突破1万亿元。湖北重点发展电子信息产业、生物产业、新能源与节能环保产业、新材料产业、先进制造产业、高技术服务业，到2015年，新兴产业产值力争突破1万亿元，重点领域营业收入超50亿元的骨干龙头企业达到40家，超10亿元的企业达到100家，总体水平领跑中西部。

3. 加快区域性大城市群建设

缺乏区域性中心大城市一直是中部地区经济发展的“短板”。近几年，中部地区着力加快区域性中心城市建设，构建地区经济与社会发展的战略支点，打造带动区域经济发展的核心增长极。

湖北以武汉为核心，积极打造“一小时经济圈”，扩大与黄石、黄冈等周边城市之间的联合协作，依托都市圈的发展，构筑现代产业体系和现代化基础设施框架，加快基础设施衔接，促进产业合理分工，拓展和完善城市空间布局和功能分区，推动区域经济一体化。

湖南依托长沙、株洲、湘潭三市，着力推动城市群向心发展、融合发展，统

筹协调区内城市功能和规模、产业结构和布局、资源配置和利用、生态保护和建设，推进重大基础设施和公共服务设施的联建共享。到2015年，长株潭城区人口达500万以上，衡阳、株洲、湘潭发展成为城区人口过百万的特大城市。

江西以鄱阳湖为核心，以沪昆和京九线为主轴，加强中心城市和沿线城镇之间的联系与协作，积极构筑鄱阳湖生态城市群，着力培育以信江河谷城镇群、赣西城镇群为重点的沿沪昆线城镇密集带和以吉泰城镇群、赣南城镇群为重点的沿京九线城镇密集带。

安徽以皖江城市带承接产业转移示范区的建设为契机，在加快产业承接的同时，积极打造沿江城市密集带，提出了芜（湖）马（鞍山）同城化的发展思路，2011年又将巢湖市一分为三，既扩大了合肥、芜湖、马鞍山三市的城市规模，又实现了三市的无缝对接，为做大皖江城市群、发挥协同作用打下了坚实基础。

4. 加强区域间的合作发展

中部各省越来越意识到只有加强区域沟通与协作、发挥出区域的整体优势，才能真正实现中部崛起。自国家提出中部崛起战略以来，每年一届的中部博览会已经成为交流发展思路、共享发展机遇的重要平台。依托中部博览会这一平台，中部六省不断扩大和深化区域合作，政治、经济、文化等各种交流日益深入务实。无论是战略协调还是项目对接，无论是产业互动还是要素流动，都比以往更为密切。各省间的双边交流有了实质性进展。

四 2012年中部六省经济社会发展走势预测

从国际看，受日本地震海啸、中东北非局势不稳、大宗商品价格剧烈波动，以及欧洲和美国的债务危机不断蔓延等因素影响，全球经济复苏势头明显弱化，经济下行风险增大。2011年9月，IMF预测今明两年全球经济增速均为4%，比6月份的预测降低0.3个和0.5个百分点，全球经济复苏可能遭遇新的挑战。从国内看，前三季度，全国GDP增长9.4%，较一季度、上半年略有回落，但经济运行总体良好。下一阶段，国家将继续加大对战略性新兴产业发展的支持力度，推进产业结构调整优化，有利于保持经济的稳定增长。IMF预测，2012年中国经济增长9%。

从中部地区来看，随着国家《促进中部地区崛起规划》以及各省国家级区域规划的稳步实施，区域基础设施的逐步完善，中部六省经济发展的基础更加扎实。尽管2011年沿海省份经济增长明显放缓，下一步有可能通过上下游产业链对中部地区经济产生影响。但从拉动经济增长的“三驾马车”来看：一是投资仍将保持较快增长。随着各省国家级区域规划的加快推进，一批基础设施和工业项目以及一些“十二五”规划的项目都将陆续开工，将对2012年投资起到强有力的支撑。同时，与东部地区相比，中部地区经济相对落后，还处于工业化和城镇化加速发展阶段，发展潜力大，需要的投资量相对较多。随着沿海地区向中部地区产业转移步伐的加快，制造业和民间投资将继续保持快速发展的势头。二是消费仍将保持平稳增长。2010年，中部六省人均GDP达24242元，为中部六省促进消费、扩大内需奠定了坚实基础。随着中部地区城乡居民收入的快速增长，最低工资的上调、个税调整和社会保障机制的不断完善，将助推消费增长。三是外贸进出口将有所放缓。2012年，中部地区外贸发展的不确定和不稳定因素明显增多，金融危机后的贸易环境将更为艰难和复杂，进出口形势比较严峻。

综合判断，虽然当前国际、国内经济形势仍相当复杂，经济运行中仍然面临着很多不确定、不稳定因素，但是中部六省经济持续稳定较快发展的基本面没有改变。预计2012年中部六省经济增长仍将保持在12%以上。

五　政策建议

1. 将区域合作向更高层次深入推进

尽管中部各省间的合作已经有了一定的进展，但总体看，中部六省仍是一个较为松散的区域板块，行政分割、产业同构、协调性差、竞争多于合作等深层次问题仍然存在，离完整意义上的经济区域还有较大差距。要更好地发挥区域协同效应，中部各省必须在现有合作基础上，进一步深化合作机制。从区域经济发展的高度，抓好生产力布局、产业升级、生态保护、基础设施等方面的对接，加强统一市场标准建设、畅通要素流动、信用信息共享、社会保障接续等方面的合作。同时可以选择毗邻连片地区的合作开发作为突破口，共同谋划一批带动力强、牵动全局的重大项目，推动区域合作逐步深入。

2. 全方位扩大对内对外开放

总体上看，中部各省的经济仍然相对封闭。2010年，中部六省外贸进出口

总额占全国的比重不到4%，外资利用只占全国的6.5%。中部地区在立足本地优势的基础上，必须加大实施对外开放战略，把本地生产要素和外部生产要素有效互补结合起来，在更大程度上提高生产要素的利用率，才能提升本地区经济竞争力。因此，中部地区要进一步改善发展环境，抓住国际国内产业向中西部转移的有利机遇，加大招商引资力度，形成全方位对内对外开放新格局。同时，抓住金融危机为国内企业"走出去"带来的契机，支持有实力的企业对外投资，加强在技术、资源、能源、新兴战略产业等领域的国际合作，构筑竞争新优势。

3. 重视劳动密集型产业的发展

第六次人口普查数据显示，与第五次全国人口普查数据相比，中部六省中湖北和安徽的常住人口呈负增长态势，湖南、河南人口增速仅有2%和1.6%，那些中西部的外流人口，不仅是年富力强的劳动力，还有相当一部分是受教育程度高、有闯劲的创业者，留下的多是老人和儿童，在农村尤为明显。一个重要的原因就是中部各省"偏重"的产业结构，不利于吸纳劳动力本地就业。中部各省处于加速发展阶段，劳动力人口的过度转移对未来的可持续发展会产生一定的负面影响。中部各省应该适当重视劳动密集型产业的发展，为本地创业者提供更多的创业机会，把人口优势转化为人力资源优势。

4. 进一步优化区域发展环境

经过近几年的发展，中部各省的发展环境有了很大的改善，尤其是在交通、能源、开发区建设等硬件设施方面。但软环境的改善相对滞后。如何规范和约束政府行为，使政府的决策、管理和服务更加规范化、科学化和民主化，加快成熟市场经济体制的建立，创造健康稳定的投资环境，是中部各省进一步加强的重点。

参考文献

《2011年中国统计年鉴》，中国统计出版社，2011。

《2011安徽统计年鉴》，中国统计出版社，2011。

《促进中部地区崛起规划》，国家发展和改革委员会。

《关于促进中部地区城市群发展的指导意见》，国家发展和改革委员会。

G.36

2011 年西部经济运行情况和 2012 年展望

唐明龙*

摘　要： 2011 年，国家对西部地区加大了支持力度，推进了教育、医疗等基本公共服务，促进了西部地区经济社会加快发展。2011 年西部地区继续保持较高经济增速，财政实力提高，固定资产投资持续增加。2012 年，面临欧债危机加深和美国经济复苏乏力的国际形势，国内物价水平仍处高位，结构调整任务繁重，西部地区经济发展面临许多不确定因素。无论宏观政策如何，都应当对西部地区采取差别政策，继续支持基础设施建设、生态环境保护、特色农牧业发展，坚持改革开放，为西部发展提供动力。

关键词： 西部地区　政策措施　分析与展望

2011 年，在国家实施稳健的货币政策和积极的财政政策背景下，西部地区获得有力扶持，保持了经济平稳较快增长，社会民生事业加快发展。

一　2011 年支持西部地区发展的政策措施

2011 年，国家加大对西部地区的支持，优先审核批准有条件在西部地区当地加工转化的能源、资源开发利用项目，加大均衡性转移支付和专项转移支付力度，提高专项建设资金投入西部地区的总体比重、投资补助标准和资本金注入比例，取消公益性建设项目的县和县以下以及集中连片特殊困难地区市地级配套资

* 唐明龙，中国社会科学院经济学硕士，北京大学法律硕士。自 2001 年起在原国务院西部开发办工作，目前，在国家发展改革委西部开发司工作，从事西部开发 10 年。主要关注宏观调控、价格管理和区域发展领域。

金。运用这些政策手段，支持了西部地区经济结构调整、基础设施建设、社会事业发展和改革开放。主要措施有如下几方面。

（一）加快国家能源基地建设

推动了神东、陕北、云贵、黄陇、宁东和新疆大型煤炭基地加快建设，煤炭产量增速明显，优化了煤炭产业结构。支持建设云南石化基地、宁夏石化和呼和浩特石化 500 万吨/年炼油等项目建设，增加石油加工的西部布局。稳步建设金沙江、雅砻江、大渡河、澜沧江、黄河上游、雅鲁藏布江中游等大型水电基地。积极推进甘肃、内蒙古、新疆等地千万千瓦级风电基地及大型荒漠光伏电站建设。

（二）积极发展资源精深加工

推动建设酒泉、包头、重庆、攀枝花、防城港等钢铁基地。促进青海、新疆盐湖资源综合利用，建设若干大型钾肥、磷复肥生产基地。支持建设黄土高原苹果、西南红茶和特种茶、新疆特色水果、西北牛羊肉等特色优势农业产区，推进特色农林业加快发展。提高棉纺、毛纺、丝绸等纺织加工技术含量，建设一批有特色的纺织生产基地。

（三）扶持战略性新兴产业和装备制造业加快发展

提高科技自主创新能力及产业化水平，加强重大技术成套装备研发和产业化，推动装备产品智能化，鼓励发展重大电力及新能源、新材料国产化装备、重型工程机械装备。支持西部地区加快形成一批高技术产业链、集聚区和产业基地。支持军民结合型产业发展，加快构建军民结合、寓军于民的装备科研生产体系。

（四）大力发展现代服务业

支持发展以文化、民族、生态、乡村、休闲、度假、红色等为代表的特色旅游产业，培育和打造一批知名旅游景区和精品旅游线路，推进重点旅游景区和重点地区旅游目的地建设。发挥西部地区文化资源优势，积极发展文化创意、影视制作、演艺娱乐、文化会展等产业。发展金融、电子商务、现代物流、社区服务等服务业。

（五）支持铁路建设

加快兰新第二双线、长沙至昆明、成都至重庆、西安至宝鸡、大同至西安、成都至绵阳、乐山等铁路以及贵阳至广州、南宁至广州、兰州至重庆、西安至安康复线等在建项目建设，开工建设宝鸡至兰州、成都至贵阳、渝黔线扩能、敦煌至格尔木等项目，积极推进银川至西安、兰州至合作、哈密至额济纳、成昆线扩能等项目前期工作。

（六）推进西部地区路网建设

加大国省道改造建设力度，打通省际“断头路”，强化路网衔接。加快农村公路建设，重点实施建制村通沥青（水泥）路工程，提高农村公路整体服务能力。积极推进长江干线航道整治工程和西江航运干线扩能工程，加快嘉陵江、乌江、右江、澜沧江等支流航道建设步伐。推进广西北部湾沿海港口资源整合，加快重庆长江上游航运中心建设。

（七）强化水利建设

开工建设四川小井沟等重点水利工程，加快云南牛栏江至滇池补水、重庆金佛山、内蒙古尼尔基灌区、新疆卡拉贝利等重点水利工程前期工作。推进大中型灌区续建配套与节水改造，加大病险水库（闸）除险加固力度，加快实施西部地区城市备用水源工程和农村、乡镇抗旱应急水源工程，实施西南地区重点水源工程和小型水利设施建设，争取再解决2000万农村居民饮水安全问题。继续实施黄河宁蒙河段、渭河、四川“五江一河”、广西西江干流等江河综合治理。

（八）支持西部电力和油气东输

推进能源基地外送工程建设，建设溪洛渡右岸电站至广东直流输电工程和西北750千伏电网，积极做好锡林郭勒送电华东输电工程前期工作。建设油气资源战略通道，开工长庆油田至呼和浩特、中缅原油管道境内段、宁夏石化成品油外输管道工程以及西气东输三线、中缅天然气管道境内段等工程，推动中哈原油管道二期建设，开展新疆至广东、山东以及鄂尔多斯至安平天然气管道前期工作。

（九）加强城镇市政公用设施建设，继续实施邮政空白乡镇局所补建

大力推进通信基础设施建设，逐步将普遍服务从电话业务扩展到互联网业务。支持西部地区实施“宽带战略”，积极推动“三网融合”工作。加快西部地区城市轨道交通规划建设。加强城市绿地防灾避险能力建设。

（十）巩固生态建设和环境保护成果

巩固退耕还林成果，继续实施基本口粮田、农村能源、生态移民、后续产业发展建设。完善退牧还草政策，配套实施草原围栏、人工饲草地、舍饲棚圈建设和重度退化草原补播改良，适当扩大岩溶地区草地治理试点范围。继续实施天然林资源保护二期工程、京津风沙源治理、岩溶地区石漠化治理等重点生态工程。深入推进石羊河、塔里木河流域综合治理、甘南黄河重要水源补给区生态保护建设。

（十一）推进基本公共服务均等化

扩大新型农村社会养老保险试点范围，推进基本养老服务体系建设。实施城镇保障性安居工程，2011 年计划建设保障性住房和各类棚户区改造住房 337 万套。继续实施对农村危房改造和游牧民定居工程。巩固和完善新农合制度，健全基层医疗卫生服务体系。组织实施广播电视村村通、西新工程、东风工程、农村电影放映、全国文化信息资源共享工程。进一步提高义务教育经费保障水平。继续推进中西部农村初中校舍改造。落实家庭经济困难学生国家资助政策。

二　西部地区经济发展分析

在国家政策的强力支持下，西部经济继“十一五”年均增长 13.6%、2010 年增长 14.2%之后，2011 年上半年增速达到 14.2%。分别高于东北、中部、东部 1.2 个、1.3 个、3.4 个百分点，增速连续几年位居四大板块之首。预计全年西部地区也将保持这种高速增长的态势。

工业增长明显。1～9 月西部地区 12 个省区市工业增加值增长超过 20%。其

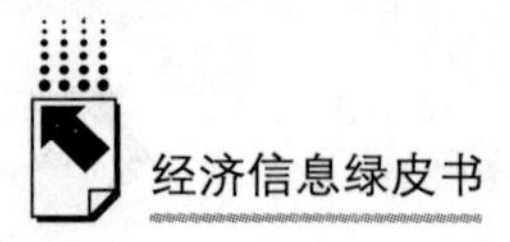

中，重庆、四川分别为22.7%、22.4%，位居全国第一、第二位；西藏、贵州分别增长21%、20.9%，位居全国第四、第五位；广西、青海分别增长20.1%、19.6%，进入全国前十位。陕西、甘肃、云南、宁夏增长在17%以上。

固定资产投资保持较高水平。1~9月份西部地区城镇固定资产投资增长29.5%，增速高于全国4.6个百分点，高于2010年3.3个百分点，但已经连续多年低于中部地区。

财政收入大幅增加。1~9月，西部地区地方财政收入8008亿元，同比增长44.5%，增速分别高于东部、中部15.3个和8.9个百分点，比全国平均增幅高11.2个百分点。分省来看，陕西增幅最高，达到78.3%，重庆、贵州、西藏和宁夏增幅超过或接近50%。

进出口增长好于上年。1~9月份，西部地区进出口总额达到1296亿美元，增速达到43%，高于中部、东部的增速，也高于2010年40%的增速。其中，重庆由于计算机生产规模的扩大，进出口总额达到183亿美元，增长124.2%，成为全国和西部地区进出口增长最显著的地区。内蒙古、贵州由于稀土等资源产品需求紧张，价格上涨，出口额也有较大增长。

价格水平趋于稳定。2011年1月，西部地区12个省区市有7个省份居民消费价格指数比上月上涨超过1%，宁夏最高达到1.7%。2月份8个省份居民消费价格指数比上月上涨1%以上，3月份只有6个省上涨，且涨幅最大只有0.5%，4月份上涨的省份只有3个。5月份之后，各省又有所反弹，但上涨力度都小于年初。9月份多数省份居民消费价格指数上涨在0.5%左右，只有2个省份超过1%。

西部地区经济虽然保持了较快增长，但还有许多隐忧。主要是：

第一，资源产业是增长的主体，高附加值、低能耗的产业比重低。1~8月，内蒙古煤炭、电力、有色三大优势产业总产值均超千亿元，占全部工业总产值比重达到41.5%，增长最快的是铝材、风力发电、原煤等，同比分别增长91.2%、56.2%和31.6%。云南烟草、电力、有色、化工、煤炭和钢铁等6大行业完成增加值1379.3亿元，占规模以上工业增加值的比重78%，拉动工业增长13.9个百分点。贵州非金属矿采选、非金属矿物制品、煤炭开采和洗选业增速在38.2%~85.5%。西藏有色金属采选业增长2.3倍。

第二，经济增长主要依赖固定资产投资带动。观察西部发展，每当固定资产

投资增速较快时，经济增长速度相应也快。“十一五”时期，西部固定资产投资平均增长28%，高于全国平均水平。从西部地区各省份来看，几个生产总值大省，都保持了较高的固定资产投资。1～9月，四川省全省完成固定资产投资额11202亿元，实现生产总值15468亿元；内蒙古完成固定资产投资8677亿元，实现生产总值9590亿元；陕西完成固定资产投资6691亿元，实现生产总值8234亿元。

第三，经济增长粗放，节能降耗压力较大。比如贵州省电力、有色冶金、黑色冶金、化工、非金属矿物制品五个高耗能行业增加值占规模以上工业增加值的比重达32.3%。西部地区一些长期积累的环境问题较为严重，环境违法行为时有发生，城镇污水垃圾处理、农村面源污染防治任务艰巨。

第四，自主增长动力较差，主要靠政策推动。西部地区许多地市财政支出是财政收入的一倍或几倍。财政支出主要依赖中央政府的转移支付。2010年，西部地区财政收入7873亿元，而财政支出为21403亿元，财政收入只有支出的三分之一强。一旦发生中央财政紧缩开支的情况，西部地区的发展将难以为继。

三　西部地区发展的建议

2012年，西部地区发展面临着复杂的局面。一方面，在从紧的货币政策作用下，全国物价水平虽然有所回落，但物价水平是否持续稳定还有待观察。另一方面，欧债危机加深，美国经济复苏乏力，对我国经济的影响有多大尚难以预测。因此，2012年，宏观经济政策存在紧缩或扩张两种可能，要看经济的走势而定。如果经济下滑在可容忍范围，宏观经济政策将保持目前的状态；如果经济的下滑超出预想，则有可能实施宽松的宏观政策。宽松的宏观政策将对西部地区的发展更有利。因此，要想保持西部地区经济健康稳定发展，必须注意以下几个方面。

第一，对西部地区的政策需要坚持。西部地区自我发展能力不强，发展离不开强有力的政策支持。无论2012年国家宏观经济政策是松是紧，对西部地区都要采取有差别的政策，重点要落实好已有的政策。进一步加大中央财政对西部地区的均衡性转移支付，缩小西部地区标准财政收支缺口，推进地区间基本公共服务均等化。落实鼓励类企业所得税按15%征收的政策。继续加大中央财政对西部地区民生工程、基础设施、生态环境等领域的投资。探索金融支持西部地区发展的方式，通过改革金融体制，改变西部地区企业的融资难。落实土地政策，确保西部地区合理建设用地需求。

第二，继续加强基础设施建设。交通建设要注重网络的完善和升级。经过多年的建设，西部地区交通基础设施网络骨干基本建立，但是断头路还影响交通网络功能的发挥。另外，西部地区交通基础设施层次还比较低。高速公路规模小，铁路低速路轨比重大，民航机场吞吐能力较小，已经不能满足西部地区经济发展的需要。水利设施非常薄弱，病险水库比重高，病险程度重，需要花大力气解决。电网不完善，输变电能力弱，要尽快改善。

第三，要注重生态环境保护。西部地区以资源为主要产业的增长，往往对环境的破坏较大。如果不注意生态环境的保护，势必会走先污染后治理的老路。这对西部地区来说，得不偿失。西部地区生态环境更加脆弱，治理环境的代价也将巨大。一开始就应当走环境友好型发展的路子。当前，西部地区一些地方只顾GDP的苗头应该引起重视。有关部门应当采取切实措施，确保绿色发展。为此，要落实好生态功能区规划，加大对限制开发区和禁止开发区的财政转移支付，使这些地区人民生活水平的改善不再以牺牲环境为代价。

第四，要注重社会事业的投入。西部地区由于财力较弱，对社会事业特别是民生工程投入不足。教育、文化、医疗等基本公共服务的均等化，最体现社会公平正义，最体现社会主义优越性，也是我们发展的宗旨。教育、医疗保障制度，要特别向贫困人口倾斜，这样才体现社会公平。西部地区要通过改革，完善教育和医疗体制，创造均等的就医、上学机会。因此，要继续实施中小学校舍危房改造工程，继续对贫困学生减免学杂费和书本费。要加大对农村的医疗保障补助，使农民看得起病。

第五，深化改革，扩大开放。由于西部地区的特殊区位，改革开放对西部地区的推动作用更加明显。西部地区占据着大部分的陆路边境线，是我国陆地对外交流的重要窗口。把开放这个文章做足，可以极大地促进经济发展。认真研究好西部地区陆路开放的政策和规划，无疑将会极大地促进西部地区的发展。就改革而言，西部地区还有许多任务，如建立民营企业发展体制机制，建立更好地发挥市场引导作用的体制机制等。

第六，重视西部地区农牧业发展。西部地区农业虽然对生产总值贡献较小，

但由于我国人口较多，农业资源相对较少，西部地区农业不能放弃。西部地区的农产品有许多优质品种，像畜产品、水果等，可以满足高层次需求。我国农产品供应不可缺少西部地区。西部地区农产品生产在西南地区和西北地区有着明显的不同。西南地区农产品多在山区生产，生产分散，难以形成规模。西北地区则不同，西北地区土地广袤，适于规模种植，但西北地区干旱少雨，需要运用节水技术。发展西部农业，要根据西部地区特点，在西北地区发展规模化种植，提倡机械化作业，运用节水技术。在西南地区要发展精细化耕作，生产小批量的特有品种，满足特殊需求，生产高附加值品种。

权威报告　热点资讯　海量资料

当代中国与世界发展的高端智库平台

皮书数据库 www.pishu.com.cn

皮书数据库是专业的社会科学综合学术资源总库，以大型连续性图书皮书系列为基础，整合国内外其他相关资讯构建而成。包含七大子库，涵盖两百多个主题，囊括了十几年间中国与世界经济社会发展报告，覆盖经济、社会、政治、文化、教育、国际问题等多个领域。

皮书数据库以篇章为基本单位，方便用户对皮书内容的阅读需求。用户可进行全文检索，也可对文献题目、内容提要、作者名称、作者单位、关键字等基本信息进行检索，还可对检索到的篇章再作二次筛选，进行在线阅读或下载阅读。智能多维度导航，可使用户根据自己熟知的分类标准进行分类导航筛选，使查找和检索更高效、便捷。

权威的研究报告，独特的调研数据，前沿的热点资讯，皮书数据库已发展成为国内最具影响力的关于中国与世界现实问题研究的成果库和资讯库。

皮书俱乐部会员服务指南

1. 谁能成为皮书俱乐部会员？

- 皮书作者自动成为皮书俱乐部会员；
- 购买皮书产品（纸质图书、电子书、皮书数据库充值卡）的个人用户。

2. 会员可享受的增值服务：

- 免费获赠该纸质图书的电子书；
- 免费获赠皮书数据库100元充值卡；
- 免费定期获赠皮书电子期刊；
- 优先参与各类皮书学术活动；
- 优先享受皮书产品的最新优惠。

社会科学文献出版社 SOCIAL SCIENCES ACADEMIC PRESS (CHINA) 皮书系列
卡号：0479401897177097
密码：

（本卡为图书内容的一部分，不购书刮卡，视为盗书）

3. 如何享受皮书俱乐部会员服务？

（1）如何免费获得整本电子书？

购买纸质图书后，将购书信息特别是书后附赠的卡号和密码通过邮件形式发送到pishu@188.com，我们将验证您的信息，通过验证并成功注册后即可获得该本皮书的电子书。

（2）如何获赠皮书数据库100元充值卡？

第1步：刮开附赠卡的密码涂层（左下）；

第2步：登录皮书数据库网站（www.pishu.com.cn），注册成为皮书数据库用户，注册时请提供您的真实信息，以便您获得皮书俱乐部会员服务；

第3步：注册成功后登录，点击进入“会员中心”；

第4步：点击“在线充值”，输入正确的卡号和密码即可使用。

皮书俱乐部会员可享受社会科学文献出版社其他相关免费增值服务
您有任何疑问，均可拨打服务电话：010-59367227　QQ:1924151860
欢迎登录社会科学文献出版社官网(www.ssap.com.cn)和中国皮书网（www.pishu.cn）了解更多信息

“皮书”起源于十七八世纪的英国，主要指官方或社会组织正式发表的重要文件或报告，并多以白皮书命名。在中国，“皮书”这一概念被社会广泛接受，并被成功运作、发展成为一种全新的出版形态，则源于中国社会科学院社会科学文献出版社。

皮书是对中国与世界发展状况和热点问题进行年度监测，以专家和学术的视角，针对某一领域或区域现状与发展态势展开分析和预测，具备权威性、前沿性、原创性、实证性、时效性等特点的连续性公开出版物，由一系列权威研究报告组成。皮书系列是社会科学文献出版社编辑出版的蓝皮书、绿皮书、黄皮书等的统称。

皮书系列的作者以中国社会科学院、著名高校、地方社会科学院的研究人员为主，多为国内一流研究机构的权威专家学者，他们的看法和观点代表了学界对中国与世界的现实和未来最高水平的解读与分析。

自20世纪90年代末推出以经济蓝皮书为开端的皮书系列以来，至今已出版皮书近800部，内容涵盖经济、社会、政法、文化传媒、行业、地方发展、国际形势等领域。皮书系列已成为社会科学文献出版社的著名图书品牌和中国社会科学院的知名学术品牌。

皮书系列在数字出版和国际出版方面也是成就斐然。皮书数据库被评为“2008～2009年度数字出版知名品牌”；经济蓝皮书、社会蓝皮书等十几种皮书每年还由国外知名学术出版机构出版英文版、俄文版、韩文版和日文版，面向全球发行。